古代歷史文化研究輯刊

三十編

王明蓀 主編

第 15 冊

釋今釋研究

苟鐵軍 著

國家圖書館出版品預行編目資料

釋今釋研究／荀鐵軍 著 -- 初版 -- 新北市：花木蘭文化事業
有限公司，2023〔民112〕
序 2+ 目 2+298 面；19×26 公分
（古代歷史文化研究輯刊 三十編；第 15 冊）
ISBN 978-626-344-420-1（精裝）
1.CST：釋今釋 2.CST：學術思想
618   112010447

ISBN-978-626-344-420-1

古代歷史文化研究輯刊
三十編　第十五冊　　　　　　ISBN：978-626-344-420-1

釋今釋研究

作　　者　荀鐵軍
主　　編　王明蓀
總 編 輯　杜潔祥
副總編輯　楊嘉樂
編輯主任　許郁翎
編　　輯　張雅淋、潘玟靜、吳璿　美術編輯　陳逸婷
出　　版　花木蘭文化事業有限公司
發 行 人　高小娟
聯絡地址　235 新北市中和區中安街七二號十三樓
　　　　　電話：02-2923-1455／傳真：02-2923-1452
網　　址　http://www.huamulan.tw 信箱 service@huamulans.com
印　　刷　普羅文化出版廣告事業
初　　版　2023 年 9 月
定　　價　三十編 15 冊（精裝）新台幣 42,000 元

釋今釋研究

荀鐵軍　著

作者簡介

荀鐵軍，男，研究員，歷史學博士，廣州城市職業學院城市文化研究所所長。研究方向主要為專門史，發表論文數十篇，出版學術專著 5 部。主持教育部、廣東省和廣州市課題 11 項。《釋今釋研究》是作者獲得的 2019 年度廣東省哲學社會科學規劃嶺南文化項目（批准號：GD19LN20），已經結項。

提　　要

　　本研究通過對明末清初嶺南遺民金堡的研究，考證其生平、交往、文論、詩詞等，並結合明末清初的政治、經濟、社會環境，探討以金堡為代表的明末清初嶺南遺民在明末天崩地壞的大變局之下的思想與行為，分析風雨飄搖下的南明政治生態，以及鼎革之後作為逃禪遺民的思想、宗教、文學、藝術等方面與其廣泛交往的互動關係；並將明末清初的嶺南遺民及其交往群體，置於廣東政治經濟社會發展的脈絡下，探討其在明清思想史、南明複雜的政治歷史、嶺南佛教之發展、逃禪遺民心態與價值觀念，以及在思想宗教文學藝術諸多方面的影響和意義。

紀念母親王華琴女士七十八歲壽誕

序

黃國信

　　人總是活在特定時代中。人物研究，既是研究個人，更是呈現那個時代。春節期間，我在為一本書寫後記的時候，就曾為沒有及時給一個親人寫一本書而深深後悔。他的一生，正是普普通通的知識分子一生的寫照，通過他，足可以呈現了一個時代。然而，受限於我的自身素養，我居然沒有及時找他做口述史，也沒有及時收集他的私人檔案。等到後悔莫及的時候，我才為失去給他寫一本書的機會而無比遺憾。

　　荀教授鐵軍兄遠比我幸運。鐵軍兄早年從事何夢瑤的研究，斬獲頗多。近來又對研究今釋澹歸有了濃厚的興趣。今釋生活在明清之交巨變的時代，一生豐富多彩。更重要的是，他留下大量私人詩文集，也因參與了當時重要的政治活動而在官方文獻和地方文獻中有不少記載，足供後人研究。有了這些基礎，鐵軍兄研究今釋，自然較我研究我的那位親人要幸運得多。

　　今釋，俗姓金名堡，浙江仁和人，崇禎十三年（1640 進士及第。次年，他二十八歲，在意氣風發的年紀，選任臨清知州，正想大展宏圖，旋因催徵賦稅而坐罷。隨後，李自成攻佔北京，清兵破南京，三十出頭的他，遇上如此巨變時代，量非其所料。但他仍不逃避，而是力圖有所作為。他組織抵抗清軍，冀圖杭州，事敗而加入隆武政權，卻入黨爭漩渦。隆武覆亡後，轉入永曆政權，出任兵科給事中，糾察朝臣，最終卻下錦衣衛獄，免死而身殘。後清軍佔領桂林，金堡在茅坪庵落髮為僧。順治九年（1652），金堡抵廣東番禺雷峰寺，在著名禪師天然和尚處受戒，得法名今釋，號澹歸。此後，他卻轉赴韶關，努力與各色人員接洽周旋，遍歷艱辛，於康熙元年（1662）在丹霞山創建別傳寺，後別傳寺盛況一時，有僧眾數百。康熙十九年（1680）今釋圓寂。其一生，可

謂自強不息的一生。其著作《徧行堂集》《嶺海焚餘》等書，雖曾為清朝文字獄所禁燬，但終有傳世；天然等和尚以及其一批交遊人士亦存有其事蹟，南明史籍和地方史志同樣有其記載；近代以來，更有一批文史名家研究今釋澹歸，著述甚多，專題研討會亦常有召開，《澹歸禪師年譜》等系統總結其一生的著述多有發表。這樣一位被學界高度重視的歷史人物，研究起來自然是較為從容了。鐵軍兄能在如此深厚研究的課題中，努力發現前人未曾措意之史料，勾沉索隱，對今釋澹歸的早年經歷、介入南明政治的歷史，以及其入禪和交遊，作系統之總結，尤重視其思想發明和早年經歷，啟迪讀者透過今釋澹歸一生，去理解明清之交巨變歷史中的由官宦而入禪的那批士人和那個時代。

　　鐵軍兄大著即將出版，囑我作序，我對佛教無甚研究，只能勉為其難談點閱讀心得以代序。

黃國信

2023 年 3 月 5 日

目次

第一章　緒　論

　　金堡（1615～1680），浙江仁和縣（今杭州）人。俗姓金，幼名埈，童子試後更名為堡，字子固、唐捐，後改字道隱、衛公，號石幢居士〔註1〕。1650年在桂林茅坪庵出家為僧，名性因，恬因，號茅坪衲僧、茅坪野僧。投廣州雷峰寺函昰和尚門下，始名今釋，字澹歸，又字蔗餘，號甘蔗生、甘蔗種、冰還道人、借山野衲、夢蝶庵、武林道隱、清浪戍卒、杜口金人、軍漢出家、澹漢、人家今釋；後開廣東仁化丹霞山別傳寺，晚號舵石翁，舵盤三老，徧行道者、豆皮宗、跛阿師，等等。崇禎九年（1636），舉鄉薦，崇禎十三年（1640）成進士，授臨清州知州，摘發姦猾，安撫流離，五個月後被迫離職歸里。順治二年，清軍攻下杭州，金堡偕原都督同知姚志卓起兵抗清，勢孤而敗。受隆武帝賞識，除泉州知府而不受，復授禮科給事中，督軍於錢塘江上；後因南明「唐魯之爭」遇險，親赴福京繳印辭官。走粵中，事永曆帝，官禮科都給事中丞，後又拜兵科給事中丞，與袁彭年、劉湘客、丁時魁、蒙正發等結為同盟，有」五虎」之」虎牙」之稱，清直有聲，遇事敢言，以忤黨臣，遭杖戍。後師事天然函昰，出世韶州丹霞，興建丹霞別傳寺，為曹洞宗三十五世傳人。

　　學界對於明末清初遺民的研究不少，但是對明末清初嶺南的遺民研究稍顯薄弱。對於本研究的主要考察對象金堡（1615～1680），而言，雖然有一定的研究成果，但是，遺憾的是至今仍然沒有一部較為全面完整的研究金堡或金堡交往的專著。對金堡交往的研究之所以重要，確因其獨具有文化史上的

〔註1〕「石幢居士」見浙江省博物館藏《王道焜、金堡書法合卷》（1643年）上的落
　　　　款「石幢居士金堡」。

—1—

重要意義。

（一）金堡的詩、詞、書畫、時文制藝，當其在世之時即頗被士林重視和青睞，著作繁富。在明清文學史、書畫史上地位重要。

（二）金堡與士林名流的交遊，不論從數量上、地域上和層次上都非常廣泛，在其所處時代為不多見。如當時名流有：錢謙益、方以智、王夫之、查繼佐、龔鼎孳、陸麗京、陳洪綬、范方、張榜、陳仁錫、廖燕……等等；官宦則更多：瞿式耜、李成棟、陸世楷、沈鏘日、金公絢、李復修、趙佃、侯筠菴、彭退菴、汪漢翀、黎博菴、凌髭放、張虎別、姚雪菴、沈石友、吳梅梁、何鳴玉、徐顯吾、劉煥之、蕭孟昉、陸馭之、盧長華、丘曙戒、萬松溪、江若海、張紫巖、趙叔文、詹燮公、滕梅羹、朱肇修、王命岳……等等；僧人有：函昰、函可、今無、今覜、今摩、今壁、今辯、今罨、今遇、今但、今攝……等等；甚至與普通儒者或平民亦交往不斷，如：阮安期、史器圃、董蒼水、繆清璘、趙岸先、朱藕男……等等。

（三）金堡是曹洞宗三十五代傳人，師事天然函昰，復開丹霞山別傳寺，對弘揚佛法和嶺南佛教之發展貢獻突出。

（四）金堡出家前為南明大臣之一，處於險惡政治鬥爭漩渦，通過研究金堡，可以進一步釐清南明複雜的政治歷史迷霧。

（五）金堡作為清初逃禪遺民之代表人物，被其同時代如黃宗羲兄弟、清中期全祖望直至民國及當代學者對其毀譽參半，通過對金堡的研究和分析，豐富發展對清初士人的心態與價值觀念的認識。金堡與錢謙益、屈大均同為乾隆期間文字獄主角，且廣為牽連，與錢屈相比，對其討論的展開仍然不夠。

（六）金堡作為廣東寓賢，其在思想、宗教、文學、藝術等等方面，都對廣東士人社會具有長期的影響，目前這一方面的研究亦較為初步，有待進一步挖掘。

從目前學界對金堡的研究範圍來看，研究涉及其思想、政治、文學、藝術、宗教等方面。但是相對來說，在政治、文學、藝術方面相對深入，而不足之處有：一是對於其早期經歷的研究闕如；二是對於其思想仍然挖掘不深；三是對於其廣泛的社會交往，與其他士人的關係仍然論述不全；四是對於其在南明政權中的角色作用及影響有待深入挖掘；五是對於其在宗教方面的研究還是比較初步，有待深入的方面較多。此外，即使在政治、文學、藝術等方面，有待進一步研究的空間亦不少。

一、關於金堡研究

金堡（1615～1680），浙江仁和縣（今杭州）人。俗姓金，幼名埈，童子試後更名為堡，字子固、唐捐，後改字道隱、衛公，號石幢居士。1650 年在桂林茅坪庵出家為僧，名性因，號茅坪衲僧、茅坪野僧。投廣州雷峰寺函昰和尚門下，始名今釋，字澹歸，又字蔗餘，號甘蔗生、甘蔗種、冰還道人、借山野衲；後開廣東仁化丹霞山別傳寺，晚號舵石翁，舵盤三老，徧行道者、豆皮宗、跛阿師，等等。崇禎九年（1636），舉鄉薦，崇禎十三年（1640）成進士，授臨清州知州，擿發姦猾，安撫流離，五個月後被迫離職歸里。順治二年，清軍攻下杭州，金堡偕原都督同知姚志卓起兵抗清，勢孤而敗。明亡，走粵中，事永曆帝，官禮科都給事中丞，有「五虎」之「虎牙」之稱，清直有聲，遇事敢言，以忤黨臣，遭杖戍。後師事天然函昰，出世韶州丹霞，興建丹霞別傳寺，為曹洞宗三十五世傳人。

金堡是以儒入釋的著名人物，是特定時代士大夫的典型代表，是明清之際大變革時代思想開啟的先覺者。他又是明清之際的著名詩人、詞人、書畫家、高僧，著有《徧行堂集》《嶺海焚餘》《丹霞澹歸禪師語錄》《丹霞日記》等。

近代以來，學界對於金堡的研究不絕如縷，如民國著名學者陳垣、陳寅恪、龍沐勳、夏承燾、錢鍾書、容肇祖、謝國楨、蘇曼殊等人，皆於著作中提及金堡之名與事，王漢章作《澹歸大師年譜》，陳顗在《越秀集》附有《澹歸年譜》，但此後較長時間學界並沒有較為深入的研究。1960 年代之後，朱希祖、冼玉清、汪宗衍、容庚、饒宗頤、吳天任、嚴迪昌、蔡鴻生、姜伯勤、覃召文等人在其著作中或多或少涉及對金堡的研究。然而研究的較為深入的當屬日本的清水茂先生，著有《金堡の詞を論ず》《澹歸和尚と藥地和尚》，研究了金堡的經歷與詩詞創作，以及金堡與方以智的密切交往。

近 20 年來，還有不少學者對於金堡有了更進一步的研究成果，這些成果大多從金堡的詩詞、思想、藝術、交往等方面專門或綜合論述，較為顯著者有：廖肇亨、陳永正、仇江、潘承玉、李舜臣、李福標、吳承學、林子雄、皮朝綱、朱萬章、嚴志雄、鍾東、吳增禮、王楚文、姚良、張敏、鄭丹、廖銘德、何方耀、曹自斌、何子文、劉娟、鍾玉發、歐陽江琳、胡冰洋，等等。特別是廖肇亨教授對金堡的研究最為深厚，成果豐碩，對於金堡的節義觀、詩詞、交遊均有獨到研究；他認為金堡絕非傳統定義下的遺民，其晚年生命的認同與歸屬都在佛法，佛禪在其文藝觀與詩詞創作中始終扮演著無可取代的角色。既是

江南與嶺南兩大文化場域溝通的橋樑，亦體現了雅正與俗化相互交滲的特徵。李舜臣認為金堡內心受到兩種精神力量的主導，其一是亡國和個人所經之屈辱、激憤，其二是源自佛教安頓身心的」精神良方」，金堡的逃禪經歷充滿著法緣與俗緣的反覆糾葛。

二、關於明清士人研究

　　從學界對明清士人的研究內容而言，主要有遺民、士人群體的交往、士風、士大夫與地方社會等方面。明末清初遺民問題是學界較多討論的話題。趙園、楊念群、何炳棣、范金民、廖肇亨、沈登苗等對明末清初的遺民問題進行詳細的梳理和探討，回應了明清之際的各種士人話題。如關於」遺民逃禪」，廖肇亨從多維角度，進行了深入探究，指出逃禪遺民的人生選擇不僅代表了個體與國家權力之間的衝突與糾葛，更引導了未來文化與學術思想潮流的走向。

　　士人群體的交往問題也一直受到學界的關注。關於清代士人的交往，趙毅、吳琛瑜、李文海、陳剛俊等人從社會交往方式做了探討；趙伯陶則從心態史研究角度做了研究；許紀霖、李孝悌則從社會公共空間與知識群體等角度進行有益的探索。

　　明末清初遺民所呈現出的」士風」問題是學界較多討論的話題。趙園等對明末清初的遺民問題進行詳細的梳理和探討，回應了明清之際的各種士人話題；以為積極參與政治是明末清初士風的重要面向，這種風尚有其制度的以及朝廷律令方面的根源。明清易代之際，嶺南士人表現出了鮮明的地域個性。甲申之變發生後，在嶺南的士子從開始的」勤王救國」，到之後的出家與」殉道」。清朝鼎革後，繼續以科舉方式控制士人，試圖確立王朝的正統觀念，同時遺民在士大夫群體中的影響也慢慢淡化，士林精神世界開始發生變異。楊念群從清朝」正統觀」經歷的複雜背景和內容，考察了江南士人如何從」道統」的擁有者轉變為」大一統」的脅從者的過程。

三、重點問題

　　（一）金堡為儒為官為僧跌宕起伏的人生際遇，經歷了讀書求學、為官臨清、抗清鬥爭、政治黨爭、社會交遊、事佛開寺，並且著述豐富，詩詞書畫稱逸品，為明末清初重要人物。以往的研究對其為官臨清之前的經歷，由於史料缺乏，語焉不詳。筆者通過一些史料的蛛絲馬跡，深挖史料，搜尋到金堡早期

的友人范方、張榜、陳仁錫等的史料證據，通過分析他們切磋舉業，酬唱詩詞，共同編刻書籍等的密切交往，一方面填補金堡早期經歷的空白，另一方面可以展現明末一般士人交往的常態，及其社會矛盾的生態。

（二）金堡先投南明唐王，被迫離開，後赴肇慶永曆政權，授禮科給事中，直言敢諫，與袁彭年、蒙正發、丁時魁、劉湘客等並稱「五虎」，金堡為「虎牙」。對於永曆政權的黨爭和諸多決策，金堡無疑是重要人物，評判其為人及政見得失與南明滅亡的關係亦是重要的史學任務。

（三）明末清初如金堡一類遺民，皈依佛教、遁入空門，其「亦僧亦儒」的形象和儒佛融合的思想歸趣，不僅給佛界注入了一股新鮮血液，使儒學「血性」獲得了滲入佛學的最佳心理氛圍與思想基因，從而使長達千餘年的儒釋道三教融合達到了一種全新的境界，並使佛教與士人的關係也出現了一種前所未有的新氣象。金堡入天然函昰禪師門下後，不但開寺有功，且於佛法理義深有研究，著有《菩薩戒疏隨見錄》《丹霞澹歸禪師語錄》，其對於曹洞禪宗佛法多有繼承和開拓之處：一是，金堡在佛中求道、佈道，把本來是儒士普遍追求的道與佛學結合起來；二是，金堡試圖打通儒釋道三家，以儒道釋佛理，賦予佛理新的闡釋；三是參與僧諍（道義諍、五燈天皇諍、青原南嶽先後諍）闡述其佛學思想。

第二章 金堡的家世及早期社會交往

　　金堡（1615～1680），浙江仁和縣（今杭州）人。俗姓金，幼名埈，童子試後更名為堡，字子固、唐捐，後改字道隱、衛公。崇禎九年（1636），舉鄉薦，崇禎十三年（1640）成進士，殿試二甲第九，曾任明臨清知州。摘發姦猾，安撫流離，五個月後被迫離職歸里。順治二年，清軍攻下杭州，金堡偕原都督同知姚志卓起兵抗清，勢孤而敗。追隨南明隆武帝，任禮科給事中，後隨永曆帝，授兵科給事中，輾轉浙江杭州、台州，福建，廣東南雄、肇慶、韶關，廣西梧州、桂林。在永曆朝有「五虎」之「虎牙」之稱，清直有聲，遇事敢言，以忤黨臣，遭杖戍。順治七年（1650）與通政司印司奇同寓桂林茅坪庵，落髮為僧，名性因，恬因，號茅坪衲僧、茅坪野僧。

　　後投廣州雷峰寺函昰和尚門下，曾任夥頭、知客等職。始名今釋，字澹歸，又字蔗餘，號甘蔗生、甘蔗種、冰還道人、借山野衲、夢蝶庵、武林道隱、清浪戍卒、杜口金人、軍漢出家、澹漢、人家今釋等；開廣東仁化丹霞山別傳寺，後又建曲江會龍庵、仁化準提閣、始興新庵、南雄龍護院，合為丹霞四下院。晚號舵石翁，舵盤三老，徧行道者、豆皮宗、跛阿師，等等。為曹洞宗三十五世傳人。陶煊〔註1〕評價其為「夫人抱經濟之才，負礧砢之節，不幸而值亂世，棄妻子以輔置新君，流離播遷之餘，尚不忍以苟且塞責，直言敢諫，瀕於死，而不變，可謂有大臣風矣。乃國破家亡，禍不旋踵，入於空門以見節，君子益憫其志之窮，而謂其無乖於仁義之正者也。」〔註2〕

〔註1〕 陶煊，字奉長，號松門，寧鄉人，康熙年間以廩生入太學，考授同知，任安親王府教習。

〔註2〕 陳世英：《澹歸禪師傳》，《丹霞山志》，廣州：廣東教育出版社，2015年，頁72～73。

第一節　金堡的家世

　　金堡（1615～1680），生於萬曆四十二年十二月二十九日（小除，除夕前一日），卒於康熙十九年八月初九日。〔註3〕故金堡去世時為 65 周歲，67 虛歲。

一、金堡的父母

　　金堡的父祖及以上的祖先估計沒有什麼功名〔註4〕，並且出生貧寒〔註5〕，就連金堡的父親的名字亦是不詳，僅知其為「叔醇公」因金堡而被敕贈「文林郎禮科右給事中」，金堡母為吳氏，敕贈「孺人」〔註6〕。金堡幼年，吳氏即已去世〔註7〕。金堡之父（叔醇公）於當時社會的「官民矛盾」應有切膚之痛，將獲得功名之官員比喻為殘害百姓的「虎豹豺狼」；據金堡在《戴西永長者六袠壽冊序》中引用父訓：

> 余猶記趨庭時，承先給事訓，國家每三年十五國登賢書者千人，即增千虎豹豺狼，及禮部奏名，賜進士三百人，又增三百夜義羅剎，其居鄉也，父兄子弟宗親賓友以及僮僕，皆化而為虎豹豺狼夜義羅剎，其居官則曹史獄卒市駔遊客，又虎豹豺狼夜義羅剎之聚也，然世之取科第，為大官者，自以為顯親揚名，破人之家，殘人之命，

〔註3〕 學界一般認為金堡生於 1614 年，不確。金堡生於萬曆甲寅之小除（除夕前一日），甲寅十二月共有 29 天，除夕日為公曆 1615 年 1 月 28 日，故金堡生於公曆 1615 年 1 月 27 日；卒年康熙十九年八月九日之公曆為 1680 年 9 月 1 日。見徐乾學：《丹霞澹歸釋禪師塔銘》，陳世英：《丹霞山志》，廣州：廣東教育出版社，2015 年，頁 113。一般來說，文中敘述金堡出家之前，用「金堡」之名，出家之後多用「澹歸」或者「今釋」法號，但在腳注所引文獻，以文獻中所標注的作者名為準，如《徧行堂集》《徧行堂續集》一律標注「澹歸」；《嶺海焚餘》一律標注「金堡」；如果文獻未做標注的，按照敘述的規則來定。

〔註4〕 澹歸《金節母張孺人傳》有「予先世敦尚素樸……然家皆貧」；見澹歸：《金節母張孺人傳》，《徧行堂續集》卷 6，《清代詩文集彙編》第 47 冊，上海：上海古籍出版社，2010 年，頁 548。

〔註5〕 澹歸《負心說贈虞紹遠》自稱「道隱故寒士」；見澹歸：《負心說贈虞紹遠》，《徧行堂續集》卷 1，《清代詩文集彙編》第 47 冊，上海：上海古籍出版社，2010 年，頁 446。

〔註6〕 澹歸：《告墓文》，《徧行堂集》卷 8，《清代詩文集彙編》第 46 冊，上海：上海古籍出版社，2010 年，頁 438。

〔註7〕 金堡《請覃恩應得誥命疏》有「臣幼而喪母，長服父訓」；見金堡：《嶺海焚餘》，《叢書集成續編》第 58 冊，臺北：新文豐出版公司，1988 年，頁 64。

櫃人之財，以上壽於其父母，其父母亦以為吾子能尊我養我，汝誠
念之，其所飲者非旨酒乎，蓋人血也，其所食非佳餚乎，蓋人肉也，
其所衣者非文繡，蓋人皮也，其所居非輪奐，蓋人骨也。余聞是言，
如三百矛刺心，嗟乎！〔註8〕

　　據金堡《請覃恩應得誥命疏》「蓋自乙酉起義，棄家以來……倉卒起兵，
時與願違，流離數十里外，不得一攀墓前宿草」〔註9〕再據金堡《繳敕印疏》：
「臣以縗絰不祥之身倡義餘杭」〔註10〕可見，在乙酉年（1645）當年或稍前，
其父親已經去世。又據澹歸《絕句》原注「時逼小除先給事諱辰，先孺人難日
也」〔註11〕以及《思佳客·用韻酬王寅旭壽詞》中的原注，叔醇公的忌日在小
除日，恰是金堡的生日。〔註12〕經查 1645 年的小除日是崇禎十七年（順治元
年，甲申）十二月二十九日（公曆是 1645 年 1 月 26 日），故叔醇公去世於崇
禎十七年（順治元年，甲申）十二月二十九日。

　　叔醇公在易簀之際「以寡嫂幼弟丁寧相囑」，故金堡有一兄一弟；兄名宗
穎〔註13〕，成家後早逝；其弟由於戰亂，不知去向。〔註14〕

　　順治十年（1653），今釋途徑平湖，遣家僕金綬到杭州的父母墓前祭拜，
作《告墓文》：

　　　　歲在癸巳六月□日，出家男某，於毗陵東禪，遣舊蒼頭金綬歸
　　具香楮素食，告於敕贈文林郎禮科右給事中先考叔醇府君，敕贈孺

〔註 8〕　澹歸：《戴西永長者六褰壽冊序》，《徧行堂集》卷 5，《清代詩文集彙編》第 46
　　　　冊，上海：上海古籍出版社，2010 年，頁 360。

〔註 9〕　金堡《請覃恩應得誥命疏》有「臣幼而喪母，長服父訓」；見金堡：《嶺海焚
　　　　餘》，《叢書集成續編》第 58 冊，臺北：新文豐出版公司，1988 年，頁 64。

〔註 10〕　金堡：《繳敕印疏》，《嶺海焚餘》，《叢書集成續編》第 58 冊，臺北：新文豐出
　　　　版公司，1988 年，頁 51。

〔註 11〕　澹歸：《絕句》，《徧行堂集》卷 40，《清代詩文集彙編》第 47 冊，上海：上海
　　　　古籍出版社，2010 年，頁 243。

〔註 12〕　澹歸《思佳客·用韻酬王寅旭壽詞》，原注有「先給事忌恰在小除」，見澹歸：
　　　　《思佳客·用韻酬王寅旭壽詞》，《徧行堂續集》卷 16，《清代詩文集彙編》第
　　　　47 冊，上海：上海古籍出版社，2010 年，頁 730。

〔註 13〕　澹歸：《方子春先生傳》，《徧行堂續集》卷 6，《清代詩文集彙編》第 47 冊，
　　　　上海：上海古籍出版社，2010 年，頁 536。

〔註 14〕　金堡《請覃恩應得誥命疏》有「猶憶臣父易簀之際，以寡嫂幼弟丁寧相囑，而
　　　　今不能顧矣……臣不知兄弟妻子逃死何方，兄弟妻子亦不知臣偷生何地」；見
　　　　金堡：《嶺海焚餘》，《叢書集成續編》第 58 冊，臺北：新文豐出版公司，1988
　　　　年，頁 64。

人先妣吳氏之墓曰，某昔為朝廷之臣，今為佛祖之子；為朝廷臣，可以見斥於朝廷，為佛祖子，不可復見斥於佛祖也，見斥於朝廷，不得為官而止耳，若以世間一切情緣毀戒入俗而見斥於佛祖，不得為人。某誓願生生世世，擔荷佛法，使學道有成，則吾祖宗父母或在天上，或在人間，不難相見，倘其不成，方且淪沒於生死大苦海中，求脫三惡道而不可得，豈能去來自由，以見吾一生以至多生之眷屬乎。孔子曰，立身行道，揚名於後世，以顯父母，孝之終也。夫顯名何益之有，立身行道弘法於來生，以度父母，斯為至孝，某不復歸，敢以是為展墓之告。〔註15〕

多年以後，澹歸對於未能還鄉親自到父母墓前祭拜，頗有遺憾：

南雄還山上堂兩次，嶺頭送別大好還鄉曲調，陸孝山父親死在家裏，恰得還鄉，劉子安父親死在軍中，亦得還鄉，便是山僧有箇父親死了多年，直至如今，連還鄉二字也不提起。〔註16〕

二、金堡的青少年教育

據說金堡數歲即穎悟絕倫。萬曆四十六年（1618），金堡五歲時候，金堡父延請方坤若（號子春）先生為塾師；金堡從方先生學句讀，所學書過目成誦，時以神童目之。當時方先生三十多歲，曾參加童子試屢不利。一年後方先生辭去塾師，專心科舉，考獲補廩。

金堡少時「嘗與群兒戲逐入僧舍案有梵帙，取觀之乃《維摩詰經》一覽至不二門，恍如故物，洞悉其義，未卒讀逐群兒去，自是心目嘗有所憶，不能忘。」〔註17〕

天啟三年（1623），十歲的金堡與兄宗穎戲作詩文，其父令學制藝，方坤若見金堡詩文後說，「是子當以文名世，非今年師所能教也，宜易師」；金堡父親說，已經與現在朱先生約定，豈敢背約。方說「始作文者，一年惧，即三年不能轉，必易師」，金堡父仍不從。方再寄書信說，你請的塾師是我的中表兄

〔註15〕澹歸：《告墓文》，《徧行堂集》卷8，《清代詩文集彙編》第46冊，上海：上海古籍出版社，2010年，頁438。

〔註16〕澹歸：《語錄》卷45，《徧行堂集》卷45，《清代詩文集彙編》第47冊，上海：上海古籍出版社，2010年，頁338。

〔註17〕釋成鷲：《舵石翁傳》，《咸陟堂文集》，《廣州大典》第440冊，廣州：廣州出版社，2015年，頁370。

弟，也是我推薦給你的，我哪裏不願我的親戚來做，主要怕耽誤金堡；我必不令公有背約之憾，我來安排。於是，方勸朱先生說，「子寒士，金氏館穀未豐，吾有豐於金氏者，盍就之」朱先生說，我已成約，豈敢背約。方承諾不令朱先生有背約之憾。因此，方坤若再推薦了吳先生。

吳先生一開始就稱讚金堡作文，金堡父將吳先生對金堡作文的評語示諸親朋；親朋皆大驚於吳先生的評語，認為不好；金堡父遂不悅；此後定期抄錄作文和評語，質於前輩，都說此師必耽誤金堡；金堡父益不悅。半年之後，方坤若看到金堡之文，大驚說，想不到此子速成如此，並舉杯為金堡父祝賀；金堡父告之於眾人的否定意見，方笑著說，那些冬烘老儒生才會質疑；此子將來不僅取科第，還將以文名世。

第二年，金堡父再延請方坤若為塾師。「先生高視闊步，能以跌宕發人才思」方先生就金堡一篇以「子產全章」為題的作文，大加評賞，遍示同人說，我所不如，你們要善待他。方先生指點金堡「每作文必縛題，不為題所縛。嘗曰碎題使完，完題使碎，板題使活，活題使板，發昔人未發之理，造昔人未造之局，道昔人未道之言，初猶格格，如生面人，數年以後，心手俱熟，自成一家」。此後不久，方先生因病辭去塾師就去世了。〔註18〕金堡成年之後，經常懷念方先生，佩服方先生的才識和道德人品，曾作《思佳客‧用韻酬王寅旭壽詞》：

> 日暮途窮喚奈何，草深誰塾兔兒窩。
>
> 冥鴻易失新蹤少，凍鶴難禁舊話多。
>
> 干北海，脫東坡，聞君示作病維摩。
>
> 不堪此日歌天保，曾憶高吟剩蓼莪。〔註19〕

此後，金堡「應童子科，選博士弟子員，文日奇放，遠近傳誦，爭拭目焉」。〔註20〕

據澹歸《燕超堂詩集序》「今釋向以童子試，受知於大糸靜長鄒公，及十

〔註18〕澹歸：《方子春先生傳》，《徧行堂續集》卷6，《清代詩文集彙編》第47冊，上海：上海古籍出版社，2010年，頁536。

〔註19〕原注：舊書齋在先孺人墓側。方子春先生題有「淑氣培雙桂，高吟剩蓼莪」之句。先給事忌恰在小除。見澹歸：《思佳客‧用韻酬王寅旭壽詞》，《徧行堂續集》卷16，《清代詩文集彙編》第47冊，上海：上海古籍出版社，2010年，頁730。

〔註20〕釋成鷲：《舵石翁傳》，《咸陟堂文集》，《廣州大典》第440冊，廣州：廣州出版社，2015年，頁370。

年成進士而公歿」〔註21〕。

由於金堡於崇禎十三年（1640）考獲進士，前推十年，故金堡當在崇禎三年（庚午，1630）十七歲的時候參加了童子試。又據《查東山先生年譜》載「己巳庚午之閒，鄒靜長先生督學吾浙，課士最嚴」〔註22〕崇禎二年（1629）為己巳年，崇禎三年（1630）為庚午年，恰與金堡所言印證。當時，「（金堡）才思浩瀚，於古今書無所不讀，卓然自命，不肯一為苟且之，行思欲以所學者，大其用於天下也，浙之士咸稱之」〔註23〕

靜長鄒公即鄒嘉生（字元毓、毓靈，號靜長），武進人，萬曆丙辰進士，歷任戶部郎、西安府知府、浙江提學道、江西督學、浙江臺紹副使、陝西懷隆道、羅定兵備道、山西按察使等等，著有《燕超堂集》〔註24〕。鄒嘉生是個頗有政聲的有為的循吏，據光緒《武進陽湖縣志》載：

> 鄒嘉生，字元毓，萬曆四十四年進士。由戶部郎中出知陝西西安府。時白蓮妖賊四起，嘉生修備簡旅，賊不敢犯。有巨璫在陝捶殺職官，嘉生執送臺使者斃杖下。善治獄，有吏舞法，輒吐狀曰，吾澗神易，澗鄒公難。舉卓異，督學江西，尚書王紹徽以媚璫噱，言官齮齕之罷歸。後紹徽人逆案，嘉生冤白。補浙江臺紹副使，臺與閩相望多寇，嘉生駕樓船入海，按視形勢，伏兵堵截，海氛以息。歷遷陝西懷隆道，時秦晉多弊，嘉生建四議營制，馬政軍需邊儲多成效。遷山西按察使，流寇紫金梁等十道犯晉，省垣空虛，集紳僚四面守，西北圮嘉生獨當之。城內畫四廂，廂分十社，社有長，政令嚴密，賊遁去。嘉生居家敦孝友，尚節義，與江陰李應昇善，應昇被逮鬻產資之。〔註25〕

此外，文獻中有關他的傳奇不少，如禱雨和請城隍神誅崇邪等等〔註26〕。

〔註21〕澹歸：《燕超堂詩集序》，《徧行堂集》卷7，《清代詩文集彙編》第46冊，上海：上海古籍出版社，2010年，頁401。

〔註22〕沈起：《查東山先生年譜》「己巳先生二十九歲」條，嘉業堂刻本，1916年。

〔註23〕陳世英：《澹歸禪師傳》，《丹霞山志》，廣州：廣東教育出版社，2015年，頁72。

〔註24〕乾隆《武進縣志》卷9，清乾隆刻本；《倚聲初集》卷4韻辨一，清順治十七年刻本。

〔註25〕光緒《武進陽湖縣志》卷21，清光緒五年刻本。

〔註26〕雍正《陝西通志》卷52，清文淵閣四庫全書本；又見乾隆《西安府志》卷24，《職官志》，清乾隆刊本。

著名的景教流行中國碑的發現也與其有關：

> 西安守晉陵鄒靜長先生，有幼子曰化生，生而雋慧，甫能行，便解作合掌禮佛，二六時，中略無疲憊，居無何而病，微瞑笑視，儵然長逝，卜葬於長安崇仁寺之南，掘數尺得一石，乃景教流行碑也。〔註27〕

據澹歸《燕超堂詩集序》，鄒嘉生去世於崇禎十三年（1640）。順治十年（1653），今釋去廬山，暫宿毗陵東禪，見鄒嘉生之子鄒延琦，得鄒嘉生之詩集《燕超堂詩集》，並為之序。今釋在序中對恩師評價極高：

> 公讀書數行俱下，治吏牘方圓並畫，其視學浙閩十一郡之文四萬有奇，九十日而畢，敏無出公上者。備兵天台，制海上利害，賊不敢犯於商於蕩礦賊巢。守晉會城，卻流寇之圍，最後戰猺獞羅旁勇敢，亡出公上者，其為守剪狐鼠於藩封，城社之內晏然不驚。既以監司折監璫之角，使屏息去，攝鹽法斥市直之例。不名一錢，廉節無出公上者。至於圖教目寶山故地，策宣東乘障要害，卒格於璫，為後人黑峪口之恨，智畧無出公上者。使公得盡其才，無論中權天下，第令秉節仗鉞，數千里內外，可以鹿走豕突，安如覆盂。國統中微而建桓文之勳，左提右拂，以尊王室，無足為公難者。〔註28〕

三、金堡的家庭

金堡妻子為方氏。方氏於順治八年（辛卯，1651）出家〔註29〕，順治十年（癸巳，1653）六月二十五日去世〔註30〕。金堡與方氏生有二子二女。二子為

〔註27〕《景教流行中國碑》，《來齋金石考略》卷下，清文淵閣四庫全書本。

〔註28〕澹歸：《燕超堂詩集序》，《徧行堂集》卷7，《清代詩文集彙編》第46冊，上海：上海古籍出版社，2010年，頁402。

〔註29〕澹歸《焚方孺人靈座文》：「我本師天然和尚，既受法已，其父母妻妹與其子，亦皆出家，吾自知有佛法，亦欲先度諸眷屬，吾於庚寅落髮，汝已於辛卯捨命」；由於前句特別提到天然和尚其父母妻妹與其子，亦皆出家，故此處「捨命」應為捨命歸空、出家的意思，非死亡的意思；見澹歸：《焚方孺人靈座文》，《徧行堂集》卷8，《清代詩文集彙編》第46冊，上海：上海古籍出版社，2010年，頁438。

〔註30〕澹歸《焚方孺人靈座文》「歲在癸巳……遣舊蒼頭金綬持歸於閏六月初九日……汝亡迄兩周」，故方氏去世於順治十年（癸巳，1653）六月二十五日；此外，標題中「靈座」是指新喪既葬，供神主的几筵，故閏六月初九日為亡後兩周。

世鎬、世鎮；二女，長女名蓮嫁朱孔暉，二女嫁程氏。

如果金堡是 18 歲（崇禎四年，1631）結婚，生育四個子女約要八年時間；故到乙酉年（1645），金堡棄家參加反清活動之時〔註31〕，金堡第四個小孩應不足 6 歲。

今釋作《焚方孺人靈座文》之時在順治十年，其中有「吾既為佛子，不復歸家，兩兒子亦無家可歸。世鎬且令相隨，世鎮有欲乞為兒者，吾已許之矣；兩女各歸其舅姑與其夫」〔註32〕可見，在該年兩女已經出嫁。因此，金堡第四個小孩應為世鎮。根據前面的推算，方氏去世之時，世鎮應不到 14 歲。〔註33〕再有，前引有「世鎬且令相隨」，是指隨今釋入盧山〔註34〕。

世鎮為人作兒，後來亦早夭，具體情形難考。

世鎬則經歷一段特殊的生活。順治十年（癸巳，1653），今釋去盧山棲賢寺，暫停昆陵（常州）〔註35〕，方才見到闊別九年的世鎬和世鎮。今釋作長詩《癸巳六月六日燈下作詩示世鎬誦》，詩中回憶當初離家之時對兒子「有兒許讀書，不許學干祿」的囑託，回顧了自己跟隨永曆後下獄被貶，皈依佛門之狀，慨歎「九年一見汝，歎汝淚相續。汝母聞已亡，汝書知不讀……若使金道隱，忍恥還入俗。整頓宦家風，歡聲動親族。汝作宦家兒，汝寧不自惡。嗚呼人可死，心死安可贖」，並描述了戰亂之中，人民生死繫於一線，災難深重的情形，教導世鎬要「汝當感汝貧，汝貧汝之福……汝當自精勤，克己養淳樸……衣不厭麻縷，食不厭麥菽。雜作微細工，勞苦勤習熟。安貧而學道，斯為善自

〔註31〕金堡《請覃恩應得誥命疏》有言：「蓋自乙酉起義，棄家以來，迄今五載矣」見金堡：《請覃恩應得誥命疏》，《嶺海焚餘》中卷，《叢書集成續編》第 58 冊，臺北：新文豐出版公司，1988 年，頁 64。

〔註32〕澹歸：《焚方孺人靈座文》，《徧行堂集》卷 8，《清代詩文集彙編》第 46 冊，上海：上海古籍出版社，2010 年，頁 438。

〔註33〕澹歸《焚方孺人靈座文》有「汝以不得見吾，不得終視諸兒女嫁娶為恨」，顯然是指方氏沒有全部看到四個子女的嫁娶，尤其是世鎮仍未成年。見澹歸：《焚方孺人靈座文》，《徧行堂集》卷 8，《清代詩文集彙編》第 46 冊，上海：上海古籍出版社，2010 年，頁 438。

〔註34〕趙申喬《先考前兵部主政止安府君行述》有「（金堡）長君無所依，復將從澹公入盧山」，見趙申喬：《先考前兵部主政止安府君行述》，《趙恭毅公剩稿》卷 4，《四庫全書存目叢書》集部第 244 冊。

〔註35〕澹歸《癸巳六月六日燈下作詩示世鎬誦》有「昨來尋山樓，暫過昆陵宿」之句，見澹歸：《徧行堂集》卷 30，《清代詩文集彙編》第 47 冊，上海：上海古籍出版社，2010 年，頁 57。

牧」〔註36〕由於方氏已經去世，兩子無地立足，所以，只好將世鎮送人為兒，準備世鎬隨自己入盧山。當時，今釋的同年好友武進人趙繼鼎（1597～1673，字取新，號止安）恰回鄉隱居，遂在毘陵與今釋話舊，經過趙的勸說，今釋同意將世鎬送其撫養。趙繼鼎此舉成為藝林佳話（詳見後章）。

金堡與岳母之兄虞立蒸交厚。虞立蒸借給金堡的公車之資、進京之費等積千餘金；後來金堡與虞立蒸之子虞季憲結為兒女親家，即世鎬娶虞季憲之女虞氏為妻，並生一子。金堡舉兵起義反清後，當清兵侵入杭州，有私怨金、虞二家者，「稱道隱舉兵，誣季憲助餉，季憲幾死獄。戶事雖白，而家已破」〔註37〕。

後來世鎬，不知何故客死臨清。其妻虞氏歸母家，改嫁一老翁，合婚之夕虞氏嘔血，不久即死，未幾，鎬子亦死。金堡認為世鎬遺孤之死，絕對可疑。〔註38〕

此後，趙繼鼎與今釋還有交往，後章將會涉及。到了康熙元年（1662），今釋始開丹霞別傳寺，由於老友張過菴來訪，提及趙繼鼎，今釋遂寄信趙繼鼎，「（張過菴）具述吾兄推情，愛厚有加，感不去口，弟聞之亦如身被陽和矣」，又談到「比聞世鎬已化為異物，死生常理，無足道者，但孤負吾兄一片教育深情，未卜此子若何為報」〔註39〕說明此時世鎬已經去世。

約在康熙七年（1668），今釋在贛州偶遇趙繼鼎，作《章貢遇趙止安東歸有贈》由趙繼鼎之子再提及已經過世的世鎬「吾兒立冥塗，為公操左券」。〔註40〕

世鎬、世鎮去世後，葬於本族墓地。同房兄弟世鍼，將叔醇公冢傍地和墓前一池的砌石均賣掉，並將世鎬、世鎮棺木焚毀。〔註41〕今釋在丹霞別傳寺得

〔註36〕澹歸：《癸巳六月六日燈下作詩示世鎬誦》，《徧行堂集》卷30，《清代詩文集彙編》第47冊，上海：上海古籍出版社，2010年，頁57。

〔註37〕澹歸：《負心說贈虞紹遠》，《徧行堂續集》卷1，《清代詩文集彙編》第47冊，上海：上海古籍出版社，2010年，頁446。

〔註38〕澹歸：《金節母張孺人傳》，《徧行堂續集》卷6，《清代詩文集彙編》第47冊，上海：上海古籍出版社，2010年，頁548。

〔註39〕澹歸：《寄趙止安御史》，《徧行堂集》卷25，《清代詩文集彙編》第46冊，上海：上海古籍出版社，2010年，頁754。

〔註40〕詩中首句「雨散十五載，不意此相見」，估計是從順治十年（1653）託付世鎬算起，至康熙七年（1668）恰十五年；見金堡：《章貢遇趙止安東歸有贈》，《徧行堂集》卷30，《清代詩文集彙編》第47冊，上海：上海古籍出版社，2010年，頁66。

〔註41〕澹歸：《金節母張孺人傳》，《徧行堂續集》卷6，《清代詩文集彙編》第47冊，上海：上海古籍出版社，2010年，頁548。

知世鍼之惡行，寄詞《玉樓春‧示世鍼》一首，明顯有勸誡之意：

> 貧士且捱貧歲月，縱有妄為成妄業。
>
> 錯將烏喙濟饑腸，尺寸饑腸分寸截。
>
> 贏得春光迴臘雪，掃盡迷雲見秋月，
>
> 但求自己莫求人，折卻繡針還鐵壁。〔註42〕

前述金堡有二女，長女名蓮〔註43〕嫁朱孔暉。關於長女的惡行，金堡覺奇恥大辱，在《金節母張孺人傳》中說：「長女適朱氏者，至無行，生三女賣諸八姓，以是搆訟。予惡之，不許見，遂極口大罵，掠寓次菩薩像書籍而去。」〔註44〕又於《與丹霞樂說辯和尚》的書信中說「朱孔暉夫妻只將三箇女兒，賣了八家，結下訟事。雄者逃走，雌者乃至劫掠寓中行李而去。」〔註45〕

經過考證，以上兩段敘述，從時間順序來看，講了三件相關聯的事情：一是朱孔暉夫妻「三女賣諸八姓，以是搆訟」；二是「雄者逃走」指朱孔暉逃離所居的杭州，還曾經到廣州海幢寺投奔今釋；三是康熙十七年（1678），今釋（此時已65歲）到嘉興請藏，返途逗留平湖之時，長女蓮從杭州坐船到平湖，因今釋惡之，不許見，遂極口大罵，並到今釋寓所將菩薩像書籍以及行李掠奪而去。

由於朱孔暉夫妻「三女賣諸八姓，以是搆訟」，被騙之家到朱家追償，以致朱孔暉逃走。約在康熙四年（1665）〔註46〕，朱孔暉投奔在廣州海幢寺的今釋。估計當時朱孔暉並未向今釋吐露實情，只是言學法出家。今釋作有《青玉案‧朱孔暉自武林來訪》：

> 斷山影裏仍相見，是當日誰家倩。

〔註42〕澹歸：《玉樓春‧示世鍼》，《徧行堂續集》卷16，《清代詩文集彙編》第47冊，上海：上海古籍出版社，2010年，頁731。

〔註43〕澹歸在《雷示孔儀》中稱長女為「蓮逆」，見澹歸：《雷示孔儀》，《徧行堂續集》卷12，《清代詩文集彙編》第47冊，上海：上海古籍出版社，2010年，頁651。

〔註44〕澹歸：《金節母張孺人傳》，《徧行堂續集》卷6，《清代詩文集彙編》第47冊，上海：上海古籍出版社，2010年，頁548。

〔註45〕澹歸：《與丹霞樂說辯和尚》，《徧行堂續集》卷10，《清代詩文集彙編》第47冊，上海：上海古籍出版社，2010年，頁608。

〔註46〕據釋今無《朱孔暉澹歸俗壻也來自武林時澹歸與予度夏海幢孔暉因從予品戒於其歸送詩三章》有「廿年懷骨肉」，金堡從順治二年（乙酉，1645）棄家參加反清活動以來，至康熙四年（1665）恰20年；該年澹歸從丹霞山到海幢寺度夏；見釋今無：《朱孔暉澹歸俗壻也來自武林時澹歸與予度夏海幢孔暉因從予品戒於其歸送詩三章》，《光宣臺集》卷19，《廣州大典》第439冊，廣州：廣州出版社，2015年，頁671。

　　省識孃生三世面，竄居無分，獨行無分。

　　非我閒親串，合離不得容針線，挽著絲絲理還亂。

　　眼底空花能自薦，春雲秋月一般今古，王謝堂前燕。〔註47〕

　　今釋還將朱孔暉介紹給法弟今無學佛法。後來朱孔暉離開海幢，今無贈詩三章：

　　廿年懷骨肉，萬里向江湖。

　　空有金人夢，全成鐵佛圖。

　　家園沈定水，眷屬隱衣珠。

　　但立門人後，西風繞碧梧。

　　俗緣忽已斷，親入丈人峰。

　　話墮疎林月，情消午夜鐘。

　　秋波歸路闊，別思客心重。

　　誰識團圞意，龐家尚覺濃。

　　愛我求摩頂，忻君亦似僧。

　　流雲方有岫，出世豈無能。

　　散鬢隨愁轉，秋蟲入夜增。

　　莫將鄉井思，數對客船燈。〔註48〕

　　康熙十七年（1678），今釋八月廿三日到嘉興請藏，但是所帶銀兩不足，遂九月廿三日往平湖逗留七十日，主要為了請藏化緣，經同人相助，得五十金〔註49〕。此時長女蓮得知今釋在平湖，遂與其母方的遠親一同從杭州坐船到平湖，大抵想獲得今釋的銀兩資助；由於長女蓮前述的惡行，今釋視之如禽獸，拒之不見〔註50〕。蓮遂極口大罵，並到今釋寓所將今釋行李書籍等物掠奪而去〔註51〕。今釋兩次致信族姪金孔儀，以示族內親戚，與蓮斷交：

〔註47〕澹歸：《青玉案‧朱孔暉自武林來訪》，《徧行堂集》卷43，《清代詩文集彙編》第47冊，上海：上海古籍出版社，2010年，頁294。

〔註48〕釋今無：《朱孔暉澹歸俗壻也來自武林時澹歸與予度夏海幢孔暉因從予品戒於其歸送詩三章》，《光宣臺集》卷19，《廣州大典》第439冊，廣州：廣州出版社，2015年，頁671。

〔註49〕澹歸：《與丹霞樂說辯和尚》，《徧行堂續集》卷10，《清代詩文集彙編》第47冊，上海：上海古籍出版社，2010年，頁608。

〔註50〕澹歸：《與孔儀大姪》，《徧行堂續集》卷12，《清代詩文集彙編》第47冊，上海：上海古籍出版社，2010年，頁651。

〔註51〕澹歸：《金節母張孺人傳》，《徧行堂續集》卷6，《清代詩文集彙編》第47冊，上海：上海古籍出版社，2010年，頁548。

婦人之法，不得已而有遠行。上從父母舅姑，次從夫，再次從子，非此則不行，所以別嫌也。朱家婦自杭州至平湖，乃與方氏疎屬同舟而來，大可怪恨。老僧既出家，無緣行家法，但拒之不見耳。然此後亦不能復見老僧矣。姪於二房第三支居長，具有正性，今發此札存之，亦足示後昆，作家訓也。〔註52〕

蓮逆行劫，與金氏大義絕矣。老僧已出世，不復以世間法處之，則如蓮逆之類，以世間法待老僧者可以止矣。金氏族屬不能絕蓮逆於一家之外，亦不必置老僧於一家之內，且蓮逆於親生之女，展轉騙賣至於一女三家，第二女又三家，失身受辱，陷於禽獸，則蓮逆不但自絕於金氏，亦與其夫同絕於朱氏矣，為之親戚者，相與羽翼而分其利，為之族屬者，恬不知恥，老僧即不出世，亦應自絕於金氏，況已出世耶，特以數言示孔儀姪與倬云姪孫，並令示之六親中稍有血氣者。〔註53〕

估計在同時，次女也表示了相見之意，今釋僅覆信一封，亦未相見：

生身父母見也無益，不見無損我，在者里攔街打滾，有時滾到杭州，忽然見了，沒些齟齬，沒些面目，見與不見著甚要緊，從此以後，更不思量，我不說你忤逆，如今鎮日思量，我不說你孝敬，當下撒手，何等乾淨，若肯承當，是大根性。〔註54〕

對於長女以及族姪世鍼的惡行，今釋一直耿耿於懷，在《金節母張孺人傳》再次提及：

觀於虞氏之改適而死，而吾嫂之撫其子下報其夫可風也。觀於朱氏之婦之罵父，而世鍼之不忘其母可風也。觀於世鍼之不顧祖墓，棄其同堂兄弟之骨，而世鍼之欲為兄立傳，又可風也。予語世鐸，吾已出家，不應猶是金氏之人，金氏之人亦不應以吾為一家之人，若真欲為一家，則家法所宜申，即關國法，恐大費一番鍛鍊，吾不欲為。乃因世鍼之請，既表其母之節，亦兼章善瘅

〔註52〕 澹歸：《與孔儀大姪》，《徧行堂續集》卷12，《清代詩文集彙編》第47冊，上海：上海古籍出版社，2010年，頁651。

〔註53〕 澹歸：《畱示孔儀》，《徧行堂續集》卷12，《清代詩文集彙編》第47冊，上海：上海古籍出版社，2010年，頁651。

〔註54〕 澹歸：《寄示程門女》，《徧行堂續集》卷7，《清代詩文集彙編》第47冊，上海：上海古籍出版社，2010年，頁564。

惡二義，俾世鋏藏之，為金氏雷勸誡於後人，或於家風不無小補

云。〔註55〕

金堡家族關係簡圖如下：

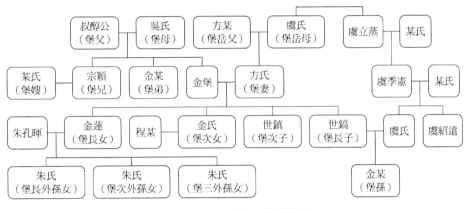

圖1　金堡家族關係簡圖

第二節　金堡的早期經歷

這裡的早期是指金堡成年之後，至順治二年（弘光元年乙酉，1645）之前的時期。之所以這樣劃分，主要是因為該年金堡（32歲）跟隨起義軍抗清，此後金堡離開杭州，過著兵荒馬亂、顛沛流離的生活。

一、科舉

金堡還是諸生時，就「孤介曠遠，不屑為時名。弱冠，博通群書，熟知天下利病。文筆清堅，度越溪徑」。〔註56〕崇禎九年（丙子，1636），二十三歲的金堡參加鄉試，所需費用借貸於岳母之兄虞立蒸。鄉試中，以「五策談時政，娓娓數萬言，危詞切論，直攻乘輿無諱。主者奇之，舉於鄉。闈牘出，天下擬之羅倫廷對。」〔註57〕當時，廣東博羅人韓宗騄（字祖心，號剩人，法名函可，

〔註55〕澹歸：《金節母張孺人傳》，《徧行堂續集》卷6，《清代詩文集彙編》第47冊，上海：上海古籍出版社，2010年，頁548。

〔註56〕王夫之：《金堡列傳》，《永曆實錄》卷21，上海：上海古籍出版社，1987年，頁179。

〔註57〕王夫之：《金堡列傳》，《永曆實錄》卷21，上海：上海古籍出版社，1987年，頁179；羅倫（1431～1478），字應魁，一字彝正，號一峰。明代理學家，狀元，翰林四諫之一。吉安永豐人，家貧好學。成化二年（1466）會試，對策萬言，指切時弊，擢進士第一，授翰林院修撰，名震京都。

又自稱搕和尚），見金堡制義文章，讚歎為「此宗門種草也」。〔註58〕

　　崇禎十二年（1639），金堡公車進京。該年函昰乃是再次公車（第一次是崇禎七年），但是仍沒有考中，否則與金堡為同年生。金堡公車進京之費用，復借於虞立蒸。

　　崇禎十三年（庚辰，1640），金堡廷試獲二甲第四十名。〔註59〕二十四年之後，金堡回憶起這段經歷說「廿四年前，長安道上，走馬看花，世界遷訛，惘然一夢」〔註60〕已經是出家之後看破紅塵的心態。

二、結社京郊

　　據今釋《沈嘉令郡丞過訪寓中》有注「憶在都門與陳章侯、伍國開、閔裴卿、龔華茂諸子詩灑過從，今所存者，尊甫先生耳，言次慨然」〔註61〕又據周亮工《讀書錄》云：「辛巳，余謁選，再見（陳洪綬）於都門，同金道隱、伍鐵山諸君子結詩社。」〔註62〕因為伍瑞隆崇禎十四年（1641）提升為翰林院待詔，先後調升自戶部主事、員外郎（管倉場）、河南大梁兵備道兼署藩臬兩司，故金堡與伍瑞隆（國開）、陳洪綬（章侯）、周亮工（櫟園）、閔度（裴卿）、龔華茂、黃仲霖等結詩社於京郊，最早可能是在此年。當是金堡中進士之後，在北京繼續逗留遊歷期間之事。今釋有詩《海幢行苔伍鐵山》描述當時詩社情景：「猶記京師無恙日，四海名流如一室。淋漓綵筆共酣歌，雄捷逢君皆屏跡。」〔註63〕

（一）伍瑞隆

　　伍瑞隆（1585～1666），字國開，號鐵山，別署鳩艾山人。廣東香山縣大欖都西頭坊人，明天啟元年（1621）辛酉科解元。崇禎十年（1637）丁丑科副

〔註58〕釋成鷟：《舵石翁傳》，《咸陟堂文集》卷6，《廣州大典》第440冊，廣州：廣州出版社，2015年，頁370。

〔註59〕見《明清進士提名碑錄》，上海：上海古籍出版社，1979年；而《舵石翁傳》說是廷試二甲第九名，當以《明清進士提名錄》為準。

〔註60〕澹歸：《長安夢說為盧長華少參贈別》，《徧行堂集》卷2，《清代詩文集彙編》第46冊，上海：上海古籍出版社，2010年，頁292。

〔註61〕澹歸：《沈嘉令郡丞過訪寓中》，《徧行堂集》卷38，《清代詩文集彙編》第47冊，上海：上海古籍出版社，2010年，頁207。據詩注，參加詩社的還有一位沈氏，即沈嘉之父，詳情待考。

〔註62〕轉引自黃勇泉：《陳洪綬年譜》，北京：人民美術出版社，1960年，頁67。

〔註63〕澹歸：《海幢行苔伍鐵山》，《徧行堂集》卷31，《清代詩文集彙編》第47冊，上海：上海古籍出版社，2010年，頁79。

榜，與曹溶同科。任化州教諭，次年改授化州學正。崇禎十四年（1641）提升為翰林院待詔，先後調升戶部主事、員外郎、河南大梁兵備道、兼署藩臬兩司。崇禎十七年（1644）遊黃山，後客居於南京。南京被清兵攻陷後，便回廣州，清兵入廣州時，伍瑞隆被捕降清，後放還，歸故里隱居。

　　金堡在南明朝時，曾做《駁何吾騶疏》有言「伍瑞隆通書在未反正之前，一語定案；吾騶得毋徼幸否？若在既反正之後，吾騶未必發覺之」〔註64〕應該是伍瑞隆被捕降清後之事。因伍瑞隆通書和何吾騶之疏具體未詳，文中所言之事及所指不詳。

　　直隸容城人胡戴仁（號絹菴）於順治十四年（1657）至康熙三年（1664）任香山知縣〔註65〕。期間，胡戴仁經常去拜訪伍瑞隆，並獲得伍瑞隆的詩畫卷，請在海幢寺的今釋題字，其中有「不見國開十餘年，絹菴先生出示此卷，為之太息」之語。〔註66〕

　　數十年後，沈嘉來訪，勾起今釋對詩社的回憶和感歎：

　　　　宦情野水只蒼涼，蕭寺尋僧路未荒。

　　　　卷畫溪邊詩思遠，擘雷山畔德音長。

　　　　行雲不覺歸如幻，各夢何知共一方。

　　　　卻歡昔年朋好盡，君家猶見魯靈光。〔註67〕

　　約在順治十二年至順治十四年（1655～1657）之間〔註68〕，今釋在海幢寺與伍瑞隆相見，今釋作詩《海幢行荅伍鐵山》，其中回憶了在北京結為詩社之情形，以及戰亂荼毒生靈之慘狀，亦有劫後餘生之感慨：

　　　　猶記京師無恙日，四海名流如一室。

　　　　淋漓綵筆共酬歌，雄捷逢君皆屏跡。

〔註64〕金堡：《駁何吾騶疏》，《嶺海焚餘》，《叢書集成續編》第58冊，臺北：新文豐出版公司，1988年，頁73。

〔註65〕據乾隆《香山縣志》卷4「胡戴仁，容城人，拔貢，順治十四年任（香山知縣）；姚啟聖，會稽人，解元，康熙三年任（香山知縣）」故胡戴仁任香山知縣的時間可能是順治十四年（1657）至康熙三年（1664）。

〔註66〕澹歸：《題伍國開詩畫卷》，《徧行堂集》卷16，《清代詩文集彙編》第46冊，上海：上海古籍出版社，2010年，頁582。

〔註67〕原注：憶在都門與陳章侯、伍國開、閔裝卿、龔華茂諸子詩灑過從，今所存者，尊甫先生耳，言次慨然；見澹歸：《沈嘉令郡丞過訪寓中》，《徧行堂集》卷38，《清代詩文集彙編》第47冊，上海：上海古籍出版社，2010年，頁207。

〔註68〕澹歸《海幢行荅伍鐵山》有「七十老翁何所求」之句，伍瑞隆生於1585年，順治十二年（1655）滿七十歲。

金輪忽暗扶桑枝，地北天南奔走遲。

劍樹刀山衽席過，空勞鬼國數相知。

當年醉客埋荒草，剩得頭皮鬈已絲，

嗚呼，伍君世人爭欲殺，徼幸蒼蒼存落拓。

也似金生獄底未成燼，萬里青山一布衲。

判隔餘生信渺茫，何緣豪氣看如昨。

欲言無語指胸前，五嶽橫排都倒踏。

七十老翁何所求，一雙白眼隨浮漚。

詩筒酒盌堪驅使，未遣清狂萬斛愁。

喜君雖老無老態，我雖未老身先壞。

算來老在病之先，病漢比君還老在。

便教同作老商量，合短離長時不再。

君今又欲歸山中，我念匡盧錦繡峯。

揮手莫開兒女口，雲山截斷水千重。

不論何日能相見，手把君詩見君面。

墨花湧出牡丹臺，金色芙蓉成一片。

世間出世總休心，那得龜毛縫閃電。

為君更續海幢行，兩地孤心寫不成。

月落寒山鍾磬晚，海潮音向白雲生。〔註69〕

　　此後，今釋建造經營丹霞別傳寺，與伍瑞隆時有書信往來，互致問候，還曾代沈融谷乞扇面畫於伍瑞隆。〔註70〕今釋之友凌雲（字澹癯，別號髭放）藏有伍瑞隆之牡丹畫，並請今釋題字。〔註71〕

　　今釋還為伍瑞隆題畫，其中有「鐵骨生成不受降，海山慘澹落雲幢」似有為伍瑞隆降清之事翻案之意。〔註72〕

　　康熙四年（1665），伍瑞隆八十壽，今釋寄詩以賀：

〔註69〕澹歸：《海幢行荅伍鐵山》，《徧行堂集》卷31，《清代詩文集彙編》第47冊，上海：上海古籍出版社，2010年，頁79。

〔註70〕澹歸：《與伍鐵山少參》，《徧行堂集》卷24，《清代詩文集彙編》第46冊，上海：上海古籍出版社，2010年，頁738～739。

〔註71〕澹歸：《題伍鐵山牡丹》，《徧行堂集》卷16，《清代詩文集彙編》第46冊，上海：上海古籍出版社，2010年，頁583。

〔註72〕澹歸：《為伍鐵山題畫》，《徧行堂集》卷40，《清代詩文集彙編》第47冊，上海：上海古籍出版社，2010年，頁241。

鐵山老漢蹢八十，詩酒清狂只少年。

莫向蓬壺求大藥，還丹結在墨池邊。

海波欲罩七星峯，鼓角無聲怯老龍。

舵石三更雲霧裏，遙連紫氣赤光中。〔註73〕

（二）陳洪綬

陳洪綬（1599～1652），字章侯，幼名蓮子，一名胥岸，號老蓮，別號小淨名，晚號老遲、悔遲。浙江紹興府諸暨縣楓橋陳家村人。明代著名書畫家、詩人。崇禎十二年（1639）到北京遊歷，與周亮工過從甚密。後以捐貲入國子監，召為舍人，奉命臨摹歷代帝王像，因而得觀內府所藏古今名畫，技藝益精，名揚京華，與崔子忠齊名，世稱「南陳北崔」。

據周亮工《讀畫錄》「黃仲霖曰：予以癸未別章侯於燕，明年從金道隱郵筒，得章侯書並書畫扇，意存諄戒，唯此老自無雷同語耳。」〔註74〕癸未是崇禎十六年（1643），明年為崇禎十七年（1644），金堡方在仁和服喪（其父去世），期間與陳洪綬常有書信往來。

陳洪綬重義輕財，「尤喜為貧不得志人作畫周其乏。凡貧士藉其生者數十百家」。順治八年（1651），陳洪綬在《姜綺季手錄陳詩老蓮自敘》說：「所愁者：沈石天……，朱訏庵、金衛公（堡）孤兒幼女，未必能周恤」〔註75〕彼時金堡已經離家投奔南明朝廷有六年了，家中的妻子和孤兒幼女生活困頓，陳洪綬有意周濟，但是單憑一己之力，並不能照顧周全，故為此發愁。

在兵荒馬亂之際，陳洪綬與友人鄭履公、祁奕遠、劉道遷等在紹興的若耶溪上修建房屋，期望金堡一同來此避亂；金堡予以婉拒。陳洪綬為此作詩：

莫怨無琴鶴，浮蹤聽世人。

諸君茸小屋，待汝過酣春。

離亂應懷我，移居先買鄰。

江東米不賤，豈得再逡巡。〔註76〕

〔註73〕澹歸：《口占寄鐵山》，《徧行堂集》卷41，《清代詩文集彙編》第47冊，上海：上海古籍出版社，2010年，頁256。

〔註74〕周亮工：《讀畫錄》，杭州：西泠印社出版社，2008年。

〔註75〕陳洪綬：《姜綺季手錄陳詩老蓮自敘》，《陳洪綬集》，吳敢輯校，杭州：浙江古籍出版社，1994年，頁9。

〔註76〕陳洪綬：《鄭履公祁奕遠劉道遷與老蓮茸屋若耶溪上期金道隱來避亂不至》，《陳洪綬集》，吳敢輯校，杭州：浙江古籍出版社，1994年，頁109。

　　陳洪綬與金堡間或有書信往來，互通消息，陳洪綬《道隱書來道周元亮見懷卻憶》：

> 懷從良友寫，書自賊中來。
>
> 世亂盟新好，天崩困美才。
>
> 子情我已悉，我意子能猜。
>
> 得與先生過，雲門闢草萊。〔註77〕

　　今釋曾作《陳章侯畫贊》，評價陳洪綬的畫：「琴不發聲，石無留響，此老嗒然，作天際真人之想，即扶杖候鼎之童子，或一動而一靜，皆不來而不往，非章侯之神遊八極者，豈能合真畫於礧礴，得玄珠於象罔耶」〔註78〕

　　今釋收藏陳洪綬的畫有四種（文殊師利像、山水、上元歡、觸筆），其中文殊師利像奉贈函昰，上元歡奉贈止言。順治九年（1652）陳洪綬去世，今釋到順治十年才知悉，當時今釋正從廣東度嶺北上。聽聞老友去世，惋歎累日。到了順治十七年（1660），今釋將上元歡奉贈止言之時，仍然為老友的早逝而感歎。〔註79〕

　　今釋還曾經將所藏陳洪綬的山水畫與陸世楷、沈皞日共同欣賞，當夜詩成後，就夢到陳洪綬：

> 赤石憑陵碧水環，白雲終古未曾閒。
>
> 三千里外山中畫，二十年前畫裏山。
>
> 弱草棲塵當處盡，空梁落月一時還。
>
> 老來不復重提起，只為全身在此間。〔註80〕

　　此後，今釋看到他人的字畫，如葉潔吾〔註81〕、陸仲侯〔註82〕等，都會

〔註77〕陳洪綬：《道隱書來道周元亮見懷卻憶》，《陳洪綬集》，吳敢輯校，杭州：浙江古籍出版社，1994年，頁136。此外，陳洪綬另有《還自武林寄金子偕隱橫山》（六首）組詩，從標題和內容上還難以判斷是寫給金堡的，存疑。

〔註78〕澹歸：《陳章侯畫贊》，《徧行堂集》卷14，《清代詩文集彙編》第46冊，上海：上海古籍出版社，2010年，頁548。

〔註79〕澹歸：《書上元歡後》，《徧行堂集》卷17，《清代詩文集彙編》第46冊，上海：上海古籍出版社，2010年，頁604。

〔註80〕澹歸：《是夜詩成故友陳章侯入夢》，《徧行堂集》卷36，《清代詩文集彙編》第47冊，上海：上海古籍出版社，2010年，頁169。

〔註81〕澹歸：《如來藏歌為葉潔吾畫佛贈》，《徧行堂集》卷31，《清代詩文集彙編》第47冊，上海：上海古籍出版社，2010年，頁93～94。

〔註82〕澹歸：《陸仲侯畫羅漢為供》，《徧行堂集》卷37，《清代詩文集彙編》第47冊，上海：上海古籍出版社，2010年，頁200。

不由的想起陳洪綬。康熙三年（1664），今釋在相江船上邂逅老友吳雲軿。吳拿出一幅大士像索題。今釋見此畫像筆意頗似陳洪綬，大概是陳的入室弟子所畫，因此「放筆三歎」〔註83〕。今釋還在《絕句》〔註84〕《贈鮑席陳》〔註85〕等詩歌中寄託對故去老友的深厚思念，其中《俞仲欽字畫頗似章侯》，表達了老友故去，山河已改，無限惆悵之意：

> 未過梅嶺思蓮子〔註86〕，不畫金仙賦玉樓。
>
> 筆墨乍看人尚在，山河已邈淚難收。
>
> 敢教二老風流減，欲搏雙鵰氣勢遒。
>
> 顛倒老兵尋北海，何妨翻案出西州。〔註87〕

康熙十七年（1678）今釋上函昰剗，決意出嶺，赴嘉興請藏，將陳洪綬的山水畫留供別傳寺。〔註88〕康熙十八年（1679），今釋途經金閶，徐充伯將所藏三十七年前今釋的書法冊子，請今釋題字。今釋再次想起陳洪綬為其所畫的文殊師利像，自覺是自己在後來出家的因緣佐證。〔註89〕

（三）周亮工

周亮工（1612～1672），字元亮，又有陶庵、減齋、緘齋、適園、櫟園等別號，學者稱櫟園先生、櫟下先生。河南祥符籍，江西金溪櫟樹下人（今屬金溪縣合市鎮，他自號櫟園，以志不忘故園之意）。明末清初官員、文學家、篆刻家、收藏家。

周亮工於明崇禎十三年（1640）進士及第，與金堡為同年生，曾任山東濰縣知縣，遷浙江道監察御史。入清後，任兩淮鹽法道、淮揚兵備道、福建布政使、都察院左副都御史、戶部右侍郎等。後屢次被彈劾判死刑，又遇赦免。康

〔註83〕澹歸：《題畫》，《徧行堂集》卷16，《清代詩文集彙編》第46冊，上海：上海古籍出版社，2010年，頁584。

〔註84〕澹歸：《絕句》，《徧行堂集》卷40，《清代詩文集彙編》第47冊，上海：上海古籍出版社，2010年，頁242。

〔註85〕澹歸：《贈鮑席陳》，《徧行堂集》卷41，《清代詩文集彙編》第47冊，上海：上海古籍出版社，2010年，頁268。

〔註86〕原注：章侯小字。

〔註87〕澹歸：《俞仲欽字畫頗似章侯》，《徧行堂集》卷34，《清代詩文集彙編》第47冊，上海：上海古籍出版社，2010年，頁140。

〔註88〕澹歸：《上本師天然昰和尚》，《徧行堂續集》卷10，《清代詩文集彙編》第47冊，上海：上海古籍出版社，2010年，頁603。

〔註89〕澹歸：《題徐克伯所藏墨蹟》，《徧行堂續集》卷9，《清代詩文集彙編》第47冊，上海：上海古籍出版社，2010年，頁586。

熙元年（1662），起復為青州海道、江安儲糧道。康熙十一年（1672），逝世於江寧，享年六十一歲。周亮工博學多才，詩文、金石、書畫皆有很深造詣。古文宗法唐宋八大家，推崇嚴羽詩論。著有《賴古堂集》《讀畫錄》等。

康熙八年（1669），周亮工由於經歷二次彈劾，心灰意冷，將所著部分書稿付之一炬〔註90〕。所以，周亮工寫給金堡的詩文幾乎未存〔註91〕。

崇禎十四年（1641）金堡與周亮工、陳洪綬、伍瑞隆等共結詩社。該年七月，金堡授山東東昌府臨清州知州；周亮工也授山東萊州府濰縣知縣。周亮工在其《尺牘新鈔》入選的金堡《辛巳與同年生》，很有可能就是該年寫給周亮工的書信：

> 吾有所深怨者，欲得而甘心焉，則將與天下之人共譽之，使出入將相，將相非報怨之具也。然而為將相者，其近於生也寡矣，則不俟吾十年淬劍矣。足下為卑官，而亦為人所欲甘心，以吾論之，吾欲與足下修怨，則當列上治狀，俾足下久任傴僂達官，奔走過客，拮据錢穀，屈曲鞭樸，即足以死足下，足下即未死，亦復魂窘神喪，勝於鼎鑊刀鋸，今令之脫然釋重負，拙也，驅麋鹿於長林豐草間，麋鹿既幸矣，孔多之言，不勝其多而無所損，乃足下猶有戒心，何也？〔註92〕

金堡在信中表達了出入將相，大有作為之氣勢，且表達了與周亮工不同的政績觀，這也許是兩人唱酬詩文不多的原因（周亮工寫給金堡的詩文，由於可能失於火炬無法考證，但是金堡與周亮工有關的詩文數量，相對於伍瑞隆、陳洪綬來說是明顯比較少的）。

金堡對於周亮工的評價還是比較高的，如《贈汪舟次》有「櫟園吾老友，指屈天下士。知己昔所希，一生當兩世」〔註93〕又如《贈別沈大匡》有「坐中元亮個儻才，逼天紫氣連南斗」〔註94〕再如《訓舟次送別韻》有「我愛周元

〔註90〕朱天曙：《前言》，周亮工：《周亮工全集》，朱天曙編校，南京：鳳凰出版社，2008年，頁3。

〔註91〕周亮工《賴古堂集》有詩《泊宜陵秋水菴與澹公》，應不是寫給澹歸的詩。

〔註92〕金堡：《辛巳與同年生》，周亮工：《尺牘新鈔》（第一輯），上海：上海雜誌公司，1935年，頁135。

〔註93〕澹歸：《贈汪舟次》，《徧行堂集》卷30，《清代詩文集彙編》第47冊，上海：上海古籍出版社，2010年，頁68。

〔註94〕澹歸：《贈別沈大匡》，《徧行堂集》卷31，《清代詩文集彙編》第47冊，上海：上海古籍出版社，2010年，頁78。

亮，能憐吳野人。晴霞掛山麓，秋水壓河濱」。〔註95〕

大約順治九年（1652），今釋受函昰之命度嶺經毗陵去盧山。經過虔州之時，恰偶遇老友趙繼鼎，得知周亮工近況，遂寄書一封，邀請其來丹霞山聯牀夜話：

> 止安過虔州，得一相見。息息而別，漫寄數行，不暇及寒溫語。吾兄於死中得生，弟亦生中得死。打鼓弄琵琶，正是吾兩人相見處。十餘年之久，數千里之遠，無一絲毫隔，亦著不得寒溫語也。山刻五種寄正，不妨於此中一到丹霞，抵聯牀幾夜閒話，余惟珍重為天下自愛，不一一。〔註96〕

後來，直至康熙十一年（1672）周亮工去世，也沒有應邀。

三、評注名著與交往

金堡評注名著之事主要是在北京和杭州，即中進士前後到任命為臨清州知州之前。現在可以查到的文獻目錄中，有中國科學院圖書館藏金堡節編（明書林龔宏源刻本）選了《荀子》《墨子》《於陵子》《鶡冠子》《呂覽纂》《管子》《韓非子》《公孫龍子》《鬼谷子》《素書》《越絕書》等十一家名著，有眉批尾批，集多人評語。〔註97〕對這些名著的評注，大多完成於崇禎十四年（1641）之前。崇禎十四年，二十八歲的金堡被授山東東昌府臨清州知州。

此十一家名著，分別都由明代先賢名家纂輯，如張榜纂輯的《管子》《韓非子》《呂覽纂》；歸有光纂輯的《荀子》；李贄纂輯的《墨子》；徐渭評點的《於陵子》；陳仁錫輯的《鶡冠子》；唐順之評點、陳仁錫輯的《素書》《越絕書》；楊慎評點的《鬼谷子》《公孫龍子》。

〔註95〕澹歸：《訓舟次送別韻》，《徧行堂集》卷33，《清代詩文集彙編》第47冊，上海：上海古籍出版社，2010年，頁123。

〔註96〕澹歸：《與周元亮侍郎》，《徧行堂集》卷24，《清代詩文集彙編》第46冊，上海：上海古籍出版社，2010年，頁737。

〔註97〕其中有多種組合和版本。如《金衛公彙選五種》，收五種：《荀子》《墨子》《於陵子》《鶡冠子》《呂覽纂》。《金衛公彙選名法峭書二種》收二種：《刻張賓王先生纂管子》《張賓王先生纂韓非子》。《金衛公彙選權譎秘書（權譎秘書）四種》收四種：《越絕書（越絕書奇賞）》《鬼谷子》《唐荊川先生評釋黃石公素書（黃石公素書）》《公孫龍子》。《金衛公匯選九卷》收九種：《荀子》《韓非子》《管子》《公孫龍子》《鶡冠子》《鬼谷子》《呂覽纂》《素書》《越絕書》。還有將《金衛公彙選五子》《金衛公彙選名法峭書二種》這兩本書合起來稱《金衛公彙選名瀗峭書七種》。

　　金堡和范方（字介卿）積極去彙訂、評點並刊刻這些名著，一是宣揚這些名著的學術和人文價值；二是金堡等人對這些名著有深入的研究。三是向對這些名著進行纂輯的明代先賢名家致敬，認可這些名家的道德和文章。

　　據筆者推測，年青的金堡與范方有過交往，與作為前輩的陳仁錫也可能見過，但因未見到更多的證據，其詳情待進一步考證。

　　陳仁錫（1581～1636），字明卿，號芝臺，長洲（今江蘇蘇州）人，明代官員、學者。天啟二年（1622）進士，授翰林編修，因得罪權宦魏忠賢被罷職。崇禎初復官，官至國子監祭酒。陳仁錫講求經濟，性好學，喜著述，有《四書備考》《經濟八編類纂》《重訂古周禮》《陳太史無夢園初集》《潛確居類書》等。

　　范方（？～1644），字介卿，福建同安人。范方死節事記載頗多，以《同安縣志》《泉州府志》記載最詳：

> 　　范方，字介卿，同安人，後遷長泰，博學礪行，推重於鄉，天啟辛酉解元，性耿介，聯同志為社，異趣者擯不入，與黃道周、盧若騰、沈佺期尤以氣節相尚，試春官不第，見逆閹濁亂時事，日非歸閉戶卻掃，無仕進意，崇禎初，閹黨伏法，乃更北上，卒三困禮闈，以道周薦國子監助教，貧澹如常，鬻文自給，見流寇鴟張國計漸蹙，每在學舍扼腕歎息，歷遷戶部員外郎，日以給軍餉籌守禦，力言於主者，未幾，闖賊陷京師，朝中或屈膝迎降，或竄匿苟免，或被拷掠索，金獻至數十萬，惟方及范景文、馬世奇、金鉉等數十人死焉。方聞賊入，整冠帶坐部署如故，賊執之問倉鑰誰掌，曰我掌，問匙安在，曰頭可斷，鑰匙不可得，鋒刃交下，猶噴血怒罵，濺滿署堂，面不改色，賊開倉鑰，堅若錮，斫門始得入，人謂方魂實為之。其長子登楓，為同邑諸生，甫冠婚自家來省視，適遇難，揮之不去，殮方既畢，號痛出血數升絕吭，其旁有老僕，為併葬於同安義塋。方著作甚富，以海氛蕩析無存，唐王時盧若騰署浙撫，上方死事，有特聞死義之幽，乞補褒旌之闕疏。有旨，范方被執，不屈大節可風，準察明優卹，嗣唐王敗遂寢。〔註98〕

<hr>

〔註98〕乾隆《泉州府志》卷57，清光緒八年補刻本。民國《同安縣志》卷34，民國十八年鉛印本同載。《閩中理學淵源考》有《范介卿先生方》，應為據方志改寫，見《閩中理學淵源考》卷83，清文淵閣四庫全書本。《重修同安義塋記》，《小腆紀年附考》卷4，清咸豐十一年刻本；乾隆《長泰縣志》；《削髮受刑諸

具有一定演義成分的江日升《臺灣外記》亦載：

> 因自成欲向方（范方）討倉鑰，方怒目叱之曰：此鑰乃朝廷之
> 物，非爾賊所可問者。成怒，斬之。時人嘉之曰：生為真解元，死
> 為真主事。〔註99〕

至雍正元年，清廷為鼓勵忠孝，緩和民族矛盾，又將范方等前明死節者奉
入忠孝祠祭祀。〔註100〕由於金堡是崇禎十三年（1640）考獲進士，有可能是
約在這年開始與范方等人的交往。

四、到任臨清知州

崇禎十四年（1641）七月，二十八歲的金堡任山東東昌府臨清州知州。關
於金堡為官的具體時間，史料雖然不詳，但是由今釋《書兩吳公傳志後》「辛
巳，與雲軿相見於臨清」〔註101〕可知，辛巳年金堡就已經在臨清了。今釋
《終請守制疏》有「臣通籍七年，居官者五月耳」〔註102〕又《西南紀事》載：
「（金堡）知臨清州，甫五月落職」〔註103〕可知金堡在位僅五個月。又《永曆
實錄》載：

> 已中崇禎庚辰進士，授臨清知州。摘發姦猾，安撫流離，士民
> 欣戴之。山東盜起，臨清豪族，故習為響馬賊，應盜起者，眾至數
> 萬。堡肩輿，從數胥吏扣其壘，慷慨為陳大義。盜魁感泣，叩頭請
> 死。堡慰安之，皆解散歸農。堡恥以撫盜功自見，遂不敘。崇禎十
> 五年，劉澤清以兵入衛，駐臨清，驕悍蔑文吏，漁獵百姓，堡抗言
> 責之。澤清靦恨，乃假新制，以屬吏禮折堡。堡與遇於道，鳴騶過
> 之，不為下。澤清擒其騶卒，撲之。堡亦擒澤清前驅，杖之，如其
> 撲。澤清怒，鼓譟起，將攻堡。堡盡散胥隸，啟廨門，公服據印，坐

臣考》（明季實錄卷3，清鈔本）言「（范方）辛酉夾一日夜死」；乾隆《福建
通志》卷45、卷46；《燕都日記》《爐火錄》皆有記載，其他如《樵史演義》
等清代小說都有提及。

〔註99〕江日升：《臺灣外記》卷2；小腆紀年亦載此事，應本自《臺灣外記》。

〔註100〕乾隆《長泰縣志》卷9，民國二十年重刊本。

〔註101〕澹歸：《書兩吳公傳志後》，《徧行堂集》卷17，《清代詩文集彙編》第46冊，
上海：上海古籍出版社，2010年，頁593。

〔註102〕金堡：《終請守制疏》，《嶺海焚餘》，《叢書集成續編》第58冊，臺北：新文
豐出版公司，1988年，頁55。

〔註103〕邵廷采：《西南紀事》，《中國方略叢書》，臺北：成文出版社，1968年。

以待之。澤清不敢動。堡所招降盜魁聞堡受脅，率健兒數千，關弓怒馬，里民持白梃踵之，殆十萬人，至城下，圍澤清軍三匝。澤清恐，因巡梟使以求和，請與堡相見。堡單騎往，會澤清於僧院。因共歃血，約澤清不得犯臨清一草，澤清許諾。堡乃麾健兒及里民散，皆大歡呼，聲震數十里。上吏終惴惴畏澤清，謂堡曰：「君自不畏禍，勿貽我輩憂。君姑以疾請假歸，需大用，可乎？」堡知上官相掣，志不得行，遂移疾歸里。臨清民哀號送之，數百里不絕。〔註104〕

金堡於壬午年仍在臨清任職，那麼由此可推知堡在臨清為官當是 1641 年底至 1642 年上半年。又據陳世英：《澹歸禪師傳》「崇禎丙子舉於鄉，庚辰成進士，以例註知州清華路斷論者惜之。某年出知臨清州，時久旱，上官以民賦責之不報，公曰民苦饑，吾不能全而活之，又重以催科是速其斃也，吾不忍為，遂掛冠去。」〔註105〕

金堡《再上魯藩啟》「職浙江杭州府仁和縣人，由庚辰進士，選授臨清州知州；兵荒災疫，誓不催科，居官五月，投劾而歸」〔註106〕

金堡由於得罪劉澤清掛冠而去。據《明史・劉澤清傳》「劉澤清，曹縣人。以將材授東寧、前衛守備，遷山東都司僉書，加參將。……（崇禎）十三年五月，山東大饑，民相聚為寇，曹、濮尤甚。帝命澤清會總兵楊禦蕃兵剿捕之。八月降右都督，鎮守山東防海。澤清以生長山東，久鎮東省非宜，請辭任。帝令整旅渡河，合諸鎮星馳援剿。十六年二月，賊圍開封久，澤清赴援。」〔註107〕因此，崇禎十五年山東臨清是劉澤清的管轄範圍，出現與金堡交惡的情況，以金堡嫉惡如仇的個性也不足為奇。

金堡回到杭州，仍然有直聲。《永曆實錄》載：「堡里居以伉直折勢要，仁和令劉堯佐與在籍主事姚奇胤因緣為奸利，堡對巡按御史廷摘之，堯佐罷去，里人皆欽愛之」〔註108〕

〔註104〕 王夫之：《金堡列傳》，《永曆實錄》卷 21，上海：上海古籍出版社，1987 年，頁 179～180。

〔註105〕 陳世英：《澹歸禪師傳》，《丹霞山志》，廣州：廣東教育出版社，2015 年，頁 72。

〔註106〕 金堡：《再上魯藩啟》，《嶺海焚餘》，《叢書集成續編》第 58 冊，臺北：新文豐出版公司，1988 年，頁 57。

〔註107〕 《劉澤清傳》，《明史》卷 273，北京：中華書局，1974 年，頁 7006～7007。

〔註108〕 王夫之：《金堡列傳》，《永曆實錄》卷 21，上海：上海古籍出版社，1987 年，頁 180。

　　崇禎十六年（1643），金堡《再上魯藩啟》「廷臣交薦，蒙先皇帝起用，不赴」〔註109〕據《南疆逸史》「吏部尚書鄭之俊薦其才，未及用而都城陷。堡南還，丁內艱」〔註110〕其實，據前章分析，金堡之父叔醇公去世於崇禎十七年十二月二十九日，「丁內艱」應是「丁外艱」之誤〔註111〕。鄭之俊，字汝珍，武安侯，歙人，農民軍進北京後同其子遇害。

〔註109〕金堡：《再上魯藩啟》，《嶺海焚餘》，《叢書集成續編》第 58 冊，臺北：新文豐出版公司，1988 年，頁 57。

〔註110〕《南疆逸史》；錢岳海《南明史》亦有「（金堡）授臨清知州，有撫盜功，以忤劉澤清罷。十六年，鄭三俊薦其才，未及用而北京亡，堡南還，丁內艱。」見錢岳海：《南明史》第八冊，北京：中華書局，2006 年，頁 2755。

〔註111〕廖肇亨先生在《金堡的節義觀與歷史評價分析》中說澹歸「時亦丁母艱」，不確；見廖肇亨：《金堡的節義觀與歷史評價分析》，《中國文哲研究通訊》第九卷第四期，頁 98。

第三章　金堡與南明政治

　　崇禎十七年（順治元年，1644）三月十九日，李自成的大順軍攻克北京，明朝崇禎皇帝朱由檢自縊身死，標誌著明朝的覆亡。由於吳三桂降清，四月二十九日，李自成在北京舉行即位典禮後，立即率部西撤。五月初二日，多爾袞領兵進入北京。五月初三日，福王朱由崧在南京就任監國。五月十五日，朱由崧正式即位為皇帝，改明年為弘光元年。

　　金堡有感於甲申國破山河碎，曾作《感憤詩》十絕句，其中有：

　　　　舊君冤血已曾乾，逐賊先聲借可汗。

　　　　不出淮南一寸土，大家且做自家官。〔註1〕

　　順治二年（1645）四月，清兵屠揚州，死難數十萬，史可法殉國。五月，南京陷，弘光帝朱由崧被俘遇害。六月初八日，潞王朱常淓杭州監國，十四日便降清，拱手讓出杭州。六月十一日，唐王朱聿鍵見潞王朱常淓已經決定投降，不勝憤慨，在一批文官武將的支持下，離開杭州前往福州籌辦監國。閏六月初六日，由南安伯鄭芝龍等迎接入福州。次日，正式就任監國。閏六月二十七日即皇帝位，紀元從本年七月初一日起改稱隆武元年。而幾乎同時，在閏六月十八日，張國維等人奉箋迎魯王朱以海出任監國；七月十八日朱以海在紹興就任監國，改明年為監國元年。〔註2〕

第一節　金堡與魯監國和隆武朝廷

　　順治二年（1645）六月，金堡辭家告別妻子，留下遺囑「我昔辭家時，片

〔註1〕轉引自薛涓、謝謙：〈澹歸散佚詩文輯錄與探析〉，《文獻》，2021年第2期。

〔註2〕顧誠：《南明史》，北京：中國青年出版社，1997年。

紙託遺囑，有兒許讀書，不許學干祿」〔註3〕閏六月，金堡與仁和縣同鄉原任都督同知姚志卓、參將方元章，以錢塘人張起芬為將，攻破餘杭，與江東諸營遙為聲援。幾乎同時，鄭遵謙也在紹興家鄉起義。

　　姚志卓（？～1654），浙江仁和人（一說錢塘人），曾組織義軍在浙東參加魯監國的抗清活動，先後轉戰於天目山區和江西廣信府境，受封為仁武伯。他的父親姚之朔也曾參加義舉，兵敗後由江西進入廣西永曆朝廷管轄區，同大學士方以智等人交往頗多，順治六年（1649）七月病卒於廣西平樂。姚志卓兵敗後潛伏於清統治區，曾經不避艱險到過廣西、貴州，同永曆朝廷建立聯繫。姚志卓後來與錢謙益、張名振等人密謀策劃會師長江整合抗清力量。後來，在關鍵時刻孫可望利令智昏，妄圖推倒毫無防範能力的永曆朝廷，結果激起李定國、劉文秀等人的抵制，蹉跎歲月，事機全失。〔註4〕到順治十二年（1655）冬，定西候張名振、少司馬張煌言，率水師至鎮江，姚志卓以其兵來會，力攻崇明，沒於陣。金堡《繳敕印疏》有言：「臣以纁絰不祥之身倡義餘杭，與姚志卓同敗，而終不能與姚志卓同功」。〔註5〕

　　鄭遵謙（？～1648），字履恭（履公），僉事鄭之尹之子，浙江餘姚人。順治二年（1645）六月，潞王降清後，浙東郡縣也望風歸附，紹興府通判張愫降清被任為知府，彭萬里任會稽知縣。鄭遵謙的父親鄭之尹也親赴杭州剃髮降清。深懷報國之心的鄭遵謙卻大義凜然地決定起兵反清。他聯絡一批志同道合的朋友和郡將，慷慨聲稱：「天下事尚可為，我欲舉義旅，何如？」得到大家的支持。於是在閏六月初十日樹立大旗，招兵誓師，有眾數千人。他下令把張愫、彭萬里處斬，自稱義興元帥。他的父親鄭之尹從杭州回來，見形勢陡變，大吃一驚，跪在遵謙面前磕頭大哭道：「汝幸貸老奴命，毋使覆宗」，妄想以父子之情勸說遵謙不要同清朝作對。鄭遵謙毫不動搖，絕裾而去。順治五年（1648）正月十七日，鄭彩悍然擊殺大學士熊汝霖。義興侯鄭遵謙憤慨不平，鄭彩又命部將吳輝誘擒遵謙，迫使鄭遵謙投海而死。〔註6〕

〔註3〕癸巳為順治十年，澹歸《癸巳六月六日燈下作詩示世鎬誦》詩中有「九年一見汝」，故當在順治二年。見澹歸：《癸巳六月六日燈下作詩示世鎬誦》，《徧行堂集》卷30，《清代詩文集彙編》第47冊，上海：上海古籍出版社，2010年，頁57。

〔註4〕顧誠：《南明史》，北京：中國青年出版社，1997年。

〔註5〕金堡：《繳敕印疏》，《嶺海焚餘》，《叢書集成續編》第58冊，臺北：新文豐出版公司，1988年，頁51。

〔註6〕顧誠：《南明史》，北京：中國青年出版社，1997年。

金堡《再上魯藩啟》有:「不幸南畿再陷、武林失守,職避地禹航,潛結鄉勇,與鎮臣姚志卓協謀抗虜。復城之後,虜乘虛焚瓶窯、入石瀨,職幾死虜手」〔註7〕《所知錄》亦載金堡與「鄉人姚志卓起義山中,志卓屢有克捷,與山東諸營遙為聲援」〔註8〕開初,金堡與姚志卓等投奔魯王朱以海,朱以海感其起義功勞,封姚志卓為仁武伯〔註9〕,任金堡為職方正郎,金堡不受。

據金堡《中興大計疏》「志卓日夜抗戰,孤軍無援,潛師富陽,合鎮臣方國安連兵再進」〔註10〕由於姚志卓部戰事受挫,孤軍無援,敗走富陽,擬聯合鎮南將軍方國安部隊。金堡受姚志卓之託,渡江聯絡鎮南將軍方國安。方國安在船上見金堡,聽聞金堡毀家起義,家屬流離失所,想派兵為金堡迎取家屬,金堡婉謝「但願明公滅虜,使餘生得見漢官威儀;若賤眷私事,不敢仰煩公旅」〔註11〕《西南紀事》亦載:「順治二年乙酉夏,大清師下杭州,餘杭人姚志卓起兵復縣城,殺新令,堡往依之。志卓敗走富陽,堡渡江依鄭遵謙。是年,唐王立,魯王猶稱監國,除堡職方郎中,不拜,間關走福州。」〔註12〕

大概順治二年(1645)十月,金堡走福州投奔唐王朱聿鍵,為姚志卓奏戰功,唐王封姚志卓為仁武伯;得知清將張天祿陷徽州,巡撫都御史金聲〔註13〕英勇就義。金堡入朝陛見朱聿鍵奏言:

> 福京倚新安為北門,而臣前至仙霞,見鄭鴻逵方遣兵出關,臣度其駐三衢耳,不能長驅也,陷既四十餘日矣。我師逗留觀望,未有爭先之氣。新令日行,民心日變。異時以精兵數萬仰而攻之,猶當徘徊於衢、嚴、饒、信之間,能保其必下乎?起義舉人汪沐,日

〔註7〕 金堡:《再上魯藩啟》,《嶺海焚餘》,《叢書集成續編》第58冊,臺北:新文豐出版公司,1988年,頁57。

〔註8〕 錢秉鐙:《所知錄》卷上,上海:上海古籍出版社,1987年,頁239。

〔註9〕 諸多文獻或研究記載不一,如顧誠《南明史》認為「魯監國所封仁武伯姚志卓」;由於地理位置相近,姚志卓與金堡等先投奔的是在紹興的魯王朱以海,後因戰事不利,再投奔福州的唐王朱聿鍵。魯監國朱以海封姚志卓為仁武伯的時間待考,而朱聿鍵在隆武元年(順治二年,1645)12月封姚志卓為仁武伯。筆者傾向認為魯監國朱以海封號在先。

〔註10〕 金堡:《中興大計疏》,《嶺海焚餘》,《叢書集成續編》第58冊,臺北:新文豐出版公司,1988年,頁45。

〔註11〕 金堡:《再上魯藩啟》,《嶺海焚餘》,《叢書集成續編》第58冊,臺北:新文豐出版公司,1988年,頁57。

〔註12〕 邵廷采:《西南紀事》,《中國方略叢書》,臺北:成文出版社,1968年。

〔註13〕 金聲(1589~1645),一名子駿,字正希,號赤壁,徽州休寧甌山人。

奔走乞援，曲折素諳，不以此時卷甲疾趨，乃令偕葉向曜借兵、借餉，待其集事須五十日，大事去矣。四方望閩中之兵如在天上，今兵力將心，臣已窺其大略。上江疑而楚豫斷，新安去而三衢危；陛下即欲為王，審知豈可得哉！〔註14〕

並上《中興大計疏》：「臣竊惟今日大建義旗，具任君臣之義、華夷之防，屬有秉彝，孰無憤厲！……臣復讀陛下登極親征之詔，叩頭流血，謂陛下立志如此，必能光復二京。……今日為天下大計，兩言而決耳：曰陛下出關，則混一可期；不出關，則偏安亦不可保。今日為江左急計，三言而決耳：曰不復徽州，不可以保江東；不復浙西，不可以絕杭州；不復上江，不可以制金陵。……二京陵寢，為虜所侵陵。一身託於閩、粵，勢危而時迫。方當自以其躬為孤注，激發忠臣義士之氣，奮迅出關；四方響應，何地非餉？」〔註15〕分析當時天下大勢，提出中興大計，頗得朱聿鍵首肯。朱聿鍵稱讚金堡才氣，予以重用即授金堡為泉州知府，金堡即刻具疏辭泉州知府之命以致「激切之際，語不擇音」〔註16〕之後，金堡再上《論停刑疏》：

臣伏見陛下殺逃官一、貪官二，特頒聖諭嚴於雷霆、而輒中止。臣以為陛下此舉，殺與不殺，兩失之矣。陛下欲殺人，當與大臣議可否；其難其慎，定而後行，一成而不可變。今令出於獨斷、議屈於群撓，不可殺而欲殺之，是陛下輕人命也。當殺而不得殺，是陛下失主權也。陛下一舉事而始不慎、終不信，一之已甚，而又至再，使四方觀聽妄有揣摩。陛下用刑如此，何以用兵；立法如此，何以立禮！願深維往失，益毖將來；言而不行寧不言。臣遠臣，蒙陛下獎其敢言不敢不言，以負陛下；干冒宸嚴，無任隕越。〔註17〕

隨後，因為該疏，隆武破格擢金堡為禮科給事中。金堡堅辭不受，否則「謂臣薄知府而不為、慕禮科而邃拜，仍居禁近、不履疆場，口舌得官，矯情釣利；是清晝攫金，而笑投金於暮夜者也」他請求「仍遵前旨，為忠義營監

〔註14〕 邵廷采：《東南紀事》卷1，《續修四庫全書》，上海：上海古籍出版社，1996年。

〔註15〕 金堡：《中興大計疏》，《嶺海焚餘》，《叢書集成續編》第58冊，臺北：新文豐出版公司，1988年，頁45。

〔註16〕 金堡：《辭禮科給事中疏》，《嶺海焚餘》，《叢書集成續編》第58冊，臺北：新文豐出版公司，1988年，頁47。

〔註17〕 金堡：《論停刑疏》，《嶺海焚餘》，《叢書集成續編》第58冊，臺北：新文豐出版公司，1988年，頁47。

軍；必不得已，願受職方副郎之銜」〔註18〕「職以皇上正位已久，而親征之駕
遲回不發；徒步入關，慷慨請師。旋以直諫受知，特加科銜。初蒙面諭，再荷
溫綸，不容不拜；遂齎敕書、將印賜鄭遵謙，即監其軍事」〔註19〕隆武帝嘉許
其志，答應了他的請求，授予其「職方正郎」即兵部職方司郎中的官職，明
制為正五品，比金堡明亡前從五品的臨清知州要高上半品。仍為鄭遵謙忠義
營監軍。〔註20〕

　　由於金堡奏疏中指出鄭芝龍之弟鄭鴻逵師「逗留觀望，未有爭先之氣。新
令日行，民心日變」而引起鄭芝龍不悅，還曾上疏直言鄭芝龍擁兵自大，招致
鄭的怨恨。金堡見閩事複雜不可為，假虛銜以墨繰從戎，遂請求會師錢江，聯
絡江上義師，經略三吳，以禮科給事中兼職方員外郎，出監鄭遵謙軍。

　　順治三年（1646）正月，金堡至忠義軍，遵謙拜詔，向朱聿鍵具表，鄭遵
謙還將派兒子鄭戀繩迎駕，臨幸紹興。〔註21〕金堡隨後又至紹興。由於金堡不
受魯王官，魯王諸臣環起而攻。魯王大將方國安、王之仁等又為馬士英等修
怨，遂借黃澍一案，誣陷堡為清軍奸細，爭攻擊之。魯監國以諭國安，國安遂
執堡。陳函輝密啟魯王，請殺金堡。〔註22〕金堡得知後，具疏《一上魯藩啟》
為自己辯白，並勸說魯王朱以海上表臣奉朱聿鍵：

　　　　職以書生，棄家抗節。始與姚志卓會師餘杭，繼與鄭遵謙同盟
　　　江上；馬晉允謬列職名，蒙殿下職方正郎之加。職不受而入覲請師，
　　　遂以直言受知，銜命監軍。職非輕殿下而不臣、私皇上而效命也，
　　　職聞天下之大，非一身所能為；一家之仇，非二心所能報。……恐
　　　一家之中，有二天子，即外患得以相乘也。今且無論帝王之名與先
　　　後之序，殿下以姪事叔，則今上既非湘陰，殿下以賢事聖，則今上
　　　並非更始。〔註23〕

〔註18〕金堡：《辭禮科給事中疏》，《嶺海焚餘》，《叢書集成續編》第 58 冊，臺北：新
　　　　文豐出版公司，1988 年，頁 47。
〔註19〕金堡：《再上魯藩啟》，《嶺海焚餘》，《叢書集成續編》第 58 冊，臺北：新文豐
　　　　出版公司，1988 年，頁 57。
〔註20〕《東南紀事》有「堡數危言，王嘉其才氣。而鄭芝龍不悅，授禮科給事中，出
　　　　監鄭遵謙軍」。
〔註21〕黃道周：《出師疏》，《黃漳浦文選》卷 2。
〔註22〕邵廷采：《金堡》，《西南紀事》卷 6，《中國方略叢書》，臺北：成文出版社，
　　　　1968 年。
〔註23〕金堡：《嶺海焚餘》，《叢書集成續編》第 58 冊，臺北：新文豐出版公司，1988
　　　　年，頁 56。

御史陳潛夫〔註24〕替金堡求情，語國安曰：「堡與姚志卓起義建功，公固知之。曾許迎其家渡江，今胡乃爾？」國安悟，云：「是也，然此舉非遵監國令，乃閩中二鄭有書來，必欲殺之耳。」因出芝龍書，且云：「我縱其去，勿入閩。若入閩，我必追殺之，不然無以取信二鄭也。」潛夫以語堡，堡曰：「我必入閩，繳還敕印。倘中道遇殺，是死於盜耳，命也！」遂離開浙中回閩。〔註25〕方國安執金堡，主要原因是收到鄭芝龍的書信，次要原因正如金堡自己所言是得罪人太多之故「職賦性狂直，一論王期昇、再論馬士英、三論彭遇颺，宜其來國安之憎。而鄭遵謙又為江上諸臣所側目而欲甘心者，則借澍以陷職、借職以陷遵謙，亦勢之所必至」。〔註26〕

金堡還二次上啟勸魯監國歸附隆武朝廷。金堡《再上魯藩啟》：「職惟大敵在前，九矢難折；分則虜操漁人之功，合則我得禦侮之誼。且秦、楚猶可同仇，豈一家遽分胡、越星赴江干，言傳天眷。遵謙祗受，亦曾飛啟上聞。職觀事勢頗有異同，義不以一身之去留，而開官家之嫌隙國。臥屙斗室，稍俟痊可，即移御營覆命。此職服官出處、閩越去來之大概也。」〔註27〕

盛楓《嘉禾徵獻錄》載「堡以守製辭請，敕印聯絡江上義師，至江東入方國安營，魯藩諸臣指為奸細，執之，御史陳潛夫語國安曰，堡與姚志卓起義，公曾許迎其家，今胡乃爾？國安曰，閩中二鄭必欲殺之，因出示芝龍書，且曰，我縱之去，必無入閩，入閩我失信二鄭，必追殺之，潛夫以語堡，堡曰，我必入閩，中道遇殺，命也，遂行。由於金堡勸魯王朱以海歸奉隆武不成，朱以海「令旨下法司究問，堡奔黃鳴俊於衢州」〔註28〕

順治三年（丙戌，1646）夏，浙東陷，金堡回到福建延平，繳還聯絡義師

〔註24〕陳潛夫（1610～1646）浙江錢塘人，字元倩，一作玄倩，又字振祖，號退士。崇禎九年舉人。十六年授開封府推官。時城被河灌，無人，乃駐封丘。十七年，奉周王渡河居杞縣，與劉洪起慕兵。福王擢為監察御史，巡按河南。潛夫請加洪起為將軍，馬士英不聽。旋被召還。又被馬士英誣為「私謁妖婦」（指自稱福王妃之童氏），下獄。南都失，歸。魯王加太僕少卿，進大理寺少卿，兼御史。兵敗走山陰，率妻妾投水死。

〔註25〕溫睿臨：《金堡》，《南疆逸史》卷24，北京：中華書局，1959年。

〔註26〕金堡：《再上魯藩啟》，《嶺海焚餘》，《叢書集成續編》第58冊，臺北：新文豐出版公司，1988年，頁57。

〔註27〕金堡：《再上魯藩啟》，《嶺海焚餘》，《叢書集成續編》第58冊，臺北：新文豐出版公司，1988年，頁57。

〔註28〕邵廷采：《金堡》，《西南紀事》卷6，《中國方略叢書》，臺北：成文出版社，1968年。

的敕印。隆武帝欲賜官於堡，堡再三請辭，帝不允。鄭芝龍以為隆武帝行將
大拜堡，忌恨益甚。七月，清軍度仙霞，八閩大震。金堡《請決策出閩疏》以
三策說上：「今誠能大戒文武，聲言復浙，為漢使者晨入韓信之軍直走湖南，
獎率銳師竟擣荊、襄，招來兗、豫，中原豪傑群起相應；逆虜聞之，以為陛下
必天而下，必不敢取我，棄尾自喪首脊：此上策也。簡閱忠義，移蹕虔州，疏
通江、廣，兼顧閩、浙；丁魁楚等後勁於南雄、萬元吉等前茅於建撫，急呼楚
師為之連臂：此中策也。乘水兵之出並勢出關，撫慰潰散合為一路，與虜浪
戰，勝不虛生、敗亦不徒死：此下策也。若往來延、建，觀望經時，幸虜之不
來，而虜必來；冀關門之可守，而關門必不守。輕騎叩城，避不暇走：是為無
策。」〔註29〕可惜隆武帝沒有用任何一策，堡為隆武朝最後做的努力宣告無
效。除此還讓鄭芝龍更加憎恨金堡，欲加害於他。金堡也上《終請守制疏》，
以父故請守制。連上五疏，終不受命。鄭芝龍認為隆武帝要重用金堡，愈加嫉
恨。輔臣曾櫻留守福州，陰知鄭意，密疏勸上，欲保全金堡，莫若聽其辭去。
朱聿鍵始允。〔註30〕八月，清兵陷建寧、延平，帝出奔汀州。八月十五日，金
堡辭朝，從延平出汀、贛，趨衡州。八月二十八日，隆武帝朱聿鍵被清兵追
及，在汀州遇害。

第二節　吳楚黨爭與「五虎」

　　順治三年（1646）十月十八日，南明兩廣總督丁魁楚、廣西巡撫瞿式耜等
擁立桂王朱由榔監國於肇慶，以明年為永曆元年。然而，十一月初二日，南明
大學士蘇觀生等擁戴隆武帝之弟、唐王朱聿鐭監國於廣州。十一月初五日，唐
王匆忙稱帝，改明年為紹武元年。十二月十五日，清兵入廣州，唐王朱聿鐭被
害，紹武政權覆滅。南明黨爭劇烈，官僚士大夫往往結黨營私，爭權奪利，置
國家利益於不顧，多次給民族帶來重大災難。據顧誠先生的研究，所謂吳、楚
黨爭，其實質是勳鎮或地方軍閥之間的矛盾在南明朝廷上的體現；主要是李成
棟，李元胤父子與陳邦傅（廣西慶國公）之間的權力的爭鬥。〔註31〕

〔註29〕金堡：《請決策出閩疏》，《嶺海焚餘》，《叢書集成續編》第58冊，臺北：新文
　　　　豐出版公司，1988年，頁54。
〔註30〕徐鼒：《小腆紀傳》，周駿富：《清代傳記叢刊》第69卷，臺灣：明文書局，
　　　　1985年。
〔註31〕顧誠：《南明史》，北京：中國青年出版社，1997年。

順治四年（丁亥，1647）正月，清兵陷肇慶，入梧州。二月，永曆帝由梧州至桂林，改桂林府署為行宮，大學士瞿式耜告楚、蜀各鎮，廣西居山川上游，桂林可以為都城。並疏請道里之可達桂林者，王錫袞、文安之為相，周堪賡、郭都賢、劉遠生為六卿。金堡素有清直聲，終制，敕召還。

今釋《送三決比丘還吳中序》「三決義公，少與余同里閈，丁亥夏，復遇於辰陽，相從入東西粵」〔註32〕清辰沅道戴國士素慕堡名，馳書請堡相見，堡抗書答之，自稱「無路之人金堡」。戴國士知金堡不能屈，乃止。〔註33〕

戴國士，江西南昌人，天啟七年（1627）鄉試第一名，稱為「清流」，「時稱其家為東林茶館」。戴國士在江西淪陷後坦然降清受官，又在永曆二年（1648）四月江西、廣東相繼反正之際以沅州知州身份將沅州獻給永曆政權，並自認為反正功勞堪比袁彭年、曹燁，應授同等之官，為時人所恥笑，但「（袁）彭年顧不恤物議，為之護飾，授巡撫偏沅僉都御史」〔註34〕在明亡以前，戴國士、袁彭年已有淵源。二人同為竟陵派領袖譚元春之好友。〔註35〕

是年陳子壯、張家玉、陳邦彥以起義死。

順治五年（1648）是年秋冬之前，金堡仍居辰溪山中。正月二十七日金聲恒以南昌叛大清歸南明。四月初十日，李成棟以廣東倒戈抗清。

據錢秉鐙《所知錄》「初，金堡赴行在，將有建白，過桂林以示留守（瞿式耜）。留守令至肇，與劉湘客酌之。參疏八款，李成棟、陳邦傅、龐天壽、馬吉翔皆在所參。湘客削去其二，去李而用陳，去龐而用馬。封上，一時丰采赫然，補兵科給事中。當成棟未反正時，邦傅潛通降啟，心鄙之，及是爵位相等，甚恥與噲等為伍。得堡疏，大喜，故元胤交益密，實不知成棟初亦在參中也。」〔註36〕是年冬，經瞿式耜極力推薦，金堡到肇慶拜見永曆帝。滿懷對新王朝的希望，他上《時政八失疏》，審時度勢，指斥弊政，直言敢諫，陳時事之失，金堡直聲大振。李成棟「使人讀堡疏驚曰，朝廷尚有如此人乎，即日以

〔註32〕澹歸：《送三決比丘還吳中序》，《徧行堂集》卷 4，《清代詩文集彙編》第 46 冊，上海：上海古籍出版社，2010 年，頁 340；辰陽，今屬於湖南省懷化市辰溪縣。

〔註33〕王夫之：《金堡列傳》，《永曆實錄》卷 21，上海：上海古籍出版社，1987 年。

〔註34〕王夫之：《袁彭年傳》，《永曆實錄》卷 19，《船山全書》第 11 冊，長沙：嶽麓出版社，2011 年，頁 509。

〔註35〕陳廣宏：〈譚元春啟、禎間交遊考述——兼論竟陵派發展後期影響的進一步拓展〉，《南京師範大學文學院學報》，2003 年第 1 期。

〔註36〕錢秉鐙：《所知錄》卷中，上海：上海古籍出版社，1987 年，頁 288。

原官掌兵科，堡直聲震南中」〔註37〕稱金堡為「直臣」。「戊子江楚兩粵兵起，復迎桂王駐肇慶府，公入見，補授兵科，論事益切直，無所忌諱」〔註38〕金堡與南陽伯李元胤、督師何騰蛟、留守瞿式耜、左都御史袁彭年、少詹事劉湘客、給事中丁時魁、蒙正發，結為利益集團，由此陷入了愈演愈烈的黨爭之中。金堡列五虎之目，為虎牙。故論益侃侃，以此樹敵滋怨。

錢秉鐙說：「先是，朝士有東西之分，自東粵來者，以反正功氣凌西人；而粵西隨駕至者，亦矜其髮未剃以嗤東人。而東、西又各自為鎮。久之，遂分吳、楚兩局。主持吳局者，閣臣朱天麟、吏部侍郎吳貞毓、給事張孝起、李用楫，外則制輔堵胤錫也；而江右之王化澄、萬翱、雷德復，蜀中之程源、粵東之郭之奇實為之魁。主持楚局者，丁時魁、蒙正發、袁彭年，⋯⋯陝西劉湘客、杭州金堡既與時魁等合，桂林留守瞿式耜亦每事關白，居然一體矣」「凡自湖南、廣西隨駕至，出於督師（何騰蛟）、留守（瞿式耜）門者，大半歸楚。吳人謂楚東恃元胤、西恃留守；實則吳亦內倚吉翔、外倚邦傅，特其蹤跡秘密，不似時魁等招搖人耳目耳。」其他人則「浮沉吳、楚之間，或無所依附」。〔註39〕

上述所謂「吳局」「楚局」，即吳楚黨爭問題。早期，是瞿式耜等人同廣西陳邦傅之間的矛盾；李成棟反正後，開初是未曾降清的官員同反正來歸的粵東官員間的矛盾。李成棟的反正，使永曆朝廷的地盤擴大至粵東全省。永曆帝到了肇慶後，進入李成棟父子的勢力範圍並受其影響，在用人上「重反正，薄守節」〔註40〕，以致一直追隨南明的官僚口心皆為不服。瞿式耜反對永曆帝移駐廣東，就是擔心朝廷權力落入李成棟手中。永曆二年（1648）九月，瞿式耜在一封信中頗有怨言：「吾之留守桂林，不止要照管東、西，通何督師之氣脈；亦為東邊用人行政，惟知奉承剃髮之人，全不顧朝綱清議，太看不得。與之同流合污既不能，終日爭嚷又不耐，反不如身居局外，猶得清清白白做一人也。」〔註41〕不久，何騰蛟兵敗身死，形勢發生變化，馬吉翔想拉攏李成

〔註37〕邵廷采：《金堡》，《西南紀事》卷6，《中國方略叢書》，臺北：成文出版社，1968年。

〔註38〕徐乾學：《丹霞澹歸釋禪師塔銘》，陳世英：《丹霞山志》，廣州：廣東教育出版社，2015年，頁113。

〔註39〕錢秉鐙：《所知錄》卷下，上海：上海古籍出版社，1987年，頁300～301。

〔註40〕錢秉鐙：《行朝集》，《藏山閣詩存》卷10，《端州雜詩》。

〔註41〕瞿式耜：《瞿忠宣公集》，《續修四庫全書》第1375冊，上海：上海古籍出版社，2002年，頁248。

棟。瞿式耜一下子覺的力單勢孤，故通過袁彭年、金堡等人聯合李成棟部，以拮抗陳邦傅、馬吉翔等原廣西實權勢力。所以，所謂「楚黨」，臺前是湖廣人袁彭年、丁時魁、蒙正發，而幕後則是瞿式耜和李成棟、李元胤等勢力。

在永曆朝廷中，何騰蛟、瞿式耜、金堡結為勢力集團，因為大明王朝是被農民軍所推翻，他們以維護所謂「正統」，對原農民軍極度排斥和歧視。然而，在滿人強勢侵略，民族矛盾激化為首要矛盾之下，他們仍然不改偏見思路，妄想僅靠殘明的官紳勢力實現恢復。在軍事力量上只能倚靠反正來歸李成棟、李元胤等，結為「楚黨」。在地理上形成，瞿式耜留守桂林，李成棟在廣州，李元胤坐鎮肇慶，聯絡東西，把持朝政。其主要成員有「五虎」：袁彭年（左都御史）、劉湘客（禮部侍郎）、丁時魁（吏科給事中）、金堡（工科左給事中）、蒙正發（戶科右給事中）。袁彭年為「虎頭」，劉湘客為「虎皮」，金堡為「虎牙」，丁時魁為「虎尾」，蒙正發為「虎爪」。五虎以君子自命，以祖制舊章為器，「裁抑干進，力整朝政」，遇事強諫，排斥異己，控制朝廷的權力。

所謂「吳黨」是楚黨把影響獨家攬權的勢力指為「吳黨」。「吳黨」中包括陳邦傅、馬吉翔、堵胤錫、王化澄、朱天麟等人。根據顧誠先生的分析，陳邦傅在李成棟反正之後，為了穩固自己的實力，先後拉攏安插忠貞營（李赤心、高必正）和雲南的大西軍餘部進入廣西；陳邦傅在朝廷中與馬吉翔結黨營私。而堵胤錫、王化澄、朱天麟等卻與陳邦傅、馬吉翔完全不同，他們從南明朝廷實際出發，在面對清軍強敵，民族危機日益深重之下，主張南明朝廷應該聯合大西軍和大順軍，因此在具體建議和行事上卻與陳邦傅等有相似之處。

在具體事務中，金堡、瞿式耜等出於黨派利益，為何騰蛟開脫罪責（派郝永忠以友軍之名行偷襲反正後的陳友龍，導致寶慶得而復失）〔註42〕。金堡將責任推給郝永忠，上疏大罵「闖賊郝永忠本我寇讎，暫歸條索，未嘗與虜一戰；而震驚乘輿、戕賊內地，頃且殘靖州，逐勳鎮矣。陳友龍反正之後，有力恢寶、武之功；而永忠遍布流言，謂勳輔騰蛟令其報仇，欲以離義士之心、敗督師之望。永忠殺虜不可、事主無能，勢且白頭作賊；而敕旨呴濡，如奉驕子，使得借朝廷之刀殺朝廷之人，跋扈神飛，忠貞體解。陛下一詔削其官、聲其罪，使天下知其為國法所不赦」。〔註43〕

〔註42〕顧誠：《南明史》，北京：中國青年出版社，1997年。

〔註43〕金堡：《時政八失疏》，《嶺海焚餘》，《叢書集成續編》第58冊，臺北：新文豐出版公司，1988年，頁59。

　　順治五年（永曆二年，1648），李成棟反正後，「五虎」弄權，上疏攻擊大
學士嚴起恒、權臣陳邦傅、馬吉翔、太監龐天壽。金堡上疏劾奏陳邦傅無餉無
兵，竊取勳爵。陳邦傅大怒，上疏反斥金堡在任臨清知州時曾經投降大順；又
請朝廷派金堡為監軍，「觀其十萬鐵騎」。朱由榔對「五虎」亦壓抑許久，由皇
太后出面要求東閣大學士朱天麟擬嚴旨詰責，朱天麟即票擬：「金堡辛苦何
來，朕所未悉。所請監紀，著即會議。」其中「辛苦何來」源於杜甫《喜達行
在所三首》中「所親驚老瘦，辛苦賊中來」有暗指金堡投降大順的說法。內閣
大學士嚴起恒暗中此票擬轉告知史科給事中丁時魁。「五虎」遂連夜約集給事
中、御史十六人集合於行在宮門，言稱「強臣箝結言官之口」，「吾等不做官
矣」，「將公服袍帶擲棄庭中，小帽叉手，白衣冠聯袂去」。朱由榔聽得外面喧
鬧，「兩手振索，茶遂傾衣」，被迫於次日請李元胤出面調停，參與鬧事的十六
人仍留用，朱天麟即日解職，所票旨意改擬。

　　「五虎」干政爭議比較大的還有孫可望封王事件。順治六年（永曆三年，
1649）孫可望派楊畏知和戶部龔彝充當使者前往廣東肇慶，同永曆朝廷聯絡。
到後呈上書信並進獻南金二十兩及其他寶物，以表善意。當時參與抗清的以
雲南的孫可望的大西軍實力最強。當時何騰蛟、姜瓖、金聲桓、李成棟連續敗
亡，孫可望等人如加入永曆朝廷，本是絕處逢生之機。然而，「五虎」的偏見
和政治上的短視表示堅決反對，惟恐大西軍的參加會削弱他們所倚靠的李成
棟父子、瞿式耜在朝政的地位。後來見朝臣中贊成者多，金堡引祖制無異姓封
王例，力爭不可，在《論滇封疏》說：

> 夫本朝無所為異姓王也，開國則中山等、靖難則河間等，皆追封
> 耳。可望歸命本期，而一旦聽其擅大，陛下且不可變祖制，臣等又安
> 敢褻主威！……今日不能制其自王，異日豈能制其自帝耶？〔註44〕

　　這場封滇與否的爭論持續了幾個月，後來永曆朝廷勉強決定封孫可望為
景國公，賜名朝宗。督師閣部堵胤錫盛情款待孫可望派來的使臣隨將潘世榮、
焦光啟，同時連續上疏朝廷請封可望為二字王，經永曆帝同意決定封孫可望為
平遼王。金堡對堵胤錫的做法當面斥責道：「滇與忠貞皆國仇也，厥罪滔天。
公大臣，偏欲與此輩交結，何意？」在民族危機極為深重的時候，金堡等對原
農民軍切齒痛恨，稱之為罪惡滔天的國仇，完全顛倒了敵友關係。

〔註44〕金堡：《論滇封疏》，《嶺海焚餘》，《叢書集成續編》第58冊，臺北：新文豐出
　　　　版公司，1988年，頁69。

在陳邦傅以公爵身份矯詔偽封孫可望一字王後。金堡在疏中義形於色地說：「望應否封王，臣為祖宗守法，即使白刃臨臣，臣惟執不封之議。其秦王監國，頒敕何人？事關悖逆，豈容不劾！」〔註45〕大學士瞿式耜也以孫可望來書「啟而不奏，名而不臣，書甲子不書正朔」大做文章，說什麼「識者為之寒心，舉朝莫不色動」。在大西軍提出聯合抗清的建議以後，永曆朝廷在封爵上多方刁難，還加強了對大西軍的防範。

由於何騰蛟的私心和陰謀，堵胤錫被迫帶領殘兵一千餘人從鎮峽關（即龍虎關）退入廣西，連續受到曹志建、李元胤等的誘殺或阻撓。費盡千辛萬苦，堵胤錫到達肇慶行在後，永曆帝命他入閣輔政。順治六年（永曆三年，1649）秋，金堡上疏彈劾堵胤錫「喪師失地，而結李赤心等為援，張筵宴孫可望使。且面責之曰：『滇與忠貞，皆國仇也，厥罪滔天。公奈何獨與之呢？』胤錫失色，徐曰：『我幸苦邊事，如君言，竟無功耶？』堡曰：『勞則有之，功於何有？』」〔註46〕十一月，堵胤錫心力交瘁，在潯州一病不起，齎志以歿。臨終上遺疏中有：「臣死之後，願為厲鬼以殺賊。伏乞皇上揀任老成，用圖恢復。如國家大事，有李元胤、劉湘客、袁彭年、金堡、丁時魁、蒙正發六人作皇上腹心股肱，成敗可虞，祖宗有靈，實鑒臨之。臣死矣，不勝餘憾云。」〔註47〕永曆朝廷追贈其為潯國公，諡文忠。

順治七年（永曆四年，1650 年）二月，永曆帝逃到陳邦傅的勢力範圍的梧州，朝廷風向立變。戶部尚書吳貞毓、禮部侍郎郭之奇、兵部侍郎程源、萬翱、戶科給事中張孝起等十四人聯名上疏揭發「（五虎）把持朝政，罔上行私」的罪行。

朱由榔對「五虎」驕橫狂悖的行徑早已不滿，立即將劉湘客等四人下錦衣衛獄拷打審訊。因為袁彭年同李元胤等人關係更為密切，朝廷有所顧忌，念其反正有功免予處分。是在拷問時，金堡不肯服罪，大呼二祖列宗，「堡等錦衣獄杖八十，堡創特甚碎磁甌，出血復甦」〔註48〕「諸刑皆備，而堡刑尤獨酷，幾死者數四」〔註49〕丁時魁、劉湘客、蒙正發則「滿口老爺饒命，萬代公

〔註45〕金堡：《請處分第一疏》，《嶺海焚餘》，《叢書集成續編》第 58 冊，臺北：新文豐出版公司，1988 年，頁 85。
〔註46〕溫睿臨：《金堡》，《南疆逸史》卷 24，北京：中華書局，1959 年。
〔註47〕計六奇：《堵胤錫始末》，《明季南略》卷 12，北京：中華書局，1984 年，頁 410。
〔註48〕邵廷采：《金堡》，《西南紀事》卷 6，《中國方略叢書》，臺北：成文出版社，1968 年。
〔註49〕羅正鈞：《金黃門堡》，《船山師友記》卷 3，清光緒刻本。

侯等語」，叩頭如搗蒜。留守桂林大學士瞿式耜立即上疏申救「五虎」（詳見後一節）。連嚴起恆都「匍伏舟次泣奏，諫臣非今所宜譴，嚴刑非今所宜用，請貸堡等。」〔註50〕曹志建、焦璉、胡一清、楊國棟、馬進忠也上奏章施救，永曆帝不允。「庚寅二月王至梧州，舟甫駐，戶部尚書吳貞毓等十四人合疏，糾五虎把持朝政，遂下錦衣。張鳴鳳鞫問彭年，以反正功免議。起恆跪沙濱申救，不允。」〔註51〕李元胤也親自到肇慶行在，為金堡等人求情，「李元胤自肇慶同對，慈寧垂簾上東向坐，元胤奏事畢，伏地請死曰，金堡等非臣私人，何為以處四臣故，賜臣敕書，令安心辦事，慈寧曰，卿莫認金堡等是好人，卿如此忠義，卻謗卿謀反，元胤曰，說臣謀反還是有本，還是面奏，還是傳言？上不答。必正曰，處堡等也是，但處堡等之人，看來不如堡等。處堡等後，也不見有勝於堡等之事，復面質化澄，狗私植黨，化澄窘，申訴不能成語。」〔註52〕

與李元胤對質後，永曆「忽問廷臣曰，金堡畢竟是君子，是小人？再問，無對者。次日，東銓上言，昨侍班次上問金堡為君子為小人，惡堡者皆在列，而蔑有對者，則良心難昧。堡之不為小人河知，乞量改近衛，以全堡命。得改清浪衛。」〔註53〕雖然金堡等人對農民軍充滿偏見，但是高必正卻敬重金堡之為人，「高必正入見，吳貞毓等迎謁，請為殺堡，必正既陛見，出即就堡舟次，抱堡痛哭，吳貞毓等始戢，遂得減死，論戍清浪衛。」〔註54〕

錢澄之聽聞金堡改戍清浪衛，為老友感到慶幸，作《為金道隱給諫請改戍得允》：

> 投荒不可去，為叩九重閽。
>
> 遠道亡童僕〔註55〕，殘軀負杖痕。
>
> 罪甘煙戍死，帝念直聲存。
>
> 雨露真祈得，同朝並荷恩。〔註56〕

又據陳世英《澹歸禪師傳》「五人各以贓款，同下錦衣衛獄，咸予以杖，

〔註50〕劉毓崧：《通義堂文集》，劉氏求恕齋，1918年。

〔註51〕盛楓：《金堡》，《嘉禾徵獻錄》卷37，清鈔本，頁8。

〔註52〕盛楓：《金堡》，《嘉禾徵獻錄》卷37，清鈔本，頁9。

〔註53〕盛楓：《金堡》，《嘉禾徵獻錄》卷37，清鈔本，頁9。

〔註54〕羅正鈞：《金黃門堡》，《船山師友記》卷3，清光緒刻本。

〔註55〕原注：道隱僅一僕溺水死。

〔註56〕錢澄之：《為金道隱給諫請改戍得允》，《藏山閣集》卷12，《詩存》，清光緒三十四年本。

意在獨斃公，且陰令杖者毒責之。時公止一蒼頭姚昇，為文安侯中軍縛去，聞公信墮水死獄中，所與周旋者惟同里馬生宛鳴、祝生二人而已，自分必死，語二人曰，吾死不可以槁葬，為投屍於江斯已耳。然杖雖創卒不死。大學士嚴起恒、御史江見龍、吏部尚書晏清等，交章訟其冤得減死，改清浪衛戍。至桂林，以路梗不得赴。桂林破遂落髮於北郭之茅坪庵。」〔註57〕今釋在《送三決比丘還吳中序》中言「庚寅之春餘下詔獄，楚毒備至，僅一蒼頭，又為怨家私掠，公（三決義公，馬寶）負余出錦衣行署，涕唾宛轉，血肉狼藉，湯藥扶持，難行之行，靡不堪忍，一時薦紳間咸誦馬生高誼」〔註58〕可見當時慘狀。

永曆朝廷大勢已去之後，「五虎」中，除金堡、劉湘客避入佛門；以風節自命的袁彭年、丁時魁再次降清，都自稱在廣州反正是被李成棟所逼迫。袁彭年在廣東向尚可喜等人投降，獻上贓銀八百兩，得保殘生；丁時魁在廣西降清，被任為清廣西學道。

第三節　與南明舊臣的交往

一、瞿式耜

瞿式耜（1590～1650），字起田、伯略，號稼軒、耘野，蘇州常熟人。祖父瞿景淳，字師道，號昆湖，《永樂大典》總校官。嘉靖二十三年（1544）會試第一，殿試第二。父親瞿汝說，字星卿，萬曆壬辰進士，官至湖廣提學僉事。家學顯赫，奕世閥閱。瞿式耜，早年拜錢謙益為師，萬曆四十四年（1616）中進士。第二年，出任江西吉安府永豐縣知縣，頗有政績。1623年丁父憂返里，與西洋教士艾儒略（Jules Aleni）往還，後受洗入教，取名多默（Thomas），曾為艾氏所著性學觕述作序。

崇禎元年（1628），擢任戶科給事中，七個月裏，連上二十多封奏疏，觸犯了當權者的利益，遭到溫體仁、周延儒等排擠陷害，不久與其師錢謙益同貶削，繼而罷歸常熟。崇禎十七年（1644）李自成攻克北京，福王朱由崧在南京建立弘光政權。瞿式耜出任應天府丞，旋擢為右僉都御史，巡撫廣西。唐王朱

〔註57〕陳世英：《澹歸禪師傳》，《丹霞山志》，廣州：廣東教育出版社，2015年，頁72。

〔註58〕澹歸：《送三決比丘還吳中序》，《徧行堂集》卷4，《清代詩文集彙編》第46冊，上海：上海古籍出版社，2010年，頁340。

聿鍵擢升瞿式耜為兵部右侍郎，協理戎政。瞿式耜不入朝，退居廣東。

　　順治三年（隆武二年，1646）八月，清兵破汀州，隆武帝被殺。瞿式耜和大臣們擁立桂王朱由榔做皇帝，年號「永曆」，瞿式耜升任吏部右侍郎、東閣大學士，兼掌吏部事。在清兵南下的時候瞿式耜領兵在短短的十四個月裏，抗擊了清兵三次對桂林的進犯。順治四年（永曆元年，1647）二月朱由榔在桂林，聽到平樂被襲，即逃全州。瞿式耜痛哭且反覆勸說，不聽。自請留守桂林。永曆升其任文淵閣大學士，兼兵部尚書。順治六年（永曆三年，1649）何騰蛟殉國後，瞿式耜兼任督師時，還陸續收復靖州、沅州、武岡、寶慶等府縣。無奈南明裏爭權奪利，猜忌傾軋，甚至企圖牽制瞿式耜；部隊又長期戰鬥。得不到休整，大大削弱了戰鬥力。順治七年（永曆四年，1650）正月，南雄被清兵攻破。永曆帝逃向梧州。十一月初六，瞿式耜與總督張同敞在桂林被執，拒孔有德勸降。閏十一月十七日兩人在仙鶴岩（風洞山南），慷既就義。〔註 59〕永曆朝諡瞿式耜「文忠」，乾隆朝追諡「忠宣」。

　　順治五年（永曆二年，1648）金堡在桂林第一次見到瞿式耜，相見如故。期間，金堡舍於伏波山，與瞿式耜、焦瑞亭、吳鑒在同遊虞帝祠，與邵憲長遊七星岩。正如金堡言「始吾從辰溪歷夫夷而至桂林，舍於伏波山，與故留守瞿公稼軒、焦侯瑞亭、吳直指鑑在，遊虞帝祠，與邵憲長雷淵，遊七星巘，從巘首秉炬入行山腹中乃出，既下端州，復由蒼梧至桂林，舍於小東皋，遷茅坪菴，張別山、方密之、劉同菴客生兄弟、丁金河蒙聖功，酒酣耳熱，歌呼未嘗間日夕」〔註 60〕「我初未識公，自戊子九月謁公桂林，遂相見如故，當是時入朝者，無不得公薦表以為重，我不乞公薦，公亦語我吾不敢以薦重君。」〔註 61〕

　　「堡至桂林將有建白，以示留守瞿式耜，留守令至肇慶，與劉湘客酌之，疏糾李成棟、陳邦傅、麗天壽、馬吉翔，湘客去李、麗，而用陳馬，封上一時風采赫然，補兵科給事中。」〔註 62〕

　　金堡一就任就上時政八失疏：一曰朝政不宜獨專也；二曰勳封不宜無等

〔註 59〕　方以智：《稼軒瞿相公傳》，《浮山文集》卷 9，《清代詩文集彙編》第 35 冊，上海：上海古籍出版社，2010 年，頁 581～584。

〔註 60〕　澹歸：《送鄭野臣之桂林序》，《徧行堂集》卷 4，《清代詩文集彙編》第 46 冊，上海：上海古籍出版社，2010 年，頁 332～333。

〔註 61〕　澹歸：《祭明故死節桂林伯督師大學士瞿公稼軒文》，《徧行堂集》卷 8，《清代詩文集彙編》第 46 冊，上海：上海古籍出版社，2010 年，頁 439。

〔註 62〕　盛楓：《金堡》，《嘉禾徵獻錄》卷 37，清鈔本，頁 6～9。

也；三曰罪鎮不宜久縱也；四曰中旨不宜頻傳也；五曰貪墨之風不宜自內廷始也；六曰調停之術不宜自言路開也；七曰義兵不宜概行摧折也；八曰奉使不宜濫及非人也。奏疏入，舉朝震驚，詆堡狂躁。堡直言敢諫得罪了本朝批權貴，如文安侯馬吉翔、慶國公陳邦傅、司禮監龐天壽等。永曆帝也不似隆武帝那般賞識金堡，見此奏疏龍顏大怒，令堡安靜供職。唯袁彭年、丁時魁、瞿式耜等推重他，堡亦與他們相得。值得一提的是李成棟，當時他還未與瞿式耜等聯合，與堡等並非同黨。然他令人讀此奏疏，驚曰：「朝廷尚有如此人乎？」此後，所謂吳楚兩黨陣勢逐漸明朗。

順治七年（永曆四年，1650），二月初四，吳貞毓、郭之奇、萬翱、程源輩乃修舊怨，與給事中張孝起、李用楫、李日煒、朱士鯤、御史朱統鎔、王命來、陳光胤、彭全等合疏論袁彭年、劉湘客、丁時魁、金堡、蒙正發把持朝政、罔上行私、朋黨誤國十大罪。帝以彭年反正有功，特免議；餘下錦衣獄。

瞿式耜聽聞四人下獄之事，二月初七日上《救劉湘客等五臣疏》：

> 奏為朝之舉動一新，微臣之憂懼並集，敢不避霆怒，直怖血忱，仰祈鑒察事。臣閱邸報，見戶部侍郎吳貞毓、禮部侍郎郭之奇、兵部侍郎萬翱、程源、吏科左給事中張孝起、禮科右給事中李用楫、江西道監察御史朱士鯤等十四員，連名疏參詹事府掌府事、禮部侍郎劉湘客、都察院左都御史袁彭年、吏科都給李中丁時魁、戶部右給事中蒙正發、工科左給事中金堡，把持朝政，罔上行私，罪當死。奉旨著錦衛拿問。臣讀之未竟，瞥訝不知所云。從來朝廷處一言官，逮一大臣必果為國法聽不容，輿情所共擯者，下之廷議，方行處分。而廷議必以宰相為主，今之廷議何人乎？止一輔臣起恒，而起恒先在彈射之中矣。至微臣則羈身留守，遠隔東西，既不收遙執朝政，亦無從與參末議。在廷方以臣必黨護諸臣，肯容臣先聞而後發乎？以臣揆之，公論之人，即參疏之人也；而懇恩皇上行法之人，即與參疏之人打成一片者也。就使諸臣而果罪狀昭彰，一如疏中所指，處分豈無時日，而汲汲為此朝不待夕之舉動？又且不先不後，恰當勳臣邦傅到梧之時，能無我雖不殺伯仁之疑否？所處五臣，平日或為皇上持風紀，或為皇上資啟沃，或為皇上爭是非。其平時品格，久已難逃聖鑒。果有不可誼之幸，何不於駐蹕端州時，即震霆威大廷廣眾之中，暴其罪狀，而優容含忍至今，當文武播遷之日，錯枉

懲奸之典？使此舉而果非出聖意也，則參疏諸臣，有從川、黔至者，有從江西至者，有從新經考選者，有平日在廷彼此抨擊者，其知五臣必不如皇上知五臣之悉至公而至虛也。然則諸臣此舉，直借皇上以行其報復之私，而又巧乘皇上之躓梧，慶國之來朝，為迅雷不及掩耳之謀，以斷其救援之路。且諸臣驅除異己，駸駸漸及於臣，以臣與五臣，凡稱莫逆，每朝政傳得相商，殺五臣即所以殺臣；去五臣即所以去臣。臣既為黨魁，不殺臣不止，臣今日且不知死所，尚敢以危疑之身，為皇上奏恢疆之烈哉？伏祈暫息雷霆，將原參疏發下廷臣公議，虛實立見，曲直自明。臣為皇上親舊老臣，在今日固知言不見信，然狗馬愚忠，誼難緘默，敢不避嫌怨，仰瀆宸聰。臣不勝激切待命之至。〔註63〕

二月十三日再上《再救五臣疏》，其中有分析「五虎」因章奏鋒芒太過，而得罪人太多之分析，「五臣兩年來之章奏，現在御前，不過以議論太刻，執持太過，鋒鋩太銳，致來異已之憎，然既不為祖宗之罪人，即未嘗不為皇上之諍子，今日正當上法，求賢若渴，從諫如流之芳軌，有臣如此，崇獎之護持之不遑，其忍輕加摧折乎。」「皇上不以忠臣待五臣，而以姦臣目五臣？夫人主無威福，即以千秋之是非為威福；人主無喜怒，即以匹夫之好惡為喜怒。今皇上之威福，果操於一人之獨斷耶？抑以廷臣之愛獵為威福也？喜怒也？皇上之喜怒，果協於斯民之直道耶？抑以廷臣之忤合為喜怒也？今日廷臣糾參五臣，方以為鋤奸快舉，臣者從而申救之，是真黨奸也，是好人之所惡，拂人之性者也。第樵牧不廢公論，婦孺亦有良心，如坐五臣以結黨行私，公行賄賂，恐鬼神難欺。」〔註64〕

二月二十一日上《三救五臣疏》：

秦為未秦中興之績，先傳殺諫之名，聖德有虧，臣罪當死，謹席稿行間，速賜斧鉞事。頃臣接戶部尚書吳貞疏等公書一封，抄揭一件，讀之知五臣之積毒，蓋至今日而發也。已而聞四臣廷杖矣，追贓矣。昨齎奏差員自梧來者，傳金堡受刑獨慘，命已在旦夕矣。臣仰天長號曰：「天乎！何不佑忠良至此極乎！」臣考祖宗朝，未有

〔註63〕瞿式耜：《救劉湘客等五臣疏》，《瞿忠宣公集》，《續修四庫全書》第1375冊，上海：上海古籍出版社，2002年，頁248。

〔註64〕瞿式耜：《再救五臣疏》，《瞿忠宣公集》，《續修四庫全書》第1375冊，上海：上海古籍出版社，2002年，頁249。

一日而廷杖三諫官者，更未有經筵大臣而受杖於聞庭者。今皇上於
艱難草昧之時，行祖宗朝未行之法，遠邇為之駭聽，士類無不寒心。
至追贓之令，止撫按行之於貪官污吏，從未聞朝堂之上，講幄待從
之臣而行此者。熹廟時，逆璫用以羅織善類，誣陷忠良，楊、左、
周、魏諸臣，考死詔獄者纍纍，此千載僅見之事，豈以皇上仁明英
哲之主，而蹈往事之覆轍乎？臣猶記元年，皇上駐蹕全陽時，亦曾
有一日而逮四臣之事，聞係逆臣搆陷，然即因劉承胤申救，得邀轉
圜。今四臣中之劉湘客，猶是當年四臣中之一人也。昔年一承胤申
救，遂得轉圜，今日輔臣起恒偕臣力救，而終不能免，豈四臣遭逢
之不幸耶？若以乘輿播遷追咎五臣，則當丙戌十二月，亦曾以虜逼
羊城，從肇慶移蹕梧州矣。丁亥二月，亦曾以虜逼昭潭，從桂林移
蹕全陽矣。八月，亦曾以虜突武攸，從奉天移蹕龍城矣。戊子二月，
亦曾以虜逼嚴關，郝逆劫駕，從桂林移蹕南寧矣。幾番誤國之罪，
凡朝中侍從，操議論之臣，皆當追究，何得概寬？況兩年來端州扈
從，印纍纍而綬若若，乃以推原禍始，獨責五臣臣尤所不解也。先
儒有言曰：「公論國之元氣。」夫公論與元氣何關？蓋公論乃天地之
正氣，正伸則元氣振也。今諸臣爭紀綱、爭名器於元氣衰弱之時，
而急施扶補，乃皇上於元氣未復之日，而先行鑱削。從此正人皆思
裹足，賢士不敢褰裳，為皇上扶元氣者少矣。臣身肩疆事，朝事可
不與聞，然忝列綸扉，君德之成敗，即臣之責，聖政之秕善，即臣
之事。目擊此等舉動，而不能挽回，他年史臣執簡而書：「某年廷杖
諫官某某兒人，追贓若干，某為輔臣。」又何辭以謝負國之罪哉？
伏乞皇上將臣先賜罷斥，別簡才望大臣，任督師恢剿之事，容臣留
此殘骸，庶可少寬清議。老臣愚戇，語多冒昧，並祈皇上鑒宥施行。
臣不勝悚息待命之至。〔註65〕

提及金堡受刑慘狀「作贄奏差員自梧來者，傳金堡受刑獨慘，命已在旦夕
矣，臣仰天長號曰，天乎，何不佑忠良，至此極乎，臣考祖宗朝，未有一日而
廷杖三諫官者，更未有經筵大臣，而受杖於闕庭者，今皇上於艱難草昧之時，
行祖宗朝未行之法，遠邇為之駭聽，士類無不寒心」並以辭職相脅。

〔註65〕瞿式耜：《三救五臣疏》，《瞿忠宣公集》，《續修四庫全書》第 1375 冊，上海：
上海古籍出版社，2002 年，頁 250。

三月，果然瞿式耜上《引咎乞罷疏》，自言負有七罪，引咎乞罷，其中把永曆對五臣「一日而逮兩大臣，杖三諫官，為祖宗朝所罕有之事，臣罪七也」〔註66〕顯然，是以引咎乞罷表達對永曆朝廷的抗議。永曆帝頒布四人之罪狀以證刑法之必然，式耜再上數疏爭之，永曆帝不聽。

所以，金堡說「我下詔獄，公聞之，推案哭失聲，杜門封印，七上章爭之，我不一語乞公，救諸欲殺我者，不知大體，至以我故間公於帝左右，又以我故露章擊公，掣肘公，公不為動，我亦不私謝，公謂我累公若此者，非特公知我，我亦知公也」〔註67〕據《小腆紀傳》卷三二：

> 大學士嚴起恒不能入水殿〔註68〕，乃長跪沙際以求免四人之刑，程源立御舟側，揚言說：「金堡即『昌宗之寵方新，仁傑之袍何在』二語，當萬死！」聲達慈寧舟中；蓋堡《駁御史呂爾璵疏》〔註69〕中語也。都督張鳳鳴受密旨，欲因是殺堡；於古廟中陳刑具，用廠衛故事嚴鞫之，拷掠慘酷。堡大呼「二祖、列宗！」餘皆哀祈招賕，以數十萬計。獄成，堡、時魁並謫戍，湘客、正發贖配追贓。已而李元胤、高必正入朝，咸為堡申雪；上意漸解。一日，召對廷臣；忽曰：「金堡畢竟是君子，是小人？」再問，無對者。明日，庶吉士錢秉鐙疏言：「臣昨侍班次，惡堡者皆在列。而皇上再問，無對者，則天良難滅；堡之不為小人可知！堡受刑最重，左腿已折；相隨一僕，復墮水死。今遠戍金齒，以孑然殘廢之身，敝蹕於荒郊絕域之外，去必不到，到亦必死。雖名生之，實殺之也！乞量改近邊！」乃改清浪衛。高必正以百金為堡藥資，不受。馬寶自德慶來，親為洗創；堡竟不死。〔註70〕

〔註66〕瞿式耜：《引咎乞罷疏》，《瞿忠宣公集》，《續修四庫全書》第1375冊，上海：上海古籍出版社，2002年，頁251。

〔註67〕澹歸：《祭明故死節桂林伯督師大學士瞿公稼軒文》，《徧行堂集》卷8，《清代詩文集彙編》第46冊，上海：上海古籍出版社，2010年，頁439。

〔註68〕永曆每每望風而逃，常以舟為家，起居朝拜皆在舟中，故稱水殿。

〔註69〕金堡《嶺海焚餘》中未見有《駁御史呂爾璵疏》，應該是彙集不全之故；而金堡《論票擬黨庇疏》有「臣何人也，爾璵何人也，且無論以仁傑之袍，賭昌宗之裘，志士猶為快快」，見金堡：《嶺海焚餘》，《叢書集成續編》第58冊，臺北：新文豐出版公司，1988年，頁63。

〔註70〕徐鼒：《小腆紀傳》卷32，周駿富：《清代傳記叢刊》第69卷，臺灣：明文書局，1985年。

　　順治七年，金堡赴清浪衛〔註71〕的途中，道阻桂林，夢被執至法場，作絕
命詩，醒後僅得「三十六年餘夢幻」一句，晨起以《子曰朝聞道夕死可矣》為
題，制義一篇，瞿式耜聞而索觀，並為之評論。〔註72〕

　　過桂林後，金堡未達清浪衛，恰逢清兵至，押解人逃跑。金堡在瞿式耜
的幫助下，移居桂林瞿氏的小東皋園林。「我赴戍清浪，公居我蕉廬，且語
我君勿自視為兩家人，我欲居佛寺，公移我居茅坪，每語我君自是出世人，
吾安得稍建微功，謝封疆之責，相對於水邊林下乎」〔註73〕「堡過桂林，守
輔式耜留堡書記，辭曰，朝廷罪人，安可私佐相公，且時事已去，非敢愛
死。」〔註74〕

　　順治七年（庚寅，1650）五月，金堡與瞿式耜、瞿昌明以及趙秋屋（瞿昌
明摯友）相聚。瞿式耜作《庚寅五月梧州行在所戍卒金堡具草贈趙子秋屋》：

> 我孫欲西來，意猛天無極。
>
> 信陵尚有需，孺子詎生翼。
>
> 慷慨俠士心，密商吐微臆。
>
> 風雪滿關山，遑慮路荊棘。
>
> 出門誓不移，芒鞋見神力。
>
> 瘴海同生死，蠻鄉共出入。
>
> 倉茫岐路間，離合尤奇絕。
>
> 其初不輕諾，厥行乃肫切。
>
> 忠孝固有緣，意氣託深識。
>
> 不謂古人槃，同時賴扶掖。
>
> 天子聞其名，嘉與異稠密。
>
> 紛紛布網羅，此足謝偪側。

〔註71〕明洪武二十三年（1390）置，屬湖廣都司，治所在今貴州鎮遠縣東北清谿鎮。
　　　　清雍正五年（1727）改為青谿縣。
〔註72〕澹歸：《四書義自敍》，《徧行堂集》卷7，《清代詩文集彙編》第46冊，上海：
　　　　上海古籍出版社，2010年，頁418；金堡以「朝聞道夕死可矣」為題的文章有
　　　　2篇，一是《子曰朝聞道夕死可矣》，二是《朝聞道夕死可矣》，內容不太相同；
　　　　從內容上看，第一篇是順治七年所作，第二篇應該是出家之後所作。
〔註73〕澹歸：《祭明故死節桂林伯督師大學士瞿公稼軒文》，《徧行堂集》卷8，《清代
　　　　詩文集彙編》第46冊，上海：上海古籍出版社，2010年，頁439。
〔註74〕邵廷采：《金堡》，《西南紀事》卷6，《中國方略叢書》，臺北：成文出版社，
　　　　1968年。

　　吁嗟少年行，一歌不再得。〔註75〕

　金堡亦作詩贈趙秋屋：

　　　　小人結交千黃金，君子結交方寸心。

　　　　側聞磊落趙夫子，一身許友以生死。

　　　　死生得失有公私，差之毫釐失千里。

　　　　拔劍彈冠趨勢利，一腥一羶皆螻蟻。

　　　　當時密約通鬼神，千秋片念惟君親。

　　　　爾如不得有其祖，我則不敢有其身。

　　　　爾得我存忠與孝，我得爾成義與仁。

　　　　兩人相成不相謝，鐵人石心不可化。

　　　　短衣赤腳虎狼塗，雪徑危舟風雨夜。

　　　　公孫承恩初入朝，目輕海水無江濤。

　　　　為我兼說劉將軍，不覺古誼秋旻高。

　　　　引燭欲燒游俠傳，人間意氣空麤豪。

　　　　相將道德和且平，比之管絃如簫韶。

　　　　病夫欲舞不能起，一夔之足安能逃。

　　　　短詞塞責當風謠。〔註76〕

　　早在順治六年（己丑，1649），瞿式耜之孫瞿昌明跋涉千里至桂林，拜見祖父，成為瞿式耜桂林幕中一時盛事。當時桂林「縉紳先生皆為歌詩，以道其美」，金堡參與其中，並作五言詩一篇相贈。可惜之後瞿昌明於兵亂中將稿遺失，金堡亦未存草稿。順治七年冬，金堡入住小東皋數月後，將落髮於茅坪庵。瞿昌明前來送行，並索補前作，金堡為作《金公贈言》並序：

〔註75〕　瞿式耜：《庚寅五月梧州行在所戍卒金堡具草贈趙子秋屋》，《瞿忠宣公集》，《續修四庫全書》第 1375 冊，上海：上海古籍出版社，2002 年，頁 286。

〔註76〕　該詩為金堡與瞿式耜《庚寅五月梧州行在所戍卒金堡具草贈趙子秋屋》同時作於於順治七年（庚寅，1650）五月；而在《瞿忠宣公集》中選錄的此詩名「甲午中秋前五日借山今釋書於東皋之天香閣贈趙君秋屋舊作」是因為順治十一年（甲午，1654）八月初十日，澹歸到了常熟，為瞿昌明重書此舊作，並作祭文《祭明故死節桂林伯督師大學士瞿公稼軒文》。分別見金堡：《甲午中秋前五日借山今釋書於東皋之天香閣贈趙君秋屋舊作》，瞿式耜：《瞿忠宣公集》，《續修四庫全書》第 1375 冊，上海：上海古籍出版社，2002 年，頁 286；澹歸：《祭明故死節桂林伯督師大學士瞿公稼軒文》，《徧行堂集》卷 8，《清代詩文集彙編》第 46 冊，上海：上海古籍出版社，2010 年，頁 439。

　　壽明居士以己丑省大父雷守相公於桂林，人稱至孝，一時縉紳
先生皆為歌詩，以道其美，余襄厠俗士，亦有五言一篇，壽明既於
患難中失去，余又以行腳棄諸草稿，頃來東皋，索補前作，瀕行，
書此併為敘別。

　　我行天下未見逸格之人才，猶記桂林雷守有公孫。

　　芒鞵萬里兵中來，出門不與父母訣。

　　仗劍能使豺狼開，天子召對大獎歎。

　　特為史館儲鹽梅，一朝東西粵俱陷。

　　辭君覓祖不可見，手扶旅櫬返家山。

　　歸見高堂淚如霰，人生大事孝與忠。

　　祖孫父子非同同，子身所遇寧小故。

　　膽橫骨縱疑追風，我來東皋作佛護。

　　秋風颯起思歸宗，三峽橋頭應迴首。

　　意氣昔年今在否，昔年筆墨常怒號。

　　於今語默憑松濤，黑風一陣遺稿盡。

　　似卷老杜三重茅，我自亡書不解憶。

　　補瘡剜肉難相饒，嗚呼！

　　翰林門第世清貴，那堪薄俗驅兒曹。

　　南天未易豆子熟，手勾不著欃槍高。

　　八月八九雙進酒，伏波盛事何蕭條〔註77〕。

　　山僧有舌無可鼓，慚惶前路貽絺袍。

　　燈影圓光徑一尺，欲寫不可長太息。

　　去年死卻趙延年，扇上歌行如昨日。

　　萬事傷心較亦多，眼明眥暗終奈何。

　　不如歸臥棲賢谷，石上安草掛綠蘿。〔註78〕

　　順治七年冬，金堡遂落髮於茅坪庵。居五十餘日，茅坪主僧勾結流亡騎
兵數百人，洗劫茅坪庵內外三日，金堡竟至絕糧。當時金堡身上創傷雖合，
「右足短左足二寸許，手扶童子肩，始能立。凡一月得五飯，余惟擷生菜雜少

〔註77〕原注：八日雷守相公生辰，九日壽明生辰，時會於東日堂。
〔註78〕澹歸：《金公贈言》，瞿式邦：《瞿忠宣公集》，《續修四庫全書》第1375冊，上
　　　　海：上海古籍出版社，2002年，頁285～286。

米為薄粥，三盌欲溢出，頃一便旋，即饑火上焚，面目俱赤」〔註79〕瞿式耜對於金堡出家「甚不欲道隱作此，今飲酒食肉，而蒙比丘之服，故近於妖也。」〔註80〕順治七年十一月初五，瞿式耜和張同敞決心與桂林城共存亡，甘願被孔有德所執，「雖孔有德之喑啞叱吒，虓闞酷暴，無所屈也，謂公（指瞿式耜）坐。公曰，吾不知此鳥獸坐，舁牀坐之，為訊細故。公曰，分有一死，閉之復室，令降者胡服，或隨帳諸同鄉人出入更勸之，公瞑不答，與同敞賦詩已耳。有德一日自往說降，同敞厲聲噴罵其面，每一聲，公從旁為拊手擊一節。孔有德憤甚令撾張同敞頰至爛，命折張同敞右臂。」〔註81〕又據計六奇《明季南略》「（孔有德）命左右說之降，勸諭百端，式耜但大哭，敞則毒罵。暇則兩人賦詩自矢，並刺敵人。有德憤甚，命折敞右臂，仍談笑賦詩不絕。敞右臂既損，不能握筆，詩成，式耜代筆書之。兩人幽囚唱和四十餘日，詩各數十章。敞見兩人困愈久、苦愈甚，而志愈堅、氣愈烈，知終不可辱。」〔註82〕

瞿式耜將在獄賦詩，名為《浩氣吟》，自序云：「庚寅十一月初五日聞警，諸將棄城而去；城亡與亡，余誓必死。別山張司馬自江東來城，與余同死；被刑不屈，累月幽囚。漫賦數章，以明厥志；別山從而和之。」

瞿式耜的《浩氣吟》載於《明季南略》中的共有律詩七言八首：

其一

籍草為茵枕由眠，更長寂寂夜如年；

蘇卿絳節惟思漢，信國丹心止告天。

九死如飴遑惜苦，三生有石只隨緣；

殘燈一室群魔繞，寧識孤臣夢坦然。

其二

已拼薄命付危疆，生死關頭豈待商；

二祖江山人盡擲，四年精血我偏傷。

羞將顏面尋吾主，剩取忠魂落異鄉；

〔註79〕澹歸：《四書義自敘》，《徧行堂集》卷 7，《清代詩文集彙編》第 46 冊，上海：上海古籍出版社，2010 年，頁 417。

〔註80〕澹歸：《送鄭野臣之桂林序》，《徧行堂集》卷 4，《清代詩文集彙編》第 46 冊，上海：上海古籍出版社，2010 年，頁 332～333。

〔註81〕方以智：《稼軒瞿相公傳》，《浮山文集》卷 9，《清代詩文集彙編》第 35 冊，上海：上海古籍出版社，2010 年，頁 583。

〔註82〕計六奇：《張同敞傳》，《明季南略》卷 13，北京：中華書局，1984 年，頁 434。

不有江陵真鐵漢，腐儒誰為剖心腸。

其三

正襟危坐待天光，兩鬢依然勁似霜；
願仰須臾階下鬼，何愁慷慨殿中狂。
須知榜辱神無變，旋與衣冠語益莊；
莫咲老夫輕一死，汗青留取姓名香。

其四

年年索賦養邊臣，曾見登陴有一人；
上爵滿門皆紫綬，荒邨無處不青燐。
僅存皮骨民堪畏，樂爾妻孥國已貧；
試問怡堂今在否，孤存留守自捐身。

其五

邊臣死節亦尋常，恨死猶銜負國傷；
擁主竟成千古罪，留京翻失一隅疆，
罵名此曰知難免，厲鬼他年詎敢忘；
幸有顛毛留旦夕，魂兮早赴祖宗旁。

其六

拘幽土室豈偷生，求死無門慮轉清；
勸勉煩君多苦語，癡愚歎我太無情。
高歌每羨騎箕句，灑淚偏為滴雨聲；
四大久拼同泡影，英魂到底護皇明。

其七

嚴疆數載盡臣心，坐看神州已陸沉；
天命豈同人事改，孫謀爭及祖功深。
二陵風雨時來繞，歷代衣冠何處尋；
衰病餘生刀俎寄，還欣短鬢尚蕭森。

其八

年逾六十復奚求，多難頻經渾不愁；
劫運千年彈指去，綱常萬古一身留。
欲堅道力憑魔力，何事俘囚學楚囚；

了卻人間生死事，黃冠莫擬故鄉遊。［註83］

瞿式耜還與金堡互同書信，「稼軒先生拘幽時，每一詩成，輒密封相示」［註84］「公被執，與我詩筒往返，猶理前語」［註85］金堡收到瞿式耜《浩氣吟》律詩八首，即踐原韻，和詩八首：

其一

即到沙場亦醉眠，豈能乞活奈長年。

三更白月黃埃地，一寸丹衷紫極天。

身在簡編看不老，心如牆壁破無緣。

何須更說空生死，有劫難灰獨朗然。

其二

出師盡瘁許巖疆，取義成仁一再商。

刀戟仇讎知我厚，衣裳鱗介債難償。

莫教兒女攀新冢，未有英雄戀故鄉。

我亦夔憐還起舞，劍鋩無處割愁腸。

其三

幾世曾依日月光，二毛終不變星霜。

相公氣比秋山靜，司馬生當屬鬼狂。

舌斷犬羊羞衛律，身輕蝴蜨弔蒙莊。

山僧頂禮何時了，佛火新添忠義香。

其四

乘危時自薄君臣，坐躓元公豈一人。

各擁金章難請劍，兢吹鐵血看移燐。

有心許國惟多病，無計強兵只益貧。

變起勞他文吏死，可憐兒戲捉官身。

其五

有茶無虀不堪嘗，獄底生還止自傷。

［註83］計六奇：《瞿式耜殉節》，《明季南略》卷 13，北京：中華書局，1984 年，頁429～430。

［註84］澹歸：《書拘幽詩卷後》，《徧行堂集》卷 17，《清代詩文集彙編》第 46 冊，上海：上海古籍出版社，2010 年，頁 600。

［註85］澹歸：《祭明故死節桂林伯督師大學士瞿公稼軒文》，《徧行堂集》卷 8，《清代詩文集彙編》第 46 冊，上海：上海古籍出版社，2010 年，頁 439。

抗疏敢先開貫索，借刀誰復誤封疆。

隨緣布帽猶難著，得佐松僚未忍忘。

卻憶昔賢高義在，變名伏侍故人傍。

其六

偷生豈易學無生，二老何嘗肯待清。

歡喜刀頭偏下種，貪癡海底得忘情。

燈寒一碧千秋血，鳳吐雙丹萬里聲。

大義從來無短祚，中天日月看長明。

其七

難將火聚起灰心，尺寸山河又陸沉。

一部春秋天地正，十朝功德祖宗深。

鏡邊短髮梳還喜，枕上高吟韻好尋。

欲寄君王多少淚，滿天風雨共蕭森。

其八

忠臣無命亦難求，空冢題碑喚莫愁。

臂斷不辭連頸斷，心留何必定身留。

雪庵未證東來果，柴市能超北去囚。

死死生生俱努力，人天無礙約同遊。〔註86〕

瞿式耜被拘期間，以必死之志，密奏永曆帝，敘述被執前後經過，痛斥望風逃遁之高官，表達忠君愛國之心：

> 罪臣瞿式耜謹奏。臣本書生，未知軍旅，自永曆元年，謬膺留守之寄，拮据四載，力盡心枯。無如將悍兵驕，動鎮諸臣，惟以家室為念。言戰言守，多屬虛文，逼餉逼糧，刻無寧晷，臣望不能彈壓，才不能駕馭，請督師而不應，求允放而不從。馴至今秋，灼知事不可為，呼籲益力，章凡數上，而朝廷漠然置之。近於十月十三日，集眾會議，搜括懸賞，方謂即不能戰，尚可以守。忽於十一月初五之辰，開國父趙印選，傳到安塘報一紙，知嚴關諸塘盡已失去，當即飛催印選等星赴危急，而印選躊躇不前，臣竊訝之，詎意其精神全注老營，止辦移營一著，午後遣人再偵之，則已叢室而行，城

〔註86〕轉引自薛涓、謝謙：〈澹歸散佚詩文輯錄與探析〉，《文獻》，2021年第2期。

中竟為一空矣。臣撫膺頓足曰：「朝廷以高爵餌此輩，百姓以膏血養此輩，今遂作如此散場乎？」至酉刻，督臣張同敞從江東遣訊城中光景，知城中已虛無人，止留守一人尚在，遂淜水過江，直入臣寓。臣告之曰：「城亡與亡，自丁亥三月已拼一死，吾今日得死所矣。子非留守，可以無死，盍去諸！」同敞毅然正色曰：「死則俱死，古人恥獨為君子，君獨不容我同殉乎？」即於是夜明燈正襟而坐，時臣之童僕散盡，止一老成，尚在身旁，夜雨淒淒，遙見城外火光燭天，滿城中寂無聲響，迨坐至雞唱，有守門兵入告敞曰：「大清已圍守各門矣。」天漸明，臣與同敞曰：吾二人死期近矣！辰刻，噪聲始至靖江府前，再一刻，直至臣寓，臣與同敞危坐中堂，吃不為動，忽數騎持弓腰矣，突至臣前，執臣與同敞而去。臣語之曰：「吾等坐待一夕矣：毋庸執！」遂與偕行。時大雨如注，臣與同敞從泥淖中踸踔數時，始至靖江府之後門。時大清定南王孔有德，已坐王府矣！靖江父子亦以守國未嘗出城，業已移置別室，不加害。惟見甲仗如雲，武士如林。少之，引見定南，臣等以必死之身不拜，定南亦不強，臣與同敞立而語曰：「城已陷矣！惟求速死。夫復何言。」定南霽色溫慰曰：「吾在湖南，已知有留守在城中，吾至此，即知有兩公不怕死而不去，吾斷不殺忠臣，何必求死！甲申闖賊之變，大清國為先帝復仇，且葬祭成禮，固人人所當感激者，今人事如此，天意可知。」臣與同敞復定南：「吾兩人昨已辦一死，其不死於兵未至之前，正以死於一室，誠不若死於大廷耳！」定南隨遣人安置一所。臣不薙髮，亦不強。只今大清兵已克千樂、陽朔等處，取梧祇旦晚間。臣涕下沾襟，仰天長號曰：「吾君遂至此極乎！」當年擁戴一片初心，惟以國統絕維之關係乎一線，不揣力綿，妄舉大事。四載以來，雖未豎有寸功，庶幾保全尺土，豈知天意難窺，人謀舛錯，歲復一歲，竟至於斯，即寸磔臣身，何足以蔽負君誤國之罪？然累累諸勳躬受國恩，敵未臨城，望風逃遁，大廈傾圮，固非一木所能支也：臣灑淚握筆，具述初五至十四十日內情形，仰瀆聖聽，心痛如割，血與淚俱。惟願皇上，勿生短見，暫寬聖慮，保護宸躬，以全萬姓之命，以留一絲之緒，至於臣等罪戾，自知青史難逃，竊計惟有堅求一死，以報皇上之隆恩，以盡臣子之職分，天地鬼神實鑒臨

之，臨表不勝嗚咽瞻仰之至。〔註87〕

閏十一月十七日，瞿式耜、張同敞於城北風洞山下英勇就義。就義前，瞿
式耜書有絕命詩：

> 從容待死與城亡，千古忠臣自主張；
>
> 百三年來息澤久，頭絲猶帶滿天香。〔註88〕

張同敞亦作絕筆詩，並附小序：

> 被刑一月，兩臂俱折。忽於此日右手微動，左臂不可伸矣。歷
> 三日，書得三詩，右臂復痛不可忍。此其為絕筆乎？孤臣同敞囚
> 中草。
>
> 一月悲歌待此時，成仁取義有天知。
>
> 衣冠不改生前制，名姓空留死後詩。
>
> 破碎山河休葬骨，顛連君父未舒眉。
>
> 魂兮懶指歸鄉路，直往諸陵拜舊碑。〔註89〕

金堡「當公就義，我哭公於茅坪僧舍，及公遷殯，我哭公於明月洞」〔註90〕
「二公既歿，予為茅坪主僧所累，就食於靈田，結廬江南山，三入臨溪洞，宿
道乘巘」。〔註91〕

瞿式耜和張同敞就義之後，不准收屍。身在茅坪庵的金堡（此時已改法名
性因），冒死致書定南王孔有德願為瞿、張殮收遺骸：

> 山僧梧水之罪人也。承乏披垣，奉職無狀，繫錦衣獄，幾死杖
> 下。今夏編成清浪，以道路之梗，養屙招提，皈命三寶四閱月於茲
> 矣。車騎至桂，咫尺階前，而不欲通，蓋以罪人自處，亦以廢人自
> 棄，又以世外之人自恕也。今且有不能不一言於左右者。故督師大
> 學士瞿公總督，學士張公，皆山僧之友也。已為王所殺，可謂得死

〔註87〕計六奇：《臨難遺表》，《明季南略》卷 13，北京：中華書局，1984 年，頁 430
～432。

〔註88〕計六奇：《瞿式耜殉節》，《明季南略》卷 13，北京：中華書局，1984 年，頁
428。

〔註89〕計六奇：《張同敞自訣詩》，《明季南略》卷 13，北京：中華書局，1984 年，頁
434。

〔註90〕澹歸：《祭明故死節桂林伯督師大學士瞿公稼軒文》，《徧行堂集》卷 8，《清代
詩文集彙編》第 46 冊，上海：上海古籍出版社，2010 年，頁 439。

〔註91〕澹歸：《送鄭野臣之桂林序》，《徧行堂集》卷 4，《清代詩文集彙編》第 46 冊，
上海：上海古籍出版社，2010 年，頁 332～333。

所矣。敵國之人，勢不並存。忠臣義士殺之，而後成名。兩公豈有遺憾於王。即山僧亦豈有所私痛惜於兩公哉。然聞遺骸未殯，心竊惑之。古之成大業者，表揚忠節，如出天性。殺其身，而敬且愛其人。若唐高祖之於堯君素，周世宗之於劉仁贍是也。我明太祖之下金陵，於元御史大夫福壽，既葬之矣，復立祠以祀之。其子犯法當死，又曲法以赦之，盛德美名於今為烈。至如元世祖祭文天祥，伯顏恤汪立信之家，豈非與中華禮教共植彝倫者耶。山僧間嘗論之衰國之忠臣，與開國之功臣，皆受命於天，同分砥柱乾坤之任。天下無功臣，則世道不平。天下無忠臣，則人心不正。事雖殊軌，道實同源。兩公一死之重，豈輕於百戰之勳者哉。王既已殺之，則忠臣之忠見，功臣之功亦見矣。此又王見德之時也。請具衣冠為兩公殮。瞿公幼子尤宜存恤。張公無嗣，益可哀矜。竝當擇付親知歸葬故里，則仁義之譽王，且播於無窮矣。如其不爾，亦許山僧領屍隨緣槁葬，揆之情理亦未相妨。豈可視忠義之士如盜賊寇讐，然必滅其家，狼藉其肢體，而後快於心耶。夫殺兩公於生者，王所自以為功也。禮兩公於死者，天下萬世所共以王為德也。惟王圖之。物外閒人不辭多口，既為生死交情，不忍默默，然於我佛冤親平等之心，王者澤及枯骨之政，聖人維護綱常之教，一舉而三善備矣。山僧跛不能履，敢遣侍者以書獻，敬候斧鉞，惟王圖之。〔註92〕

其文辭當時就被稱為傳世之文，至今讀來仍慷慨激昂，打動人心；其不顧自己安危的仁義勇氣為士林歎服。但是，該書並未送至孔有德手中。原來瞿式耜有個幕客名楊藝（自號二癡），在瞿、張同敵就義之後，「衣衰絰，掛冥錢衣上，號哭於營市，見文武將吏，叩頭請收葬。凡兩日，見聞者感動，皆為泣下，令備棺衾以斂」〔註93〕恰好性因所派遣投書的三決義公（馬寶）〔註94〕在桂林遇到楊藝「藝適見，問其故，索觀之曰，傳世文也，然吾已得請，

〔註92〕澹歸：《上定南王》，《徧行堂集》卷24，《清代詩文集彙編》第46冊，上海：上海古籍出版社，2010年，頁731～732。

〔註93〕澹歸：《楊二癡傳》，《徧行堂續集》卷6，《清代詩文集彙編》第47冊，上海：上海古籍出版社，2010年，頁536～537。

〔註94〕澹歸《送三決比丘還吳中序》有「公負余出錦衣行署，涕唾宛轉，血肉狼藉，湯藥扶持，難行之行，靡不堪忍，一時薦紳間咸誦馬生高誼」可知三決姓馬；又據徐鼒《小腆紀傳》卷32載「……乃改清浪衛。高必正以百金為堡藥資，不受。馬寶自德慶來，親為洗創；堡竟不死」，故三決即馬寶。

更上書，復為道隱先生多一事」〔註95〕，於是楊藝和三決義同斂瞿、張，後楊藝將此書信交瞿式耜長子瞿玄錫。瞿玄錫後來將《上定南王》編入瞿式耜遺集《浩氣吟》中，而不載楊藝事蹟，致使當時士人只知金堡宏文，而不知楊藝義舉。故今釋在編《徧行堂集》時，特作《楊二癡傳》予以澄清，並言「松仙吾不知何許人，二癡吾不能定為何許人，吾傳之不昧吾心耳已。以吾一書掩二癡之義，吾為竊名，瞿氏為負德，二癡故有烈士風，薄夫敦懦。夫有立志兼擅其功於百世而下，吾豈直為二癡表微凡，可以維挽人心，隱情蔽善皆昧心也」。〔註96〕

瞿式耜在世時，有三子一孫。長子玄錫（字伯申、曇谷，中式後避康熙諱，改名嵩錫）；次子玄錯；三子玄鏡（字端叔，避康熙諱，改元鏡，善寫花鳥兼篆刻）；孫昌文（字壽明）。李定國率大軍收復桂林時，入城後召見瞿昌文，支持其將祖父歸葬故鄉。〔註97〕此時，金堡尚在茅坪庵或桂林附近，曾到小東皋小住，並寄書信給瞿昌文：

> 水雲杳靄到名園，田去猶憐堂搆存。
> 榮落更無煩寄恨，死生真不勝招魂。
> 全歸夢裏懷先世，小歇塗邊伏後昆。
> 一歎東皋西粵夜，秋光刻盡大江痕。〔註98〕

順治十一年（1654）春，瞿昌文將瞿式耜旅櫬還鄉。今釋恰在二月，至琴川（今江蘇常熟），駐錫貫清堂，為瞿式耜作《祭明故死節桂林伯督師大學士瞿公稼軒文》：

> 歲在甲午仲春□日，雷峯比丘清浪今釋，謹以香燈蔬食致奠於死節督師大學士稼軒瞿公之靈曰：
>
> 嗚呼！當公就義，我哭公於茅坪僧舍。及公遷殯，我哭公於明月洞。今公旅櫬還家，我又得哭公於公之家。使公績成再造，散錦封山，而我廁賀客之末，則亦不類嗚呼。我初未識公。自戊子九月，

〔註95〕澹歸：《楊二癡傳》，《徧行堂續集》卷6，《清代詩文集彙編》第47冊，上海：上海古籍出版社，2010年，頁536～537。

〔註96〕澹歸：《楊二癡傳》，《徧行堂續集》卷6，《清代詩文集彙編》第47冊，上海：上海古籍出版社，2010年，頁536～537。

〔註97〕方以智：《稼軒瞿相公傳》，《浮山文集》卷9，《清代詩文集彙編》第35冊，上海：上海古籍出版社，2010年，頁584。

〔註98〕澹歸：《宿東皋柬壽明》，《徧行堂集》卷34，《清代詩文集彙編》第47冊，上海：上海古籍出版社，2010年，頁139。

謁公桂林，遂相見如故。當是時入朝者無不得公薦表以為重。我不
乞公薦，公亦語我吾不敢以薦重君。我待罪披垣，論人論事，我不
苟同公，公未嘗不同我。我下詔獄。公聞之，推案哭失聲，杜門封
印，七上章爭之。我不一語乞公救。諸欲殺我者，不知大體，至以
我故間公於帝左右。又以我故露章擊公，掣肘公，公不為動。我亦
不私謝公，謂我累公。若此者，非特公知我，我亦知公也。我赴戍
清浪，公居我蕉廬，且語我君勿自視為兩家人，我欲居佛寺，公移
我居茅坪。每語我君自是出世人，吾安得稍建微功，謝封疆之責，
相對於水邊林下乎。公被執，與我詩筒往返，猶理前語。故我於明
月洞祭公，深勸公，無以瞋故，自墮鬼神道。若此者，非特公以出
世期我，我亦以出世期公也。我既已出世，不敢復問世間法。我自
謂不與小人分利，不與君子分名，生與大海眾同林，死與大海眾同
塔。無論身有至願，亦不欲使天下謂瞿公為不知人。嗚呼！人之相
與，豈惟一生而已。我厠公賀客之末不類，即厠公弔客之末亦不類
也。人以公自往歲死，自今歲歸。公自往歲死矣。豈自今歲歸耶。
生而戀其室家者，愚不肖之人，死而戀其墳墓者，愚不肖之鬼，乃
於室家墳墓之間。諮嗟涕洟，以求人與鬼之彷彿者，又愚不肖之客
也。我不以此自待，豈忍以此待公。則雖盡千百世逞其文采，表公
忠節，亦一生之公。而非多生究竟之公也。公之生，道隱有所以交
於公。公之死，澹歸有所以交於公。又我與公一生之事，而非多生
究竟之事也。然則我與公多生究竟相成之事安在。嗚呼，斯言也。
人不能信，鬼不能聽，惟公庶幾聽而信之。〔註99〕

　　又作《書拘幽詩卷後》，其中有「桂林當日淒風苦雨，一時並集，然自有
天高地厚，日光月華氣象，以此一心，別成一世界，非夷險所能遷，非死生所
能變，非今古所能限也」〔註100〕可謂字字血淚，聲聲揪心。此次，玄鏡、昌
文自虞山來拜見今釋，今釋作《贈瞿端叔》：

　　　桂林留守三公子，不得東臯守薄田。

〔註99〕澹歸：《祭明故死節桂林伯督師大學士瞿公稼軒文》，《徧行堂集》卷8，《清代
　　　　詩文集彙編》第46冊，上海：上海古籍出版社，2010年，頁439。
〔註100〕澹歸：《書拘幽詩卷後》，《徧行堂集》卷17，《清代詩文集彙編》第46冊，
　　　　上海：上海古籍出版社，2010年，頁600。

筆墨寫生雖有技，稻粱救死秖隨緣。

一條陌路風霜裏，五種交情露電邊。

卻似過河悲處陸，可還捧日悮回天。〔註101〕

今釋也見到了瞿昌文，作《瞿壽明自虞山過訪》，其中有「泉石消圖史，風雲寄子孫。每添新鬼恨，多愧故人存」〔註102〕之句，懷念老友。

今釋還應邀專門到常熟的虞山，探訪瞿玄錫，作《訪瞿伯申於虞山》：

難排悲喜望中顏，生面來如故里還。

感慨一時猶桂水，留連兩地共虞山〔註103〕。

桂瓢慣習曾懸榻，聯省疑看舊押班。

未墮傳家忠孝緒，好將深念託高閒。〔註104〕

到康熙五年丙午（1666），金堡在《送鄭野臣之桂林序》寫道「予在桂林，值烽火倥傯之際，所往還流連詩酒，跌宕風月，匣裏青龍，殿中朱草，握拳爪透，嚼齒齦穿之輩，既已化為夕煙晨露，今同人猶在者，南寧則聖功及王任公，桂林則季無懷耳……小東皋故不可問，其猶有彷彿足憑弔於荒煙蔓草中耶。別山司馬之墓田無恙耶。桂林之民老者既死，壯者既老，其少而成人者，豈知吾儕昔日之遊，且一舉其姓字而不可得，前乎此後乎此，其人其事，盡古盡今，故同一夕煙晨露也」〔註105〕對瞿式耜寄託無盡的懷念。

多年以後，金堡作《梅花興·將雨》：

二雲瓊樹歸天上，一樣榛蕪滿世間。

還許吾儕同話舊，也憐鶴夢斷孤山。〔註106〕

還在詞注中言「稼軒瞿公有歸雲莊，秋濤陳公有雲淙，皆環植梅花，今榛蕪矣。與止師談而三歎。吾別孤山已久」寄託對老友的懷念。

〔註101〕澹歸：《贈瞿端叔》，《徧行堂續集》卷15，《清代詩文集彙編》第47冊，上海：上海古籍出版社，2010年，頁711。

〔註102〕澹歸：《瞿壽明自虞山過訪》，《徧行堂續集》卷14，《清代詩文集彙編》第47冊，上海：上海古籍出版社，2010年，頁688。

〔註103〕原注：桂林亦有虞山。

〔註104〕澹歸：《訪瞿伯申於虞山》，《徧行堂集》卷34，《清代詩文集彙編》第47冊，上海：上海古籍出版社，2010年，頁139。

〔註105〕澹歸：《送鄭野臣之桂林序》，《徧行堂集》卷4，《清代詩文集彙編》第46冊，上海：上海古籍出版社，2010年，頁332～333。

〔註106〕澹歸：《梅花興·將雨》，《徧行堂集》卷40，《清代詩文集彙編》第47冊，上海：上海古籍出版社，2010年，頁250。

二、袁彭年

　　袁彭年（？～1657），字介眉、述之，號特邱、特丘，湖北公安人，袁中道之子。崇禎七年進士，歷仕崇禎、弘光、隆武三朝，歷官推官、吏科給事中、都察院左都御史，清兵入閩後降清，後隨佟養甲、李成棟入粵，任廣東學道。順治四年五月因廣東布政使耿獻忠升任廣西巡撫，袁彭年由佟養甲題請補授廣東布政使。著有《草間詩稿》。

　　袁彭年降清後，曾起草告示稱「金錢鼠尾，乃新朝之雅政；峨冠博帶，實亡國之陋規」，向清朝獻媚，為士人唾棄。王夫之《永曆實錄》稱「彭年早樹聲望，宏光中尤以伉直，為天下想慕風采，既而隳節貪榮，遂為士大夫所厭憎」〔註107〕但他得知江西金聲桓反正，李成棟有意易幟時，立即參預其事。

　　袁彭年、何吾騶在李成棟決策反清歸明的過程中起到了直接的重要作用。「何吾騶、袁彭年等人的幕後策劃和參與密謀確有其事。先是何吾騶與大學士黃士俊應李成棟的邀請『就議密室』」〔註108〕袁彭年即利用廣東布政使的權力成為李成棟密謀反正的核心人物之一。

　　據載，李成棟曾「同署藩司袁彭年、養子李元胤登樓去梯，相謂曰：吾輩因國難去順歸清，然每念之，自少康至今三千餘年矣，正統之朝雖有敗，必有繼起而興者。本朝深仁厚澤，遠過唐宋。先帝之變，遐荒共憫焉。今金將軍聲桓所向無前，焦將軍璉以二矢復粵七郡，陳將軍邦傅雖有降書而不解甲，天時人事，殆可知也。又聞新天子在粵西，遣人瞻仰，龍表酷似神祖，將相交和，神人共戴。若引兵輔之，事成則易以封侯，事敗亦不失為忠義。」〔註109〕

　　永曆三年五月南明朝廷賜給左都御史袁彭年的誥命有：「以風波僅存之身，遘鼎璽屢遷之際。矢丹心而貫日，運神臂以擎天。去梯密畫，時帝聞之；給印沉幾，無卿比者」〔註110〕，明確肯定了其參與李成棟反正密謀的功績。其他史籍也記載了袁彭年同李成棟勾結，謊稱府庫空虛，不發軍餉，為李成棟製造兵變的情況。錢秉鐙《所知錄》卷二載，佟養甲命李成棟分兵兩路進攻南寧，「成棟辭以無餉，觀望不進。養甲趣藩司即行措辦。置布政袁彭年先以庫存八萬兩付成棟，養甲不知也。三月十七日黎明，成棟密令兵齊集教場，嘩言無糧，欲為變。自詣總督，請養甲親出拊循。養甲出城，鐵騎布滿城外，馬步

〔註107〕王夫之：《永曆實錄》卷18，北京：北京古籍出版社，2002年。
〔註108〕顧誠：《南明史》，北京：中國青年出版社，1997年。
〔註109〕瞿共美：《東明聞見錄》。
〔註110〕引自顧誠：《南明史》，北京：中國青年出版社，1997年，頁500。

五萬餘，擁之大噪。成棟先取其總督印握之，三軍歡呼，同時割辮。養甲亦自割辮，即時出榜，以反正曉諭吏民，用永曆年號。」〔註111〕

反正以後，袁彭年以襄贊有功升任左都御史。從此憑藉成棟父子為靠山，驕狂自大，妄圖把持朝政。永曆皇帝移蹕肇慶後已經處於李成棟的勢力範圍之內，用人行政權不由己，他甚至憤憤不平地說道：「以後官俱聽袁彭年升除罷。」有一次袁彭年同永曆帝當面爭執起來，「語不遜」，朱由榔以「君臣之義」責備他，袁竟然公然頂撞道：「使去年此日惠國（李成棟）以五千鐵騎鼓行而西，此日君臣之義安在？」朱由榔氣得變了臉色，群臣也為之咋舌，足見其氣焰囂張。〔註112〕

在袁彭年得勢之時，據王夫之的分析，袁彭年招致群怨卻善於推卸移怨於金堡「彭年既以主持臺綱，裁抑恩倖，自任而以意授，李成棟令具密疏攻擊，故上亦薄而忌之，臺失職者怨彭年，彭年抑善為推卸，移怨於金堡，故堡斂怨尤深」〔註113〕所以，連金堡也謂特丘性狷介，嫉惡如仇，持論過峻，以是賈怨。〔註114〕

順治七年（永曆四年，1650）清軍再次攻佔廣州，袁彭年又靦顏降清，除行賄求免外，還哭訴自己在順治五年參與李成棟復明是被迫的。清政府雖未治罪，但也認為他是個反覆無常的小人，不予錄用。

作為「五虎」之一的袁彭年在永曆朝廷的表現，詳見前節「吳楚黨爭與『五虎』」，此不贅述。

王夫之《永曆實錄》卷十八有「金堡始以其（袁彭年）習，知國憲不畏權倖，獨與交好，既而隨元允赴闕要，君請罪既得憂旨施自得，堡亦自悔其失交」〔註115〕可能未必，因為金堡出家之後與袁彭年還有不少交往，從金堡寫給袁彭年的詩文中也看不出「堡亦自悔其失交」的想法。

順治九年（永曆六年壬辰，1652），金堡（性因）棄莫家館，從桂林東下佛山，求掛搭地不可得，袁彭年恰在佛山，聞訊趕來，親自搖櫓接金堡，至疊滘，後與金堡同入廣州。因袁彭年與函是早有交往，早在順治四年（1647）任廣

〔註111〕 錢秉鐙：《所知錄》卷上，上海：上海古籍出版社，1987年，頁278。
〔註112〕 引自顧誠：《南明史》，北京：中國青年出版社，1997年，頁500。
〔註113〕 王夫之：《永曆實錄》卷18，北京：北京古籍出版社，2002年。
〔註114〕 澹歸：《刻袁特丘總憲軼詩序》，《徧行堂集》卷6，《清代詩文集彙編》第46冊，上海：上海古籍出版社，2010年，頁386～387。
〔註115〕 王夫之：《永曆實錄》卷18，北京：北京古籍出版社，2002年。

州學道的袁彭年曾經駕小船來見函昰〔註116〕，金堡能歸函昰門下，即是袁彭年
向函昰引見之故。當年十二月初八，今釋受菩薩戒「臘八日，余受菩薩戒，特
丘招同人來觀，有詩」〔註117〕同時，袁彭年亦禮函昰為居士，名今忭，字高
齋。〔註118〕金堡曾勸袁彭年出家學道「予勸袁特丘出家學道」〔註119〕「予勸之
出俗，特丘曰，終當歸此，但有微願，來生讀盡世間書，乃為僧耳」〔註120〕。

　　順治十二年，（永曆九年，1655），袁彭年專程到訪番禺的雷峯寺，但今釋
已經北上盧山棲賢寺。是年冬，今釋回到雷峯寺，袁彭年已回湖北公安，袁在
雷峯寺，給今釋留下一個藍布囊，面裝著《嶺海焚餘》舊稿。今釋《四書義自
敘》「是冬歸嶺南，袁公特丘手封一藍布囊，遲我於雷峯者，為焚餘舊槁，復
見囊作，怳然一笑，如夢中耳，置之。」〔註121〕「還穗城，則特丘已溯韓瀧
歸楚矣。留數行並書軼詩十首相寄」〔註122〕

　　順治十三年，袁彭年寄詩文刻本給今釋屬敘。順治十四年，袁彭年還專
程派人招請今釋與其同住「遣使來招余至公安，雲村居瓦屋三楹，茅屋三楹，
有松數千株，念朋好都盡，所不去心者澹公耳；若來則居食之事，力任之無
憂也」〔註123〕然而，未兩月，即收到袁彭年去世的消息。大約在康熙元年
（1662）袁彭年的幕客程可則（字周量），編輯袁彭年的遺稿，特請今釋作
序。〔註124〕袁彭年去世後今釋作《悼袁特丘》，回顧了袁彭年一生事蹟，和兩

〔註116〕函昰：《悼袁特丘中丞四首》，徐作霖等編：《海雲禪藻集》，黃國聲點校，廣
　　　　州：廣州旅遊出版社，2017年，頁219。

〔註117〕澹歸：《刻袁特丘總憲軼詩序》，《徧行堂集》卷6，《清代詩文集彙編》第46
　　　　冊，上海：上海古籍出版社，2010年，頁386～387。

〔註118〕汪宗衍：《明末天然和尚年譜》，《新編中國名人年譜集成》第20輯，臺北：
　　　　臺灣商務印書館，1986年，頁38。

〔註119〕澹歸：《留別漢翀》，《徧行堂集》卷35，《清代詩文集彙編》第47冊，上海：
　　　　上海古籍出版社，2010年，頁155。

〔註120〕澹歸：《裘杼樓藏書歌》，《徧行堂續集》卷13，《清代詩文集彙編》第47冊，
　　　　上海：上海古籍出版社，2010年，頁673。

〔註121〕澹歸：《四書義自敘》，《徧行堂集》卷7，《清代詩文集彙編》第46冊，上海：
　　　　上海古籍出版社，2010年，頁418。

〔註122〕澹歸：《刻袁特丘總憲軼詩序》，《徧行堂集》卷6，《清代詩文集彙編》第46
　　　　冊，上海：上海古籍出版社，2010年，頁386～387。

〔註123〕澹歸：《刻袁特丘總憲軼詩序》，《徧行堂集》卷6，《清代詩文集彙編》第46
　　　　冊，上海：上海古籍出版社，2010年，頁386～387。

〔註124〕澹歸：《刻袁特丘總憲軼詩序》，《徧行堂集》卷6，《清代詩文集彙編》第46
　　　　冊，上海：上海古籍出版社，2010年，頁386～387。

人的友情，以及歸入佛門的人生感悟：

> 白首從王路轉窮，三朝徒向直臣風。
> 登樓作誓還成罪，置獄休推已報功。
> 老不通方宜一死，人難過眼莫重逢。
> 誰操格外文無害，判入南陽漏網中。

> 又

> 故國猶難罷繞枝，曰歸爭似未歸時。
> 蒿萊竟失中郎裏，書史誰傳伯業癡。
> 別後心胸空自許，再來面目不相知。
> 雷峯草率分瓢笠，負汝無生共一師。

> 又

> 十畝松濤攜草堂，數行攜手意難忘。
> 有餞欲去緣先斷，無夢能來恨更長。
> 石徑莓苔看老大，夜臺鍾鼓聽微茫。
> 不知結習憑誰遣，錯恐浮沈太乙光。

> 又

> 烈火枯桐豈易尋，空山師友歎人琴。
> 青鞋快著曾傾倒，白眼微開恰靖深。
> 敢信典刑還似昔，更加幻影只如今。
> 昨來風雨牽愁到，十載存亡一夜心〔註125〕。〔註126〕

〔註125〕原注：時在雷峯聞訃，天老人公之師，止言闍黎公之友也。
〔註126〕澹歸：《悼袁特丘》，《徧行堂集》卷34，《清代詩文集彙編》第47冊，上海：上海古籍出版社，2010年，頁147。

第四章　金堡入禪與交往

第一節　從金堡到今釋

　　順治三年（1646）十一月金堡至衡陽[註1]，浪遊湖南。後依舉主學使周大啟避地沅州。入僧舍供法典，授《淨名》《楞嚴》《圓覺》等經。閱盡，乃發深信，恨知佛法晚，漸有出世之想。[註2]又據今釋《梧州詩序》「歲丁亥在辰陽，讀楞嚴圓覺諸大乘經，始知慚愧，遂發出世之念」[註3]即至順治四年（1647）金堡仍在辰陽。順治七年（1650）金堡下詔獄，左足落下殘疾，靠三決義公（馬寶）背出錦衣行署，湯藥扶持才好轉。[註4]

　　順治七年冬，金堡遂落髮於茅坪庵。居五十餘日，茅坪主僧勾結流亡騎兵數百人，洗劫茅坪庵內外三日，金堡竟至絕糧。此時，性因創傷雖然好了，但是右腿比左腿短了少許，必須扶著侍童才能站起來，已然落下殘疾。一個月僅僅得五餐飯，其餘都是靠野菜雜小米做粥充饑，所以基本都是飢餓狀態，身體

〔註1〕 金堡：《劾徐心箴呂爾琇疏》：「丙戌十一月，臣至衡陽」。見金堡：《劾徐心箴呂爾琇疏》，《嶺海焚餘》，《叢書集成續編》第58冊，臺北：新文豐出版公司，1988年，頁62。

〔註2〕 釋成鷲：《舵石翁傳》，《咸陟堂文集》卷6，《廣州大典》第440冊，廣州：廣州出版社，2015年，頁370。

〔註3〕 澹歸：《梧州詩序》，《徧行堂集》卷4，《清代詩文集彙編》第46冊，上海：上海古籍出版社，2010年，頁352。《丹霞山志》卷六《澹歸禪師傳》，《咸陟堂文集》之《舵石翁傳》亦載。

〔註4〕 澹歸：《送三決比丘還吳中序》，《徧行堂集》卷4，《清代詩文集彙編》第46冊，上海：上海古籍出版社，2010年，頁340。

狀況更差。〔註5〕

　　金堡知南明小朝廷最後的復明機會都已喪失了，自己也落了個殘疾，心灰意冷，一個月後，與通政使印司奇、劉湘客至桂林堯山茅坪庵〔註6〕出家，初名性因。後來，因為印司奇不喜歡研習佛教之理，返回湖北隱居。據今釋《次韻思圓後公遺詩》跋中載：「庚寅桂林陷，同時落髮。壬辰，復先後參雷峰。公篤友與之愛，就其兄大司馬同庵公於粵西。癸巳，同庵殁於王事，公不言心傷，未幾月而殞。」思圓後公即劉湘客，金堡在茅坪庵落髮，故推知湘客亦在此庵落髮。第二年，湘客同樣投了雷峰天然門下，後因兄長去世，很快便也離世了。居茅坪庵時，張同敞、方以智、劉同庵、劉客生、丁金河、蒙聖功等與性因日夜飲酒唱和，共遊龍隱洞。

　　順治八年（1651）桂林城外靈田人莫方伯之妻請性因教授其子，此子是方伯之遺腹子，已十五歲。性因迫於現狀，為了糊口，暫作塾師「三八令作文，殊不解人語，每意稍不惡，輒自作，亦不與觀」並表示：「此非僧事，然饑不擇食，西席不言束脩，東家且勿計米飯」遂帶著僧家的佛像磬魚鍾鼓處館莫家，設帳誦經。〔註7〕

　　順治九年（1652），金堡（性因）棄莫家館，從桂林東下佛山，求掛搭地不可得，袁彭年恰在佛山，聞訊趕來，親自搖櫓接金堡，至疊㴠，後與金堡同入廣州。因袁彭年與函昰早有交往，早在順治四年（1647）任廣州學道的袁彭年曾經駕小船來見函昰〔註8〕，金堡能歸函昰門下，即是袁彭年向函昰引見之故。

　　當年十二月初八，今釋受菩薩戒「臘八日，余受菩薩戒，特丘招同人來觀有詩」〔註9〕函昰將性因改名今釋，字澹歸。執事碗頭，在廚房洗滌碗器，隆冬嚴寒時，手凍而龜，仍不廢止。今無《徧行堂文集序》有「憶歲辛卯，澹歸

〔註5〕澹歸：《四書義自敘》，《徧行堂集》卷7，《清代詩文集彙編》第46冊，上海：上海古籍出版社，2010年，頁417。

〔註6〕又名茅庵、祝聖庵。位於桂林東郊堯山西麓。始建於明代，一進三開間。清代屢有修葺。是桂林頗具影響的寺庵之一。今庵已廢，遺地留存。

〔註7〕澹歸：《四書義自敘》，《徧行堂集》卷7，《清代詩文集彙編》第46冊，上海：上海古籍出版社，2010年，頁417。

〔註8〕函昰：《悼袁特丘中丞四首》，徐作霖等編：《海雲禪藻集》，黃國聲點校，廣州：廣州旅遊出版社，2017年，頁219。

〔註9〕澹歸：《刻袁特丘總憲軼詩序》，《徧行堂集》卷6，《清代詩文集彙編》第46冊，上海：上海古籍出版社，2010年，頁386～387。

行腳雷峰，天然老人一見，令其滌碗廚下，衣百結衣，形儀戍削靜嘿堆，堆無所辨別，牧南泉之牛，養莊生之雞，穆如也」〔註10〕今釋《徧行堂集緣起》也有「予以壬辰謁雷峰滌器廚下，盡棄筆研，俄充化主，未免以詩文為酬應」〔註11〕大概到順治十年（1653）八月間，今釋寄書信於錢澄之說，為碗頭僧八月矣，剛從廬山回，希望兩人再聚。錢澄之贈以詩：

> 鑪峰何意跛能登〔註12〕，消息初疑尺素憑。
> 早信皈依緣謗佛〔註13〕，但存血氣總為僧。
> 相期墻寺尋方丈，怕過鍾山望孝陵。
> 來往吾廬江上近，扁舟底事興難乘。〔註14〕

又據葉恭綽《遐庵談藝錄》「明今釋逸詩」載：「相傳其出家後，匿跡某寺，司廚事，人無識之者。值新貴遊寺，乃其門下也。一見大驚，百方尋所欲，不答；固請，乃曰：『寺中僧多，尚缺飯碗。』其徒乃特至江西景德鎮定燒飯碗一千，舍之寺中。用之多年，至今尚有流傳，認為珍玩者，名曰澹歸碗。」〔註15〕

第二節　士人交往

今釋的交往大體上分為出家前與出家之後，僅從其所著《嶺海焚餘》《徧行堂集》所涉及的人物已經近千人（詳見附錄二「金堡交往人物表」）。今釋入佛門之後，廣交各方。除了佛門師徒交往外，由於化緣的需要，尤其重視與當權而又志同道合的官宦交往；此外，也交往了大量士林名人，以寺廟為交往場

〔註10〕此處，今無說是「憶歲辛卯」，而據澹歸《刻袁特丘總憲軼詩序》有「越壬辰，……懽若再生，因同入雷峰，數相過談於碗架邊」所以當以澹歸所言為準；見今無：《徧行堂文集序》，金堡：《徧行堂集・序》，《清代詩文集彙編》第46冊，上海：上海古籍出版社，2010年，頁226；澹歸：《刻袁特丘總憲軼詩序》，《徧行堂集》卷6，《清代詩文集彙編》第46冊，上海：上海古籍出版社，2010年，頁386～387。

〔註11〕澹歸：《徧行堂集緣起》，《徧行堂集・序》，《清代詩文集彙編》第46冊，上海：上海古籍出版社，2010年，頁230。

〔註12〕原注：舊稱跛阿師。

〔註13〕原注：澹歸昔以謗佛為天然師所肯，今果皈依矣。

〔註14〕詩有序「澹歸江上過寄訊云：為盌頭僧八月矣，頃從廬山來，期餘長於聚首，忻慨成詩」，見錢澄之：《澹歸江上過寄訊》，《田間詩集》卷2、卷7，《清代詩文集彙編》第40冊，上海：上海古籍出版社，2010年，頁313。

〔註15〕葉恭綽：《遐庵談藝錄》，上海：上海書畫出版社，2019年。

所，會集酬唱，談佛論道，思想交流。這裡僅以部分對其影響重大或交往密切的人物為例，進行分析。

一、金光

（一）金光簡述

金光，原名漢綵，字公絢，號留須子，浙江義烏人，「故好遊，喜讀書，厭章句，故未嘗屑意舉子業，希仕進」，聰穎過人，於天文、地理、奇門陣法、律曆、醫藥、丹術皆有涉獵。「公絢蓋好遊，嘗造泛海之裝，問岠崍，探之罘，飄一葉於重溟，水天無際，觀日所從出」〔註16〕「公絢原名漢綵，少年好奇喜浪遊，遂及長山之變，寄才智於冰天雪窖中，改名曰光」〔註17〕「光於經史百家，歷代典章，旁及篆籀墨戲，罔不曉所歷江湖河海山巔，水涯可以繩量米聚，善為詩……所著有：《見在本論》《砭俗通言》諸種」〔註18〕偶訪故人於登州，觀覽名勝。當時尚可喜方舉兵從遼陽入關，收復長山諸島，並挾其士眾航海歸清，金光被執。

尚可喜看重其才，得光甚喜，置之幕下。凡有計議必諮於金光而後行，然金光頗自負，意不欲屈人下，加之思念故土，乘間潛逃，後被尚可喜派人捉回，挑斷腳筋令不可走。尚可喜仍以其才難得，禮愛益加，於是跛金之名傳開。金光於是鐵心跟隨尚可喜一路征戰，入關破李自成，至北京，定山東，克山西太原，陝延安，下荊襄鄖陽，趨九江。金光對尚可喜手下鎮將，均品評不高，並經常與金聲桓交流。金聲桓數次請求尚可喜，欲將金光留下，未許。此後，金聲桓敗於江西，尚可喜笑金光說，我如果同意金聲桓所請，你就敗了；金光也笑著說，王若同意所請，聲桓就不會失敗。後隨尚可喜攻破廣州。金光善謀能斷，被尚可喜視為張良一樣的謀士。嘉慶《義烏縣志》卷十三亦言「（金光）從征陝山湖南奠兩粵，凡三十餘年，王倚為參軍祭酒，事大小悉諮之」。〔註19〕

金光一生跌蕩，然而遵從儒家經術，行事以仁義，不妄誅民。對於諸將妄

〔註16〕澹歸：《志不在名實說為公絢宗兄壽》，《徧行堂集》卷2，《清代詩文集彙編》第46冊，上海：上海古籍出版社，2010年，頁287～288。

〔註17〕澹歸：《青村遺稿跋》，《徧行堂集》卷17，《清代詩文集彙編》第46冊，上海：上海古籍出版社，2010年，頁604～605。

〔註18〕嘉慶《義烏縣志》卷13，臺北：成文出版社，1970年，頁310。

〔註19〕嘉慶《義烏縣志》卷13，臺北：成文出版社，1970年，頁309。

自殺掠，必痛斥。如對從化已發屠城之兵，但金光不准，保全從化四境。後攻廣州，九月末下，下官建議剿石門、佛山、文村、東官，金光皆不准，並獲得尚可喜支持。線國安等三將來降，撫鎮欲拒之，金光勸說「諸公惧矣，叛者且當招之，使來來者，乃欲拒之，使叛乎？王色變，立以大義折撫鎮，發兵餉，召三將，慰安區畫」為後來攻破李定國積累了實力。尚可喜為了進一步籠絡金光，還將女兒下嫁給金光之子金以桐為妻。〔註20〕

金光當時任總兵官，頗能主持正義，護民懲惡。據嘉慶《義烏縣志》卷十三「粵東之破，光方就館，王下令誅抗師者，光招令入館中，盈其捨活無算」〔註21〕「當尚王破廣時，公絢摻縱在手，活人不可數計」〔註22〕又據道光《廣東通志》卷三百二十七列傳六十「言金某者，尚氏壻也，為藩翼總兵官，藩下人佔民屋畜，因象升之謀，入告於王，悉以還民，罪懲侵掠者，廣民大悅，所謂金某當即金光。」〔註23〕又據宣統《番禺縣續志》卷四十三「時藩軍藉勢擾民，光因番禺紳士邱象升，呈控力陳於平藩，痛懲悍卒，罪其首領十餘人，勒石厲禁，敢有強佔人子女，入居民屋，及豪奪財物者，斬無赦。庶民從此賴安。康熙五年復設循環簿，照會督撫，轉發各州縣，凡有窩賭局騙債折子女，以及短價強買，酗酒凌人者，準地方官鎖拏究辦，發簿逐日登記，季終具報，務令藩丁奉法良善安乂。」〔註24〕

因金光功勞極大，康熙十三年（甲寅，1674），「王（尚可喜）上其功，謂光之於臣如手足腹心，可與謀議惟光一人，前此謨猷，屢欲陳請，而恬澹自甘功歸臣，有今不可再為泯沒，特光年逾六旬，志在閒散，懇宏恤老之恩，賜釂功之典優，以漢銜京秩授鴻臚寺卿」〔註25〕所以今釋說金光「功當三品官不受」。〔註26〕

今釋還作《賀公絢敘功特授鴻臚卿二十韻》，其中有「憑公嶺海咸安堵，

〔註20〕嘉慶《義烏縣志》卷13有「王下其主，妻光子以桐」，見嘉慶《義烏縣志》卷13，臺北：成文出版社，1970年，頁309；而部分史料如：《兩浙輶軒錄》卷8說「可喜以女妻之（金光）」；道光《廣東通志》卷三百二十七列傳六十說「金某者，尚氏壻也……所謂金某當即金光」顯然是以訛傳訛。
〔註21〕嘉慶《義烏縣志》卷13，臺北：成文出版社，1970年，頁309。
〔註22〕王崇炳：《金華徵獻略》卷14，清雍正十年刻本。
〔註23〕道光《廣東通志》卷327，《列傳》60。
〔註24〕宣統《番禺縣續志》卷43。
〔註25〕嘉慶《義烏縣志》卷13，臺北：成文出版社，1970年，頁310。
〔註26〕澹歸：《志不在名實說為公絢宗兄壽》，《徧行堂集》卷2，《清代詩文集彙編》第46冊，上海：上海古籍出版社，2010年，頁287～288。

隱我川巖獨放鋤」「德在金甌新有報，功追蓮幕舊曾通」表述其功，亦有「據坐偶聞談般若，入林猶見說於菟」描寫兩人談佛情景。〔註27〕金光因授鴻臚寺後進京，有意將廣州東城別宅贈與今釋為庵；今釋婉拒，並作《送公絢之北京》和《漁家傲‧公絢北上》。金光「性高曠好文，平居賓朋滿座，相與談藝賦詩」〔註28〕與今釋、程可則、石濂等方內方外士人高僧交往很多。

　　尚可喜長子尚之信（俺達），酗酒暴逆，偶值其醉，忽指宮監之大腹，此中必有奇寶，以匕首刺腹，應刃而死；見六十餘歲堂官王化，盛夏祖立於庭，尚之信憎其年老，遂綁在烈日下曝曬，由己時至酉時，百般告求始得脫。尚可喜大怒，將尚之信杖三十。金光對尚可喜言，俺達公剛而多虐，勇而寡仁，若以嗣位必不利於社稷，請廢而立次子固山。尚可喜亦同意，但是猶豫後終未即行。金光見尚可喜無廢立之意，害怕之前的建議洩露，所以對尚之信曲意逢迎。「凡鑿山開礦，煮海鬻鹽，遣列郡之稅使通外洋之賈舶，無不從光擘畫，以是藩府之富幾甲天下，而光之富亦擬於王」。正如今釋言其「填門金匼匝，繞砌碧琅玕」〔註29〕應是實錄。康熙十三年（1674）尚之信嗣王位。

　　康熙十五年（丙辰，1676）二月，鄭錦下東莞，馬雄入南海，趙天元、謝厥扶俱以舟師投降。「世子附逆，夜召光至私室，脅與共事，光張目力爭，備施刑拷四之，絕食三日，縛光至前逼以刃。光曰，亂臣不可為，況為賊子乎，唾而詈之，遇害，其屍旁榜云『逆賊金光，將義師趙起龍等擒獻為功，今戮於市以攄公憤』凡三日不聽收殮，人口家財抄歿無餘。」〔註30〕尚之信殺掉金光，並將之前抗衡上國久持弗下的原因，歸罪於金光，遂納欵投降。此時，尚可喜雖在廣州藩府，已是病軀，聽聞金光之死，「深悔不用光言，以速光之死，流涕太息者累月，不久亦歿」〔註31〕尚可喜歿於康熙十五年十月二十九日〔註32〕。

〔註27〕澹歸：《賀公絢敘功特授鴻臚卿二十韻》，《徧行堂續集》卷16，《清代詩文集彙編》第47冊，上海：上海古籍出版社，2010年，頁722～723。

〔註28〕王崇炳：《金華徵獻略》卷14，清雍正十年刻本。

〔註29〕澹歸：《公絢初度》，《徧行堂集》卷39，《清代詩文集彙編》第47冊，上海：上海古籍出版社，2010年，頁230。

〔註30〕嘉慶《義烏縣志》卷13，臺北：成文出版社，1970年，頁310。

〔註31〕澹歸：《留須子傳》，《徧行堂集》卷13，《清代詩文集彙編》第46冊，上海：上海古籍出版社，2010年，頁531～532；鈕琇：《跛金》，《觚賸》卷8，清康熙臨野堂刻本。

〔註32〕張允格：《續元功垂範》，今釋：《平南王元功垂範》，《廣州大典》第189冊，廣州：廣州出版社，2015年，頁830。

雍正六年，浙閩總督諮題請將金光入賢良祠，「委本縣知縣韓慧基致祭，詔曰：烈士成仁，齎志而沒，忠臣報國，捐軀以從爾。金光矢志忠貞，殫心效力，值逆賊之煽亂，勵臣節以彌堅，臨難不屈，甘心殞命，朕用悼焉，特頒祭典，以慰幽魂，爾如有知，尚克歆饗。」〔註33〕

（二）今釋與金光的交往

由於金堡在永曆朝的清直名聲，早在順治四年（永曆元年，1647），金堡在湖南辰陽隱居之時，金光就耳聞金堡之名。故今釋《除夕書懷贈公絢》裏面有「與君稱相知，不自今日始。我未出家隱辰陽，已聞姓字入君耳。君時意氣早相親，藏之中心不見齒」〔註34〕此時，金光雖在敵對方，但是對於金堡頗有惺惺相惜之感。等到順治九年（永曆六年，1652）金堡於番禺雷峯寺受戒，兩人雖未謀面，金光即通過友人向今釋傳話慰藉，「及我出家來雷峯，雙榕樹下谿橋東。有人傳君慰藉語，不須相識如相逢」「知君愛我感則已，寸紙未暇圖從容」「君在王門好行德，手作風雷眼冰雪」今釋也感受到作為同鄉的關心。〔註35〕今釋受戒的當月，函昰欲隱廬山，命今釋與止言（今墮）先度嶺，經過鄱陽湖、揚子江、毗陵、廬山。次年（順治十年）函昰隱廬山任棲賢寺方丈。今釋在毗陵一帶化緣辦事，到順治十一年還棲賢寺，充當書記。順治十二年冬，今釋又隨函昰回到番禺雷峰寺。所以，今釋說「吾師夙負山水癖（天然和尚），抵死愛煞棲賢窟。我時長病復苦饑，腳跟線斷隨飛蓬。三年奔走還入嶺，青山眼倦黃埃封」〔註36〕今釋與金光時通書信〔註37〕，時間跨度從康熙初年到康熙十五年金光被殺，達十餘年。

順治十三年（1656），金光與今釋才真正見面，一見如故，「顧與余握手歡甚，如舊相識，共談往事，復出此稿觀之，宛然昨夢」〔註38〕還相約去海幢寺

〔註33〕嘉慶《義烏縣志》卷13，臺北：成文出版社，1970年，頁310。

〔註34〕澹歸：《除夕書懷贈公絢》，《徧行堂集》卷31，《清代詩文集彙編》第47冊，上海：上海古籍出版社，2010年，頁80。

〔註35〕澹歸：《除夕書懷贈公絢》，《徧行堂集》卷31，《清代詩文集彙編》第47冊，上海：上海古籍出版社，2010年，頁80。

〔註36〕澹歸：《除夕書懷贈公絢》，《徧行堂集》卷31，《清代詩文集彙編》第47冊，上海：上海古籍出版社，2010年，頁80。

〔註37〕《徧行堂集》卷25錄有10通，《徧行堂續集》卷11錄有2通。

〔註38〕澹歸：《青村遺稿跋》，《徧行堂集》卷17，《清代詩文集彙編》第46冊，上海：上海古籍出版社，2010年，頁604～605。

看望空隱禪師，彼此以兄弟相待「予嘗以予宗賢昆公絢氏」〔註39〕，「海幢為省西禪老（空隱師翁），與君雙手繞乂胸。……相逢元是一家人，冷處都能著疼熱」。〔註40〕

金光與今釋的交往主要在二個方面：

（一）增修《元功垂範》

《元功垂範》，專述尚可喜自天啟四年（後金天命九年，1624）將兵於東江（遼東海上諸島為明軍防地），至康熙十二年撤藩，共50年的史事。此時，尚可喜在世。全書為二卷本，以編年體詳敘尚可喜的生平業績。乾隆三十年（1765），有張允格為其作《續元功垂範》，接續前書，起於吳三桂叛亂，康熙帝命尚可喜停止搬遷，止於康熙二十一年尚可喜死後歸葬海城。由此兩部分內容合成尚可喜之全史，亦成其一完整人生實錄。

以筆者所見的《元功垂範》，至少有兩個極其接近的版本。一是孔夫子舊書網所見本〔註41〕；一是哈佛大學所藏本（與《廣州大典》第189冊的今釋《平南王元功垂範》完全一致）。兩個版本極為明顯的區別是在序上。

舊書網版《尹源進序》有：

> ……敘次益非所長，遜謝久之，及澹歸上人至，自丹霞得王宿昔家乘，所錄者一月而遂成編，蓋上人以俊逸之筆，行之敘事之外，時為論斷，務以彰王寬大好生之心。〔註42〕

舊書網版張允格《續元功垂範序》有：

> 《元功垂範》一書為澹歸上人所作，起於王之將兵東江……。
>
> 〔註43〕

而哈佛大學藏本《尹源進序》相應的句子為：

> ……敘次益非所長，遜謝久之，及得王宿昔家乘，所錄者一月而遂成編，蓋敘事之外，時為論斷，以彰王寬大好生之心。〔註44〕

〔註39〕澹歸：《志不在名實說為公絢宗兄壽》，《徧行堂集》卷2，《清代詩文集彙編》第46冊，上海：上海古籍出版社，2010年，頁287。

〔註40〕澹歸：《除夕書懷贈公絢》，《徧行堂集》卷31，《清代詩文集彙編》第47冊，上海：上海古籍出版社，2010年，頁80。

〔註41〕https://book.kongfz.com/278332/1593658365/

〔註42〕https://book.kongfz.com/278332/1593658365/

〔註43〕https://book.kongfz.com/278332/1593658365/

〔註44〕尹源進：《序》，今釋：《平南王元功垂範》，《廣州大典》第189冊，廣州：廣州出版社，2015年，頁764。

哈佛大學藏本張允格《續元功垂範序》相應的句子為：

　　《元功垂範》一書為尹公源進所作，起於王之將兵東江⋯⋯。

〔註45〕

因此，很明顯，舊書網版《元功垂範》比哈佛大學藏本版更早。哈佛大學藏本版是據舊書網版刪改而成。估計是乾隆四十年之後，今釋所有著作被列為禁書，刊刻者主動在前版的基礎上進行刪改而成。由於這個刪改，導致學界對於《元功垂範》是否為今釋所著還有所爭議。

康熙十二年，今釋受金光之請，增改《元功垂範》。估計前期尚可喜的幕客，已經寫成《元功垂範》的初稿，金光將此初稿，並附尚可喜的家譜，請今釋增改；增改可能經過往返數次。最後，今釋增改完成後，致信金光：

　　　承荅教。明不稱偽，此千古不易之大義。李自成定國稱賊，亦千古不易之大義，閱之灑然，蓋李自成張獻忠罪大惡極，始終為賊。若孫可望李定國，皆獻忠餘黨，稱賊何疑；然就可望定國而論，可望初據滇中，即稱王，與明後主行敵國禮，及陳邦傳矯制封可望秦王，可望知其偽，而受之者，欲藉此以吞併滇黔川楚，諸鎮將則其為明者偽也。可望初遣郝九儀至南寧，傳令殺內閣嚴起恒等十五人，後主在安龍，開冊支廩給，至稱皇帝一員，皇后一口，令人發憤。當時惟李定國不失臣禮，後主頗恃以安，故特封定國晉王，與可望竝尊。可望怒即殺內閣吳貞毓等十八人，並欲殺定國。定國入滇不可，出楚不能，乃為窺粵之舉，其後敗歸，而可望諸將，更翕然為定國用者，亦以逆在孫，而順在李也。於是定國大敗可望兵，始得奉後主入滇，可望窮而降於清矣。未幾平西取滇，定國兵敗，後主走緬甸，明亡而定國亦死，是定國至死未嘗叛明也。同時若李自成餘黨則有李赤心、郝永忠等皆受明封爵，皆蹂躪內地，而外無尺寸之功。鄭芝龍本海上渠魁，其受明恩禮特厚，然猶撤仙霞之守，邀功於清。其子成功，乃所謂幹父之蠱者，然始奉魯藩，終奉永曆，既隔絕於島外，未能與明後主同一日之患難也。夫明之君不稱偽，以其三百年正朔相承，則用明之正朔者，皆不當書賊。同一用明之正朔，而順逆有殊，功罪有殊，親疏有殊，以諸將提衡而與定國較，

〔註45〕張允格：《續元功垂範序》，今釋：《平南王元功垂範》，《廣州大典》第189冊，廣州：廣州出版社，2015年，頁822。

則定國實為明臣，又不當稱賊矣。且如杜永和等始為明，既降清而復叛，然不失其為明者，明許以自新也，既又叛明而降清，亦不失其為清者，清又許以自新也。夫反覆已甚，而皆可以自新，則夫定國之一反而不覆者，春秋之法，善善長，惡惡短，其許以自新必矣，其不當書賊又明矣。至粵東山海之寇，本為劫掠，無足重輕，然於王興即不忍徑指之為賊，其死生去就皆有禮也，此故不與蕭國隆等，竝居頑梗之科，彼定國者，豈與李榮、蘇利同加叛逆之律耶。鄙見如此，敢質之高明，不妨批示以取析義之精，足為千秋立案也。「垂範」增改已畢，別遣侍者錄一本，其舊本即用朱書旁寫，納吾兄處，以便較對，諸不多及。〔註46〕

而且，今釋建議將自己的名字從撰人姓名中刪去：「此書前列撰人姓氏，只藉重尹瀾老。蓋於冠蓋一堂之中，忽出一破衲頭爛蒲團，恐不相稱，非有他意，若須與王說明，吾兄先為一道此意。」〔註47〕正式刊刻之時，估計沒有採納今釋的建議。

此外，金光為其祖青村翁編《青村遺稿》，今釋為之作《青村遺稿序（代王園長）》《青村遺稿跋》。

（二）資助今釋及寺廟

金光家財鉅富，對於視如昆仲的今釋亦是出手大方。

一是資助並帶動其他官員資助寺廟。《金華徵獻略》「公絢雖居藩幕，皈心佛氏。時御史金道隱，以明亡至粵為僧，號淡歸，說法如雲，興文似海。自藩下以至督撫文武大僚，下及守宰皆輸誠皈向。建丹霞寺雄麗冠嶺南，而公絢實為外護。」〔註48〕今釋也說金光「長老峯為座，將軍石作壇。多時勞外護，絕學罷中乾」〔註49〕金光自己帶頭捐助「內史金諱光號公絢募建藥師閣」〔註50〕據陳世英《丹霞山志》，別傳寺大量的檀越是來自兩廣的數百名官員，可以肯

〔註46〕澹歸：《與公絢兄》，《徧行堂集》卷25，《清代詩文集彙編》第46冊，上海：上海古籍出版社，2010年，頁756～757。

〔註47〕澹歸：《與公絢兄》，《徧行堂集》卷25，《清代詩文集彙編》第46冊，上海：上海古籍出版社，2010年，頁756。

〔註48〕王崇炳：《金華徵獻略》卷14，清雍正十年刻本。

〔註49〕澹歸：《公絢初度》，《徧行堂集》卷39，《清代詩文集彙編》第47冊，上海：上海古籍出版社，2010年，頁230。

〔註50〕陳世英：《丹霞山志》，廣州：廣東教育出版社，2015年，頁79。

定其中的大部分官員是受到金光的影響而捐贈的（其中部分人只是留下官職和姓氏，連名諱都未寫），因為單憑今釋的個人影響是不可能獲得的。

　　二是資助今釋刊刻其《徧行堂集》。今釋給金光的書信中多次提及金光的資助「聞詢及拙集，無力乞求辱注，念輒賣已刻數卷，呈覽奉商也」「石吼還山，賣到刻資費，吾兄盛心不少，且感且愧。弟一生為文字所累，今復以文字累人，豈非造孽。然結習所驅，要不可避。徐文長身後乃得袁中郎發揚，而弟於生前便有吾兄授梓，較之古人所遇為過幸矣。頃已完二十六卷，尚有十六卷，畢工後先刷以呈，聞卷時定有一片化主桫鈴聲震耳，乃古今文集中所無，不妨另闢一世界，呵呵」〔註51〕今釋在《徧行堂集緣起》中也說，「是集孝山一閱稿有徵刻引，天然老人先為製序云，芝瑞侍者欲任此役，未幾而歿，置不複道者久之，公絢聞而寄語，當為勸導，於是石吼監寺走穗城，合諸檀越所助，始克竣工，公絢於予有譜誼，其人好奇，故樂於從事，是書始末因緣，非一具述於此，不敢忘朋好之雅也。」〔註52〕並作《公絢募刻徧行堂集寄謝》予以答謝：

> 灰底應埋田水月，杖頭多愧卯金刀。
> 玄亭有血非丹鳳，黃面無眉放白毫。
> 易說存亡休自慰，國門增減豈相饒。
> 聲前不辨風塵意，句後誰將冰雪消。
> 照影自矜雖可惜，嗜痂成癖亦何妨。
> 空花易落重留果，家醜難遮復外揚。
> 未許奇情遺草木，便教野唱葉笙簧。
> 卻憐笑倒維摩詰，沒字碑中話更長。〔註53〕

　　三是資助今釋的生活用品和施米等，如金光曾經贈以被褥，今釋作詩以謝：

> 瘦骨支離白板牀，勞君殷重紫棉裝。
> 溫柔欲壓新紋簞，樸實堪隨舊錦囊。

〔註51〕澹歸：《與公絢兄》，《徧行堂續集》卷11，《清代詩文集彙編》第47冊，上海：上海古籍出版社，2010年，頁626～627。

〔註52〕澹歸：《徧行堂集緣起》，《徧行堂集・序》，《清代詩文集彙編》第46冊，上海：上海古籍出版社，2010年，頁230～232。

〔註53〕澹歸：《公絢募刻徧行堂集寄謝》，《徧行堂續集》卷14，《清代詩文集彙編》第47冊，上海：上海古籍出版社，2010年，頁690。

老去山中添坐臥，朝來面上減冰霜。

自漸無力消貧病，不在蘆毯紙被旁。〔註54〕

今釋也在信中說「客冬仗庇，安隱還山……海幢施米，弟雖在韶州境內，提起飯碗，未曾忘卻砲聲也」〔註55〕

金光罹難七天之後，今釋作《為公絢禮懺疏》其中有「彼有浙江金華府義烏縣故鴻臚卿金光，於某出家以前，聞聲相思，入粵而後，晤言相悅，住山伊始，繼稟供僧造寺未成，捐財勸眾，曾講一家之好，兼行四事之檀。」〔註56〕

金光死後，其門客輝生持金光畫像請今釋撰像讚。今釋作《公絢遺像讚》以示懷念：

佛性無斷，兵解有殺。

清風兩耳，洪鑪一髮。

眸子已空，頂門忽鑿。

七山波湧，五湖葉落。

以此靈夢，生此大覺。

凡存楚亡，人愁鬼樂。

不生不死，誰強誰弱。

六眼先生，虛空振鐸。〔註57〕

二、函昰

今釋僧臘二十九年，在佛門的交往時間長，人物眾多，但其中對其影響最深的是函昰。函昰（1608～1685），字麗中，別號天然和尚；俗姓曾，名起莘，字宅師，廣東番禺縣吉逕村（今廣州市花都區北興鎮吉星村）人，天啟四年（1623）補諸生，日與邑人梁朝鍾、黎遂球、羅賓王、李雲龍及東莞陳學、張二果、博羅韓宗等，在廣州城東散木堂羅賓王家，互相切磋問難，縱談時局世務，以匡時濟世為己任。崇禎六年（1633）舉鄉試，翌年赴京會試落第。崇禎

〔註54〕澹歸：《公絢兄致臥褥答此》，《徧行堂集》卷34，《清代詩文集彙編》第47冊，上海：上海古籍出版社，2010年，頁145。

〔註55〕澹歸：《與公絢兄》，《徧行堂集》卷25，《清代詩文集彙編》第46冊，上海：上海古籍出版社，2010年，頁755。

〔註56〕澹歸：《為公絢禮懺疏》，《徧行堂續集》卷5，《清代詩文集彙編》第47冊，上海：上海古籍出版社，2010年，頁525～526。

〔註57〕澹歸：《公絢遺像讚》，《徧行堂續集》卷7，《清代詩文集彙編》第47冊，上海：上海古籍出版社，2010年，頁553。

九年（1636），偕張二果同登廬山雙劍峰黃岩寺，拜謁空隱道獨禪師。崇禎十二年（1639），眼見時局日非，遂決意皈向佛門，是年冬，以再次赴京應試為名北行，再上廬山尋謁道獨禪師〔註58〕。其時，禪師已移錫金輪峰之歸宗寺，知其誠，遂為祝髮，賜以名號，僧名函昰，字麗中。崇禎十四年（1641）道獨禪師應請返錫嶺海，住持羅浮山華首臺，天然和尚受任為首座，助師宏揚佛法。當時華首臺得到梁朝鍾等眾檀越資助，蔚為粵東大剎。崇禎十五年，天然和尚省親於廣州。名士陳子壯率諸人士延請和尚入住訶林（今光孝寺）開座說法。道獨禪師聞報，遂賜以拂子并《傳法偈》，命函可持至訶林以示信允，為曹洞宗三十三傳法嗣。崇禎十七年，清兵大舉南下。天然和尚始則偕父母親屬避居廣州白雲山和南海西樵山，後駐錫番禺縣員崗鄉隆興寺（後修建改稱海雲寺）。此後大量富於民族氣節，不願稱臣異族的士人，相率投奔天然函昰座下，如劉遠生、高丘伯、侯柱、袁彭年、何運亮、金堡、劉湘客、王邦畿、潘楳元等等。其門下法嗣有「十今」。湯來賀《天然是和尚塔誌銘》言其「師雖處方外，仍以忠孝廉節垂示及門，以故學士大夫從之遊者，每於生死去就多受其益，甚深諦信。抑且為法忘軀，競相落髮，紹隆聖種，弘贊宗猷，師師濟濟，一時獨盛。」〔註59〕

據汪宗衍先生考證，函昰父名昌位，字本淨，約生於明萬曆九年（1581）。母名函福，字智母，番禺官塘村林羅長女。生萬曆十二年（1584），以萬曆三十二年（1604）來歸本淨公，後俱出世。本淨公生子一人，即函昰。女三，長適羅，早卒，次名今心，字頓徹，季名今再，字來機，皆函昰之妹，出家為廣州城東無著庵比丘尼。妻某氏，名函脫，字善解，禮道獨為比丘尼。〔註60〕

（一）與今釋的交往

順治九年（1652），由於袁彭年的推薦，今釋初入函昰門下。大概歸入不久，今釋將所珍藏的好友陳洪綬所畫的「殊師利像」奉贈函昰。〔註61〕函昰知

〔註58〕道獨，字宗寶，號空隱，南海陸氏。年二十九入博山，參無異，得其法，迭主華首、長慶、海幢法席。著《長慶語錄》。

〔註59〕湯來賀：《天然是和尚塔誌銘》，陳世英：《丹霞山志》卷8，廣東教育出版社，2018年，頁111。

〔註60〕汪宗衍：《明末天然和尚年譜》，《新編中國名人年譜集成》第20輯，臺北：臺灣商務印書館，1986年。

〔註61〕澹歸：《書上元歎後》，《徧行堂集》卷17，《清代詩文集彙編》第46冊，上海：上海古籍出版社，2010年，頁604。

其曾為永曆朝廷重臣，刻意讓今釋執事碗頭，在廚房洗滌碗器等雜務，隆冬嚴寒時，手凍而龜，仍不廢止。碗器有殘缺今釋就典衣償之。今無在《徧行堂文集序》中也說「予道弟澹歸和尚，為文陣雄帥。四十年前鵲起甲科，健筆勁氣，破明二百餘年委靡之習，浩浩然落落然，使人如攀瓊枝，坐瑤圃，離奇光怪，楷模宇內。憶歲辛卯，澹歸行腳雷峰，天然老人一見，令其滌碗廚下，衣百結衣，形儀戍削靜嘿堆，堆無所辨別，牧南泉之牛，養莊生之雞，穆如也。」〔註62〕此後，今釋還任過寺廟的書記，皆是較為低級的職務。函昰以此磨礪今釋，以褪其原色，重新做佛門之人。大約在十年後的康熙元年（1662），今釋開始籌建丹霞別傳寺，才自任監院。〔註63〕

　　康熙元年（1662），三月，函昰出主海幢。後付今無大法，立為首座。又付今覞大法，為第二法嗣。康熙三年（1664），函昰付今摩（函昰之子）大法，為第三法嗣。康熙五年，別傳寺方落成。到康熙七年（1668）這一年，函昰連續付今釋以大法，為第四法嗣；又付今壁大法，為第五法嗣；又付今辯大法，為第六法嗣。〔註64〕不論是從功名、經歷、實績、學識，以及佛學素養，今釋在六個法嗣中都名列前茅，今釋則對函昰非常敬重，言行都履行做徒弟的本分，但是，函昰對於今釋，有刻意疏遠之意，或者說，他們之間還沒有達到非常融洽的境界。分析其原因，一是今釋曾為永曆朝廷重臣，函昰有意磨礪之；二是他們對於平南王尚可喜的態度迥異，以致函昰對於今釋多少有些不以為然；筆者以為這個原因是主要的原因。早在順治七年十一月，平南王尚可喜帶領的清兵攻陷廣州，屠城，死七十萬人。十二天過後，偌大的廣州城內竟然幾乎沒有了活口！尚可喜在廣州的暴行，殘忍至極，令人髮指！這場大屠殺，史稱「庚寅之劫」，又稱「殺人十八甫」。順治八年，初定廣州之後，尚可喜折柬相邀函昰一見。函昰「以病辭不見。勉出，以賓主見，禮意殷隆，次日不辭而退」〔註65〕湯來賀《天然昰和尚塔誌銘》也說「當平藩鎮粵，敦請再

〔註62〕今無：《徧行堂文集序》，澹歸：《徧行堂集・序》，《清代詩文集彙編》第 46 冊，上海：上海古籍出版社，2010 年，頁 226。

〔註63〕據汪宗衍《明末天然和尚年譜》，康熙元年（1662）六月，函昰作《與澹歸監院書》；見汪宗衍：《明末天然和尚年譜》，《新編中國名人年譜集成》第 20 輯，臺北：臺灣商務印書館，1986 年，頁 56。

〔註64〕分別見汪宗衍：《明末天然和尚年譜》，《新編中國名人年譜集成》第 20 輯，臺北：臺灣商務印書館，1986 年，頁 55、58、65。

〔註65〕汪宗衍：《明末天然和尚年譜》，《新編中國名人年譜集成》第 20 輯，臺北：臺灣商務印書館，1986 年。

三，至不獲已，以賓禮見，次日不辭而返。」〔註66〕函昰對於尚可喜又恨又怕，遂不辭而退。然而，今釋約在順治十三年（1656），今釋與尚可喜的心腹謀士金光交好，之後還受金光之託為尚可喜作《元功垂範》，為其歌功頌德，並作《代壽平南尚王》「手捧金輪問老臣，曾瞻紫氣識真人。小侯帶印知為善，大樹忘言歎絕塵。名世獨當五百載，載民同享二千春。海波不為天風動，洲島卿雲日日新」〔註67〕以致當時的士人對今釋就頗有非議，函昰心中於此也是充滿芥蒂。當然，作為方外之人，能夠獲得官府的鼎力支持，是寺廟能夠生存的首要任務，函昰肯定理解今釋的難處和不容易。所以，儘管他們之間初期有一些心理的距離，但表現的並不明顯，而且，今釋創立丹霞別傳寺之後，他們的關係逐漸融洽。從今釋寄函昰書信數十通來看，大多問起居、寒暖、病痛、化緣、建寺、佛理等，其中可見師徒關係頗密切，今釋對於函昰亦是直抒胸臆，坦誠無隱。

康熙五年（1666），別傳寺落成。今釋作《請雷峰和尚住丹霞啟》，言辭懇切：

> 伏以家無二主，人王法王。隨地稱尊，佛有三身，日面月面，容光必照。蓋窮子未歸長者，斯化城尤切導師，江山環堨，知不拒於來誠，鍾鼓弘揚，禮何傷於往教。恭惟本師天然大和上，象骨清門，雲居貴徹，長安道上，解空忽現殊祥；耶舍塔前，葉玅親承寶鏡。出群消息，從上爪牙，權衡五祖，雪竇顯望即迴車，貶剝諸方。黃龍南聞而短氣，九萬里風斯在下，雲垂華首之臺，三十年影不出山，霧暗棲賢之谷。馬首紅塵，香冷苛林消六路，孃生赤骨，草深芥子沒三關。揭慧日於重昏，挽狂瀾於既倒。望高千古，道重一時。某等緣逢勝境，伴結同條，仰山此地，曾入胞胎。憨老當年，輒形窘寐，半偈未傳長慶，前驅早得南陽，乾坤誰闢已安排。長老之名，堂搆初興，便洗別天然之號。無妨無難，不徒避世花源；飽水飽柴，且作住山樂國。敢為自受用二昧，聊充法供養一斑，敬協僉謀，專迎獨坐，伏願俯憐末法，大闡真宗，一千龍象，隨黃檗以登臨，百

〔註66〕湯來賀：《天然昰和尚塔誌銘》，陳世英：《丹霞山志》卷8，廣東教育出版社，2018年，頁111。
〔註67〕澹歸：《代壽平南尚王》，《徧行堂集》卷38，《清代詩文集彙編》第47冊，上海：上海古籍出版社，2010年，頁214。

萬人天，睹青蓮而解脫，深潭新綠玉，曹谿水別派，卻西流絕壁古
丹霞，雲門寺重光還後輩。豁開正眼，把斷要津，波浪彌天，枝條
匝地，庶使檀越福田秀實等靈，於甘露亦令衲僧行海，廣長直接於
金河。某等臨啟無任翹首，依光炷香懇禱之至。〔註68〕

康熙五年（1666）十二月初四，今釋迎來函昰入主丹霞別傳寺。到康熙
六年（1667）六月，今釋得重病垂危，函昰至榻前，握手與訣曰「汝前所得，
到此用不著，只憑麼去，許爾再來。」今釋聞師語，於病中返照，大生慚憤，
起坐正觀，萬念俱息。忽冷汗交流，礙膺之物，與病俱失。從此入室，師資
契合。〔註69〕

康熙六年（1667）十月十四日是函昰六十歲生日。之前今釋在吉安、贛州
一帶化緣，「九月初還山，為天老人料理六衰慶生事，搯指巡紋，奔走不迭」
〔註70〕今釋為了函昰六十歲慶生，廣邀函昰門下弟子齊集丹霞別傳寺，師徒
歡聚一堂。〔註71〕

今釋還作《天然老人六十初度禮懺疏》，其中皆是敬重之評價：

伏以佛種從緣，斟酌金團天子，本光現瑞，生成希有大人。以
一物之不遠，合群倫而善禱。我住持丹霞傳曹洞正宗三十四世某和
尚，得大總持於法自在，早年掬水，塵境俱空。壯歲入山，雄峯獨
坐，玉立精嚴，湜棲賢來從天際，珠盤宛轉，洪覺範標出林間，是
同是別，地藏爐寬，非聖非凡，龍安路滑，憫茲顛倒，示作權衡，
辯魔揀異，則三漏齊祛，直指全提，而一塵不立，濁浪奔流，聳千
尋之砥柱，昏霾卷地，起百世之清風。某等幸留衣線人身，喜見津
梁，彼岸雪山香草，豈俟他求，長者明珠還同本得。今孟冬十四穀
旦，直降神六十滿旬，屈注雙龍，遙憶溫涼之水，高提一劍，全操
生殺之鋒，金鎞藥發，甘露門開，莫報深恩，且憑弘誓，請佛住世。
在大士夙具同心，為我慶生，非導師即淪長夜，五濁惡世，仗十方

〔註68〕澹歸：《請雷峯和尚住丹霞啟》，《徧行堂集》卷21，《清代詩文集彙編》第46
冊，上海：上海古籍出版社，2010年，頁681～682。
〔註69〕袁首仁：《別傳寺史略》，鍾東主編：《悲智傳響》，中國海關出版社，2007年，
頁85。
〔註70〕澹歸：《與黎博菴學憲》，《徧行堂集》卷24，《清代詩文集彙編》第46冊，上
海：上海古籍出版社，2010年，頁741。
〔註71〕澹歸：《己酉奉和天老人送別兼寄首座元韻》，《徧行堂集》卷37，《清代詩文
集彙編》第47冊，上海：上海古籍出版社，2010年，頁201～202。

諸佛慈悲，尚紆疑悔，大善知識為一切眾生，煩惱亦共湔摩因緣會，遇未全消馬麥金槍，業識沉淪，每受制三龍二鼠。過去懺，現在懺，當來懺，無邊無際，人人歸清淨道場。息苦生，隨類生，最後生，一勝一增，步步在寶明空海。願和尚與微塵正覺不吝提攜，使我等偕法界有情永沾覆蔭，少病少惱。菁蔥藥樹繁枝，不騫不崩，巖藂南山片石，十間屋之籌，填溝塞壑，三祇劫之數，過電穿針，掀翻多子塔，尚有傳人。踏倒七金山，更無壽者，一時迴向，千佛證明，長轉法輪，同圓道果。〔註72〕

康熙七年（1668），函昰繼續住丹霞別傳寺。正月初一，函昰付今釋大法，並示偈：「自到雷峯十六年，掣風掣顛，今日丹霞捉敗，推向人天，不教總靠著那邊。咦！直舉無遮迴護，途絕正偏。休言，祇這是難賺豆皮禪，要天下古今，盡溟滓乎豆皮長處，而不知所以然。」為和尚第四法嗣。〔註73〕隨後，今釋舉西堂，立僧秉拂，當機提唱，別出手眼，同學折服。〔註74〕其實，在康熙六年，今釋即得知函昰將傳第四法嗣和丹霞方丈給自己，在寄海發的信中，表達自己的心跡「丹霞方丈，大似一柄臘月扇子，乃煩老人如此鄭重，然僧使未至之先，已奉出嶺省侍之命，且置腦後，正合意中也，來指諄切，自悉雅懷，僕已老矣，僅少於老人六歲，而半生多病多難，抑又過之。今夏六月，困劇垂死，心冷如灰，即使打鼓上堂，亦與仍千入雷峯無異，何苦多此一場笑具耶。」〔註75〕顯然，今釋非常看淡此次大法的移交，視為「一柄臘月扇子」。

函昰從康熙五年至康熙十年在丹霞住了五年多，與今釋朝夕與同，談道論文。建造別傳寺之初，函昰對今釋寄予厚望「令丹霞作大師子窟，與曹谿雲門鼎峙而三」〔註76〕，有立意叢林之雄心壯志。今釋對函昰也提出自己的建

〔註72〕澹歸：《天然老人六十初度禮懺疏》，《徧行堂集》卷10，《清代詩文集彙編》第46冊，上海：上海古籍出版社，2010年，頁481～482。

〔註73〕據汪宗衍：《明末天然和尚年譜》，《新編中國名人年譜集成》第20輯，臺北：臺灣商務印書館，1986年，頁65。

〔註74〕釋成鷲：《舵石翁傳》，《咸陟堂文集》卷6，《廣州大典》第440冊，廣州：廣州出版社，2015年，頁370。

〔註75〕澹歸：《與海發》，《徧行堂集》卷22，《清代詩文集彙編》第46冊，上海：上海古籍出版社，2010年，頁714～715。

〔註76〕澹歸：《上本師天然昰和尚》，《徧行堂集》卷21，《清代詩文集彙編》第46冊，上海：上海古籍出版社，2010年，頁682。

議「吾家門風，自然高妙，晉人清談，宋人理學，兼而有之，卻須更讀些先秦
兩漢書，方足以補偏救弊，想和上首肯此說也。」〔註77〕

康熙十七年，今釋去嘉興請藏，仍然與函昰書信報告行蹤，其中一封頗能
見到師徒二人晚年的思想的相融和理解：

伏讀慈誨，「無可預料之事，亦無用後悔」，妙絕，今釋於請藏
了後，度夏半塘，除飯米外，更不經營，有欲為覓靜室者，語之云，
第一要境界好，第二不要我修造，第三主人不著相，以此來者皆望
崖而返矣，沒有住處，尚有行處，不可悞了行處，又悞住處，今釋
卻似防後悔之極者，竊歎服和尚之不可及也，許逸老為料理結茅之
地，殊感高誼，若待今釋還山興工，即屬第二條不要，蓋怕見木匠
之病，近來又發也，然豈有現成住處從天而下，到不如行處稍覺現
成耳。〔註78〕

康熙十九年（1680）八月，今釋去世於平湖，天然函昰作《哭澹歸》，寄
託哀思：

人生莫不死，既死安可傷。

形役一百年，終歸無何鄉。

況已六十七，詎足論短長。

所傷法運衰，死者皆賢良。

法眼在一時，歲月多荒唐。

波旬入人心，善觀其向方。

狂者中以名，狷者與世忘。

忘世非佳士，徇名豈道望。

名反以利終，菽林雜蘭芳。

斯人向予言，相對生悲涼。

已矣無真人，少壯猶茫茫。

掩戶坐晨夕，淚血沾巾裳。〔註79〕

〔註77〕澹歸：《上本師天然昰和尚》，《徧行堂集》卷21，《清代詩文集彙編》第46冊，
上海：上海古籍出版社，2010年，頁683。

〔註78〕澹歸：《上本師天然昰和尚》，《徧行堂續集》卷10，《清代詩文集彙編》第47
冊，上海：上海古籍出版社，2010年，頁602～603。

〔註79〕函昰：《瞎堂詩集》卷6，《廣州大典》第434冊，廣州：廣州出版社，2005年，
頁63。

（二）函昰的嚴格管理

函昰所立規矩，整肅森嚴，作《天然和尚同住訓略》，此書前半敘寺中及職事之規則，後半則訓誡之文，並在序中言其原由「古設叢林，尚為養道向上之士，不宜限之準繩。但晚近以來，人多中下，故重以莊嚴過望賢俊，不妨損之又損，以至於無。要使入而就理，不作事障，出而就事，不墜理詮，然後以超越之心，同於凡小，上可踐吾門尊貴之路，下可免流俗豁達之譏。同住之始，是用申明，願各洗心，毋墜先緒。」

函昰對手下僧人的管理有時候頗為嚴厲。如今湛（1613～）〔註80〕「偶不行堂中受食法，老人歸嚴加呵責。公（指今湛）匍匐請杖，巡僚哀懺，亦無幾微見於詞色」〔註81〕即使對於阿字今無更是要求更高「汝從來未曾做事，即做事亦在山僧左右，時有提誨，此翻遠離，不可不索性說破，恐做事心勝，不覺不知墮在無事甲裏，即纔憬覺，蚤成兩橛，如此則全虧大人行履，即做得事，亦屬有為也。仰觀古之大人，不過行解相應而已，必使解處即行處，行處即解處，方無滲漏。若解過於行，謂之見地中人，日久歲深，空成話餅，所以善知識於學人，常愛之極，而終不敢兩手分付者，正為此也。山僧一向期汝過厚，亦多見禪客七青八黃，便自滿足，甚且退失，故欲汝一腳蹋到底。若根本不深厚，雖使枝葉茂盛，祗益狂肆，於己無益，於人有損，既無以折高明之心，亦未易塞流俗之口，汝今在十字街頭，正好作一番試驗，自知深淺也。」〔註82〕

即使是函昰立的第一法嗣（首座）今無，也是經常被罵。如今釋在給今無的信中便將言及「老人上海螺巖肩輿直至御風亭而下，殊得意，以為首座笑我不能上，上了亦不能下，渠說此後和尚不得罵我們，罵了便不與和尚下來，如今老僧上得下得，卻好盡著罵得也」〔註83〕

然而，函昰對石鑑卻頗為欣賞，「棲賢石鑑覯兄傑出儒林時，早已研求祖

〔註80〕《海雲禪藻集》有「今湛，字旋庵，三水李氏。髫齡出世，住番禺員岡鄉隆興寺，聞天然禪師倡道訶林，與其徒達此藉本寺田畝室廬，供諸十方，延天然作開山第一祖，發願行募，鼎新殿閣，易名海雲，遂成寶坊。」

〔註81〕澹歸：《雷峯旋菴都寺六十壽序》，《徧行堂集》卷5，《清代詩文集彙編》第46冊，上海：上海古籍出版社，2010年，頁374。

〔註82〕函昰：《與阿字侍者書》，《廬山天然禪師語錄》。

〔註83〕澹歸：《與海幢阿字無和尚》，《徧行堂集》卷21，《清代詩文集彙編》第46冊，上海：上海古籍出版社，2010年，頁695。

道，及侍天老人一回汗出，識得下載清風，師資相契，舉說相長，洞上縝密家聲，庶幾不墜於玉淵金井間，品字柴頭，籬門晝掩，若將終身。」〔註84〕

（三）師徒丹霞唱和

函昰從康熙六年至康熙十年，主持丹霞山別傳寺五年，其間與相隨諸子唱和，「見丹霞山水喜極，以為足慰老懷」〔註85〕「老人晏居無事，頗弄筆硯，繞入丹霞，撞著一天大雪，四日之內，成一百二十詩」〔註86〕今釋描繪了當時情景：「天然老人坐長老峯下，作五言古體詩，如前劫聖者，見世間事舉似世間，皆從意識初萌，名言未泄，情狀屢變，測度難通，處盡底描出，卻時時吐露自己風光，及往古世，兒童親串，景物興會，空濶綿邈，本所不見，何況得聞如許懷抱，託諸詠歌，不落今時，亦非此一世界氣運之所管攝，蓋其心量已全心力已足耳，盡人皆古之人，盡大地皆古詩，無端屈滯作時流，作近體，有能因是集而問津於羲皇已上者乎，但向伊云威音王，佛前行道猶是兒孫在。」〔註87〕今無亦言：「雷峰老人深於入山之致，相隨諸子亦皆骨具煙霞，鼉鳴鱉應，故其一唱百和，如天籟所觸，別具幽響，非如詞人韻客，構雅什於文心，逸清言於雲路，作區區綺麗觀也。澹歸以金剛心，鑄成霞山一席，使法王有居有處，龍象可步可隨，幽谷迎人，長林適意，宜其情見於言，筆其言則似乎詩，霜禽秋浦，跡在有無，是則又在讀是詩者能別具隻眼耳。古人謂雪夜洪爐，爐邊當有三種人，一趺坐安禪，一圍爐說食，一呪墨吟雪詩，其旨皆短之，而宗門大人境界不言而頓顯矣。夫以肥遯之情，而同觸境之樂，具超方之手，而為役志之言，則遠公白雲瑤草，長日堆堆，誰家赤尾，泝流抵源，當自不費鹽醬耳」。〔註88〕

期間，今釋與函昰多有唱和，函昰初入丹霞山時就作詩，今釋以《和天然老人丹霞詩十首》和之，對法堂、長老峯、紫玉臺、松嶺、竹坡、芳泉、海螺

〔註84〕澹歸：《直林堂詩序》，《徧行堂集》卷7，《清代詩文集彙編》第46冊，上海：上海古籍出版社，2010年，頁417。

〔註85〕澹歸：《與棲賢石鑑覬和尚》，《徧行堂集》卷22，《清代詩文集彙編》第46冊，上海：上海古籍出版社，2010年，頁701。

〔註86〕澹歸：《天然和尚雪詩跋》，《徧行堂集》卷17，《清代詩文集彙編》第46冊，上海：上海古籍出版社，2010年，頁598。

〔註87〕澹歸：《天然老人古詩跋》，《徧行堂集》卷17，《清代詩文集彙編》第46冊，上海：上海古籍出版社，2010年，頁599。

〔註88〕今無：《丹霞詩序》，《光宣臺集》卷6，《清代詩文集彙編》第129冊，上海：上海古籍出版社，2010年，頁。

嚴、龍王閣、遠丹霞等景致進行描繪和抒發胸臆。此外還有《奉和老人冬泉之作》《奉和天老人尋靈樹遺址》《奉和天老人送行兼示首座韻》。

今釋評價函昰詩歌，「世間法貴立品，僧法亦然，今所稱坐曲盝床，點胸點肋多賤，丈夫老人每訓人立品，讀其詩鐵骨稜稜，足以砥柱末流」〔註89〕今釋等弟子還將函昰與弟子唱和的丹霞詩及函昰在丹霞的語錄刊印，今釋作《募刻丹霞語錄疏》。〔註90〕今釋還專門修書請好友南雄陸世楷太守為函昰的詩稿作跋：「老人以雪詩稿與弟云，若有相知者為刻，汝可跋數語也。今不敢違其命，為跋數語請教，亦發梓人，附諸詩後。詩中境界，已被吾兄說盡，只得別行一路耳。」〔註91〕

康熙七年，今釋好友陸世楷、沈皞日曾經冒雨重遊丹霞山，與函昰相談極為融洽，甚至興談至半夜三更「老人有別緒，一語連三更，人生會如夢，亦夢談無生，兩公近道姿，春日聞秋聲，來朝復沖泥，一念猶硠硠。」〔註92〕

（四）佛教思想

天然函昰學有師承，先得淵源於孔、孟，壯歲以儒入佛，深究經、律、論，以禪宗為綱領，融通各宗學說，又以其參究心得撰著有《首楞嚴直指》十卷，《楞伽心印》四卷，《金剛正法眼》和《般若心經論》等，均是禪宗要典。今無評函昰《楞伽心印》「雷峯老人之疏是經也，以宗門爪牙，入性相窟宅，慨義學之荒蕪，悲禪門之儱侗」〔註93〕

函昰在丹霞期間，用三個月時間寫出《首楞嚴直指》〔註94〕，今釋闡發函昰的目的：

> 如來不云性真常中，求於去來迷悟生死了無所得耶，真覺無功，

〔註89〕澹歸：《題天然老人墨蹟》，《徧行堂集》卷16，《清代詩文集彙編》第46冊，上海：上海古籍出版社，2010年，頁587。

〔註90〕澹歸：《募刻丹霞語錄疏》，《徧行堂集》卷9，《清代詩文集彙編》第46冊，上海：上海古籍出版社，2010年，頁448。

〔註91〕澹歸：《與南雄陸太守孝山》，《徧行堂集》卷26，《清代詩文集彙編》第46冊，上海：上海古籍出版社，2010年，頁775。

〔註92〕澹歸：《戊申春二月三日孝山融谷冒雨重遊丹霞即事七首》，《徧行堂集》卷30，《清代詩文集彙編》第47冊，上海：上海古籍出版社，2010年，頁64。

〔註93〕今無：《緣起》，函昰：《楞伽心印》，康熙刻本，嘉興續藏本，雍正海幢經坊本。

〔註94〕澹歸《首楞嚴直指序》「吾師天然昰和尚，宴坐丹霞，以三月成直指」，見澹歸：《首楞嚴直指序》，《徧行堂續集》卷2，《清代詩文集彙編》第47冊，上海：上海古籍出版社，2010年，頁470。

根塵何咎，極其轉名不轉體之致，未能迷悟併銷，而迷悟不銷，則常光便隔，妄即不存，真復何在，當下覺了，已落紆回，故為之直示曰，非別有一真在緣慮之先，影像之外也，若謂分別之心與塵俱滅，則無分別晰，不與塵俱生，各成一物，於何立界，故為之直示曰，但據其所謂全性者捨分別而更有，不知其所謂分別者捨全性而必無也，於此不明，詎稱圓悟。〔註95〕

今釋在寄函昰信中，表示「去臘得慈諭並「直指」定本，即與樂說較閱發寫，每讀之，但見其不可思議，故非游夏所能贊一詞也，領眾宜嚴，乃古人垂範不易之論，至於今日，尤足救時，今釋老矣，食少事繁，加以多病，斷不可久，樂說解行相應，終當以此席纍之，渠怕黏著，伊所謂士各有志者，何可抑逼，然今釋或死或去，倘於法門少有關切，安忍不迴心一顧念耶，時事紛紛，非目前所能寧謐，和尚慮路塗梗阻，或致流落故鄉，今釋以為每念不忘處，乃是故鄉，若和尚之粵，與今釋之浙，正他鄉耳，年運已往，前路無多，荔子之緣遂絕，俟入夏又看江舟消息也。」〔註96〕

今辯在《首楞嚴直指緣起》中亦說：「老人疏是經，三月而成，入理深談，多提持向上，啟發悟門，真足為上根之助；遠邇緇素，渴仰法味。大中丞傅公竹君遂捐資全刊流通，何其易也。……夫菩薩以利物為懷，就事就理，雖有淺深，究其指歸，原無二致。公昔守慶陽，今撫粵西，識度超卓，指麾敏捷，一舉止間，悉不落尋常蹊徑，其與會中文殊師利摧邪輔正，選擇圓通，而終出於無是非是，機感相類。即事顯理，願公與大地含靈，同入圓通無礙門，親證如來無見頂相。即理顯事，願諸閱者，與公同發菩提心，現觀世音三十二應身。挽斯世斯民，躋於羲軒之治」。〔註97〕

函昰在日常弘法闡明禪宗要旨時說：「我這裡也沒有妙句玄言，也沒有向上向下。只要眾兄弟『知得著落』。你若一日知得著落，便識古今，善知識！休歇處原在此，古今善知識指示人處也即在此。」〔註98〕所謂「知著落」，即修禪中是否找到自己的「本來面目」，是否頓悟「明自本心，見自本性」。示學

〔註95〕澹歸：《首楞嚴直指序》，《徧行堂續集》卷2，《清代詩文集彙編》第47冊，上海：上海古籍出版社，2010年，頁470。

〔註96〕澹歸：《上本師天然昰和尚》，《徧行堂續集》卷10，《清代詩文集彙編》第47冊，上海：上海古籍出版社，2010年，頁602。

〔註97〕今辯：《首楞嚴直指緣起》。

〔註98〕函昰：《廬山天然禪師語錄》。《嘉興大藏經》冊38，No.B406。

人必須努力自己薦取。函昰也結合儒家忠孝廉節思想，啟迪聽眾做人要有剛烈耿介的民族氣節。忘四相，無私心，止惡行善，才能施無畏，做到利濟人天，愛國愛民。雲遊住持福州長慶寺、盧山歸宗寺、羅浮山華首臺、丹霞山別傳寺，晚年回到海雲寺。函昰在海雲寺住持為時最久，聞風到此皈依和長年侍奉在側的弟子也最多，他們互相唱酬的詩歌集成《海雲禪藻》。

函昰認為「宗門流弊，今日為甚，究其始皆由浮慕之士，不從生死發心，以大道為名聞之資，以名聞為利養之實，持此心行，未有不錯會古人向上之語」〔註99〕順治十五年（1658）冬，今釋對函昰的訓規「宗門下人，可不講經，可不念佛，獨不可無戒」進行闡發，並提出自己的觀點「況今時藉口宗門，恣行鼉獷，流弊乃有不止於破威儀者，若論救時，則尤為喫緊，……夫謂宗門不必開戒者，不特尊重宗門，亦所以尊重波羅提木叉〔註100〕也，且使今之諸方，皆不開戒，以至於宗門流弊，則吾之開戒，始可謂之救時耳」〔註101〕強調開戒，可以除宗門「流弊」，始可謂之救時的觀點。

三、陸世楷和沈皞日

陸世楷（1627～1690）〔註102〕，字英一，又字孝山，法名今互，晚號錮翁。浙江嘉興府平湖縣人，陸濬睿子。順治五年，以選貢生除山西平陽府通判〔註103〕。甫至，姜瓖構亂，平陽被圍。世楷登陴固守百日，旋誘降其魁，釋其黨。師後大饑，人相食，世楷為粥給饑者，全活甚眾。順治九年（1653）遷山東登州府同知，海寇揚帆猝至，立設守具，率舟師御之，寇逸去。時叛帥海時行剽掠州縣，獨戒勿犯境。登有嫠婦，夜為人所殺，鄰里訐其媳。世楷時攝縣事，察其冤，禱於城隍神，卒得殺人者。順治十三年（丙申，1656）擢廣東南雄知府〔註104〕。時平南、靖南兩藩並駐廣州，有入始興縣，自稱平藩侍衛，發民鑿礦。世楷曰：「王雖尊，不得擅役吾民，今不使太守知，詐也。」縛送

〔註99〕函昰：《盧山天然禪師語錄》。《嘉興大藏經》冊38，No.B406。

〔註100〕意為解脫煩惱的必由之路。

〔註101〕澹歸：《宗門不必開戒說二》，《徧行堂集》卷3，《清代詩文集彙編》第46冊，上海：上海古籍出版社，2010年，頁309～310。

〔註102〕陸奎勳《先考中憲府君行略》有「先考生於前明天啟丙寅，卒於康熙庚午」，天啟丙寅為天啟六年（1626），康熙庚午為康熙二十九年（1690）。陸奎勳：《先考中憲府君行略》，《陸堂文集》卷19，〔刊刻時間不詳〕，頁3b。

〔註103〕雍正《平陽府志》卷19，乾隆元年刻本。

〔註104〕陸奎勳：《先考中憲府君行略》，《陸堂文集》卷19，〔刊刻時間不詳〕，頁3b。

廣州，平藩不敢問。又點僧昵於藩，倚勢為虐，世楷計縛之，斃諸杖。築天峰書院，課諸生講學。任內纂修《南雄府志》。康熙十三年（1674）以丁父憂，郡老稚遮道不得行。立祠府治東，士民春秋社祭。服闋，補貴州思州知府。康熙二十六年（1687），以病引歸。先後任知府二十四年，未得遷，告歸四年後，康熙二十九年（1690）夏卒於家，年六十五。〔註105〕去世後，「家貧無以為殮，貸諸族戚未有應者」其妻張氏大慟，只得將五鳳冠變賣買棺。〔註106〕著有《越吟》《秋吟》《晉吟》《齊吟》《嶺外集》《思陽集》，還編撰《南雄府志》《思州府志》。

沈皞日（1637~1703），字融谷、寓齋，號柘西，又號茶星，法名今鐔，字智鋒。浙江嘉興府平湖縣人，拔貢生。康熙二十三年任來賓縣知縣。康熙二十八年調任天河縣知縣。康熙四十一年任辰州府同知。清初「浙西六家」詞人之一。著有《楚遊草》《燕遊草》《拓西精舍詞》等。

陸世楷是今釋入佛門以來人生最重要的交往人物。陸世楷與今釋的關係，主要體現在陸世楷的為人及官宦經歷，體現在對今釋及相關佛門事務的資助，體現在他們的思想與詩文的交流之中。由於沈皞日是陸世楷的妹夫，陸、沈與今釋交往密切，經常一起聚會，故一併論述。

（一）陸世楷在廣東

康熙元年（1662）今釋初識陸世楷於廣州，兩人一見如故；當時，今釋剛開丹霞道場，請求陸世楷以護法系之；陸世楷答應了他。「余以壬寅識之於穗城，一語知其為盛德人也，時方開山丹霞，以護法囑累，孝山諾之。」〔註107〕

康熙四年（1665），陸世楷當時已任九年雄州太守，篤信佛教，「吾州雖陋，然崇信三寶，樂善而怯於為非。郡城內外，鍾磬之音相聞，蓋邀諸佛之見憐，賜之以賢太守耳。夫太守則亦從佛而墮也。」〔註108〕康熙五年（1666），陸世楷資助丹霞山新建山門。

康熙五年（1666），今釋在《丹霞山新建山門記》中說「使君（陸世楷）治南雄，當往來之衝，庾關峻險，民亦勞止，一切惟正大平易，與斯人以安，

〔註105〕陸奎勳：《先考中憲府君行略》，《陸堂文集》卷19，〔刊刻時間不詳〕，頁3b。
〔註106〕陸奎勳：《先妣張恭人行略》，《陸堂文集》卷19，〔刊刻時間不詳〕，頁5b。
〔註107〕澹歸：《從天而下說為陸孝山太守初度》，《徧行堂集》卷1，清代詩文集彙編》第46冊，上海：上海古籍出版社，2010年，頁264。
〔註108〕澹歸：《從天而下說為陸孝山太守初度》，《徧行堂集》卷1，清代詩文集彙編》第46冊，上海：上海古籍出版社，2010年，頁264。

十餘年如一日，今推其餘以安吾山苦行之僧，樂遊之客，喘息減半，慮無不誦使君德者，使君天才英絕，其來吾山賦詩妙天下，煙雲廻合，與江山之氣相深，皆因物賦形，得自然之異，不以危見奇，門之成，其可以見丹霞之風乎，猗嗟此，使君之風也」〔註109〕

康熙五年十二月初四，今釋迎函昰和尚入主丹霞。函昰入丹霞，逢一場大雪，心情興致很高，四日之內便作詩一百二十首，後來結集刊刻，陸世楷為之作序。

康熙六年（1667），陸世楷聞聽韶州彭氏有田五百餘石，欲捐俸購之贈別傳寺，後因為該田偏僻遙遠並且貧瘠而放棄。「丁未（康熙六年）冬十二月，予歸自仙城，職事僧欲置仁化一莊，計租一千二百石，價直八百六十金，有成議矣，予方憂之。戊申（康熙七年）春晤使君於韶陽，使君欣然為卒前志，且導諸同好，予赴約雄州，三閱月而田事竣，蓋用物宏為時速，未有若此者，固使君願力護持之所成始成終也。」〔註110〕

同年，在陸世楷的授意下，張寶譚、許孟超、劉秀卿等將在南雄府城內居仁街朝陽坊的龍護院送別傳寺為下院；陸世楷還捐俸重修龍護院。〔註111〕康熙七年（1668），春，晤太守陸孝山於韶陽，孝山答應要幫助他解決飯僧田的問題。今釋在與解虎監寺的書信中也言「田事仗孝山太守救我，感之入骨」〔註112〕後今釋至雄州，太守陸世楷及其他善友捐資，信士張原捐房舍，繼續重修龍護園，並建陸公祠。陸世楷、馮公蒼各捐五十金，萊陽令萬松溪捐二十金，南海令陳試菴遠寄一百五十金，共建成別傳寺準提閣。〔註113〕九月，今釋自螺川至雄州，先前僧田的事情已解決，龍護園也已基本成型，今釋對孝山感激不盡。今釋《施田碑記之二》中抒發感慨：

使君弱冠通籍，今二十餘年。宜驕貴而不驕貴，其於三寶事為

〔註109〕澹歸：《丹霞山新建山門記》，《徧行堂集》卷11，《清代詩文集彙編》第46冊，上海：上海古籍出版社，2010年，頁489。
〔註110〕澹歸：《施田碑記之二》，《徧行堂集》卷11，《清代詩文集彙編》第46冊，上海：上海古籍出版社，2010年，頁490。
〔註111〕袁首仁：《別傳寺史略》，鍾東主編：《悲智傳響》，北京：中國海關出版社，2007年，頁85。
〔註112〕澹歸：《與解虎監寺》，《徧行堂集》卷23，《清代詩文集彙編》第46冊，上海：上海古籍出版社，2010年，頁716。
〔註113〕澹歸：《準提閣記》，《徧行堂集》卷11，《清代詩文集彙編》第46冊，上海：上海古籍出版社，2010年，頁488。

不為，非有切膚之傷也。其視予如手足視丹霞如其家，聞之無厭，
行之無倦，若此者以重法故，非有所私於予也。吾儕比丘，身入三
寶之，喜為驕貴，其視道場之成虧如傳舍，視清眾之饑飽如路人，
食其食，不事其事，聞之而厭，行之而倦，其又可忘使君哉。〔註114〕

康熙十一年（1672），今釋為陸世楷作《陸孝山太守祝壽疏》「十七年之不
調，苦海誰超，多男多壽，非富有莫為先」〔註115〕即指陸世楷從順治十三年
（1656）到康熙十一年（1672），已經任廣東南雄知府十七年，都沒有升遷，
亦是官場少見。

康熙十三年（1674），陸世楷因丁父艱，擬離開雄州回當湖（今浙江平湖）
老家。「甲寅春杪使君奉尊人諱，始謝雄州」這年陸世楷在雄州任太守已達十
九年，今釋作長文《送陸孝山太守持服歸當湖序》既為陸世楷仕途不順而不
平，又為雄州民眾而慶幸「孝山陸使君治雄州十九年不得調，人無不為扼腕
者，此使君仕路之不幸也，然而雄之人愛使君，惟恐其得調，微論十九年，
即更閱十九年，皆以為雄州幸，而不顧使君仕路之不幸」；還說「予開丹霞十
三年，使君護念亦十三年，為檀越最久，久而最不倦，予既愛使君，稔知衝
途迎送之難，且欲推使君仁風被諸雄州之外，日以使君得調為幸，而至今不
得調，亦未嘗引為丹霞之不幸」〔註116〕「余至雄州，得於士民之所稱道，耳
之所聞，目之所睹益詳，然後知孝山之果賢，雄之果為福地，而無怪乎韶之
士民之妬也，雄之人曰，吾州雖陋，然崇信三寶，樂善而怯於為非，郡城內
外，鍾磬之音相聞，蓋邀諸佛之見憐，賜之以賢太守耳，夫太守則亦從佛而墮
也，太守慧而多文，習於慈定，樂易而不怒，吾儕事之九年，未嘗見其疾言遽
色，通不失已，介不違物，急不病民，緩不廢事，上下皆得其懽心，而一切與
人休息」。〔註117〕

同年，今釋為陸世楷作《為陸未菴太翁禮懺疏》「於今甲寅四月初一日奉其

〔註114〕澹歸：《施田碑記之二》，《徧行堂集》卷11，《清代詩文集彙編》第46冊，
上海：上海古籍出版社，2010年，頁490。

〔註115〕澹歸：《陸孝山太守祝壽疏》，《徧行堂集》卷10，《清代詩文集彙編》第46
冊，上海：上海古籍出版社，2010年，頁477。澹歸作同名《陸孝山太守祝
壽疏》2篇。

〔註116〕澹歸：《送陸孝山太守持服歸當湖序》，《徧行堂集》卷6，《清代詩文集彙編》
第46冊，上海：上海古籍出版社，2010年，頁396～397。

〔註117〕澹歸：《從天而下說為陸孝山太守初度》，《徧行堂集》卷1，《清代詩文集彙
編》第46冊，上海：上海古籍出版社，2010年，頁264。

父敕封弘文院中書舍人未菴府君濬睿之諱，某等於世楷即法喜素交」〔註118〕四月初九日，陸孝山生日，今釋作《陸孝山太守祝壽疏》「此夏第四白月九日，是其降生之辰」。〔註119〕

　　陸世楷捐俸重修南雄府學，今釋為作《南雄重修府學碑記》「南雄之有郡學，始於成化，僅二百餘年，屢有增飾，有廢必有修，至鼎革而大敝，平湖陸公孝山來守是郡，孳孳惟弘道作人為先務，乃捐俸以倡……予於雄郡學見其不忘本焉，則可知其克忠且敬也，能上行也，不私於一身之利，則可知其公正，而惠其澤能下究也，太守作之而師儒應之，若枹鼓，惟力是視，則可知其同德一心，敏而有功，能上下交相與以有成也」。〔註120〕

　　今釋與陸世楷在思想上義氣相投，引為知己；作為叢林之人，對陸世楷這個大檀越，心中念念不忘，感恩戴德。在與陸世楷或其他友人的書信中，反覆提及對陸世楷的感恩。如，「今歲丹霞當家，俱是吾兄全身擔荷，弟一回頂戴，一回慚愧，佛說人能盡心為十方三寶作當家一日，便有一生轉輪聖王做，則吾兄為丹霞擔荷當家，合得多少生轉輪聖王。」〔註121〕「具悉雅懷，惓惓無已，感激無量，山中免差，重承批照，又山門修理，復發四十金，極濟所需。」〔註122〕「弟為丹霞山子，牽鼻七年，叢席漸成，尚難結局，風塵一鉢，自業所招，惟有孝山護念，久而彌篤，自是多生同行同願之友，未易常情測度也」〔註123〕「今釋建立丹霞七年，孝山護念亦七年如一日」〔註124〕「孝山於丹霞道塲，蓋與弟同心締搆，十年如一日，其樂善不倦，出

〔註118〕澹歸：《為陸未菴太翁禮懺疏》，《徧行堂集》卷9，《清代詩文集彙編》第46冊，上海：上海古籍出版社，2010年，頁462。

〔註119〕因《陸孝山太守祝壽疏》的後一篇是《為陸未菴太翁禮懺疏》，是今釋為陸孝山之父所作，兩篇極有可能為同時所作；《為陸未菴太翁禮懺疏》有「於今甲寅四月初一日奉其父敕封弘文院中書舍人未菴府君濬睿之諱」，故《陸孝山太守祝壽疏》亦作於該年。

〔註120〕澹歸：《南雄重修府學碑記》，《徧行堂集》卷11，《清代詩文集彙編》第46冊，上海：上海古籍出版社，2010年，頁500～501。

〔註121〕澹歸：《與南雄陸太守孝山》，《徧行堂集》卷26，《清代詩文集彙編》第46冊，上海：上海古籍出版社，2010年，頁770。

〔註122〕澹歸：《與南雄陸太守孝山》，《徧行堂集》卷26，《清代詩文集彙編》第46冊，上海：上海古籍出版社，2010年，頁773。

〔註123〕澹歸：《與曹秋岳侍郎》，《徧行堂集》卷24，《清代詩文集彙編》第46冊，上海：上海古籍出版社，2010年，頁737。

〔註124〕澹歸：《與馮蒼心文宗》，《徧行堂集》卷24，《清代詩文集彙編》第46冊，上海：上海古籍出版社，2010年，頁742。

「於至誠」〔註125〕等等。

　　除了資金和物資支持以外,今釋與陸世楷也經常在文學、佛學、藝術等等方面多有思想交流,頗有共鳴。今釋還在性格上將自己與陸世楷對比認為「予性少喜而多怒,孝山無大喜,亦無大怒」〔註126〕並說「太守(陸世楷)慧而多文,習於慈定,樂易而不怒。吾儕事之九年,未嘗見其疾言遽色,通不失己,介不違物,急不病民,緩不廢事,上下皆得其歡心,而一切與人休息。故當嚴霜大雪、百卉憔悴之秋,獨有春風甘雨之喜,則豈非乘悲願而現王臣者歟?」〔註127〕今釋還大贊陸世楷的詩文渾雄清逸、博麗醇深:

　　　　孝山使君治雄州,政聲蔚然,蓋得清慎勤和之道,以與古循吏
　　頡頏者,時當兵革之餘,民氣未復,征徭沓至,為吏者貴以嚴急取
　　辦,譬之大病將起,忽值憂勞,本是內傷,更兼外感,醫人過投宣
　　散之劑,暫得一効,而變症百出,馴致殺人,此曹參所為師,蓋公
　　之言以治齊而齊大治也。……頃讀其嶺外集,渾雄清逸,博麗醇深,
　　名流勝場,無一不有,然而獨稟正宗,力驅浮習,則孝山詩學,摧
　　蕩廓清,又有救時之功可重也,世謂錢穀刑名,能使人俗,蓋皆心
　　為境轉,遇物即黏,兵貴整暇,學宗靜定,長槍大劍,與三寸毛錐,
　　無有差別,豈於簿書期會而成隔礙,雄雖衝郡,上下交困,孝山如
　　國手醫,名和用和,名緩用緩,一切留餘地以及人,標病漸除,本
　　氣不損,退食自公,焚香枯坐或手一編,時有深山道流,瓢笠孤行
　　之致,宜其於一無所有中,無所不有也,元次山作舂陵行,杜子美
　　和而傳之,謂安得結輩數十人參錯天下,落落為邦伯,此即菩薩慈
　　心悲願,智種所流,異口同音,塤箎自合,餘論孝山之詩,及其治
　　行,蓋亦近軫黎元遠懷黃老絃歌之雅聲,盤錯之利器,同歸於清淨
　　而民自定之中,老婆心切,庶有取焉。〔註128〕

　　康熙三年(1664),今釋在陸世楷府中初識沈融谷。幾日後,融谷便以

〔註125〕澹歸:《與沈雲中文宗》,《徧行堂集》卷24,《清代詩文集彙編》第46冊,
　　　　上海:上海古籍出版社,2010年,頁742〜743。
〔註126〕澹歸:《種玉堂三體詩序》,《徧行堂集》卷7,《清代詩文集彙編》第46冊,
　　　　上海:上海古籍出版社,2010年,頁409。
〔註127〕澹歸:《從天而下說為陸孝山太守初度》,《徧行堂集》卷1,清代詩文集彙編》
　　　　第46冊,上海:上海古籍出版社,2010年,頁264。
〔註128〕澹歸:《陸孝山太守嶺外初集序》,《徧行堂集》卷6,清代詩文集彙編》第46
　　　　冊,上海:上海古籍出版社,2010年,頁387。

《寓齋詩集》示今釋，今釋大贊其詩「奇而不險，麗而不纖，幽而不僻，樸而不陋，清而不寒，壯而不厲」，繼而為該集作序。今釋《沈融谷寓齋詩集序》有「軍持掛角入雄州，時孝山太守招坐古種玉亭，見融谷沈子，皎如雲中白鶴，知其非凡骨，……余於粵西東，一衲十五年」〔註129〕由此可知，今釋是由於陸孝山而結識了沈融谷，後文復提及「一衲十五年」，今釋乃 1650 年底在桂林削髮為僧，可知此序當寫於 1664 年，遂推出此年亦為初見融谷之時。

是年，今釋三至雄州，拜訪陸世楷、沈皞日，年底才回丹霞。陸、沈兩人亦至丹霞山探望今釋。「是歲予至雄州，凡三往返，歲盡乃還，二子亦來丹霞，其纏綿傾倒」〔註130〕三人詩歌唱和，最後結成《甲辰唱和集》，因沈融谷詩作甚多，除在唱和集中輯了一部分，餘下另集成《粵遊草》。「孝山集甲辰倡和，予所作較之融谷，減三之二」。〔註131〕

十年後，今釋再次翻閱《甲辰唱和集》時，得七古一首以抒三人之情：

> 甲辰第一遊丹霞，晴溪十里浮江花。
> 第二山緣早不足，急雨一天封石屋。
> 見峯灘畔停仙舟，泥滑滑，雲悠悠，
> 第三咫尺成阻修，寂寞無人爭此路。
> 造物何心屢相妬，今日重觀唱和詩。
> 門前流水猶西馳，揮毫已驚十載夢。
> 攬鏡徒憎兩鬢絲，兩鬢絲，十載夢，
> 古意今時閒播弄，寶座蓮花空海擎。
> 金壺墨汁雲山縱，良朋樂事如玉田。
> 一人種不千家傳，聚如白雲曳青天。
> 散如疾風捲輕煙，又如丹霞巖上題天然。
> 天然老子不肯住，澹歸化作泥中絮。
> 南雄太守不得去，囹圄天峯生鐵鑄。

〔註129〕澹歸：《沈融谷寓齋詩集序》，《徧行堂集》卷6，清代詩文集彙編》第46冊，上海：上海古籍出版社，2010年，頁387～388。

〔註130〕澹歸：《甲辰唱和集序》，《徧行堂集》卷7，清代詩文集彙編》第46冊，上海：上海古籍出版社，2010年，頁420。

〔註131〕澹歸：《沈融谷粵遊草序》，《徧行堂集》卷6，《清代詩文集彙編》第46冊，上海：上海古籍出版社，2010年，頁395。

真箇官場似積薪，可憐有口無開處。

便是沈郎依舊在凌江，三對修眉麼一雙。

朵朵花生鏤玉管，那教一朵綴枯椿。

就裏有人還可笑，不同歌管偏同調。

渠即山人渠不能，汝可自由汝不要。

我說衲僧行止不爭多，健時放腳連奔波。

病時曲肱尋睡魔，死時乾柴焚鳥窠。

無人哭，無人歌，高山映水青崒嵬，

白骨如雪兼如珂，此詩陪葬巖之阿。

萬年松栢牽藤蘿，有時好月風徐。

過軏聞天樂宣伽陀，峯頭長老吹海螺。

生綃一幅微煙拖，扁舟未刺細馬馱。

是吾三人行樂窩，歌宛轉，舞婆娑，

誰為曼殊誰維摩，遮莫辨，才無盡，傾天河，

一見不再見，激電穿飛梭。

落日欲麾魯陽戈，鷗鶒兩岸來譏訶。

行不得哥哥，蒼天，蒼天，奈老何。〔註132〕

　　康熙四年（1665），陸世楷將與雄州隱士朱貽谷的唱和的詩《問梅集》贈給今釋。朱貽谷不事王侯，今釋極為欣賞，讀其集，稱其問梅詩文「性情之正，操行之潔，表裏嚼然，確乎其不可拔，然韻致蕭疏，無刻屬不能自容之狀，又足以見其德也。」〔註133〕康熙七年（1668）今釋方與朱貽穀相見。

　　康熙五年（1666），該年逢陸世楷四十歲生日，今釋作《孝山四十初度》為賀，其中有「嶺表寧荒服，雄關實要津。溫溫古刺史，落落歎遺民。兵燹疲奔命，錐刀儡斷魂。創深完肉少，蠹遠剝膚勻」「永夜開廉范，頻年借寇恂」，描寫了當時戰亂難民的慘狀，以及陸世楷為官清廉，造福一方的業績。〔註134〕二月三日，今釋陪同陸世楷、沈暤日冒雨重遊丹霞山，今釋作《戊

〔註132〕澹歸：《空山無事繙閱舊書得甲辰唱和集讀之慨然》，《徧行堂集》卷32，《清代詩文集彙編》第47冊，上海：上海古籍出版社，2010年，頁102。

〔註133〕澹歸：《問梅集序》，《徧行堂集》卷6，《清代詩文集彙編》第46冊，上海：上海古籍出版社，2010年，頁394。

〔註134〕澹歸：《孝山四十初度》，《徧行堂集》卷39，《清代詩文集彙編》第47冊，上海：上海古籍出版社，2010年，頁222。

申春二月三日孝山融谷冒雨重遊丹霞即事七首》，描寫了丹霞山險峻的雨中景色，及其對人生的感歎「人生會如夢，亦夢談無生。兩公近道姿，春日聞秋聲」。〔註135〕

康熙八年（1669），三月初，沈皞日因回浙江參加秋試，與今釋別於天峰，今釋作《送沈融谷秀才還浙江秋試序》贈之，「己酉暮春之初，予與沈子融谷，別於天峰，柳汁既可染衣，杏泥亦堪襯馬，予心悠然，已與沈子穿過一輪秋月，蓋惜其別，惟恐其別之不久也」「以沈子之才，隨風珠玉，觸手笙簧，即一戰而霸，獻捷於上京」〔註136〕頗為看好沈皞日之才，並表達惜別之意。

康熙九年（1670），今釋開始復作詞，陸世楷、沈皞日也一起填詞為樂，互相切磋詞藝「至庚戌復作，孝山謂吾手筆乃與詞相稱意殊欣然，時孝山融谷方共填詞，復有不期而合者，此後一切填詞作詩遂少矣」〔註137〕

康熙十三年（1674），十月，陸世楷因丁艱和沈皞日啟程北歸，今釋送至梅關。沈皞日繪《丹霞惜別圖》，屬今釋題其後，並說「昔之別暫，今之別久，昔之別近，今之別遠，昔之別假，今之別真」，今釋遂作《題惜別圖》，三人依依不捨。〔註138〕

多年以後，陸世楷之子陸奎動重見此圖，題跋其後：

> 沈丈寓齋與先公為內兄弟，澹歸大師則塵外交也，澹師開丹霞山，先公時守南雄，傾橐相助，寓齋先生適在幕中，同遊丹霞，盡攬紫玉臺長老峰海螺岩諸勝，再宿出夢覺關至窯塘言別，各得古今體詩如干首，先公曾繪三笑圖，以志一時勝事，寓齋先生復繪丹霞惜別圖，添毫神肖藝過虎頭者，吳叟嘉賓也；峭壁清溪艤舟倚馬，則顏叟翔為之補圖也。卷中題詠殆徧不獨倦圃立菴繹堂諸前輩久作道山遊即黑蝶青士紅藕諸名流，其風範亦不可復睹矣。寓齋先生倅辰州歿於官舍，所蓄書畫一時散盡，而是卷歸於族孫虞，聞天之蒼

〔註135〕澹歸：《戊申春二月三日孝山融谷冒雨重遊丹霞即事七首》，《徧行堂集》卷30，《清代詩文集彙編》第47冊，上海：上海古籍出版社，2010年，頁64。

〔註136〕澹歸：《送沈融谷秀才還浙江秋試序》，《徧行堂集》卷4，《清代詩文集彙編》第46冊，上海：上海古籍出版社，2010年，頁339～340。

〔註137〕澹歸：《徧行堂集緣起》，《徧行堂集·序》，《清代詩文集彙編》第46冊，上海：上海古籍出版社，2010年，頁231。

〔註138〕澹歸：《題惜別圖》，《徧行堂集》卷16，《清代詩文集彙編》第46冊，上海：上海古籍出版社，2010年，頁589。

蒼其不忍使丹霞惜別一段風流公案銷歸無何有之鄉也，嗚呼，是亦可寶也已。〔註139〕

約在康熙十六年，今釋《徧行堂集》基本刊刻齊，陸世楷專門為之作《徵刻徧行堂詩文引》，使之廣為士林知曉：

> 丹霞澹歸大師學羨五車，書誇三壁。蚤年制藝紙貴國門，中歲詩篇價高海賈。至於繪圖鄭俠，無非痛哭之書；請劍朱雲，盡是風霜之筆。既而皈心淨域，弘覽宗乘；霏玉宵於杖頭，擲金聲於鉢底。江花謝草，皆成祇樹檀林；學海文河別，現金繩寶筏。鴻篇累牘，見者仰為斗山，尺幅單詞，得之珍同琬琰。茲將彙其全集，公彼諸方。敢勒片言，敬告同志。味如冰雪山中，固以自怡；光若珠璣，海內行當共覯，各助棗梨之費，永垂金石之函。庶鴻烈不為秘書，而桓譚無俟異代矣。〔註140〕

在陸世楷南雄署中，陸世楷將七歲的兒子陸奎勳拜澹歸為師。澹歸為奎勳說偈，取法名為古烜，號曰就。〔註141〕

康熙十七年（1678），今釋上函昰翁，決意出嶺，赴嘉興請藏，以丹霞席託之樂說。八月抵達嘉興，往還於嘉興、平湖、常熟、雲間（今屬上海）、無錫等地，以一百零七金請得正藏經，與好友往還酬醉。期間今釋患病，至康熙十八年秋，今釋仍臥病無錫半塘寺。康熙十九年春，自云間撫病至平湖，擬還棲賢寺，但病發不能行。陸世楷安排今釋留寓別業南園養病。八月，今釋知其將不久人世，遍發嶺內外手書及諸遺念，囑侍者荼毗投骨於江流，且云：「汝輩若投骨石塔，丹霞必得凶報。」臨終前，眾僧求偈示別，今釋舉筆書曰：「入俗入僧，幾番下火，如今兩腳捎空，仍舊一場懡㦬。莫把是非來辨我，刀刀只砍無花果。」執筆端坐而逝。

四、趙繼鼎

趙繼鼎（1597～1673），字取新，號止安、止菴，江蘇武進人〔註142〕。崇

〔註139〕陸奎勳：《跋丹霞惜別圖》，《陸堂詩集》卷20，清乾隆小瀛山閣刻本，頁24a～24b。

〔註140〕陸世楷：《徵刻徧行堂詩文引》，澹歸：《徧行堂集‧序》，《清代詩文集彙編》第46冊，上海：上海古籍出版社，2010年，頁229。

〔註141〕陸奎勳：《送借公結廬廬山》，《陸堂詩集》卷5，清乾隆小瀛山閣刻本。

〔註142〕趙繼鼎之子趙申喬（1644～1720），字慎旃，又字松五，號白雲舊人，是狀元趙熊詔之父。大學士李光地的門人，「南山案」事件的檢舉人。明代另有一

禎九年（丙子，1636）中舉，崇禎十三年（1640）考獲進士，為金堡同年；授湖廣公安縣知縣。官至兵部車駕司主事。順治九年（1652），以丁憂返回故里，遺世遠舉，緇衣訪道，渡江而北，變姓名，以推命、賣卜、課徒為業。抑鬱成疾，杜門自放，毅然以師道為己任，自稱「江南老教書」。

在順治九年之前，趙繼鼎還曾經遊歷江西虔州，恰好與今釋路遇「止安過虔州，得一相見，悤悤而別，漫寄數行，不暇及寒溫語」[註143]別後，今釋寄書信於趙繼鼎。並附上詩歌、葛布和硯臺：

> 此會出意外，別又悤悤可恨，然相見亦自不遠，尚可盤桓於一葦煙水之間也。小詩即借扇頭錄正，亦即事之作，不作感慨觀也。戔戔聊致一念，窮和尚不妨抵得一分富縣官，但成色罢高可用耳，千萬勿拒我，拒即落俗諦矣。一葛一硯寄郎君，硯非甚佳，然有吾銘在，儼若扇為易一金者，作體面，呵呵。[註144]

所贈詩歌為《章貢遇趙止安東歸有贈》：

> 雨散十五載，不意此相見。
> 把臂未及語，老淚欲覆面。
> 君無叩門心，我有托鉢願。
> 各為業風吹，顛倒成一片。
> 涸鮒來長途，流水得無羨。
> 江湖本相忘，呴濡忽中變。
> 物情浮似雲，人命速似電。
> 畸人騎厄運，穿針每失線。
> 公有好兒子，五經笥獨擅。
> 授徒獲館穀，一一拜自獻。
> 妻子不預聞，此意良足念。
> 予角去其齒，甘酸且一串。
> 他時能摩天，晚景猶可戀。

位趙繼鼎（1577～1659），號景毅，別號臺衡，河北邱縣人，萬曆四十六年（1618）中舉，天啟二年（1622）成進士，曾任福州府推官。

〔註143〕澹歸：《與周元亮侍郎》，《徧行堂集》卷24，《清代詩文集彙編》第46冊，上海：上海古籍出版社，2010年，頁737。

〔註144〕澹歸：《寄趙止安御史》，《徧行堂集》卷25，《清代詩文集彙編》第46冊，上海：上海古籍出版社，2010年，頁754。

吾兒立冥塗，為公操左券。〔註145〕

　　順治十年，今釋在毘陵，此時，趙繼鼎正隱居在鄉（毘陵與武進幾為一地）聽聞今釋到鄉，約與今釋話舊，見今釋將攜長子世鎬入廬山，勸之曰「君清風峻節，千秋景仰，然第可了一身局，奈何令金氏血祚盡入空王。……余縱貧困，寧不能活長君一口，但長君肯同，辛苦不孤，余心足矣」〔註146〕這樣趙繼鼎受今釋委託，並親自培養教讀世鎬。在趙繼鼎教讀四年之後，世鎬考取秀才，就回去杭州了。趙繼鼎此舉成為藝林佳話，被諸多文集和方志所載。〔註147〕

　　今釋曾作詩《留別趙止安時止安方挈世鎬讀書躬自教之》：

　　　　活計惟殘一鉢空，為人作父不能終。

　　　　攜家早讓龐公獨，分宅偏遭邴伯窮。

　　　　無故老兄添一累，有緣稚子足三冬。

　　　　阿誰落得便宜去，臥聽雲濤萬壑松。〔註148〕

　　自順治十年今釋託付世鎬之後十餘年，此時世鎬也已經去世；丹霞別傳寺已落成一年，康熙六年（1667）正月初四日，今釋請來天然函昰在別傳寺開堂說法。因老友張過菴來訪丹霞，言及趙繼鼎「具述吾兄推情，愛厚有加，感不去口，弟聞之亦如身被陽和矣」，因張過菴將行，今釋記掛老友遂託寄書信於趙繼鼎：

　　　　過菴偶為閩中之行，不意更至仙城，去住真非預計，所以發足
　　　　之時，不及面別，今猶歉然，茲因便羽，輒附此候，庶知澹歸尚在，
　　　　亦欲得聞止老近狀，窮是度內事，但使神明不衰，即慰遠想，料此
　　　　亦度內也，過毘陵日，元為天然老人住山計，今十餘年，始得藉手
　　　　丹霞，粗酬此願，更為布置三兩年，可圖出嶺，覓一扁舟，作五湖
　　　　放浪，不審餘生能遂否，若勝緣可就，更與吾兄作二老風流，又是
　　　　缺陷世界中不缺陷朋友也，比聞世鎬已化為異物，死生常理，無足

〔註145〕澹歸：《章貢過趙止安東歸有贈》，《徧行堂集》卷30，《清代詩文集彙編》第47冊，上海：上海古籍出版社，2010年，頁66。

〔註146〕原文稱「長君金鎬」，即金世鎬；見趙申喬：《先考前兵部主政止安府君行述》，《趙恭毅公剩稿》卷4。

〔註147〕如，道光《寶慶府志》卷126，道光《重輯新寧縣志》卷24，《啁啾漫記》，清末金武祥《粟香隨筆》卷8等，均載此事。

〔註148〕澹歸：《留別趙止安時止安方挈世鎬讀書躬自教之》，《徧行堂集》卷34，《清代詩文集彙編》第47冊，上海：上海古籍出版社，2010年，頁139。

道者，但孤負吾兄一片教育深情，未卜此子若何為報，然自有刀斧

斫不開處，惟時節因緣不能定耳，郎君想俱安好，學問益成，便遲

數字，以解老懷，近刻四種附呈，臨書馳想，不盡區區。〔註149〕

趙繼鼎回鄉後，為了生計，以推命、賣卜、課徒、行醫為業，宅田被人豪
奪，有時候居無定所。今釋在《送徐長旭還嘉禾》的詩注中說「舟過毘陵當一
謁趙公止安，止安吾同籍，摯情古道，今之賢者，向來教學，近聞行醫矣，在
城東墻下白家一帶矮屋中相見，出此詩共觀之，當吾數千里一信，竝托道與舊
日親串」〔註150〕並作《趙止安移居歌》長詩寄贈：

> 人事紛紛不可問，賤貧若箇堪無悶。
> 朱門逼漢小兒驕，白板蒙塵賢者遯。
> 我見毘陵趙止安，一尺水底蒼龍蟠。
> 心胸不與流俗會，而目只好詩書看。
> 有宅有田被豪奪，求衣求食此時難。
> 借得唐家小莊屋，寸殼藏身蝸自縮。
> 綠林豪客近來酸，放下眥毛遮卻目。
> 但聞進士都有錢，豈知亦有然不然。
> 短槍白棒夜舉火，室中徒見簞瓢懸。
> 寒天席捲衣被盡，老妻稚子空呼天。
> 盜亦大罵出門去，主人慢客難為賢。
> 張公守財李遭劫，虛名實禍誰相牽。
> 其年止安復失館，立枯那計廚無煙。
> 晚來兒女不得睡，驚魂帖帖捱雙肩。
> 城中華屋各有主，館甥未倒三根椽。
> 二十年前坦腹後，幾番變易還依舊。
> 昔日青燈黃卷來，而今黃卷青燈又。
> 窮人窮亦不尋常，百丈寒枝夜夜霜。
> 笑我同坑無異土，相逢恰似還其鄉。
> 芒鞋踏破鉢未滿，兩彩莫賽真郎當。

〔註149〕澹歸：《寄趙止安御史》，《徧行堂集》卷25，《清代詩文集彙編》第46冊，
　　　　上海：上海古籍出版社，2010年，頁754。
〔註150〕澹歸：《送徐長旭還嘉禾》，《徧行堂集》卷34，《清代詩文集彙編》第47冊，
　　　　上海：上海古籍出版社，2010年，頁143～144。

更有窮人能好事，攜他兒子歸書堂。

我返匡廬已卜日，值君移居為歎息。

莫嫌甲第讓他人，宮闕銅駝在荊棘。

以此方圓笑世儒，重簷蓋頂何區區。

青山到處皆吾土，富者不足貧有餘。

隔君千里不相見，激水懸崖飛白練。

彷彿其中得止安，風塵雪盡桃花片。

為君更作守窮文，不把琵琶過別院。〔註151〕

趙繼鼎後來因窮困借居唐家小莊屋，今釋再作詩《趙止安移居歌》，其中有「更有窮人能好事，攜他兒子歸書堂，我返匡廬已卜日，值君移居為歎息，莫嫌甲第讓他人，宮闕銅駝在荊棘，以此方圓笑世儒，重簷蓋頂何區區，青山到處皆吾土，富者不足貧有餘，隔君千里不相見，激水懸崖飛白練，彷彿其中得止安，風塵雪盡桃花片，為君更作守窮文，不把琵琶過別院」〔註152〕

五、傅弘烈

傅弘烈〔註153〕（1623～1680），字仲謀，號竹君，江西南昌府進賢縣人。隨父宦邸廣西，清兵平定兩廣，投清委署平樂府同知，清順治十四年（1657），任廣東韶州同知。康熙三年（1664），傅弘烈升任甘肅慶陽府知府。康熙七年（1668），傅弘烈因訐告吳三桂陰謀不軌，革職論斬。康熙九年（1670），大赦，戍梧州。康熙十三年（1674），吳三桂謀反於雲南，拘禁傅弘烈，挾其歸順。傅弘烈陽附吳三桂，曾勸說參與吳三桂反清之廣西將軍孫延齡反正。傅弘烈舉兵出征，屢立奇功，先後授廣西巡撫、撫蠻滅寇將軍，加授太子太保。康熙十九年（1680），傅弘烈被吳三桂黨羽、叛將馬承廕拘禁，押送桂陽（今湖南桂陽），罵賊絕粒，十月十六日遇害。傅弘烈作為較早效忠清王朝的漢人，得到了較高的榮譽，康熙詔旨賜傅弘烈祭葬，加贈太子太師、兵部尚書，諡號忠毅。

由於傅弘烈順治十四年（1657），任廣東韶州同知，康熙三年（1664），升

〔註151〕 澹歸：《趙止安移居歌》，《徧行堂集》卷31，《清代詩文集彙編》第47冊，
　　　　上海：上海古籍出版社，2010年，頁77～78。

〔註152〕 澹歸：《趙止安移居歌》，《徧行堂集》卷31，《清代詩文集彙編》第47冊，
　　　　上海：上海古籍出版社，2010年，頁77～78。

〔註153〕 部分史料也寫成「傅宏烈」，可能為了避諱乾隆帝弘曆。

任甘肅慶陽府知府。而今釋是順治十八年（1661）才獲得李永茂、李充茂兄弟將丹霞山獻於今釋開道場的，所以，今釋與傅弘烈的交往大概在順治十八年（1661）至康熙三年（1664）之間。今釋對於傅弘烈頗為敬重，一方面是因為傅對寺廟的資助，另一方面也是敬重其人品和格局，「竹君自是快人，可愛可敬也」〔註154〕「弟所心許吾兄及竹君者，不獨以才思之敏，亦愛其器局之大」。〔註155〕

今釋《丹霞施田碑記之一》「丹霞施田，自羅茂才繡九始，前此有施矣，趙雨三、傅竹君兩使君也」〔註156〕傅弘烈施田於丹霞別傳寺，還為之作施田碑「丹霞雖辭田，而竹君碑記，播告頗廣」〔註157〕傅弘烈在韶州同知任上，為別傳寺解決了不少困難。還曾經捐資幫刊函昰刊刻《楞嚴直指》十卷。〔註158〕今釋曾贈以詩《寄韶州傅竹君郡丞》：

> 幾重杳藹歎離群，千尺筼簹憶此君。
>
> 並為冀黃清一部，不容管樂失三分。
>
> 風生北道開旗鼓，月出西江照典墳。
>
> 猶見雲橫山一抹，長扶病客到醫門。〔註159〕

傅弘烈也召集今釋等友人雅集相江，今釋作《傅竹君招晤相江》：

> 大績誰傳續一匡，先聲曾憶誦三章。
>
> 共憐直路全成棘，獨對梅花半吐香。
>
> 江上故人重遺信，山中野老未褰裳。
>
> 即今格外相逢地，掃跡猶存掛角羊。〔註160〕

此外，今釋還作有詞《蝶戀花·又寄傅竹君太守》《一萼紅·又訓別董蒼

〔註154〕澹歸：《與丹霞樂說辯和尚》，《徧行堂續集》卷10，《清代詩文集彙編》第47冊，上海：上海古籍出版社，2010年，頁616。

〔註155〕澹歸：《荅塗英伯郡丞》，《徧行堂續集》卷11，《清代詩文集彙編》第47冊，上海：上海古籍出版社，2010年，頁631。

〔註156〕澹歸：《丹霞施田碑記之一》，《徧行堂集》卷11，《清代詩文集彙編》第46冊，上海：上海古籍出版社，2010年，頁489。

〔註157〕澹歸：《與趙雨三太守》，《徧行堂集》卷26，《清代詩文集彙編》第46冊，上海：上海古籍出版社，2010年，頁783。

〔註158〕宣統《番禺縣續志》卷30，民國二十年重印本。

〔註159〕澹歸：《寄韶州傅竹君郡丞》，《徧行堂集》卷35，《清代詩文集彙編》第47冊，上海：上海古籍出版社，2010年，頁156。

〔註160〕澹歸：《傅竹君招晤相江》，《徧行堂續集》卷14，《清代詩文集彙編》第47冊，上海：上海古籍出版社，2010年，頁691。

水兼寄傅竹君》表達敬意和惺惺相惜之意。

今釋《徧行堂集》錄有寄傅弘烈的書信三封；前二封涉及施田事宜、好友董蒼水近況，第三封應該是康熙九年（1670），傅弘烈到梧州之後的書信。

> 道駕長發，不能面別，至今寤寐猶惘然也，臘盡還山得手教，並西褐如意，具感注存，勤懇蓋世，諦中所不易得者，弟亦不敢以世諦相報也，比來已陟貴任，地雖僻遠，然昔之豪傑文武幹畧，照映史冊者，多出其地，登攬之餘，當有慨然遠想，而長吟者，風便示慰，以起空山病衲之懷也，關祠田事，不欲祇承已辭於雨老矣，居士護念惓切之意，中心藏之，不必以得田為飽德也，諸惟珍攝自愛，不盡。

> 又

> 別來許久，相念滋深，中間聞有患難，又知已得解脫，然未知其在蒼梧也，晤董蒼水始悉近狀，云興致如舊大豪傑，人應不為境緣所轉，亦野老昔時崛強，今倩冰井一泓，兩手交付矣，欲圖共語，然十年為丹霞累，欠了一身債，尚未討得乾淨，恐促膝之願，更俟忙裏偷閒，不敢定期也，蒼老行，附呈小詞並山刻請教，世出世間敗闕，皆吾兄所知，不妨一齊納去，惟順時節宣，以慰遠念，諸不多及。

> 又

> 得雷峰信，知有化主在蒼梧，極承吾兄護持，至於躬親勸導，不特大眾讚仰無比，弟聞之亦為手舞足蹈，此地為本師天然老人道場，弟曩在彼中稟戒，所云出身之處，休戚相關者，宜其喜而不寐矣，頃年多病，今夏末垂死，秋深稍愈，復有匡廬之行，明春乃歸，卻恐衰年羸劣，更一疾作，便幾點骨灰隨風吹入鄱陽湖裏耳，嶺頭人便，寄此紙首路息息，空緘為愧。〔註161〕

康熙二年（1663），傅弘烈升任甘肅慶陽府知府。今釋作《芙蓉山下行贈別傅竹君郡丞擢守慶陽》：

> 芙蓉山下江聲緩，日月湖中峯勢遠。

> 使君天德自風行，春過百草頭俱偃。

〔註161〕 澹歸：《與傅竹君太守》，《徧行堂集》卷26，《清代詩文集彙編》第46冊，上海：上海古籍出版社，2010年，頁785～786。

當年壯志欲與天相爭，手挽銀河，獨洗兵戈冠。

氣共長纓結，寶劍光從健筆生。

擊楫正思澄四海，枕戈直欲頓三京。

丈夫舉事常不偶，外有毒蛇內周狗。

看人熱血飽青蠅，不甘心處休回首。

隨身竿木在人間，佐郡題輿只似閒。

百丈凌雲酬白眼，千鍾湧浪餞青山。

弄丸會遣三軍息，判案常求一字活。

編須猛虎自垂頭，摩頂哀鴻咸戢翼。

長官愛才民愛德，兩手繾綣雙眼黑。

慶陽符忽報褰帷，愁入天南怨天北。

冠恂一借望誰留，張詠重來思愈潤。

君不見傅修期，下馬作露布，上馬能擊賊。

絕域功名驚介子，生風臺閣稱休奕。

小范胸中兵甲雄，環慶無虞閒不得。

勞君護念丹霞岑，未到丹霞即賞音。

草檄每拚頭共碎，含沙任與影交侵。

鐵籠火甕頻相逼，白馬清流偶未沉。

怪我死灰安黨谷，自吹灝氣作商霖。

幾載相思不相遇，今朝相遇難相聚。

一縷低垂粵嶠雲，兩行直立秦川樹。

不知何地更留連，惟見紅塵日來去。

相江流不到寧江，兩樣波瀾一樣長。

莫惜飛鴻傳錦字，全身不隔紫金光。〔註162〕

　　傅弘烈到任慶陽知府後，仍然與今釋書信往來，今釋作《寄別傅竹君太守之慶陽》以寄別懷念：

海上波如沸，難持別袂輕。

柔風當北道，烈火念南征。

不藉龍圖閣，還高青澗坡。

〔註162〕澹歸：《芙蓉山下行贈別傅竹君郡丞擢守慶陽》，《徧行堂集》卷31，《清代詩文集彙編》第47冊，上海：上海古籍出版社，2010年，頁89。

相思何處見，時有片雲生。〔註163〕

康熙十三年（1674）之後，傅弘烈先後授廣西巡撫、撫蠻滅寇將軍，加授太子太保。在此期間，今釋還曾經推薦友人鄒致菴為傅的幕客，「倘有可提攜處，幸吾兄不惜多方成就，蓋好人可念，亦吾輩平日所存心也。」〔註164〕

雖然傅弘烈身在廣西巡撫，離任韶州已久，但是仍然不忘故人，時有捐助別傳寺。據《丹霞山志》有「撫蠻將軍傅諱弘烈號竹君，建卜母殿，施銀壹千貳百兩」〔註165〕今釋寄詩以謝：

> 桂林江上字相思，誰在當年記此時。
> 百戰奇功君自有，一生多病我何之。
> 雙雙翼上天門近，縷縷雲封谷口遲。
> 最是邀歡新護念，遠遊歇得老來癡。〔註166〕
>
> 又
>
> 赤山鈍處黑山尖，雲月相同各解拈。
> 麟角鳳觜絃更續，虎頭燕頷相仍兼。
> 我宗無語千霆繞，斗極成形百怪潛。
> 記得關河重疊路，暗通一句首楞嚴〔註167〕。〔註168〕

康熙十七年（1678），今釋上函昰剖，決意出嶺，赴嘉興請藏，以丹霞席託之樂說。大約在康熙十八年，今釋在嘉興、平湖等地遊歷，寄書信於廣西前線的傅弘烈：

> 出嶺一年，相去數千里，不見邸報，亦不得粵東西一信，未識起居何如，恢剿大績已有成局否，念之念之，頃發藏經還丹霞，記得吾兄攬揆之辰，作一篇文字，署申頌禱，事在世諦中，而義不在世諦中，蓋世諦中人，非但不能，亦不知也。揄揚盛美，極有漏落

〔註163〕澹歸：《寄別傅竹君太守之慶陽》，《徧行堂集》卷32，《清代詩文集彙編》第47冊，上海：上海古籍出版社，2010年，頁111。

〔註164〕澹歸：《與傅竹君撫軍》，《徧行堂續集》卷11，《清代詩文集彙編》第47冊，上海：上海古籍出版社，2010年，頁620。

〔註165〕陳世英：《丹霞山志》，廣州：廣東教育出版社，2015年，頁78。

〔註166〕原注：丹霞新堂頭予法弟也，公護念無異，予所切感。

〔註167〕原注：梵語首楞嚴此云一切事究竟堅固，吾師天然老人疏此經，公捐府金全刻，又建斗母殿於丹霞，為國祈福，故有後四語。

〔註168〕澹歸：《留寄竹君中丞》，《徧行堂續集》卷14，《清代詩文集彙編》第47冊，上海：上海古籍出版社，2010年，頁693。

處，然使掇拾無遺，又落世諦，豈吾輩所取耶。〔註169〕

今釋信中所謂「作一篇文字，聊申頌禱」，即是為其賀壽的《傅竹君中丞壽序》。在序中，今釋回顧了傅弘烈的經歷，為了迴避傅弘烈降清的事實，今釋從吳三桂為明之寇讎的角度出發，認為傅弘烈在吳三桂未叛清時就揭發吳三桂反謀，吳三桂彈劾傅弘烈是為了永曆報仇，以致革職論斬，後遇赦，傅弘烈枕戈待旦，以報康熙之恩者，報永曆之怨，是「以義相取」。傅弘烈任慶陽知府，「慶陽極邊洊，遭兵火不堪賦役，傅子竭家財以償，三年不克繼，乃為遺黎乞命，不得諸督撫請於朝，通政駁之，並加劾奏，人無不為傅子危者，傅子不顧遽奉俞旨，慶陽一郡歡若更生」，又是「以義相取」；「其在龍南殺所謂沒耳王，龍南、信豐、始興之民，戶而尸祝之，統客兵能與主相安，有膽決能為人所不敢為，蓋敢於為義，敢於讎不義」〔註170〕

此外，今釋還賦詞《大聖樂‧寄賀竹君》賀壽：

自成一家，別行一路。誰解翻騰，喜節樓初建。風生八面，和門重辟。

燈現雙旌，二曜飛丸，七星擲劍。半壁乾坤一手擎。先聲到，便桑麻，

無損雞犬休驚。古今格外相呈，卻正局旁敲未易。尋看相思江裏波濤，忽湧點蒼山上。

培塿皆平，借汝觥籌消吾塊壘，快點胸中十萬兵。還揮淚，憶晴天冰雹，帝子英靈。〔註171〕

康熙十九年（1680），傅弘烈被害前絕食並書《絕命辭》：

自分一死無餘策，身為厲鬼誅羣賊。

絕食依然浩氣存，鼎鑊刀鋸求不得。

天不假我以速終，天心人意莫可測。

吁嗟徂矣命之衰，惴惴生平無薄德。〔註172〕

傅弘烈死後受朝廷嘉獎撫恤，在岑溪、南昌等地建有傅公祠。

〔註169〕澹歸：《與傅竹君撫軍》，《徧行堂續集》卷11，《清代詩文集彙編》第47冊，上海：上海古籍出版社，2010年，頁620。

〔註170〕澹歸：《傅竹君中丞壽序》，《徧行堂續集》卷2，《清代詩文集彙編》第47冊，上海：上海古籍出版社，2010年，頁459～460。

〔註171〕澹歸：《大聖樂‧寄賀竹君》，《徧行堂續集》卷16，《清代詩文集彙編》第47冊，上海：上海古籍出版社，2010年，頁737。

〔註172〕《晚晴簃詩匯》卷26，民國退耕堂刻本。

六、蕭伯升

　　蕭伯升（1620～1679？），字孟昉，號研鄰，江西吉安府泰和縣西昌人，為蕭士瑋[註173]季弟士珂長子。蕭士瑋為太常卿，亦稱伯玉先生，擘園名「春浮」，海內名宿爭相結納，以道義名教相尚。[註174]蕭伯升由邑庠補廩生，順治年間貢士，曾任會昌縣教諭，著有《研鄰偶存》。大概在順治十五年（1658）前後，蕭伯升前往南京居住，與錢謙益、李元鼎、朱鶴齡、文德翼等人交往。而後又娶新婦，錢謙益、朱鶴齡、李元鼎皆有詩相贈。由於蕭士瑋之獨子早逝，蕭伯升乃其侄子中之翹楚，因而蕭士瑋的春浮園及其財富由蕭伯升繼承。蕭士瑋、蕭伯升叔侄還不吝施捨，常有善行。蕭士瑋曾出資修復寺廟，刊刻佛經。泰和般若寺即為蕭士瑋所修繕。蕭伯升為泰和監獄中的囚犯提供糧食長達四十年，「盧陵之獄，歲各有谷」；伯升亦曾經慷慨幫助蒙冤之士人，「又為逋賦者完室家，贖子女」出資幫助朋友渡過難關等等。二人皆樂善好施，在泰和乃至吉安都有良好的口碑。[註175]

　　蕭伯升家族可謂「富可敵國，揮金如土」；據施閏章《學餘堂文集》載，康熙四年（1665），在吉安白鷺洲書院，集合諸儒，連續三天的進行講學活動。蕭伯升為會主，講會之餘，大擺筵席，「飲饌千餘人」「時蕭孟昉一人，供饌費百餘金」，集會中的所有詩文皆由蕭伯升刊刻成集，可見其財力巨大。[註176]該集成後，蕭伯升請今釋作《書白鷺書院會講詩後》，其中對蕭伯升的有志於聖賢者的志向和高超的組織能力非常佩服：

> 歲乙巳，愚山施公，重會此院，西昌蕭孟昉為會主，講論之餘，宴衍殊適，其飲饌千餘人凡三日，部署井井，都不聞人聲，當事諸公，以此歎其才也。凡治事之法，尚其所難，故軍旅之會好以整暇，風雅之會戒蕩佚，講論之會戒迂緩，眾至於千人萬人，不可得靜。

[註173] 蕭士瑋（1585～1651），一名溟，又名敏，字伯玉、意文，號三薆。萬曆四十四年中進士，官行人司行人，因故謫山東布政司知事、後遷評事、禮部主事、吏部主事、南京吏部考功司郎中。明亡後，回到故里，專心著述，著有《春浮園集》、《起信論解》等。文筆簡練，文境較寬。錢謙益論其為人「無俗情、無俗務、無俗文、無俗詩。」

[註174] 張岱：《石匱書後集》卷49，《續修四庫全書》第32冊，頁391。

[註175] 吳偉業：《蕭孟昉五十壽序》，《梅村集》卷36，《文淵閣四庫全書》第1312冊。

[註176] 施閏章：《諸賢重會白鷺洲三日》，《學餘堂集》卷43，《景印文淵閣四庫全書》第1313冊。

宜孟昉之以靜見推耶，雖然，此盛舉也，不可得恒，講學之益在於
有恆而已，是故院必有主，擇士之明敏惇大，有志於聖賢者，肆業
其中，日有課，月有會，郡邑大夫以時相慰勞，方面之官，歲一再
至，集諸儒問難，以震動齊民，庶乎其有興也。〔註177〕

康熙七年（1668）中秋，蕭伯升年四十九，招集今釋、周篴菴、施偉長、
程大匡、王一肩、戴聖則、羅萬年、楊彥升，筇崖、中千、平遠等人雅集邀圍。
今釋作詩：

> 萬里無雲當此日，滿把幽懷消未得。
>
> 主人有約過名園，一笑登樓盡佳客。
>
> 是時月桂吐天香，金粟半黃珠半赤。
>
> 雙眼難酬玉屏紫，五風忽獻氷輪白。
>
> 共言此月十分清，此月元無分外明。
>
> 恰有良朋來勝地，便從好景見深情。
>
> 老夫不語同流靜，且看劉伶開酒陣。
>
> 傾倒仍余比海尊，淋漓尚憶東皋興。〔註178〕
>
> 感慨於今二十年，閒愁推不上遙天。
>
> 西昌歌管升平樂，荒草淒迷萬井煙。
>
> 文禾風流君未墜，天涯那得常高會。
>
> 鬱孤臺畔遇重陽，可似今宵同白醉〔註179〕。
>
> 客去無人獨倚樓，梅花誰向小窗收。
>
> 雪中未放剡谿棹，月下先翰曲洴遊。
>
> 卻記浮盧深夏語，南山隨我板橋流〔註180〕。〔註181〕

今釋還作《作用莊嚴說為蕭孟昉檀越壽》為蕭伯升賀五十壽。其中今釋用

〔註177〕澹歸：《書白鷺書院會講詩後》，《徧行堂集》卷17，《清代詩文集彙編》第46
　　　　冊，上海：上海古籍出版社，2010年，頁600～601。

〔註178〕原注：大匡云，自東皋賞月後不得此樂十九年矣。

〔註179〕原注：予將還丹霞計重陽尚在章貢。

〔註180〕原注：樓後平臺皆梅花倚窗，可手接也。予語孟昉惜行迫，未暇領署寒香耳。
　　　　孟昉曰，深冬何難，扁舟再下。予固未能也。憶夏中青原長老乘筏泛湖，予
　　　　不及早同月下之賞，亦學兩負結語，即用其詩。

〔註181〕澹歸：《戊申中秋孟昉招同周篴菴施偉長程大匡王一肩戴聖則羅萬年楊彥升
　　　　諸公筇崖中千平遠諸師小集邀圍》，《徧行堂集》卷32，《清代詩文集彙編》
　　　　第47冊，上海：上海古籍出版社，2010年，頁97。

大量筆墨寫蕭士珂（排行第三，稱「三先生」）和蕭伯升父子的德行，應有父行子隨之意：一是「能文章，喜交遊，樂善而好施，哲人云萎物變每更，舊家世澤多零替，今者登研鄰之堂，流風餘韻，儼然未散，諸所著述，奉常為多……孟昉收拾餘爐，傳之其人，人故以不得見三先生為恨，以為有孟昉，則三先生為不亡」；二是「三先生好行其德，如一心二手，歲贍諸遠宗比鄰，及士之貧者，下逮圜土與鬼薪於白下，下迄皁田，人至今誦之不衰。孟昉無前人之入以贏其出，施田助亦菴，賑獄於其邑郡之獄，廬陵之獄，歲各有谷，彼祥符諸剎司之」；三是「三先生護生常若不及，近則陶菴諸湖池，遠及白門。孟昉於風雨飄搖之時，林一枝，湖一勺，謹守之如故，無忍以網罟至者，丹霞築南湖一堤，行放生勝業，孟昉復樂成之」；四是「四方之名流至西昌，宴衎歌詠，嘘雲霞，出金石，三先生作之於前，孟昉無替令聞，惟家人產荒落日，多輸租稅，常露肘，而圖書益治，焚香探奇益酣」；五是「三先生見義敢為，急人之急，有古俠士風，孟昉豪舉遊公卿間，未嘗啜汁，而同人利病，名教干城，壯氣激發不少阻，償裁扣之賦，止再斂之羨，清流品闌入，士習賴之」；六是「三先生於禪於律於教，靡不刻心，若手足捍頭目，孟昉繼其志，邑中如首山等，郡之青原隆慶等，遠如廬山之棲賢，如予丹霞，無不有以護念，諸方尊宿至此，或拈提向上施戒結講期，各修禮敬，報恩修藏，續佛慧命，惟力是視，其於白鷺講學，有八廚之望，又其儒家者之本務也」。〔註182〕

今釋遊春浮園後，作《過蕭伯玉太常春浮園》：

春浮不見當年盛，駐屐裴徊惹夢思。

有客眼空雲出岫，伴誰影到月通池。

青山未覺微塵聚，白髮徒將浩劫支。

此樹卻知人老去，無人舉起種花時。〔註183〕

此詩基調傷感，不僅道出春浮園的衰敗，亦充滿對園內的種花名士——蕭士瑋的憑弔和物是人非的感歎。

今釋在泰和小住後，可能返粵途經多地化緣，至康熙八年（1669）年春季方回丹霞山，身體一直不好「惟與藥鐺為伴，至重陽稍愈」。離別之時，蕭伯

〔註182〕澹歸：《作用莊嚴說為蕭孟昉檀越壽》，《徧行堂集》卷2，《清代詩文集彙編》第46冊，上海：上海古籍出版社，2010年，頁286～287。

〔註183〕澹歸：《過蕭伯玉太常春浮園》，《徧行堂集》卷37，《清代詩文集彙編》第47冊，上海：上海古籍出版社，2010年，頁196。

升委託今釋為其編著的《列朝詩傳》《硯鄰記》作序跋。〔註184〕

錢謙益〔註185〕（1582～1664）與蕭士瑋交誼甚深，曾受蕭伯升之託為蕭士瑋作墓誌銘，其中評價蕭士瑋為「無俗情、無俗務、無俗文、無俗詩」，實為絕無僅有之高：

> 伯玉有雋才，為文章奇肆奔放。……伯玉之為人，易直閒止，天性淡宕。登第後，為園於柳溪，名曰「春浮」，極雲水林木之致。將之官，輒低佪不肯出，曰：勿令春浮逋我。南評事除服，攜家而北，過拂水丙舍，流連度歲，愾然賦詩返棹。其於榮利聲勢泊如也，故其生平無俗情。清齋法筵，圍壇結界，閒房柴几，橫經籍書。門牆涸廁，皆置刀筆；驛亭旅舍，未嘗不焚香誦讀也，故其生平無俗務。在官則單車贏馬甃甃，退朝居家則鐵門銅鐶，剝啄絕跡。以朋友為性命，以緇衲為伴侶，以雜賓惡客、煩文謔語為黶髴疢病，故其生平無俗交。通曉佛法，精研性相，起信則截流賢首，惟識則穿穴窺基。四部之書，刊落章句，淘汰菁華，我知其無俗學。於古今文章，辨析流派，襃剟砂礫，眼如觀日，手如畫風，我知其無俗文，無俗詩也。……如吾伯玉者，魯直所謂能醫俗病者也。棲遲冗長，迴翔卿寺，自喜為俗人所鈍置，潘生有言，抑亦拙者之效也，豈不信哉！〔註186〕

《列朝詩集》〔註187〕是錢謙益仿金代元好問《中州集》而編選的明代詩歌總集。全書共八十一卷，旨在以詩存史，保存一代文獻，其編輯體例一如元好問的做法，以詩繫人，以人繫傳。入選詩人達一千六百餘家。所選作品一般都屬作者的代表作，間亦有借詩以存其人的情況。每個作者的小傳，介紹姓氏爵里生平，品評其作品得失，資料比較豐富，有些記述保存了罕見的史料，彌足珍貴。錢氏作為清初文壇盟主，小傳中有關詩的評論常常有精闢獨到的見

〔註184〕澹歸：《與蕭孟昉明經》，《徧行堂集》卷28，《清代詩文集彙編》第47冊，上海：上海古籍出版社，2010年，頁32～33。

〔註185〕錢謙益（1582～1664），字受之，號牧齋，晚號蒙叟，東澗老人。學者稱虞山先生。

〔註186〕錢謙益：《蕭伯玉墓誌銘》，《牧齋有學集》。

〔註187〕清《四庫全書總目》謂《列朝詩集》其「以記醜言偽之才，濟以黨同伐異之見，逞其恩怨，顛倒是非，黑白混淆，無復公論」。筆者認為，這個觀點可能是受到雍正、乾隆對錢謙益評價不高的影響。學界認為《四庫全書總目》的評價失之偏頗。

解。蕭伯升「取其傳而捨其詩」編輯為《列朝詩傳》進行刊刻,並請今釋作序。
在序中,今釋稱讚蕭伯陞取其傳而捨其詩,是因為「詩者訟之聚也」「孟昉有
儁才,於古今人著述,一覽即識其大義」;今釋對錢謙益編選《列朝詩集》的
心態和評論有獨到見解:

> 虞山之論,以北地為兵氣,以竟陵為鬼趣,詩道變而國運衰,
> 其獄詞甚屬,夫國運隨乎政本,王李鍾譚,非當軸者,既不受獄,
> 獄無所歸,虞山平生遊好,皆取其雄俊激發,留意用世,思得當而
> 扼於無所試,一傳之中,三致意焉,即如王逢戴良之於元,陳基張
> 憲之於淮,王翰之於閩,表章不遺餘力,其終也惻愴於朝鮮鄭夢周
> 之冤,辨核嚴正,將使屬國陪臣,九京吐氣,是皆敗亡之餘,而未
> 嘗移獄於其詩,則虞山之意果不在於詩也,或謂虞山不能堅黨人之
> 壁壘,而為詩人建鼓旗,若欲爭勝負於聲律者,人固不易知,書亦
> 豈易讀耶。〔註188〕

蕭伯升還在泰和縣的首山捐建寺廟,建大悲閣於陶菴故址。並請今釋前往
觀賞,今釋作《首山大悲閣記》有「登其閣,四望廓然,左為斌姆,左之前為
玉華,前為紫袍,右紫瑤,後為三顧,仙槎之江間之不使見,而湖之勢始出,
山亦若平,窺於樹間以瞰湖,而江山之觀益遠以秀。湖之左接春浮,右香界,
前為長者園,鼓鍾燈火,與林樹參差相映於湖之中,而閣之地位益以尊貴。閣
之下曲廊板屋,近因樹,遠因山,使各出其宜明宜密者,為自受用他受用三昧,
而陶菴之首尾益以正,住持益以久。」〔註189〕

今釋還作《蕭孟昉真贊》:

> 明月吹簫,春風曳屣,黃石橋邊,烏衣巷里,具有此一種豐度,
> 亦是浩浩塵中聊且位置耳。渺如白鶴,望雲欲舉。正於將飛不飛之
> 間,見其凌霄之姿為可喜也。〔註190〕

蕭伯升在蕭士瑋所建的春浮園附近另建了一個園子,取名為「遯圃」,並
在遯圃作《硯鄰記》,今釋為之跋,評價蕭伯升之文是「力常透於境外」:

〔註188〕澹歸:《列朝詩傳序》,《徧行堂集》卷8,《清代詩文集彙編》第46冊,上海:
　　　　上海古籍出版社,2010年,頁425～426。

〔註189〕澹歸:《首山大悲閣記》,《徧行堂集》卷11,《清代詩文集彙編》第46冊,
　　　　上海:上海古籍出版社,2010年,頁499。

〔註190〕澹歸:《蕭孟昉真贊》,《徧行堂集》卷14,《清代詩文集彙編》第46冊,上
　　　　海:上海古籍出版社,2010年,頁548。

　　西昌蕭三㦂先生之人之文，皆以天機勝，其春浮園神似者也。

予過孟昉，登帆影樓，讀硯鄰記，歎其神似先生，硯鄰不必似邁圃，

邁圃不必似春浮，其時似者，則孟昉之天機所露也。士之下劣者，

不克自有其天機，惟聰明才智之人，天機強則其力常透於境外，然

雖末耳。予嘗以為文之玅者，天機浮於筆墨之上，透則有時而不透，

浮則無地而不浮，此之謂境化。〔註191〕

　　蕭伯升、仲升兄弟將其父蕭士珂的未完稿《牘雋》刊刻出版，專請今釋作序。〔註192〕此次泰和之行，給今釋留下深刻印象，歸來之際，贈詩予蕭伯升：

　　　　曾向虞山識秘書，更從七祖得衣珠。

　　　　風生九萬非搏翼，雲擁三千各載車。

　　　　豪氣肯從湖海限，樸心長為鏡燈翰。

　　　　欲知隔嶺無岐路，驗取門前舊鉢盂。〔註193〕

　　蕭伯升除了捐助別傳寺建設外，還捐衣布「粵東供僧四事，乞食固難，乞衣尤為罕見。非吾兄世為三寶護法，深通菩薩之道，豈能樂成願，特發勝心，多方擘畫，使之滿願而歸」〔註194〕

　　今釋回廣東之後，至十二月十二日為蕭伯升的生日，今釋具述蕭伯升護念之勤。當時函昰、今釋、阿字、石鑑、與諸海幢寺弟子均有賦詩；今釋彙為一軸〔註195〕，並附上書信和石栗土產，馳寄蕭伯升以賀：

　　　　別來馳念，未易為喻。每與空山師友談及高雅，皆飄然如在名

　　　　園曲水之間也。揆辰末由趨祝，繞了老人示生一重公案，又入嶺頭

　　　　戒壇，灰塵滿面，知己早能亮之丹霞，有詩數章，彙為橫卷。弟僧

　　　　跋於後，聊為研鄰現作，飲光三舞大地，琴聲想同此傾耳也，石栗

　　　　三斗馳寄，吾山土產，雖不是交梨火棗，此間人亦喚作石仙桃，恰

〔註191〕澹歸：《硯鄰記跋》，《徧行堂集》卷17，《清代詩文集彙編》第46冊，上海：
　　　　上海古籍出版社，2010年，頁598。

〔註192〕澹歸：《牘雋序》，《徧行堂集》卷6，《清代詩文集彙編》第46冊，上海：上
　　　　海古籍出版社，2010年，頁383。

〔註193〕澹歸：《贈西昌蕭孟昉》，《徧行堂集》卷37，《清代詩文集彙編》第47冊，
　　　　上海：上海古籍出版社，2010年，頁195。

〔註194〕澹歸：《與蕭孟昉明經》，《徧行堂集》卷28，《清代詩文集彙編》第47冊，
　　　　上海：上海古籍出版社，2010年，頁32。

〔註195〕澹歸：《書蕭孟昉慶生詩卷後》，《徧行堂集》卷17，《清代詩文集彙編》第46
　　　　冊，上海：上海古籍出版社，2010年，頁601。

好應時及節，何時晤語臨紙惘惘。〔註196〕

康熙十二年（1673）五月，今釋再過西昌，蕭伯升以所著《詩話偶鈔》示今釋，今釋帶此集至舟中，暢意快讀。未至峽江，遇雪被阻於釣魚臺。第二天起來看到白茫茫一片，遂憶起王子猷雪夜訪戴安道之事，遂對孟昉此集作了一番議論，有言曰：「孟昉之為是編，出於幽齋睡足之餘，偶然而閱，偶然而鈔，或有詩有話，或有詩無話，或有話無詩，其是非取捨多寡之不齊，亦因於人，孟昉未嘗與焉，求其次第搆意匠之所主，忽起忽入，而似無有，讀之者偶然得局，未始有局以待合，偶然得路，未始有路以待尋，夫是之謂訪戴何也，有所鈔者而不必盡鈔，不必多鈔，不必續鈔，不必自見其所以鈔，亦云乘興而來，興盡而返而已矣，亦孟昉俊才雅鑒，有得於詩文之妙之所獨露也。」提出了「詩文之妙，得於偶然」的觀點。〔註197〕

該年今釋「得歸宗兩劄來催，曰老人病甚，與海幢速出料理。即作一字與海幢，一字與石吼。」〔註198〕為了趕路去廬山歸宗寺，所以今釋還與蕭伯升匆匆道別，並約定明年春季再會。今釋作《減字木蘭花‧孟昉見留時以歸宗行迫有明春之約》以贈：

> 春浮一粟，壓倒大江南與北。
>
> 似子高懷，便不相留我亦來。
>
> 如今未得，尚欠廬山三尺雪。
>
> 綠滿蘋洲，一笑重登帆影樓。〔註199〕

康熙十六年（1677），吳三桂部下韓大任據吉安，在泰和應接糧草。據《廣陽雜記》載：「蕭孟昉，太和縣人，富可敵國。然能應接四方之士，躬庵先生每過其家。後因韓大任在吉安，應接其糧餉。上問及之，而老於囹圄焉。」〔註200〕大軍當前，蕭伯升被迫出糧餉。及至清軍平定江西，泰和才得以安定。蕭伯升因此事被人告而入獄，並被押解到南昌。寧都名士魏禧所作《蕭孟

〔註196〕 澹歸：《與蕭孟昉明經》，《徧行堂集》卷28，《清代詩文集彙編》第47冊，上海：上海古籍出版社，2010年，頁32。

〔註197〕 澹歸：《詩話偶鈔序》，《徧行堂集》卷8，《清代詩文集彙編》第46冊，上海：上海古籍出版社，2010年，頁425。

〔註198〕 楊權：〈《澹歸日記》的文本問題——《澹歸日記》研究之一〉，《學術研究》，2020年第9期。

〔註199〕 澹歸：《減字木蘭花‧孟昉見留時以歸宗行迫有明春之約》，《徧行堂集》卷42，《清代詩文集彙編》第47冊，上海：上海古籍出版社，2010年，頁276。

〔註200〕 劉廷獻：《廣陽雜記》卷2，《續修四庫全書》第1176冊，頁533。

昉六十壽敘》中亦提到「吾友研鄰子會以蜚語羈郡舍逾月。」

康熙十七年（1678）秋，今釋赴嘉興請藏，舟過南昌，「孟昉為蜚語所中，雷滯洪都，擬便道候之，舟抵市氾，早被連人押到，且喜不差跬步，相見懽甚，卻胸中隱隱各有不得自由處。孟昉日望研鄰，未得即歸。予請藏半塗，又逢阻截」〔註201〕此次，在南昌今釋瀏覽了蕭伯升的《研鄰偶存》，並為之序，其中有「閱研鄰偶存，為之心折。……孟昉為文，原本孝悌，發秋實之深仁，裁春華以大義，高而嵩岱，廣則江河，即小品點綴，亦復濯水歌清，選石成供，邪辭艷體放遠無餘，蓋救危時，匡薄俗之所為作也。……孟昉喜交遊，躭山水，伉直敢言，義氣激發，每以是賈怨，或疑其近於豪俠，遠於德，其才窮達四應，可立功而恥為，非時之進學，且益成，文益工」〔註202〕對蕭伯升的為人與文字評價很高。今釋在南昌郡署等候與老友相見之時，作《候孟昉於郡署之寓》：

> 樂非行患難，悶即遣文章。
> 花底迎朝馥，風前納晚涼。
> 徑猶來二仲，枕或到義皇。
> 此亦袁閎室，歸家莫暫忘。〔註203〕

今釋辭別之際，還作《留別孟昉》：

> 暖眼猶朱夏，離懷結素秋。
> 自堪乘月往，莫做到山留。
> 密坐移丹桂，輕帆引白鷗。
> 不知歸夢遠，一半寄龍洲。
>
> 又
>
> 盛事休凋謝，名家憶琢磨。
> 硯鄰偕石老，帆影到樓多。
> 靈樹初成陰，澄江未改波。
> 時難君不勸，展鉢愧如何〔註204〕。

〔註201〕澹歸：《題孟昉扇》，《徧行堂續集》卷8，《清代詩文集彙編》第47冊，上海：上海古籍出版社，2010年，頁573。

〔註202〕澹歸：《研鄰偶存序》，《徧行堂續集》卷3，《清代詩文集彙編》第47冊，上海：上海古籍出版社，2010年，頁481～482。

〔註203〕澹歸：《候孟昉於郡署之寓》，《徧行堂續集》卷14，《清代詩文集彙編》第47冊，上海：上海古籍出版社，2010年，頁680。

〔註204〕原注：孟昉近頗拮据，而為予周旋殊切，予甚愧之。

又

纔作臨岐話，殷勤問十行。

微風生古道，寒雨過橫塘。

菜葉溪流淺，梅花驛路長。

雙龍明歲起，一憶桂枝香〔註205〕。〔註206〕

蕭伯升經過牢獄之後，家道中落，但是對於今釋的化緣，變賣家產也要捐助。今釋在致阿字的一封信中說「泰和蕭孟昉，近亦拮据，甚苦周旋，丹霞淨檀，乃賣產物，尤感之也」〔註207〕邵長蘅在《泊泰和追悼蕭孟昉四首》的原注有「孟昉以誣坐繫，出獄甫三日而卒」〔註208〕因是孤證，筆者存疑，待考。康熙十八年（1679），方中履作《祭蕭孟昉文》悼念蕭伯升。可知，蕭伯升死於康熙十七年（1678）冬季至康熙十八年年底前，但是康熙十八年的可能性較大，具體時間待考。

七、丘象升

邱象升（1629～1689），字曙戒，號南齋，江蘇淮安府山陽縣人。刑部郎中邱俊孫（1609～1689）之子。「幼而聰警，日讀書盈寸，年十五為諸生，遭兵亂與家人相失逃，歸夜陷湖中，浮沉數里不死，若有神助，亂定益發憤讀書，旁及詩歌古文，皆有神解，與弟象隨齊名，號為『二邱』」。順治十一年（1654）中順天鄉試，順治十二年（1655）成進士，改翰林院庶吉士，散館授編修，累官至翰林院侍講，所至皆有政績。順治十七年（1660），調瓊州府通判。黎族人據險抗命，擒斬為首者，「余悉聱伏」。時南藩人驕橫，懲治民憤較大的幾十個，「還民田廬畜牧，廣人大悅」。康熙五年（1666）補武昌府通判，正值「通城民變」，將事態平息，並對肇事者從輕處罰，「全活幾千人」。〔註209〕

〔註205〕原注：有明年浴佛一過丹霞之約。

〔註206〕澹歸：《留別孟昉》，《徧行堂集》卷33，《清代詩文集彙編》第47冊，上海：上海古籍出版社，2010年，頁123。

〔註207〕澹歸：《與海幢阿字無和尚》，《徧行堂集》卷21，《清代詩文集彙編》第46冊，上海：上海古籍出版社，2010年，頁696。

〔註208〕邵長蘅《泊泰和追悼蕭孟昉四首》原注有「孟昉以誣坐繫，出獄甫三日而卒」，見邵長蘅：《泊泰和追悼蕭孟昉四首》，《青門旅稿》卷2，《邵子湘全集》，清光緒二十二年刻本。

〔註209〕王士禎：《承德郎大理寺左寺副前翰林院侍講邱公墓誌銘》，《帶經堂集文錄》卷2，清道光十九年瑞州府鳳儀書院刻本。

著有《嶺海》《觳音》《入燕》《白雲草堂》等集,《清史列傳》行於世。

　　邱象升順治十七年（1660），調瓊州府通判。順治十八年（辛丑，1661），今釋與邱象升相識於海幢寺。「見其眉宇間澹如耳，是時從翰林出，通守璚州，既無通守氣，亦未始有翰林氣，余灑然謂此，老殆未易測也」兩人談詩論道，引為不俗知己。康熙二年（1663）冬，邱象升將還朝述職，今釋將還丹霞，二人再次見面，今釋送之過五嶺，「曙戒過嶺，得一再晤，殊快，因出送行」〔註210〕，並作《大雅說為丘曙戒別駕贈別》贈邱象升。〔註211〕邱象升還為今釋修書給時任廣東提學的侯良翰（字介甫，號筠菴），引薦今釋，並勸助佛事。〔註212〕今釋還作《留別曙戒〔註213〕》：

> 萬里驅車到海濱，仙姿顋頹戰餘塵。
>
> 揮毫漫擬空黃鶴，視草何當近紫宸，
>
> 烈火炎炎天外雪，清瀾渺渺劫前春。
>
> 溯洄不盡登臨興，長老峯頭一問津。
>
> 　又
>
> 瀕海蒸民百萬家，瀰天殺氣竟無涯。
>
> 纔聞入市俱成虎，不見投林獨噪鴉，
>
> 三代盛名空玉帛，六朝殘夢失煙花。
>
> 北歸尚有仁人在，斟酌應憐八月槎。〔註214〕

　　邱象升在京寄書信於今釋，囑咐今釋將好友王命岳〔註215〕所作《太上感應篇》，爭取同道支持，將此書在廣州重刻。今釋特為作《重刻太上感應篇引經徵事說》。〔註216〕

〔註210〕澹歸：《與海幢阿字無和尚》,《徧行堂集》卷 21,《清代詩文集彙編》第 46 冊,上海：上海古籍出版社,2010 年,頁 692。

〔註211〕澹歸：《大雅說為丘曙戒別駕贈別》,《徧行堂集》卷 2,《清代詩文集彙編》第 46 冊,上海：上海古籍出版社,2010 年,頁 293～294。

〔註212〕澹歸：《與侯筠菴文宗》,《徧行堂集》卷 24,《清代詩文集彙編》第 46 冊,上海：上海古籍出版社,2010 年,頁 741。

〔註213〕原注：時曙戒亦將還朝。

〔註214〕澹歸：《留別曙戒》,《徧行堂集》卷 35,《清代詩文集彙編》第 47 冊,上海：上海古籍出版社,2010 年,頁 160。

〔註215〕王命岳（1610～1668）字伯諮,號恥古,福建晉江人,清初官吏。其著有《恥躬堂文集》《周易雜卦臑中天》《讀詩臑中天》。

〔註216〕澹歸：《重刻太上感應篇引經徵事說》,《徧行堂集》卷 3,《清代詩文集彙編》第 46 冊,上海：上海古籍出版社,2010 年,頁 323。

邱象升順治十七年（1660），調瓊州府通判，與好友山陽詩壇魁首張養重（1617～1684，字斗瞻，號虞山，又號虞山逸民，晚號椰冠道人）二人交誼深厚〔註217〕；張養重隨同邱象升上任瓊州，「子丑之間侍講左遷瓊州司馬，而處士〔註218〕從之遊，疑皆有憔悴鬱邑長沙澤畔之感，乃二子不然也，一葉輕舟溯江而上，涉彭蠡歷十八灘，度庾嶺入南雄，浮江而下，閱數十江，兩航海始達於瓊，幾萬里其中，登頓所及耳目，所接多仙靈窟宅，氣候常春，山有殊勢，川無恒流，奇葩珍卉，怪禽異獸，金精玉英，瑤珠文石，舉足以決眥，盪胸動心駴目，未可更僕數也，且粵在天南，瓊又在粵南，二子從芷蓁浮海出大洋，沆瀁沖瀜淼瀰，惝怳颶風黑浪，礐石崩雲，俯仰之間，天地無餘，死生一息，望瓊州隱隱大洋中如點點黑子，俯視此身棲泊，點煙黑子中，如游絲輕塵，有無明滅不可復識矣，二子乃悄然而悲嗒焉，若喪相顧而歎曰，天地之大，萬物之變如此哉，則向之從蹋高蹐厚中，而自命文章經術真淺淺者也」〔註219〕二人晨夕賡吟，成一詩集。邱象升專到海幢寺請今釋作序：

> 東坡海外之作，識解既進，筆力隨之，然憂讒畏譏，往往蘊而不發，同時酬唱者，謫各異方，世外之交，如參寥輩，欲泛海相尋，又力止之，萬斛源流，縮於乳泉一勺，此亦詩運之厄也，淮安丘子曙戒，逸才雅度，藉甚玉堂，對調瓊南，意致夷然，無遷客之歎，張子虞山以詩壇雄伯，狹小寰中，慨然負瓢，同探奇匈，晨夕賡吟，遂成巨帙，眂余於海幢，得盡讀之，萬里山川，與心眼共相吞吐，則此一行也，非曙戒宦轍之窮，而詩運之盛也，夫以無繫之胸，傳之無畏之口，比於黨禍情勢既寬，而虞山朋友之樂，復助其興會，時而塤篪相協，時而旗鼓相摩，豈非太虛魯直之所不能從，而東坡亦為生妬者耶，是集也，曙戒主，虞山賓，而曙戒非主，虞山非賓，何也，虞山為曙戒來，不為曙戒之官而來，曙戒亦非屑屑於一官而來，是故非曙戒則虞山之遊興不生，非虞山則曙戒之詩情不壯，遊

〔註217〕據王士禎《承德郎大理寺左寺副前翰林院侍講邱公墓誌銘》，張養重去世後，邱象升帶病編校張養重的遺集「遺集刻成，慨然曰，吾乃今可報亡友於地下矣」，見王士禎：《承德郎大理寺左寺副前翰林院侍講邱公墓誌銘》，《帶經堂集文錄》卷2，清道光十九年瑞州府鳳儀書院刻本。
〔註218〕筆者注，指張養重。
〔註219〕胡介：《丘曙戒張虞山嶺海詩序》，《旅堂詩文集》，清康熙刻本。

興詩情，虞山曙戒迭為賓主，以成其勝，然後知屑屑於一官者之果，

不足與於風雅之林也，其無獨委之曙戒之詩運可也。〔註220〕

　　邱象升過訪海幢寺之時，今釋召集程周量、王震生、梁芝五、梁蘭友、阿字等人雅集，將回瓊州之際，風雨大作，遂留之在海幢寺過夜，各賦七言古詩，今釋有作：

野人未得留賓住，雲暗珠川天欲暮。

鞭霆喝水起獰龍，一笑驚看不成去。

分手依然坐寺門，山頭海口疑相吞。

白波上掠丹霞臺，黑影下沒花田村。

不睹猛風吹一葉，獨留瞶耳埋諸根。

暫得休心且如此，百草頭低三尺水。

呼僮舉燭共裁詩，儵忽無言混沌死。

世間事少常不閒，殘更謹護三重關。

別許才人解廓落，眷開秋月分春山。

飛泉萬斛競湧出，倒插布水穿高天。

白馬翩翩捧藥師，波濤滴盡蚌中間。

便教陸地成瀚海，攢毫一吸悲焦原。

曼殊鶩子佛所憐，世智大智非兩邊。

諸公莫焚綺語硯，墨池滉漾浮青蓮。

我不成吟忽成睡，夢中卻見天吳醉。

電雨雲雷各論功，笑煞金剛如土塊。

昆陽旗幟濁溝飄，武安屋互鋒車碎。

汗透毘嵐鼓逆風，力為今宵成此會。

此會今宵成亦難，君不見，雞鳴車馬催前隊。

客不長來主不留，相思特地生慚愧。〔註221〕

　　今釋還以詩《次韻訓淮安張斗瞻》贈張養重：

天際鴻毛不易尋，非言響荅意俱深。

〔註220〕澹歸：《二子海外詩序》，《徧行堂集》卷7，《清代詩文集彙編》第46冊，上海：上海古籍出版社，2010年，頁400～401。

〔註221〕澹歸：《丘曙戒太史過訪海幢將歸風雨大作同程周量中翰王震生梁芝五孝廉梁蘭友文學阿字首座夜話各賦七言古詩》，《徧行堂集》卷31，《清代詩文集彙編》第47冊，上海：上海古籍出版社，2010年，頁88。

誰家荊棘堪衣絮，獨樹旃檀便作林。

君隱詩瓢成絕調，我聽禪板得無心。

一堆灰裏真相見，分付焦桐漫發音。〔註222〕

今釋並作《送丘曙戒太史之璃州即用前韻》：

淮海同流更一尋，雲埋五指未為深。

千秋風雅長相命，一笑煙霞徑入林。

難道卑官無翰墨，不輕邊地即身心。

惠通泉畔坡公在，格外聞絃亦賞音。〔註223〕

多年後，在海幢寺的今釋因大風雨又想起邱象升等好友：

烈焰烘雲蓺欲辭，凝煙幕幕雨絲絲。

空懸塵榻惟前夕，飛挾仙鼻復幾時，

爽氣連山朝挂笏，清音繞鉢夜題詩。

一重珠海重重思，不隔虛堂祇自知。〔註224〕

　　康熙五年（1666）邱象升任武昌府通判之後，今釋與友人雅集遊覽拱北樓，今釋作《拱北樓》，其中有「天多春日容常下，地入滄波脈自柔，濶絕賦詩高會約，白雲黃鶴竟悠悠」詩中有注「丘曙戒相期集群賢高會此樓以事阻，今遠在武昌」〔註225〕表達對邱象升的懷念。

八、彭襄

　　彭襄，字思贊、子贊〔註226〕，號退菴，四川中江人。順治十一年（1654）中舉，順治十二年成進士，丁憂後，順治十七年（1660）任番禺知縣〔註227〕。康熙三年，配合平南王尚可喜的部隊進剿抗清勢力。康熙十年（1671）升吏部

〔註222〕澹歸：《次韻訓淮安張斗瞻》，《徧行堂集》卷35，《清代詩文集彙編》第47冊，上海：上海古籍出版社，2010年，頁151。

〔註223〕澹歸：《送丘曙戒太史之璃州即用前韻》，《徧行堂集》卷35，《清代詩文集彙編》第47冊，上海：上海古籍出版社，2010年，頁151。

〔註224〕澹歸：《海幢雨中有懷曙戒退菴》，《徧行堂集》卷35，《清代詩文集彙編》第47冊，上海：上海古籍出版社，2010年，頁158。

〔註225〕澹歸：《拱北樓》，《徧行堂集》卷37，《清代詩文集彙編》第47冊，上海：上海古籍出版社，2010年，頁192。

〔註226〕大多文獻言其字「思贊」，惟《蜀雅》言其字「子贊」，見《蜀雅》卷9，清光緒七至八年廣漢鍾登甲樂道齋仿萬卷樓刻函海本。

〔註227〕康熙《番禺縣志》卷5，《廣州大典》第276冊，廣州：廣州出版社，2010年，頁360。

郎中〔註228〕，康熙十一年（1672）任典試廣東副使，轉考功司員外郎，遷稽勳司郎中。康熙十六年遷汝南道副使，之後告老歸鄉，卒年六十三。〔註229〕林愈蕃撰《觀察彭退菴先生傳》，其中對其勳業溢美之詞自然不少。

　　由於雷峰寺、海幢寺皆在番禺縣治，函昰、今釋、阿字等非常著意結交彭襄等當地官員，以獲得各種支持。又據今釋《與彭番禺退菴》有「護持高義，遂足八年」，以及今釋《送彭退菴》有「八載忽將離，憂來不可摘」之句，從康熙十年（1671）彭襄升吏部郎中，逆推八年，即從康熙三年（1664）開始，彭襄與今釋交往密切，並捐建別傳寺的法堂齋堂方丈室〔註230〕。今釋等還多次請求彭襄解決沙汰僧人的問題。

　　今釋曾經到過彭襄官邸春雨堂拜訪，作長詩《春雨堂歌為彭退菴明府》，其中末句有「先憂後樂夫如何，春水方增秋水多。他年慰滿蒼生望，月靜寒潭掛綠蘿」〔註231〕充滿對彭襄的讚揚。甚至彭襄的兒子滿月，今釋也以詩為賀〔註232〕。

　　彭襄也曾經多次到海幢寺與今釋、阿字等雅集，今釋有詩《海幢雨中有懷曙戒退菴》懷念當時情景：

　　　　烈燄烘雲蕙欲辭，凝煙幕幕雨絲絲。
　　　　空懸塵榻惟前夕，飛挾仙梟復幾時。
　　　　爽氣連山朝挂笏，清音繞鉢夜題詩。
　　　　一重珠海重重思，不隔虛堂祇自知。〔註233〕

　　彭襄還與汪起蛟（字漢狆）召集今釋、楊蓮峯、黃君甫、李禹門、王震生、阿字等人同到龍溪賞梅，今釋作詩以記：

　　　　扁舟一夕趁潮行，月漾龍谿夢亦清。

〔註228〕據《東塾集》卷5，「康熙十年番禺知縣彭襄重建三大忠祠」以及李調元：《制義科瑣記》「康熙十一年彭襄以吏部郎中任典試廣東副使」，故康熙十年左右，彭襄由番禺知縣升任了吏部郎中。分別見東塾集，卷5；李調元：《制義科瑣記》卷4，清乾隆李氏萬卷樓刻函海本、四。
〔註229〕林愈蕃：《觀察彭退菴先生傳》，乾隆《中江縣志》卷7，清乾隆五十二年刻本。
〔註230〕陳世英：《丹霞山志》卷6，廣州：廣東教育出版社，2015年，頁79。
〔註231〕澹歸：《春雨堂歌為彭退菴明府》，《徧行堂集》卷31，《清代詩文集彙編》第47冊，上海：上海古籍出版社，2010年，頁91。
〔註232〕澹歸：《退菴生子彌月》，《徧行堂集》卷41，《清代詩文集彙編》第47冊，上海：上海古籍出版社，2010年，頁259～260。
〔註233〕澹歸：《海幢雨中有懷曙戒退菴》，《徧行堂集》卷35，《清代詩文集彙編》第47冊，上海：上海古籍出版社，2010年，頁158。

冷露凝香分蘊藉，暖風浮玉動輕盈。

使君有意先茶具，野老何知殿墨卿。

遙語散花天莫散，亂拋晴雪下仙城。〔註234〕

康熙五年（1666），以海幢寺並頭蘭盛開為由，今釋、阿字等人又邀請彭襄參加雅集，今釋作《海幢竝頭蘭同諸子賦》：

國香重見發幽居，華蕣相輝意更殊。

共命即知無二我，同心那得不如渠。

薰風一笑眥俱亞，涼月雙浮影亦虛。

不是塡箎憐合拍，靈苗誰為作先驅。

昨年迢遞隔珠江，雲影雖孤月影雙。

持贈卻應思往事，聯吟曾不換盧鴻〔註235〕。

離魂合體留重褫，共座殊尊覆一幢。

暗榻兩岐垂字譜，花間鳥跡映銀缸。〔註236〕

彭襄還與若海一道拜訪海幢寺阿字、今釋等，今釋為作《退菴若海過訪海幢》：

野寺息長夏，涼風偏會城。

素交搜暇日，雅集問孤行。

是月水花滿，憑軒竹樹清。

分曹仍密坐，俯檻得深耕。

遠翠圍金地，輕紅剝水晶。

披襟當爽邁，極望斂虛明。

瓔珞波旬擾，香華帝釋擎。

白頭休感慨，青眼足逢迎。

二士同心譜，雙蘭竝蒂生。

晚江吹雨側，落日磨雲平。

丘壑胸中事，煙霞物外情。

〔註234〕澹歸：《退菴漢翀招同楊蓮峯司李黃君甫都閫李禹門叅戎王震生孝廉海幢阿字首座探梅龍溪》，《徧行堂集》卷37，《清代詩文集彙編》第47冊，上海：上海古籍出版社，2010年，頁190。

〔註235〕原注：丙午會有此花，時知交同集，因歸之退菴銓部，予與阿兄各有詩。

〔註236〕澹歸：《海幢竝頭蘭同諸子賦》，《徧行堂集》卷37，《清代詩文集彙編》第47冊，上海：上海古籍出版社，2010年，頁202。

回車頻有約，真不避鐘聲。〔註237〕

今釋曾經五次為彭襄的生日（十月七日）賀壽作詩文，其中《彭番禺退菴初度》《壽退菴》《退菴初度五絕句》所作時間不詳，《彭番禺退菴初度》：

　　碧落支開百尺桐，朱絲第一奏黃鐘。

　　五雲日麗鳴威鳳，三峽瀾翩起大龍。

　　神化丹青依宰輔，升恒朝夕走兒童。

　　長生不在陽春外，珍重斯民視聽中。〔註238〕

其中有「珍重斯民視聽中」稱讚其為民政績。《壽退菴》為八十八句長詩，其中有「明府中江望，巍科上國賓。一時推器識，三策冠天人」言彭襄為國重臣；「疊矢驚擐甲，揮毫伏縉紳。舉鞭連鐸震，抽刃斷絲棼」言其軍事才能；「雄才長出蜀，聖教昔通秦」言其早年學養深厚；之後大量的是為彭襄祈福祝壽之詩句。〔註239〕

《退菴初度五絕句》詩中有「六年雙眼看孤注」，彭襄與今釋結識大概在康熙三年，因此，這首詩估計是康熙九年所作：

　　龍雨何如天雨香，密雲起處疾雷藏。

　　隕霜不為增寒色，日日春生春雨堂。

　　揭天潮海蹴厓門，風馬雲車生面存。

　　不借神君丘壑手，誰知烈士姓名尊。

　　鑑不生心影自過，澄清賢路挽天河。

　　未妨韓愈關防少，且喜山濤啟事多。

　　綠玉潭中不盡流，雲幢遙接海天秋。

　　六年雙眼看孤注，萬古三山此一籌。

　　仙種曾分處士蓮，文瀾仍發老人泉。

　　耳孫鼻祖遙相印，更數彭山八百年。〔註240〕

〔註237〕澹歸：《退菴若海過訪海幢》，《徧行堂集》卷39，《清代詩文集彙編》第47冊，上海：上海古籍出版社，2010年，頁222。

〔註238〕澹歸：《彭番禺退菴初度》，《徧行堂集》卷35，《清代詩文集彙編》第47冊，上海：上海古籍出版社，2010年，頁152。

〔註239〕在澹歸的友人中，福建人周韓瑞（字興仲），也是號「退菴」；因該詩中有「雄才長出蜀」，可判斷此詩是致彭襄的；見澹歸：《壽退菴》，《徧行堂集》卷39，《清代詩文集彙編》第47冊，上海：上海古籍出版社，2010年，頁227～228。

〔註240〕澹歸：《退菴初度五絕句》，《徧行堂集》卷41，《清代詩文集彙編》第47冊，上海：上海古籍出版社，2010年，頁265。

在康熙五年之前〔註241〕今釋作頌文《長住世間說為彭退菴明府初度》：

　　蜀中江彭公退菴，以名製科令番禺，當征調旁午，民事彫弊，
根盤節錯，理之有餘暇，政聲蔚然，以其餘暇交諸方外，則吾家雷
峰、海幢以及丹霞，皆其所護念。今年十月七日攬揆之辰，方以內
方以外爭欲為公壽，公之壽本無有量，方以內方以外豈能有所增長
於公，特欲公長住此世，長饒益眾生，則其指固無有二也。〔註242〕

康熙五年（1666）十月七日，今釋作《簡要清通說為彭退菴考功初度》：

　　蘇軾曰漢承秦之猛，譬之病者之困於醫藥也，去其所苦，召其
所嗜，其身心相忘於無事，則不治疾而疾去，今天下文網亦稍密矣，
為吏幾於重足而立，為百姓幾於朝不謀其夕，則夫氣上逆而血妄行，
非簡要清通，故未可以處方而操藥，是故衛生之經，救時之上策也。
予友彭子退菴，治番禺報最特擢考功，為用人之官，以底績於治天
下，此亦曹參入相之候也，……是歲丙午十月七日，為彭子慶生，
不徒慶彭子之生，將為天下蒼生共慶其生，自澹歸此說始。〔註243〕

　　今釋一方面對「今天下文網亦稍密」的時政有所議論，另一方面，祝賀彭
襄「治番禺報最特擢考功」讚譽其為「曹參入相之候」。

　　康熙十年（1671），彭襄重建大忠祠。今釋即作詩《退菴重建大忠祠》二
首以示表彰：

　　荒草斜陽憶古祠，風濤欲落海門遲。
　　昔賢大義猶前日，仙令深心起一時。
　　潮汐自通川上意，亭臺誰寫畫中詩。
　　夜來鶴語空華表，如夢江山各不知。
　　此後休填一寸苔，那將天運壓人才。
　　圖形每逐前朝盡，生面偏從異世開。

〔註241〕《長住世間說為彭退菴明府初度》首句是「蜀中江彭公退菴，以名製科令番
　　　　禺」，而《簡要清通說為彭退菴考功初度》有「予友彭子退菴，治番禺報最特
　　　　擢考功……是歲丙午十月七日」，可見《長住世間說為彭退菴明府初度》一文
　　　　更早。分別見澹歸：《徧行堂集》卷1，《清代詩文集彙編》第46冊，上海：
　　　　上海古籍出版社，2010年，頁266、284。
〔註242〕澹歸：《長住世間說為彭退菴明府初度》，《徧行堂集》卷1，《清代詩文集彙
　　　　編》第46冊，上海：上海古籍出版社，2010年，頁266。
〔註243〕澹歸：《簡要清通說為彭退菴考功初度》，《徧行堂集》卷1，《清代詩文集彙
　　　　編》第46冊，上海：上海古籍出版社，2010年，頁284。

報國有心頻蹈海，望鄉無事獨登臺。

莫吟惶恐灘頭句，都向慈元殿裏來。〔註244〕

同年，彭襄升吏部郎中，特以書信寄今釋，今釋回寄以詩《退菴新擢考功奉柬》：

玅譽新歸吏部郎，山公啟事有輝光。

疏通民隱聞三善，洗剔官評見一匡。

藻鑑雙懸驅日月，冰壺獨抱散風霜，

欲知萬里為霖事，聽取琴歌春雨堂。〔註245〕

並且專致信函，即《與彭番禺退菴》中的第五封信，表達對彭襄高升的臨別感念：

護持高義，遂足八年，三寶福德，為吾兄廻向，非弟一人薄修所能，仰報此行，離恨無可比，況江樓夕話，益增悵感。早起奉送，則仙舟已發，悵望雲天，徒有目斷耳，長途珍重，起居飲食，倍萬保練，力佐新政，時惠好音，以慰空山故人之思也，數行附致若老喬梓，幸為伸意，別諭阿字兄云云，具感肝膈之愛，尚冀多方留念，使諸公各盡海涵之量也，蘇子瞻云，吾輩於世外人當一切濶，畧此蓋為法門深念，不僅從一人一事起，見吾兄具超邁之識，應不以鄙言為私耳，臨書馳切不盡。〔註246〕

臨別之際，今釋作多首詩歌送別彭襄，如《送彭退菴》，其中有「好友當遠行，意氣何修飭。朝廷將右文，選曹且虛席。……公如白陽銅，朗拔見清識……八載忽將離，憂來不可摘」〔註247〕對彭襄充滿褒揚和依依不捨之意；並作《留別退菴》：

把袂誰將別恨償，丹霞臺下水茫茫。

器資法喜纏兼濟，文偃山居又一方。

樸散君師歸眾母，星分將相接文昌。

〔註244〕澹歸：《退菴重建大忠祠》，《徧行堂集》卷37，《清代詩文集彙編》第47冊，上海：上海古籍出版社，2010年，頁192。

〔註245〕澹歸：《退菴新擢考功奉柬》，《徧行堂集》卷36，《清代詩文集彙編》第47冊，上海：上海古籍出版社，2010年，頁178。

〔註246〕澹歸：《與彭番禺退菴》，《徧行堂集》卷27，《清代詩文集彙編》第47冊，上海：上海古籍出版社，2010年，頁11。

〔註247〕澹歸：《送彭退菴》，《徧行堂集》卷30，《清代詩文集彙編》第47冊，上海：上海古籍出版社，2010年，頁71。

側聞春雨堂中事，賣劍騎牛得小康。

便思攜手法王家，悲種時生焦穀芽。

明敏愛君堪八面，廣長為我簇千華。

每憐警枕翰蝴蝶，一怪專車式怒蛙。

撫字於今勞未已，禹山強半付蟲沙。〔註248〕

此外，今釋與彭襄還經常通過書信、詩歌互致問候。如《與彭番禺退菴》中的第一封信，對彭襄患感冒致慰問及一些衛生經驗；第三、四封信，今釋提及自己臥病調理之況；〔註249〕

康熙十一年（1672）彭襄任典試廣東副使，今釋得知後贈以詩《彭退菴銓部典試粵東》：

寫得相思珠海深，偶聞佳話復長吟。

共看制錦新衣錦，獨許聞琴舊鼓琴。

千里屯雲騰驥足，一輪行月照冰心。

知公更有賢臣頌，滿載春光到上林。〔註250〕

康熙十一年（1672）彭襄任典試廣東副使，完成鄉試之後可能在次年回京。今釋作《留別退菴》：

慘澹相期十載心，如今真得住山深。

雪巖水自連雲潔，松塢風兼帶竹陰。

萬仞一關當獨立，百年雙眼送長吟。

卻思勝事因良友，把臂何由共入林。〔註251〕

〔註248〕 在澹歸的友人中，周韓瑞（字與仲），也是號「退菴」；因該詩中提及「春雨堂」，可判斷此詩是致彭襄的；見澹歸：《留別退菴》，《徧行堂集》卷35，《清代詩文集彙編》第47冊，上海：上海古籍出版社，2010年，頁160；另外，澹歸寫有2首同名的《留別退菴》，因第2首有「慘澹相期十載心」，而澹歸與周韓瑞的交往時間沒有這麼長，故判斷第2首《留別退菴》也是致彭襄的，同時第2首「慘澹相期十載心」也表明是在康熙十一年（1672）彭襄典試廣東之後返京時的告別詩；見澹歸：《留別退菴》，《徧行堂集》卷35，《清代詩文集彙編》第47冊，上海：上海古籍出版社，2010年，頁153。

〔註249〕 澹歸：《與彭番禺退菴》，《徧行堂集》卷27，《清代詩文集彙編》第47冊，上海：上海古籍出版社，2010年，頁10。

〔註250〕 澹歸：《彭退菴銓部典試粵東》，《徧行堂集》卷38，《清代詩文集彙編》第47冊，上海：上海古籍出版社，2010年，頁202。

〔註251〕 澹歸：《留別退菴》，《徧行堂集》卷35，《清代詩文集彙編》第47冊，上海：上海古籍出版社，2010年，頁153。

再作詞《風流子・送彭退菴銓部典試還朝》：

論官以功取人，以言於君，何如聽龍吟虎嘯；玉中辨玉，蛇盤鶴舞，珠上尋珠，一片精明，十分詳慎。水鏡無心，合太虛山，公好有不同，啟事不異賢書。柳陰彈指誰歟漸，紅杏枝頭燕翼舒。看雲霞被體，凌空得馬，雷霆燒尾，沛澤非魚，奇甸英華。曲江風度，應共官家六尺車。從今去，只綸扉薦士甲帳崇儒。〔註 252〕

若干年後，今釋還在夢裏與彭襄相逢，以詩寄託懷念：

昨夜素交曾入夢，一輪明月照空山。
天梯直上青霞起，龍尾同騎白日環。
建剎無權輕布置，煮茶有銚重掀翻。
醒來一笑蒲團穩，我夢雖忙子夢閒。〔註 253〕

彭襄在今釋筆下是「政聲蔚然」「撥轉人心，挽回風俗」〔註 254〕；在《觀察彭退菴先生傳》亦載「公甫下車，即明斷自奮，經理無遺，百姓一甦焉……考察公明，奉職維謹……公風裁凜如山嶽，糾慝繩愆，不避權勢，吏民如履冰上，豪滑斂跡不敢幹以私，州縣獄訟未明允者，不憚親鞫，民得不冤，凡所興革，預管民情，不執已見，故民畏而悅令出，鈄行無相梗者，獎導士類，必以文行相勗往復，諄諄仁聲，善教士民，至今頌之。」〔註 255〕

而與以上正面形象完全不同的，是一個魚肉百姓，欺男霸女的惡官形象。屈大均的《廣東新語》卷八《二烈婦》：

二烈婦皆番禺人，失其姓氏。癸巳甲午閒，有蜀人彭襄者知縣番禺，鄉民逋賦，襄遣役人捕之，得其鄰一婦甚美，襄使婦沐浴，將嬈之，婦碎瓦罌自割死。又捕一婦，婦自訴妾本諸生某妻家，無田並未逋租，明府役人妄拘妾，欲行無禮，妾死不從，乞明府即治役人之罪。襄笑曰，汝本農家婦子，為吾衙役所愛，亦何負於汝乎。婦大恚恨，即觸階石而死，是為番禺二烈婦。比年州縣有司遣招撫丁，或瘋人入鄉催糧，婦女被其拘執，以不肯污辱死者不可勝數，

〔註 252〕澹歸：《風流子・送彭退菴銓部典試還朝》，《徧行堂集》卷 44，《清代詩文集彙編》第 47 冊，上海：上海古籍出版社，2010 年，頁 320。

〔註 253〕澹歸：《遶丹霞記成夢退菴來遊》，《徧行堂集》卷 36，《清代詩文集彙編》第 47 冊，上海：上海古籍出版社，2010 年，頁 171。

〔註 254〕澹歸：《重刻文昌化書說》，《徧行堂集》卷 3，《清代詩文集彙編》第 46 冊，上海：上海古籍出版社，2010 年，頁 324。

〔註 255〕林愈蕃：《觀察彭退菴先生傳》，乾隆《中江縣志》卷 7，清乾隆五十二年刻本。

噫，予安得盡其姓氏而紀之。〔註256〕

同治《番禺縣志》卷五一，亦載此事：

> 二烈婦失其姓。時蜀人彭襄知番禺縣，政奇虐，有逋賦者，捕其婦，婦甚美，襄令沐浴將嬈之，婦碎瓦礫自割。又捕一諸生婦，役辱之。訴之縣，襄笑曰，村婦為吾役所愛，何負於汝乎，婦大恚，觸石而死。〔註257〕

兩處史料直書「蜀人彭襄知番禺縣」，人物是彭襄無疑。但是，屈大均文中「癸巳甲午間」的時間應該有誤，癸巳甲午分別為順治十年、順治十一年，而彭襄於順治十二年才中進士，順治十七年任番禺知縣。

這種史料與史實所反映歷史人物行實大相徑庭的問題，在歷史上也是常見。一是是今釋久在叢林廟宇，未必知曉彭襄的醜事；二是由於彭襄是雷峰、海幢、別傳等寺的大檀越，又為佛門通融解決「沙汰」等問題，今釋即使知悉彭襄的醜事，為尊者諱，言好隱惡乃人之常情；更不用說林愈蕃的《觀察彭退菴先生傳》，是受彭襄後人所託而撰，材料是彭襄後人所提供，更不會反映彭襄的問題。

三是請求彭襄解決沙汰僧人的問題。如《與彭番禺退菴》中的第二封信：

> 手示眼矇，臂痛執手版迎新，撫軍令君受用如此，所謂天生退菴，蓋將勞之一切世出世間事，皆要一肩擔荷，不特澹歸分不得，即三世諸佛亦分不得也，部覆舊督疏，紅鸞不照，誠為可慶，然詳旨意，猶是不沙汰之沙汰，其為法門之憂亦大矣，前見十四年查度牒，府差幹牌下鄉，有威逼僧人，至於自盡者，為之痛心不已，三寶中蒙此難事，若宰官持權者，能寬一分，則比平時護持功德勝過百千倍，願吾兄留神加之意也，弟日為此事胸中不樂，念時勢若此，莊嚴道塲，勸導有情，豈不更難，即如丹霞建置，仗吾兄與若老真切相為，纔得有此一段光明，今結搆未半，而遽遭立籍限僧之令，安能向諸本不信善者，更行勸導耶，又部文一到，通行各府，設使韶州官吏承望風指，奉行不善，則山中大眾未免震驚，弟若不歸，茫無所主，即於九月初旬，便理還山之棹矣。〔註258〕

〔註256〕屈大均：《二烈婦》，《廣東新語》卷8，北京：中華書局，1985年，頁269～270。

〔註257〕同治《番禺縣志》卷51，臺北：成文出版社，1967年，頁615；光緒《廣州府志》卷145，同載。

〔註258〕澹歸：《與彭番禺退菴》，《徧行堂集》卷27，《清代詩文集彙編》第47冊，上海：上海古籍出版社，2010年，頁10。

九、汪起蛟

汪起蛟，字漢翀，號鐏石，別號吾山（1604～1679）〔註259〕，河南南陽人，貢生，順治三年任番禺知縣。順治七年（1650）以後未仕，長居廣州街市。據今釋《祭汪漢翀水部文》，今釋與汪起蛟相識於順治十三年（1656）冬。那時今釋尚在東莞、惠州間小住。從順治十三年（1656）冬相識到康熙十四年（1675）春分別，今釋與汪起蛟相交二十年。今釋對汪起蛟評價頗高「汪子蓋有用世之才，生不逢時，既不如魏公之富貴，而滯留嶺表，復不得還南陽，惟是快恩讐，矜名譽，則所謂丘明之恥，亦丘之恥者，宜其百世之下，與魏公相視莫逆也」〔註260〕。

順治十八年（1661），今釋從汪起蛟處得知李充茂（字鑑湖，號泛生）有捨丹霞山之意，「予初因汪水部漢翀，欲得丹霞為道場，道人（指李充茂）聞之欣然見施，有把臂入林，不越三年之約」〔註261〕汪起蛟成為改變今釋後半生經歷的關鍵人物。

康熙二年（1663）四月四日，今釋為汪起蛟賀六十壽作《此日說為汪漢翀水部初度》稱讚其「讀書讀經，做秀才，做貢生，做學師，做知縣，做主事，做王門上客，天資學問，政事詩文，仁恕及民，清儉律己，謙和達變，辨智解紛，博古通今，承先啟後，種種過人」〔註262〕今釋還作詩歌以賀：

> 維岳神中貴，乘鸞下玉京。
>
> 鶴毛彌月潤，之字百回明。
>
> 脫穎驅兒齒，摩空握壯行。

〔註259〕據澹歸《此日說為汪漢翀水部初度》「從萬曆甲辰四月四日，哇地一聲起」即汪起蛟生於萬曆三十二年（甲辰，1604）四月四日；又據澹歸《祭汪漢翀水部文》「維康熙歲次庚申越朔廿有五日」即澹歸作此文時間為康熙十九年（庚申，1680）一月二十六日，又言「今春丹霞僧使至，猶見公手札，諄諄於故交零落，期予入嶺再得晤言，及詢起居，則云已長逝矣」故汪起蛟應卒於康熙十八年（1679）。分別見澹歸：《此日說為汪漢翀水部初度》，《徧行堂集》卷1，《清代詩文集彙編》第46冊，上海：上海古籍出版社，2010年，頁267；澹歸：《祭汪漢翀水部文》，《徧行堂續集》卷5，《清代詩文集彙編》第47冊，上海：上海古籍出版社，2010年，頁520。

〔註260〕澹歸：《書畫錦堂記後》，《徧行堂集》卷17，《清代詩文集彙編》第46冊，上海：上海古籍出版社，2010年，頁596。

〔註261〕澹歸：《一超道人墓誌銘》，《徧行堂續集》卷8，《清代詩文集彙編》第47冊，上海：上海古籍出版社，2010年，頁568。

〔註262〕澹歸：《此日說為汪漢翀水部初度》，《徧行堂集》卷1，《清代詩文集彙編》第46冊，上海：上海古籍出版社，2010年，頁267。

八風吹地轉，雙日盪天傾。

莫逞操刀手，曾傳鼓篋聲。

識時推俊傑，弭變習忠誠。

異績留鳧舄，嘉謨寄水衡。

扁舟歸獨斷，一木歎誰擎。

齊國譚鄒衍，元王醴穆生。

輸心方就列，退步復辭名。

赤幟新詩望，清尊舊史評。

桐鄉猶父老，鄴下遇公卿。

大隱存朝市，高年入老更。

不栽千樹橘，每合五侯鯖。

隔我丹霞夢，深君白社情。

首功資介紹，決策走騶蛩。

四月清和節，三秋窹寐並。

言尋六矢遠，如見五雲輕。

佛日青精飯，仙家碧玉笙。

歌風虛度數，戰茗得逢迎。

應繞芝蘭室，長聯松菊盟。

椿枝苗未拱，煙景占無爭。

此地鄰洲島，他鄉厭甲兵。

持將寶掌願，洗眼看升平。〔註263〕

　　康熙五年（1666）四月初一，今釋為汪起蛟作《書畫錦堂記後》，其中有
「汪子蓋有用世之才，生不逢時，既不如魏公之富貴，而滯留嶺表，復不得還
南陽，惟是快恩讐，矜名譽，則所謂丘明之恥，亦丘之恥者，宜其百世之下，
與魏公相視莫逆也，古人尚友，不在名位，紫府真人控鶴相過，予亦藉手墨池
一勺，為汪子玉髓三巡矣。」〔註264〕

　　永曆朝廷逃往南寧後，仍有一部分明朝將領在廣東、廣西沿海地區堅持
抗清。南陽伯李元胤不忍心看到其義父李成棟反正來歸的廣東全省重新淪

〔註263〕澹歸：《漢翀初度》，《徧行堂集》卷39，《清代詩文集彙編》第47冊，上海：
　　　　上海古籍出版社，2010年，頁223。

〔註264〕澹歸：《書畫錦堂記後》，《徧行堂集》卷17，《清代詩文集彙編》第46冊，
　　　　上海：上海古籍出版社，2010年，頁596。

陷，又不願意撤入陳邦傅控制的廣西，自告奮勇前往高州、雷州準備收合餘燼，同清軍再決雄雌。順治八年（1651），他在欽州防城被士兵王勝堂擒獲，押送到廣州。靖南王耿繼茂勸他投降，他堅決拒絕；又勸他寫信招降瓊州的杜永和部明軍，李元胤大義凜然地回答道：「事不成，已為辱國，乃欲敗人事耶？」〔註265〕數天後，李元胤聞聽杜永和率部降清，痛哭流涕，日夜請死。耿繼茂下令將他殺害〔註266〕，一同遇難的還有李成棟另一養子明安蕭伯李建捷。〔註267〕

　　有感於李元胤視死如歸，以身殉國的氣節，汪起蛟專門為南陽伯〔註268〕李元胤作《南陽侯傳》，並示今釋，請為作序。今釋答應後，感於其事作《汪漢翀見邀話舊》：

> 珍重相尋夙有期，雲煙一抹雨絲絲。
> 隨身有病攜瓢懶，投足無林荷钁遲。
> 地下客曾留本傳，山中人未跋新詩〔註269〕。
> 多君顛倒炎涼用，感慨天涯話所思。
>
> 又
> 一葦招攜未隔津，百年如夢漫沾巾。
> 摧殘猶戴君恩重，繾綣徒憐友道親。
> 楚客近還逢遠信，越鄉絕莫憶前身。
> 為吟草草公安句，不落今時更有人。〔註270〕

　　今釋在永曆朝原本與李成棟、李元胤父子關係密切，有感於李元胤之死節，今釋為汪起蛟作《書南陽侯傳後》：

> 余在雷峯，聞息影死節事，欲為位哭之，知息影不受哭也，作
> 兩絕句：「傳來了事有南陽，得死千秋骨亦香。人喜人驚都一笑，刀

〔註265〕溫睿臨：《李元胤傳》，《南疆逸史》卷50，北京：中華書局，1959年。

〔註266〕據澹歸《書南陽侯傳後》「聞靖南極愛重之，欲釋為僧，息影笑不肯，乃殺之」，見澹歸：《書南陽侯傳後》，《徧行堂集》卷17，《清代詩文集彙編》第46冊，上海：上海古籍出版社，2010年，頁604。

〔註267〕顧誠：《南明史》，北京：中國青年出版社，1997年，頁611。

〔註268〕永曆帝封李元胤為南陽伯掛車騎將軍印；元胤辭免，仍舊以錦衣衛都督同知提督禁旅。

〔註269〕原注：漢翀出息影傳見示，且云高齋有詩寄匡山，索予為序，予以路左未見也。

〔註270〕澹歸：《汪漢翀見邀話舊》，《徧行堂集》卷34，《清代詩文集彙編》第47冊，上海：上海古籍出版社，2010年，頁145。

頭滋味只平常。誰牽端水黨人名，各自人還各自成。似我為僧君不
肯，似君正好學無生」復題其後曰，「死至於息影，直是著衣喫飯，
屙屎送尿事。覺慷慨從容，都無處下注腳矣。聞靖南極愛重之，欲
釋為僧，息影笑不肯，乃殺之，嗚呼！出家兒須具鐵心石肝，具鐵
心石肝者，不肯出家，而出家者又不肯鐵心石肝，傷哉！」雖寥寥
數語，不妨與息影本色相見，然息影生平多有可紀者，每欲為立一
傳，操筆輒止，頃過五羊，得舊水部汪君漢翀所撰傳草，典核詳贍，
文與實稱，為感慨大息久之。夫漢翀在端州，浮沉冷署，未嘗與息
影深相結，息影死顧能一意表章，蓋將以教天下萬世，則其用心不
在一人，此故出於生死交情之外，而余與息影號相知友，乃其所以
下報九京者兩絕句耳，然則漢翀能不負天下萬世，而余遂負息影，
人之相去，顧不遠耶。〔註271〕

今釋還在海幢寺時，召集退菴、汪起蛟、楊蓮峯、黃甫、李禹門、王震生、
阿字共遊覽梅龍溪，今釋有作：

扁舟一夕趁潮行，月漾龍谿夢亦清。

冷露凝香分蘊藉，暖風浮玉動輕盈。

使君有意先茶具，野老何知殿墨卿。

遙語散花天莫散，亂拋晴雪下仙城。〔註272〕

今釋與汪起蛟相交二十年，期間書信往來不斷，引為知己，今釋《徧行
堂集》錄有致汪起蛟書信6函。其中討論了諸多精神思想層面的觀點，摘錄
如下：

所謂情文相生，自成玅作耳。近況頗寂寥，亦自世界氣運如此，
世界缺陷，將來尚有難過之處，惟一切以如夢如幻之觀付之，即胸
次漸向輕脫，徒然愁悶，無濟於事，只落得無繩自縛耳。弟抄化勞
劇，體中常不佳，然不歇手，亦正是如夢如幻境界也。

又

兩得手示，惓惓於拙文，謬叨鑒賞，弟何敢當，惟出世人所以

〔註271〕澹歸：《書南陽侯傳後》，《徧行堂集》卷17，《清代詩文集彙編》第46冊，
上海：上海古籍出版社，2010年，頁604。

〔註272〕澹歸：《退菴漢翀招同楊蓮峯司李黃君甫都閫李禹門叅戎王震生孝廉海幢阿
字首座探梅龍溪》，《徧行堂集》卷37，《清代詩文集彙編》第47冊，上海：
上海古籍出版社，2010年，頁190。

報知己者。最上佛法，其次文章，弟僅獻其次，已為褒許，若獻其

上，不知吾兄更當何如耶。〔註273〕

今釋開闢丹霞山別傳寺後，汪起蛟從廣州來丹霞看望老友，今釋作《漢翀來自穗城》：

> 兩年成一諾，荔子亦將殘。
>
> 笑罷還義手，行來且摘冠。
>
> 情懷祇自悉，顏色互相看，
>
> 有榻便安置，涼風此地寬。
>
> 又
>
> 訓對日未乏，夜深餘兩僧。
>
> 風雷纏積雨，心眼續寒燈。
>
> 萬事攜孤影，斯人履薄氷。
>
> 龍山吾有愧，晚節更誰矜〔註274〕。〔註275〕

汪起蛟在丹霞山之時，曾勸今釋不須把別傳寺建的那麼大，只要夠三二人棲息就足夠了，否則恐增勞累。汪起蛟告別丹霞山之際，今釋作《留別漢翀》贈之：

> 八年青眼離相思，十里丹霞子所遺。
>
> 愛我切如分痛癢，與人化欲入離微。
>
> 塵中祇合收詩料，物外何當剗路岐。
>
> 無以酬知憑道業，敢將一鉢負三衣〔註276〕。
>
> 又
>
> 雨潑荒原驟作青，疾雷雖震意常平。
>
> 柔能護我剛居骨，清不欺他濁在涇。
>
> 此老早堪稱市隱，散人並不擅山僧。
>
> 為君決絕還低首，家在夷門夢未停。

〔註273〕澹歸：《與汪漢翀水部》，《徧行堂集》卷25，《清代詩文集彙編》第46冊，
　　　　上海：上海古籍出版社，2010年，頁751～752。

〔註274〕原注：龍山和尚馬祖下尊宿乃入山不返者。

〔註275〕澹歸：《漢翀來自穗城》，《徧行堂集》卷32，《清代詩文集彙編》第47冊，
　　　　上海：上海古籍出版社，2010年，頁107～108。

〔註276〕原注：漢翀欲我只三二人棲遯林壑，此正恐增勞累耳，然我法無獨喫自痾之
　　　　理，頃入丹霞不用其策，故有末語。

又

纔欲題詩意黯然，離情如水接遙天。

江山不遠一千里，日月須遲三兩年。

狼狽慣經藤囓鼠，蜉蝣恰值海成田。

最憐故友飄零地，錯把鐘聲當杜鵑〔註277〕。〔註278〕

康熙十二年（1673），汪起蛟七十生日，今釋作《汪罇石隱君七十初度序》以賀，其中言，汪起蛟自順治七年（1650）以後未仕，居廣州街市，長有官貴與之交往，結歡而去；其大隱於市井乃「見可而進，知難而退，通不失已，介不戾俗」；並論其過於人者，識為其一，「負蒼生之望，然而事不可為，心不可已，身不可棄，亦以就為隱云爾」；雖「具經世才」然「不以才學自矜，以識隱之，亦以識顯之，不致為人所忌，故罇石隱龍戰之世，身名俱泰，人道之患，不得戕其外，陰陽之患，不得賊其內」；「罇石之學之過於人，與其才其識一而為三，三而為一」。〔註279〕

康熙十四年（1675）春，今釋與汪起蛟在廣州一會，之後就再也未見面，唯以書信互通消息。〔註280〕康熙十六年（1677）今釋寄汪起蛟的書信中說「每歲寄石栗，漢翀云，大似納租。今年石栗為避亂人，夾生折倒，少有所獲……多半欠租耳」〔註281〕今釋對於好友或大檀越，每年寄丹霞土產石栗、茶筍之類，聊表敬意。在信中兩人以玩笑致意，可見其關係融洽，「每聚首，未嘗不詼諧傾倒兩無間然也」〔註282〕；該年今釋六十四歲，汪起蛟七十四歲，今釋說「七十四歲六十四歲，同閱此苦世界，吾兄早出世十年，多十年太平之樂，此後大家再活得一二十年，亦恐不見太平，則澹歸便輸與漢翀矣」〔註283〕同

〔註277〕原注：予勸袁特丘出家學道，後歸公安遽歿，意常黯然念之。

〔註278〕澹歸：《留別漢翀》，《徧行堂集》卷35，《清代詩文集彙編》第47冊，上海：上海古籍出版社，2010年，頁155。

〔註279〕澹歸：《汪罇石隱君七十初度序》，《徧行堂集》卷8，《清代詩文集彙編》第46冊，上海：上海古籍出版社，2010年，頁422。

〔註280〕澹歸：《祭汪漢翀水部文》，《徧行堂續集》卷5，《清代詩文集彙編》第47冊，上海：上海古籍出版社，2010年，頁520。

〔註281〕澹歸：《寄汪漢翀》，《徧行堂續集》卷7，《清代詩文集彙編》第47冊，上海：上海古籍出版社，2010年，頁560。

〔註282〕澹歸：《祭汪漢翀水部文》，《徧行堂續集》卷5，《清代詩文集彙編》第47冊，上海：上海古籍出版社，2010年，頁520。

〔註283〕澹歸：《與汪漢翀水部》，《徧行堂續集》卷11，《清代詩文集彙編》第47冊，上海：上海古籍出版社，2010年，頁627。

年，身在廣州的汪起蛟聽聞傳言說今釋已死，今釋估計是佛門內部有人所傳。故作《吾今》「書到知吾在，吾今亦不生。一漚聊示幻，三世只安名。旭日寒荒國，孤峯紫翠屏。率然無首尾，鷟鸐莫相爭」〔註284〕。〔註285〕

　　汪起蛟念今釋貧病，曾邀請今釋來家一起度歲過年。今釋因年二十九是既是亡父的忌日，又是自己的生日（母親的難日），故以詩婉謝：

> 瘦骨惟消土一丘，也教藥餌不須愁。
>
> 中原親串寧無我，錯把杭州作汴州〔註286〕。
>
> 又
>
> 諱辰難日兩悲吟，說法天中力未深。
>
> 一飯且因仁者粟，十方俱照故人心〔註287〕。〔註288〕

　　康熙十七年（1678）今釋請藏出嶺，兩人音信難通，遂成疏闊。康熙十八年（1679），汪起蛟去世。到康熙十九年（1680），今釋因病滯留平湖，丹霞山派徒弟看望今釋，並帶來汪起蛟手札「諄諄於故交零落，期予入嶺再得晤言」問起才知汪起蛟已經長逝。此時，今釋「去夏患跗腫，涉冬脾氣大憊。今春殆將不起，僅喦視息，老態已日增，病勢已日深，死期已日逼」雖然身體每下愈況，仍然強忍病痛為老友撰《祭汪漢翀水部文》，讚揚汪起蛟「公之學之識之品之行，皆卓然有成，重於一時，可傳於百世，亦復何憾。」〔註289〕

十、劉秉權

　　劉秉權（1632～1674）〔註290〕字持平，漢軍正紅旗，遼寧廣寧縣人，順

〔註284〕原注：時穗城傳余已死，漢翀云得余書始知其妄。

〔註285〕澹歸：《吾今》，《徧行堂集》卷32，《清代詩文集彙編》第47冊，上海：上海古籍出版社，2010年，頁109。

〔註286〕原注：漢翀念予貧病，不當親串，漢翀河南人。結句借用調之，且道伊認錯不認錯，且道余喜錯不喜錯。

〔註287〕原注：漢翀有度歲之惠，時逼小除先給事諱辰，先孺人難日也，輒回此施以飯僧。

〔註288〕澹歸：《絕句》，《徧行堂集》卷40，《清代詩文集彙編》第47冊，上海：上海古籍出版社，2010年，頁242～243。

〔註289〕澹歸：《祭汪漢翀水部文》，《徧行堂續集》卷5，《清代詩文集彙編》第47冊，上海：上海古籍出版社，2010年，頁520。

〔註290〕據澹歸《為劉中丞禮懺疏》「劉秉權於今甲寅冬十一月十六日子時卒於潮州軍中」，甲寅為1674年；另據澹歸《語錄》中有「（劉秉權）纔得四十三歲，便乃長謝人間」，由1674年逆推，其出生應為1632年；分別見澹歸：《為劉中丞禮懺疏》，《徧行堂集》卷10，《清代詩文集彙編》第46冊，上海：上海古

治元年（1644）任兵部主事，順治九年三月遷刑部啟心郎，順治十五年裁缺改刑部主事，順治十七年七月遷戶部員外郎，順治十八年詔前此由啟心郎改主事者，仍以四品用，康熙元年（1662）正月遷僉都御史，康熙三年十二月擢國史院學士，康熙六年（1667）十二月授巡撫廣東都察院副都御史。〔註291〕康熙十三年（甲寅，1674）十一月十六日，卒於潮州軍中〔註292〕。據《八旗通志》，劉秉權的政績主要有：一是，朝廷准予遷海人民展界復業後，廣東沿海邊界設兵防守，安插遷民，疏請改舊額（每畝科米三斗）為照民田一例起科；多留糧食，酌給復業之民，使資牛種，使安插丁口和墾復田地巨增。二是，帶兵攻城掠地，平定孫延齡、劉進忠、金漢臣等，「智識淵深，議論慎密」「籌兵策餉熟練」「定議進攻，躬冒鋒鏑，越塹排柵」。劉秉權康熙十三年卒於軍中，康熙特頒旨「劉秉權撫粵有年，寔心任事，近以潮逆負固，督兵進剿得獲礮臺，招復三縣，克奏膚功，不意積勞成疾，遽爾奄逝，朕心深為憫惻，下部從優議卹，賜祭葬如例，諡端勤，子思儼，由廕生任郎中。」〔註293〕又據「廣東巡撫劉秉權諡端勤，康熙十四年三月諡。」〔註294〕

康熙九年（1670），今釋與劉秉權方相識。起源於康熙六年（1667）尚可喜重建曹溪寺（廣東韶關「南華禪寺」），並重修御經閣。在尚可喜的帶動下，廣東總督大司馬周有德捐金倡助；康熙九年（1670）秋，總督少司馬金光祖，巡撫御史中丞劉秉權，提督左都督嚴自明，及左布政使徐坦，按察司佟養鉅，督糧道叅議徐養仁，督學道僉事沈令式，驛鹽道僉事王令，尚可喜之子少保公尚之信，次子都統尚之孝，以及藩臬諸官員，相率捐助；建成後「規模嚴整，氣象完密，與山川深秀之勢，妙合自然」〔註295〕並在金光的推薦下，請今釋以尚可喜的名義代作《重修曹溪御經閣碑記》。

此後，劉秉權專遊海幢寺，請了《五燈會元》《華嚴經》，並向今釋請教其中的佛理，「山僧見他在海幢請了一部《五燈會元》，相見時便將五燈裏機緣來

籍出版社，2010年，頁478；澹歸：《語錄》，《徧行堂集》卷45，《清代詩文集彙編》第47冊，上海：上海古籍出版社，2010年，頁335。

〔註291〕《八旗通志》卷200，《人物志》卷80，清文淵閣四庫全書本。

〔註292〕澹歸：《為劉中丞禮懺疏》，《徧行堂集》卷10，《清代詩文集彙編》第46冊，上海：上海古籍出版社，2010年，頁478～479。

〔註293〕《八旗通志》卷200，《人物志》卷80，清文淵閣四庫全書本。

〔註294〕《清通志》卷53，《諡畧》，清文淵閣四庫全書本。

〔註295〕澹歸：《重修曹溪御經閣碑記（代）》，《徧行堂集》卷11，《清代詩文集彙編》第46冊，上海：上海古籍出版社，2010年，頁498。

問。請了一部《華嚴經》，相見時便將經裏疑義來問，如此精勤，宰官中實是希有，可惜他已見大意，未即到家」〔註296〕他們還探討了各國書法字體等話題。〔註297〕

今釋與劉秉權一見如故，引為知己，相見恨晚。

首先，劉秉權為今釋的別傳寺作了大量貢獻「中丞在此山建毗盧寶閣，免常住糧差，為大眾造巡廊，使步步皆得安隱，為大眾造普同塔，使人人皆得歸藏，又為山僧代還三寶，互用底因果」〔註298〕其中普同塔，今釋亦稱為平頭制底〔註299〕，以安放已經逝去的比丘骨石。今釋為了募捐，專作《丹霞募造普同塔疏》：

> 一箇亡僧三擔柴，一段布，包了臭骨頭，送向普同塔裏住，第
> 一不露屍骸，第二不買棺材，第三不被風水先生布擺，第四不消兒
> 孫祭祀差排，從今日檀那成就，喚十方衲子歸來，直至千年萬代，
> 總在這裡延壽消災，於是澹歸比丘，重宣此意而說頌曰：
>
> 眼底清溪嶽嶽，腳跟碧嶂潺潺，地水火風放去，火風地水收還，
> 不向死中覓活，便來忙裏偷閒，好箇平頭制底，坐消毗富羅山，大事
> 一勞永逸，此門雖設常關，珍重仁人用意，施於不報之間。〔註300〕

劉秉權聽了今釋募造普同塔的心願後，不禁戚戚惻然，捐貲百金，並為作《普同塔銘》：

> 丹霞澹公之開山也，於三寶分中無所不用其周詳。山既開矣，
> 不可無佛，佛不可見，顯之以像，像不可褻，奉之以殿，因而廣之，
> 諸佛菩薩之堂宇樓閣，次第落成，人知有佛矣，不可無法，乃建藏
> 樓，崇法座，敦請師王入山，為人天表率，人知有法矣，不可無僧，

〔註296〕澹歸：《語錄》，《徧行堂集》卷45，《清代詩文集彙編》第47冊，上海：上海古籍出版社，2010年，頁335。

〔註297〕澹歸《贈巴學士》詩中有注「曾與劉持平中丞同坐海幢，論各國字體，一回重見，便有存亡今昔之感」，見澹歸：《贈巴學士》，《徧行堂續集》卷7，《清代詩文集彙編》第47冊，上海：上海古籍出版社，2010年，頁563。

〔註298〕澹歸：《語錄》，《徧行堂集》卷45，《清代詩文集彙編》第47冊，上海：上海古籍出版社，2010年，頁334。

〔註299〕大約在康熙十六年，普同塔才完工，澹歸主持禮梁皇懺，「施燄口法食，為過去比丘等懺罪集福」，並作《禮懺疏》。見澹歸：《禮懺疏》，《徧行堂集》卷10，《清代詩文集彙編》第46冊，上海：上海古籍出版社，2010年，頁483。

〔註300〕澹歸：《丹霞募造普同塔疏》，《徧行堂集》卷9，《清代詩文集彙編》第46冊，上海：上海古籍出版社，2010年，頁449。

僧之所重，無過生死，佛與法，了生死之指南也，伶俐衲僧，當下了法，任運隨緣，去留自在，無佛可師，無法可視，無生與死之可欣怖，開山主人當高掛鉢囊，作無事漢，後起之緣，等諸添足，無如其不能也，大地眾生，由無明惑，展轉相緣，至於老死，入塵固爾，出俗亦然，無寂滅之樂，遂有愛戀之苦，開山主人事弗獲已，乃從生死二途，為同住起見，作有為法，姑以不了了之，二時粥飯，三事衲衣，蔽形充腹，俾無凍餒，所以養其生也，涅槃有堂，湯藥有醫，普請齋送，秉炬闍維，所以送其死也，唯是四大假合，有成有褫，一靈已寂，皮袋無依，餘灰遺爐，狼藉支離，一旦投諸清流，委諸草莽，疇忍為之。澹公一日過予，道及此事，不禁戚戚，予為惻然，遂捐貲百金，授知事人，令敦匠石於丹霞近處卜地，隔江建普同塔場一區，以備掩藏，庶幾乎生順死安矣，從此十方雲水，共有歸宿之樂，而無暴露之憂，便當及時努力，了卻生緣，當下解脫，捨報分明，如其不爾，覰斯塔也，泚顙寒心，嘗以生死無常，刻刻在念，其於佛法不無少分相應耳，當局者迷，旁觀則喆，願與同志勉之。塔既成，為之銘曰：

> 四方墻，無縫罅，十方僧，無高下，塔中主，無假借，墻中賓，無家舍，墻中境，無冬夏，墻中人，無晝夜，有亦無，無亦無，攜手同歸無恒化。[註301]

今釋獲得捐助後，於康熙十一年（1672）五月開始建造普同塔，告成於九月十八日，十二月捧諸骨石入塔中。今釋作《丹霞普同塔碑記》：

> 有棺有槨，有封有樹，世所以為葬也，仁人復設義塚以掩無主之骨，然猶各有域，故人有爭宅，鬼有爭葬，佛之教曰，四大無主亦無我，比丘之生也，居叢林，號為旅泊，死而荼毘，水火風俱散，獨存地大之一毛，入於普同之塔，共聚而域不分，卒未聞有爭塔之鬼，豈非無我故無主，無主故無爭哉，丹霞建立十年，同住亡僧三十餘，未有以葬，護法大中丞劉公憫之，特捐府金，以行其德，於是卜吉於泐山之陽，戌山辰向，築臺三層，縱五丈七尺，橫二丈七尺，塔廣徑八尺，高九尺，深七尺，制以赤石，有火珠而無露槃，

〔註301〕劉秉權：《普同塔銘》，陳世英：《丹霞山志》卷8，廣州：廣東教育出版社，2015年，頁109～110。

謂之平頭制底，禮也，經始於壬子夏五月□日，告成於秋九月十八日，擇冬十二月之朔，捧諸骨石入塔中，後有亡者，率得所安，公可謂澤及枯骨矣，為吏者曰，此已無主，為西伯者曰，我即其主，公亦將使一切無主者，獲大覆載，寧翅丹霞之亡僧，或曰丹霞之僧無主，得公以為主，不可以不記，予曰，丹霞之僧無主，無處不增，得公以為主，有處不減，盡大地無出於此，可以記矣。〔註302〕

劉秉權在廣東巡撫任上除軍務外，也重視府學。康熙十年，巡撫劉秉權、布政使徐坦、按察使佟養鉅、知府汪永瑞等重修廣州府學。劉秉權為作《重修廣州府學碑記署》：

環粵皆山水也，界在荒服，自秦代始置州郡剖符，嗣後賢哲輩出，遂稱名邦。予生長三韓，距粵萬里，曩者備官侍從，搜秘石渠流覽，版輿緬焉神往。我國家以文德治天下，聲教久敷於遐方。予叨承簡命，謬膺節巡撫茲南服，控五嶺之嵯峨，襟三江之溯洄，紫海滄溿，朱崖奧折所披圖者，今則躬歷矣，美哉山水，標險抒奇，育靈挺秀，惟其風士擅勝，是以人才蔚起，先達名世難以悉數，如唐宋之最著，則有張文獻、余忠襄、崔菊坡其人，於明則有智略之何東莞，儒雅之邱瓊山，經濟之梁文康，理學之陳白沙，節氣之海忠介其人。昭代以來，蒐羅俊乂，接武聯翩，迨三十年凡茲彬彬崛起者，多文學之士，郭樸所謂南海衣冠之氣方開而未艾，豈其然乎。夫端章服者，攝其領樹巨蔭者，麗其柢會省，固十郡之宗源，而黌官實多士之淵藪。廣州郡學據佳址於靈洲之東左，則虎門潮汐層湧而來，右則西樵峯巒疊嶂而峙，珠江一水盈盈，洄繞於前，前白雲諸山，嶙嶙互綿於後。志所載禺山者屹居於宮之中，陟巔而望之，形勝宛在矣。宮之襟對為文明門，向因戒嚴守焉，術家者謂氣脈壅窒，有關庠序，予與前督軍周公會商於藩府，洞啟有日矣，但茲數仞之內，自兵燹之後，未經修葺，以至棟宇將頹，壁垣半圮，橋門鞠為茂草泮水，率為污萊，有事茲土者未嘗不蹢躅興歎矣。

迨夫庚戌秋祭，予居齋期，是夕隱几之間，恍見先師冠帶雍雍向予告語焉，夙興盥沐展拜傾誠，起而循宮諦瞻，有動乎中。因首

〔註302〕澹歸作《丹霞普同塔碑記》，《徧行堂集》卷12，《清代詩文集彙編》第46冊，上海：上海古籍出版社，2010年，頁513。

捐俸金百鎰，構材鳩工，良賴在省三司各道，及太守相與協心經畫，其勤盛舉，爰是整復舊制，廓清故基，約榱之舉，大與丹艧之，施加飾欞星有伉，戟門將將矣。首正殿以崇至聖，次兩廡以妥先賢，又次及明倫堂，以宏開講藝之地，至於啟聖聖，及名宦鄉賢諸祠在在加修，所以追尚淵源，而興起後學也。旁闢西圃，肇建一亭，額曰觀德，俾濟濟多士，為肄射之所。詩云，竹苞松茂，鳥革翬飛，庶其似之，狩歟萬年之俎豆，聿新百粵之文風，攸繫將來，階此發祥者，霞蔚雲蒸，麟麟炳炳，余撫茲土亦與有光，庶幾仰佐我國家右文之治，曲江之風，度依然不慕盛哉，工師告竣，援筆記言，壽諸石以志垂永久云。是役也，不煩公帑，不勞民力，亦不敢苟簡從事，其督工之員效其勤勞者，例得並書於左。〔註303〕

　　第二，今釋與劉秉權引為知己，主要原因正如今釋所說「者些功德，汝等無有不曉，卻如何是山僧知己之感。記得中丞初見山僧，便將出處大義儒佛異同，盡情擊難，山僧亦盡情剖晰。中丞便信得山僧是箇真實出家為道底人，大眾真實出家，乃是本等，為什麼卻成知己之感，只為世間人看得佛法荒唐，看得出家人微賤，便把山僧當做人家簷下躲雨底漢子，中丞語山僧云，『經濟』二字便讓儒流性命之學須還佛法，他信得佛法至微至妙，便信得出家至尊至重，即信得山僧出家至真至實，決不肯落在功名富貴中，決不坐在文章節義上，所以一見山僧之後，常常相見，只談佛法，不及一些世事者，便是山僧第一知己之感。」〔註304〕

　　第三，他們對於佛門經典和理論有不少討論，觀點雖不盡相同，但是互相欽佩，今釋說「我嘗謂公至性過人，口無不實之言，身無不真之行，足以入賢關，趨聖域，公一見我信為真實出家者，往返諮問，皆佛祖門中事，無一雜事於我一言一行，亦以至誠無偽相許，公於此道具正知見，不輕自肯，我亦不輕以肯公，皆相遇於一真之地，相期於無上至真之道也。……忽然傾蓋而恨相見之晚者，即我與公。」〔註305〕又如「中丞既信得佛法，信得山僧，又信得教外別傳之道，肯向者裏用心。山僧見他出言吐氣，時有脫穎之處，但未

〔註303〕劉秉權：《重修廣州府學碑記署》，光緒《廣州府志》卷66，清光緒五年刊本。
〔註304〕澹歸：《語錄》，《徧行堂集》卷45，《清代詩文集彙編》第47冊，上海：上海古籍出版社，2010年，頁334。
〔註305〕澹歸：《祭持平劉大中丞文》，《徧行堂集》卷8，《清代詩文集彙編》第46冊，上海：上海古籍出版社，2010年，頁441。

免躭著靜定境界，愛得有些把捉，山僧向他說此事，固須細心，亦要膽大，因舉妙喜道士大夫糸禪生怕落空，譬如船不曾翻，便要跳水，中丞沉吟未荅間，山僧便說，不如憑他跳水，撲通一聲響不見一滴方纔可笑，中丞當下便覺痛快。後來在海幢方丈與阿字法兄劇談玄妙，山僧舉古人，道即心即佛，又道非心非佛，又道不是心不是佛不是物，還有優劣也無。中丞道他作幾層纏說得完也，非得已，山僧道於公如何，中丞道，若待說完，堪作什麼，山僧又道，如何是不待說完便見，中丞一笑而起，大眾者不是曲彔水邊長連，牀上鬭得口熟來底，是他自己胸襟流出，祇是他有些不曾倒斷處，終不自瞞。山僧一發見他志誠，便道此事切莫放慢，但時時逼拶逼拶到水窮山盡，自有箇倒斷時節。」〔註306〕

　　第四，在書信中，劉秉權闡述了報效朝廷社稷，馬革裹屍之志。「我獨有以深知公者，公與我書，痛憤於八閩之變，鴒原自陷也，故國無路，老母在堂，第令無從坐之條，而並憂危於白首，亦豈人子所能即安，公致身為誓，濟則社稷之靈，不濟則以死繼之耳，公之所以成忠，即公之所以成孝，馬革裹屍，其賢於兒女子手中明甚，公之志決矣。」〔註307〕

　　今釋曾作詩贈劉秉權：

> 南斗全回北極春，由來節鉞貴儒臣。
>
> 劉寬至德幾忘我，李勉清標只愛民。
>
> 使相趨朝綸閣重，河山錫社鼎銘新。
>
> 海波自古無偏向，萬里安瀾聽一人。〔註308〕

　　劉秉權曾經上丹霞山別傳寺，與今釋話舊，臨別之時，今釋作《望海潮·留別持平中丞》，表達感謝和不捨之意：

> 去身如影，來心如夢，纔逢便折，將離也，說忘情，元非絕念，
>
> 欲尋何處，無疑後會此前期。看花開石骨雪覆，春枝水擊三千幾，
>
> 曾移易一絲絲。即今又是何時，問五更鼓角入耳，誰持丘壑虁龍冠
>
> 裳，巢許風流，不在人知。玉座正垂衣，且見聞，莫及擬議安施，

〔註306〕澹歸：《語錄》，《徧行堂集》卷45，《清代詩文集彙編》第47冊，上海：上海古籍出版社，2010年，頁334～335。

〔註307〕澹歸：《祭持平劉大中丞文》，《徧行堂集》卷8，《清代詩文集彙編》第46冊，上海：上海古籍出版社，2010年，頁441。

〔註308〕澹歸：《贈劉持平中丞》，《徧行堂集》卷38，《清代詩文集彙編》第47冊，上海：上海古籍出版社，2010年，頁208。

野老行歌卻從耕鑿慰相思。〔註309〕

劉秉權得知今釋患病，還派人送膏粱粱米慰問，今釋以詞答謝：

> 一生生不盡，珠欲走，病為盤，似山上雲絲水中，波縠易起難
> 刪。眼前渾，無避處，唱西風落葉滿長安，何事東君著力春歸，春
> 令重頒。人間有地結仙壇，皺面說還丹，更膏潤金漿，顆齊玉粒，
> 色借芝顏，隨緣不辭老去，且莫教峻阪下隤丸，願見千村雞犬，化
> 成三島麟鸞。〔註310〕

康熙十一年（壬子，1672）九月，劉秉權遊覽丹霞山別傳寺後與今釋告
別。此後，今釋前往廬山歸宗寺。康熙十三年（甲寅，1674）春今釋返丹霞，
幾經大病和艱辛，還不忘在信中與「時事倥傯，羽書旁午」的劉秉權探討佛理
「公是朝廷大臣，挑著地方擔子，干係不小，眾人皆憂，豈能無憂，眾人皆
疑，豈能無疑，正當一切紛紜時，此箇無動如來，不曾動著，卻不可云無動，
如來不曾紛紜也。」劉秉權雖然督軍打仗，但仍然回信，「中丞荅書深領此
意。山僧見他後語未全脫然，隨後有些閒言長語，差侍僧持去，中丞已往潮
州。」〔註311〕《徧行堂集》錄有今釋致劉秉權書信 10 通，其中有感謝劉秉權
的捐贈「所謂檀越之恩，等於生我成我者也」，有探討佛理，有報告行止近況，
有寺中建築進展情況。其中最後一封應該是今釋提到的「隨後有些閒言長語，
差侍僧持去，中丞已往潮州」的書信：

> 中秋後，勒數行遣侍僧陳謝，值塗中少阻，至會城則大駕已有
> 會師潮州之行，不及投也。軍務賢勞，意尤紆結，但老病纏綿，無
> 由奮飛左右，朝夕起居，其為歉仄，豈易名狀，某空山眠食，皆藉
> 覆幬，因果既清，無可繫戀，惟此哀惓惓者，天涯知己，道義相成，
> 未得布體，階前一罄，臨岐之話耳。比聞援兵所過，玉石俱焚，遂
> 使怨毒滋多，雲霓失望，惟我護法督戰師中，義聲先路，脅從無憂，
> 此是菩薩息苦示生，為民降福者。所望迅掃煙霾，莫安嶺海，旌節
> 早還穗石，某扁舟謁別，重敘三年間潤之懷，此後雪泥鴻爪，任意

〔註309〕澹歸：《望海潮·留別持平中丞》，《徧行堂集》卷 44，《清代詩文集彙編》第
47 冊，上海：上海古籍出版社，2010 年，頁 316。

〔註310〕澹歸：《水蘭花慢·持平中丞以膏粱粱米問病賦謝》，《徧行堂集》卷 44，《清
代詩文集彙編》第 47 冊，上海：上海古籍出版社，2010 年，頁 310。

〔註311〕澹歸：《語錄》，《徧行堂集》卷 45，《清代詩文集彙編》第 47 冊，上海：上
海古籍出版社，2010 年，頁 334～335。

所之，即溘先朝露，魂魄俱恬矣，奉懷長律，輒書素箋寄政，幽齋
蕭瑟，每詠中天懸明月，令嚴夜寂寥之句，良用憮然，余冀百凡保
練，慎密自愛。〔註312〕

到康熙十三年（甲寅，1674）十二月，今釋再派別傳寺監寺前去拜見請
安，然而劉秉權已於十一月十六日，卒於潮州軍中。今釋空留遺恨，在《語錄》
中評價劉秉權「大眾不信佛法者如沙，信佛法者如寶，信佛法者如毛，信教外
別傳之道者如角，如今出一叢林，入一保社，說是祖師門下客，提箇話頭，做
些工夫，操三歇五，半青不黃者何限，且無論一聞千悟，得大總持，便向者箇
門頭，勤學好問也不多見，何況尊居八座，數千里內，文武吏民錢糧兵馬，許
多機務，又有許多人奔走趨承他，卻似深山道流，不貪酒色，不躭著名利，時
時有箇不徹證，不休底志氣便是。……若是天假之年，真做得法門大器，山僧
者箇同道之悲，豈是小小大眾者一著子。事不論麤細，人不論僧俗，時節不論
閒忙，沒有一刻不活脫現前，會底趨得便用，不會底永劫背馳，祇如中丞鎮撫
省城，不往潮州也，沒人說他不是只因忠孝激發，不顧利鈍，鞠躬盡瘁，死而
後已者，便是鐵輪頂上旋圓明，終不失底境界。若論一介之士，黃金不渝，白
刃可蹈，與中丞一般境界。」〔註313〕劉秉權去世後，今釋特作《為劉中丞禮
懺疏》，並做法事「雲集淨侶，禮梁皇懺三日，施甘露食一壇，虔藉三寶威神，
用嚴先亡報地」。〔註314〕

十一、曹溶

曹溶（1613～1685），字秋岳，一字潔躬，亦作鑒躬，號倦圃，鉬菜翁，
浙江秀水（今嘉興）人。明崇禎十年（1637）進士，官御史。嘗劾輔臣謝升，
又熊開元參周延儒遭廷杖，曹溶疏白其冤。清順治元年（1644）清兵入北京後
仕清，初授原官，起用河南道御史，任順天學政督學順天，為清王朝獻策，疏
陳定官制，定屯田、鹽法、錢法規制，禁兵丁將馬踐食田禾，巡緝土賊，平糶
以裕倉儲，設兵循徼等事，使無劫掠。其疏陳皆被採納實施。又就有關科舉、

〔註312〕澹歸：《劉持平撫臺》，《徧行堂集》卷24，《清代詩文集彙編》第46冊，上
　　　　海：上海古籍出版社，2010年，頁736。
〔註313〕澹歸：《語錄》，《徧行堂集》卷45，《清代詩文集彙編》第47冊，上海：上
　　　　海古籍出版社，2010年，頁335。
〔註314〕澹歸：《為劉中丞禮懺疏》，《徧行堂集》卷10，《清代詩文集彙編》第46冊，
　　　　上海：上海古籍出版社，2010年，頁478～479。

薦舉隱逸、訪旌殉節者等問題向朝廷獻策。

順治三年（1646）二月充會試監考官，三月遷升為太僕寺少卿。不久，被發現在學政任上所舉貢生中有明代受世襲職和中武舉者，降兩級調用。接著又因選拔貢生超額被革職回籍。順治十一年（1654）官復原職，遷左通政。順治十二年（1655）三月擢左副都御史，旋擢戶部右侍郎，左遷廣東布政使。順治十三年（1656）以舉動輕浮，降一級改任山西陽和道。遭喪歸里。服除，補山西按察副使，備兵大同。康熙三年（1664）裁缺歸里。康熙十三年（1674）三藩之亂發生後，閣臣以邊才薦，隨征福建。丁憂不復出。康熙十七年（1678）詔舉博學鴻詞，大學士李霨、杜玄德、馮溥合疏薦曹溶。康熙十八年（1679）舉鴻博，不赴以疾辭。康熙十九年（1680），學士徐元文薦曹溶佐修《明史》，亦不赴。康熙二十四年（1685）卒。

曹溶集大吏、文學家、藏書家、知名學者等身份於一體，在廣東、山西為官時，幕中曾聚集朱彝尊、屈大均、顧炎武、李因篤等名士，足見其在清初士林舉足輕重的地位，儼然士林領袖。曹溶長於經濟，未竟其用，乃獨肆力於文章。築書樓於嘉興南湖之濱的倦圃別業，稱「靜惕堂」，藏書極富。尤好收集宋、元文集，藏書中宋元古本豐富，有近千種。朱彝尊纂《詞綜》，即多從其家藏宋人遺集中錄出。曹溶工詩文，著有《崇禎五十宰相傳》《劉豫事蹟》《倦圃蒔植記》《金石表》《粵遊草》《靜惕堂詩集》，手稿本《德藻堂詩集》等。其詩源本杜甫蒼老之氣，一洗嫵柔之調，與龔鼎孳齊名，世稱「龔曹」。填詞規摹兩宋，無明人之弊，浙西詞風為之一變，朱彝尊受曹溶影響頗深，少時曾從曹溶遊。著有《靜惕堂詩詞集》，另撰有《崇禎五十宰相傳》《古林金石表》《劉豫事蹟》《明人小傳》《倦圃蒔植記》《粵遊草》《續獻徵錄》等書。又精於小簡，有《靜惕堂尺牘》，時稱江東獨步。編撰有《靜惕堂書目》（又名《靜惕堂藏宋元人集目》），按四部分類編排，所載宋集，自柳開《河東集》以下凡 180 家，元集自耶律楚材《湛然集》以下 115 家。輯有叢書《學海類編》，收書 431 種，分經翼、史參、子類、集餘 4 類，選擇較嚴，不收玄虛、荒誕和已刊之書。史部多稗史，子部多宋、明人實用著作。所刊之書在版心印有「檇李曹氏倦圃藏書」字樣。刻宋、元、明各家著作 40 餘種數百卷。著有《流通古書約》1 卷，首次提出古書流通法，向藏書家們指出其藏書職責是在於流通，不僅僅是保藏，務必使作者的思想和勞動，不以珍藏秘藏而與世隔絕。繆荃孫說「藏書家能守此法，則單刻為千百化可以不致湮滅，尤為善計」。他的藏書理論，在清代圖書、

文化界起了一定的作用和影響。其故宅在金陀坊，築有園林倦圃，周之恒繪《倦圃圖》，朱彝尊為之記，園有「山泉魚鳥蔬果花藥」諸勝，共 20 景。

如前所述，崇禎十三年金堡在中進士之後，在北京遊歷期間，就與伍瑞隆、陳洪綬、周亮工、閔度、龔華茂、黃仲霖等結詩社於京郊。由於伍瑞隆、曹溶為崇禎十年同科進士〔註315〕，金堡通過伍瑞隆與曹溶也有交往。

曹溶的「遺民門客」非常之多，其中與金堡有關係的也不少。如，伍瑞隆（字開國，號鐵山），比曹溶長 28 歲，但崇禎十年（1637）進士始成進士，歷任翰林院待詔、吏部主事、員外郎等職。伍瑞隆與任御史的曹溶經常聚會唱酬。還有嚴熚（伯玉），江南常熟人，係出江南名門。然嚴熚終其身科名不顯，屢囊筆遊食於王侯大吏之門。最初為祁陽王客，繼人何騰蛟幕。直至他的同里人瞿式耜出仕永曆政權，嚴熚乃改投瞿氏於桂林，參其軍幕，因得和金堡結識。順治七年（1650），清兵陷桂林，瞿氏以身殉，嚴熚則輾轉入粵，投身於秋岳門下。嚴熚始則參加抗清政權，繼而出為清廷大吏的門客，他的經歷，也有和竹垞相似的地方。嚴熚之得入曹溶幕府，據謝正光分析，應為既是曹溶同年、又與嚴熚同官的金堡所推薦。〔註316〕此外，還有如錢謙益、朱隗，等等。

順治十二年九月曹溶以才優經濟，外調廣東布政使。不想又因顧仁案而受到牽連等候處置。龔鼎孳《定山堂詩集》卷二十三《曹秋岳出嶺粵東左藩賦送八首》有「意外羈愁豁路難」句後原注「因候議，淹留五十餘日」〔註317〕十二月末曹溶降一級，仍赴廣東任。大概順治十三年（1656）夏，曹溶由家鄉赴粵，攜領萬泰隨行，據《丙申八月入粵宿南雄公署二首》可知，曹溶約於八月初到廣東。〔註318〕九月，遇京察，「吏部同督察院核議溶舉動輕浮，應以浮躁降一級，仍外用，因降山西陽和道」〔註319〕順治十四年（1657），曹溶祖母去世，作有《丁酉四月聞祖母之變賦怨詩二首》。八月，曹溶由廣東回鄉，為祖

〔註315〕謝正光先生在文章中言「金堡與秋岳為同科進士」不確，可能是筆誤；應該是伍瑞隆、曹溶為崇禎十年同科進士，而金堡是崇禎十三年進士；見謝正光：清初貳臣曹溶及其「遺民門客」，《明清論叢》（第三輯），北京：紫禁城出版社，2002 年，頁 223。

〔註316〕謝正光：清初貳臣曹溶及其「遺民門客」，《明清論叢》（第三輯），北京：紫禁城出版社，2002 年，頁 223。

〔註317〕龔鼎孳：《龔鼎孳全集》，北京：人民文學出版社，2014 年，頁 833。

〔註318〕栗娜：〈曹溶嶺南交遊考——以朱彝尊、龔鼎孳為中心〉，《嘉興學院學報》，2019 年第 5 期。

〔註319〕王鍾翰點校：《清史列傳》卷 78，北京：中華書局，1987 年，頁 632。

母守孝。故而曹溶於廣東任上的時間大致為順治十三年（1656）八月至順治十四年（1657）秋之後，前後一年而已。

順治十三年（1656），今釋聽聞故交曹溶已到任廣東，遂寄詩給老友：

闻道褰帷下粵東，故人真不與人同。

梅關花挾羅山重，棠芨枝連道樹濃。

鴻雁欲看新賣劍，豺狼且避舊乘驄。

多情為覓閒僧信，石上支頤靠短筇。

又

塵勞廿載並蒿萊，病骨從心等作灰。

鬢髮自還能老塔，風波愁上越王臺。

黃蕉丹荔隨時熟，白石清泉不見猜。

賺卻廬山歸未得，蓮花池好待誰開。〔註320〕

詩中其一的「多情為覓閒僧信」說明，曹溶一到廣州就打聽老友金堡的消息；其二是金堡（今釋）的自況心態的描述。曹溶收到後遂作詩《答澹公》：

□罷秦廷即掛冠，海風吹送衲衣寒。

心知彩筆凌霜易，實恐金戈杖錫難。

萬里鄉關悲逝影，百年身世薄加餐。

清林密岫追隨晚，自倚吳鈎曉夜看。〔註321〕

曹溶深知金堡為僧的不易，詩中「心知彩筆凌霜易，實恐金戈杖錫難」既表達對金堡文筆欽佩，又表達了對金堡同朝為官卻入佛門的同情和理解。曹溶攜萬泰還專到海幢寺去看望今釋。今釋書贈《秋岳過訪辱贈新詩是日攜履安萬子垂寄之什喜而有作》：

繁霜隕葉復何論，自有分條不異根。

零落山川曾一慟，寂寥風雨幸相存。

鉢聲竝寫煙霞色，屐齒孤留水月痕。

底事曲終人未見，相期欵欵數晨昏。〔註322〕

〔註320〕澹歸：《寄曹秋岳方伯》，《徧行堂集》卷34，《清代詩文集彙編》第47冊，上海：上海古籍出版社，2010年，頁144。

〔註321〕曹溶：《答澹公》，《靜惕堂詩集》卷32，《清代詩文集彙編》第45冊，上海：上海古籍出版社，2010年，頁480。

〔註322〕澹歸：《秋岳過訪辱贈新詩是日攜履安萬子垂寄之什喜而有作》，《徧行堂集》卷34，《清代詩文集彙編》第47冊，上海：上海古籍出版社，2010年，頁144。

並作詩《海幢臥病柬履安》贈萬泰：

　　半日方塘話未忘，知君心不異聯牀。

　　故人底事賦歸去〔註323〕，好硯亦難攜滿囊。

　　貧入官齋春寂寂，病連僧寺水茫茫。

　　海雲有分風吹慣，荔子牽衣夢又長。〔註324〕

曹溶作《得澹公書》回贈：

　　黃木灣頭路，星幾二十周，

　　棲山猶故國，送雁出前洲。

　　贈客丹霞梵，懸心碧海樓，

　　相逢無定約，病腕若為酬。〔註325〕

澹歸再作《寄荅曹秋岳侍郎》：

　　寒月浮初夜，梅花點客襟。

　　遠懷分老友，獨坐見長吟。

　　南海思彌濶，東山臥已深。

　　誰呼燭龍起，一照萬方陰。

　　又

　　未許聞名謝，空憐保社癡。

　　干戈餘兩眼，丘壑繫單絲。

　　絕壁青如故，流雲冷不知。

　　疎鐘連急杵，憶爾夢回時。〔註326〕

曹溶答以《得澹公書二首》：

　　瑣闈知何處，蒼梧淚暗零。

　　國恩雙鬢白，臣罪一燈青。

　　蜑市飄金磬，蠻雲覆草亭。

　　閒心馳故里，來訊隱人星。

　　衰年殊道路，短札見平生。

〔註323〕原注：秋岳聞欲解任。

〔註324〕澹歸：《海幢臥病柬履安》，《徧行堂集》卷34，《清代詩文集彙編》第47冊，
　　　　上海：上海古籍出版社，2010年，頁145。

〔註325〕曹溶：《得澹公書》，《靜惕堂詩集》卷22，《清代詩文集彙編》第45冊，上
　　　　海：上海古籍出版社，2010年，頁389。

〔註326〕澹歸：《寄荅曹秋岳侍郎》，《徧行堂集》卷33，《清代詩文集彙編》第47冊，
　　　　上海：上海古籍出版社，2010年，頁123～124。

花散三車雨，峒荒六詔兵。

□深思諫草，禪冷滯江城。

頗怪雕蟲習，雄心晚未輕〔註327〕。〔註328〕

曹溶以興朝貳臣之身，之所以能和廣東的明遺民大量交接，和金堡、伍瑞隆的作用是分不開的。曹溶遷廣東布政使後不久，順治十三年（1656）龔鼎孳「頒詔入粵」。來粵前，錢牧齋託龔鼎孳順便訪尋明末德清憨山大師（澄印，1546～1623）《夢遊集》的嶺南刻本，以便和他所藏的虞山刻本相勘校。錢謙益《嶺南刻憨大師夢遊全集序》有言「憨山大師《夢遊集》，吳中未有全本。丙申冬，龔鼎孳入粵，余託其訪求海幢華首和尚，得鼎湖棲壑禪師藏本。曹秋岳諸君集眾繕寫。」〔註329〕

金堡所撰《錄夢遊全集小紀》對棲壑禪師慨然應允出示藏本一事，有頗詳細的記述：

> 丁酉人日，中丞龔公孝升，過海幢，出宗伯錢公牧齋書，其於大師遺稿流通之心，真切莫比。華首和尚觀之，亦讚歎無比。既以所藏者付之龔公矣，復刊布諸剎。為訪全收之計，又以八行政端州棲壑禪師，索其全集。禪師慮失原稿，未發也。二月之望，前孝廉萬公履安來，以錢公曾有專囑，為謀之方伯曹公秋岳，作書重請。於是再奉華首書，遣喻如筏。知客往，稿乃發。〔註330〕

據《憨山老人夢遊集》卷四十《附錄》，錢謙益《寄憨大師曹溪法眷書》：

> 海印白衣弟子虞山錢謙益，致書於憨大師曹溪塔院住持諸上座師兄。恭惟甲申之歲，大師真身，自五乳歸於曹溪，迄今十有三載矣。某溽經喪亂，萬死一生，視息僅存，草土自屏，既不能襆被腰包，躬埽塔院，又不克齋心頂禮。遙致瓣香，仰負劬勞，俯辜記莂，局天蹐地，歎愧何已。唯是多生承事，畢世歸依，布髮未忘其宿因。失乳久思夫慈母，此則海墨難盡，劫火不灰。我大師固當於長寂光中，重加憐愍，密為加被者也。粵自法幢傾倒，末劫凌夷。師子逝

〔註327〕原注：澹公寄我制義。

〔註328〕曹溶：《得澹公書二首》，《靜愒堂詩集》卷19，《清代詩文集彙編》第45冊，上海：上海古籍出版社，2010年，頁361。

〔註329〕錢謙益：《嶺南刻憨大師夢遊全集序》，《牧齋有學集》卷21，《清代詩文集彙編》第3冊，上海：上海古籍出版社，2010年，頁290。

〔註330〕《憨山大師夢遊全集》卷1，香港：南華佛經會，無年月，頁11～13。

而野乾鳴，龍象寢而妖狐熾，家家臨濟，個個德山。宗師如茨，付拂如葦，而又構造妄語，侮慢聖僧。謗紫柏則曰本無師承，毀大師則曰但稱義學。聚聲導瞽，惑世誣民，法門之敗壞，未有甚於此時者也。舉世飲狂井之藥，而有一人不狂。舉世怖曉鏡之頭，而有一人不怖。單撐孤立，風雪當門。此一人者，或者護世四王，密諦力士，假手是人，為如來使，使之屏除魔外，不斷佛種，而我大師慈心悲愍，普施無畏，亦豈無厚望於後人歟。諸上座與某緇白不同，同出大師之門，並受遺囑。居今之世，隨波逐流，坐視斯人，中風狂走，搖手閉目。不為拯救，亦何以稱海印之真子歟。魔強佛弱，俗重道輕，智眼無多，法城日倒。未上諸上座，能不河漢吾言否也。今所欲亟請於座右者。近代紫柏雲棲，皆有全集行世。大師夢遊集，嘉興藏函。但是法語一種，其他書記序傳之文，發明大法者，有其目而無其書。聞大師遺稿，藏貯曹溪，卷帙甚富。今特為啟請，倒囊相付。當訂其訛舛，削其繁蕪，使斯世得窺全璧，不恨半珠。人天眼目，剎塵瞻仰，斷不可遲緩後時，或貽湮沒之悔也。又大師著《春秋左氏心法》，乃發明因果之書。常自言曹溪削稿時，燈前燭下，徵求案斷，魂魄可追，毛髮皆豎。以今世時節因緣，正當開顯此書，用以革頑止殺。撈攏劫濁，追思大師往昔付託。良非聊爾。流通之責，胡可逭也。伏祈諸上座合力搜羅，悉心採集，片紙隻字，固有闕遺。楗椎集眾，招告大師真身之前。舉授輶車，詔使鄭重郵致。俾某得借手撰集，以告成事。此則法乘教海，千秋之耿光，非及門一人之私幸也。大師五乳塔院，濫竽載筆。南海陳相公，曾為題識，勒石南華。甲申已後，歸龕事蹟，山門當有實錄，不揆蕪陋。願考核作第二碑，以備僧史。某年七十有五，誓以西垂之歲，歸命佛門。會臺賢之異同，破性相之岐執，闡揚遺教，弘護真乘，庶幾黽勉餘生。不負大師摩頂付囑至意。俟文集畢工，少有端緒，當為文一通，啟告大師冥機密感。念茲在茲，而今固未遑及也。遙望雙峰，焚香作禮，嶺海迢然，如在床席。天寒夜凍，琢冰削牘，意滿楮狹，不盡所云。歲在丙申十一月長至前三日某和南奉啟。〔註331〕

〔註331〕錢謙益：《寄憨大師曹溪法眷書》，德清：《憨山老人夢遊集》卷40，《附錄》，清順治十七年毛襃等刻本。

其後有今釋跋：

> 右錢牧齋宗伯訪求憨山大師遺稿，書以託龔孝升中丞者，頃攜
> 至海幢。華首和尚觀之，彈指贊禮，蓋歎錢公能不負師，龔公能不
> 負友，而兩公皆能不負佛，所付囑也。使授諸梓，命今釋跋其後。
> 嗚呼！斯道凌夷，於今已極，良由信根輕鮮，忘法本而背佛恩，其
> 視慧命斷續之間，若越肥秦瘠，笑啼皆偽，起倒隨人。請以此書，
> 正告天下萬世之為法門後昆者，知錢公所以盡心於大師之心，與龔
> 公所共弘護之心，與和尚所共流通之心，皆共出於三世諸佛大悲大
> 願之心。皮下有血，人觸著便痛，不隔一絲，危涕既零，忘身非險，
> 即生佛慧命，實嘉賴之，豈止為大師堅立光明法幢而已。時丁酉春
> 正月穀日華首門下弟子比丘今釋跋。〔註332〕

再後有萬泰附記：

> 臺諭憨大師全集，泰處署中，搜羅諮訪，非力所及。適金道隱
> 在此，知中丞傳臺箚於海幢法侶，其堂頭宗寶老人，歡喜讚歎，焚
> 香設拜，屬道隱題跋付梓。布告諸方，俾凡有收藏大師法語者，單
> 辭片紙，皆來聚集，現在數種，附中丞行笥，此外更有所得，泰當
> 為續上也，門人萬泰頓首。〔註333〕

今釋對錢謙益《寄憨大師曹溪法眷書》佩服有加，並在《書費隱禪師遺囑
後》再提及此事「猶憶牧齋宗伯為憨山大師求遺稿，致書曹谿諸法屬，情詞懇
惻，能墮信者之淚。先華首為炷香作禮，亦以末法眾生信根鮮薄，若宗伯師
資之誼，真堪標榜。道人之於徑山不滅，宗伯始知後先，中外同乘願力生菩薩
家，又足以風世。」〔註334〕

參加「集眾繕寫」人員，錢謙益在《憨山大師夢遊全集序》中提到「其在
嶺表共事搜葺者，孝廉萬泰、諸生何雲、族孫朝鼎。其次助華首網羅喪失者，
曹溪法融，海幢池目，及華首侍者今種、今照、今光也。」〔註335〕其實金堡

〔註332〕今釋：《跋》，德清：《憨山老人夢遊集》卷 40，《附錄》，清順治十七年毛褒
　　　　等刻本。
〔註333〕萬泰：《附記》，德清：《憨山老人夢遊集》卷 40，《附錄》，清順治十七年毛
　　　　褒等刻本。
〔註334〕澹歸：《書費隱禪師遺囑後》，《徧行堂集》卷 17，《清代詩文集彙編》第 46
　　　　冊，上海：上海古籍出版社，2010 年，頁 606。
〔註335〕錢謙益：《憨山大師夢遊全集序》，《牧齋有學集》卷 21，《清代詩文集彙編》
　　　　第 3 冊，上海：上海古籍出版社，2010 年，頁 289～290。

也參與其中，並且金堡與錢謙益早有來往，《徧行堂集》就有《訓錢牧齋宗伯壬辰見寄原韻》《又贈牧齋》等贈詩，並在《書費隱禪師遺囑後》《為霞舫道人題畫卷》提及錢謙益。

　　曹溶和他的幕客還與廣州當地知名的明遺民有過密切的往還。當時粵東的遺民中，除金堡外，較著名的還有薛始亨（剛生）、鄺日晉（無傲、檗菴）、陳子升（喬生、中洲）、張穆（穆之、鐵橋）、屈大均（翁山）、張家珍（璩子）等等。

　　順治十四年（1657）秋，曹溶「以舉動輕浮，降一級改任山西陽和道」即將離開廣東之時，今釋作詩慰問老友：

> 不妨執政三遭已，若到除書九轉難〔註336〕。
>
> 去國無詞山獨老，竄民有淚海俱寬。
>
> 端州石少歸舟駛，沉水香疏半臂寒。
>
> 遮莫野僧潭上月，年年只自倚闌干。〔註337〕

　　曹溶離開廣東之後他們還以書信交流。至順治十八年（1661）今釋得到李孝源、李充茂兄弟所獻的丹霞山後，康熙元年（1662）今釋正式到丹霞山開始規劃營造。此後，文可攜曹溶致今釋的書信及文可與曹溶的送別唱酬詩，到丹霞山訪問今釋。文可到丹霞山的時間，筆者認為大概是在康熙七年。據今釋《與曹秋岳侍郎》中「珠江別後，不覺十載餘，……弟為丹霞山子，牽鼻七年」〔註338〕的表述，從康熙元年（1662）今釋正式到丹霞山開始，「牽鼻七年」大概是康熙七年（1668），而此年距曹溶離開廣東的順治十四年（1657），也有 11 年了，與「珠江別後，不覺十載餘」的表述相符。

　　今釋與文可談興很高，在文可與曹溶的送別唱酬詩後作跋：

> 文師與秋老舊為硯席勍敵，有用世者，便有出世者，大似棄畫學塑，不甘居後，其送別唱酬三十韻亦如西山白黑二鷹，各磨空天，側腦掀翅，使人目力俱盡，隨風一刷，不知所之，皆奇瑋特絕之觀也，僧詩有僧氣，即不成詩，詩僧無僧氣，亦不成僧，師超然無營，一鉢袋子來粵東竄山水之勝，得句輒投，不復措意，既不能目為詩

〔註336〕　原注：秋岳頗好玄門，借用白傅忠州事。

〔註337〕　澹歸：《慰秋岳》，《徧行堂集》卷34，《清代詩文集彙編》第47冊，上海：上海古籍出版社，2010年，頁145。

〔註338〕　澹歸：《與曹秋岳侍郎》，《徧行堂續集》卷11，《清代詩文集彙編》第46冊，上海：上海古籍出版社，2010年，頁737。

僧，亦不能目為僧詩，宜其為秋老勍敵也。〔註339〕

今釋還寄上自己近刻的書籍並覆信曹溶：

> 文師來得手教，具審道體勝常，以慰馳仰。佳什遠貽，重之玉
> 塵金石，淵淵松風，謖謖如侍左右，荷佩深矣。珠江別後，不覺十
> 載餘，身世相催，在急流中目不及瞬，念此淒斷，承聞高臥東山，
> 休心古處，賢者故有以自樂，然旁求之誼，豈能超然，霖雨蒼生，
> 終當不免。弟為丹霞山子，牽鼻七年，叢席漸成，尚難結局，風塵
> 一鉢，自業所招，惟有孝山護念，久而彌篤，自是多生同行同願之
> 友，未易常情測度也。每謂世間人討不得閒，即出世間人，便合盡
> 情受用，及至做了出世間人，又討不得閒，一回忙煞，一回笑煞，
> 直是無此閒命，以己度人，恐吾兄亦未必有此閒命耳，他日東西南
> 北，惟命所之，驀地相逢，灰塵滿面，卻更有相視而笑處，青山碾
> 為塵，敢保沒閒人，此正吾輩自受用三昧也，小詩未足，仰酬高韻，
> 並近刻寄請削示，何當晤語，消此遠懷耶，頃在雄州，與文師頗有
> 追隨之適，此翁詩格力老大，其人氣韻蕭散，不可於時流中索之，
> 廉齋素心共對官衙中，殆如老僧退院，時復往來，皆凌江佳話也。
> 文師明夏當啖生荔枝，秋間出嶺。弟若有請藏之舉，或可先後行，
> 正恐與催官符相直耳，風便率布，未盡區區。〔註340〕

曹溶離粵之後，今釋還在一些詩文中提及曹溶。如《長安夢說為盧長華少
叅贈別》中有「曩語曹秋岳雲，譬如人做了一箇夢，醒了時曉得是箇夢，卻說
不得不曾有這箇夢，難道做夢的是夢，說夢的便不是夢麼」〔註341〕又如《題
冊贈范文逸》「憶曹秋岳曾云，我與師猶是三十年前人，傷哉其言之」〔註342〕
可見兩人感情之深厚。

康熙十七年（1678）四月十二日，澹歸退院。以丹霞事付樂說主持，赴嘉

〔註339〕澹歸：《書文可師與曹秋岳送別唱酬詩後》，《徧行堂集》卷17，《清代詩文集
彙編》第46冊，上海：上海古籍出版社，2010年，頁607。

〔註340〕澹歸：《與曹秋岳侍郎》，《徧行堂續集》卷11，《清代詩文集彙編》第46冊，
上海：上海古籍出版社，2010年，頁737。

〔註341〕澹歸：《長安夢說為盧長華少叅贈別》，《徧行堂集》卷2，《清代詩文集彙編》
第46冊，上海：上海古籍出版社，2010年，頁292～293。

〔註342〕澹歸：《題冊贈范文逸》，《徧行堂集》卷16，《清代詩文集彙編》第46冊，
上海：上海古籍出版社，2010年，頁577。

禾（現浙江省嘉興市）請藏。〔註343〕八月乘舟到達嘉禾。曹溶得知今釋到達消息，連忙到渡口迎接，兩人「許多歡喜重相見」今釋作《舟次嘉禾曹侍郎秋岳過訪卻寄》：

> 處陸非圖激水寬，棲蘆暫覓一枝難。
>
> 全經恰在塵中出，古道還成域外觀。
>
> 敢到國門懸敝帚，不因時序擲秋紈。
>
> 許多歡喜重相見，又向春風識歲寒。〔註344〕

今釋到嘉禾，住精嚴寺。曹溶前去看望，喜不自禁，還作《喜澹公自粵東至六首》：

> 其一
>
> 檇李荒城得得留，艱辛何異伏蒲秋。
>
> 一堂松淨聊支枕，萬里山香此繫舟。
>
> 老大隨緣真自在，雲煙觸目未須愁。
>
> 琳琅尺許蒙分贈，添我茆齋話粵州〔註345〕。
>
> 其二
>
> 自動塵沙柔削稀，古心何幸不相違。
>
> 三江腥浪囊常濾，五管橫戈錫正飛。
>
> 鳳翼有情廻昨夢，蕨芽無羔答朝饑。
>
> 遙知宴坐曇花底，碧血凝寒滿衲衣。
>
> 其三
>
> 君昔騰蛟我作雲，推移那料隔塵氛。
>
> 歲寒要使幽期在，道大何妨絕調聞。
>
> 露澀炎荒蒼玉佩，蓴香野渚白鷗羣。
>
> 去來同有憂天念，丈室休將諫草焚。
>
> 其四
>
> 寓榻宵聞廢殿鈴，高原採菊句亭亭。
>
> 已容西竺稱耆舊，誰向中朝辨客星。

〔註343〕陳世英：《丹霞山志》卷3，廣州：廣東教育出版社，2015年。

〔註344〕澹歸：《舟次嘉禾曹侍郎秋岳過訪卻寄》，《徧行堂續集》卷14，《清代詩文集彙編》第47冊，上海：上海古籍出版社，2010年，頁694。

〔註345〕原注：予舊吏粵東。

嶺國遠同芒屨敝，海濤催減鬢毛青。

升堂若許鋪糟藜，合勝悲歌屈子醒。

其五

挽留高躅共雲蘿，下里風光可奈何。

農政築場翻雨雪，□書征馬遍關河。

伊人解道屼隤好，斯世難堪磊塊多。

引領慈航匡濟急，休令法海怨蹉跎。

其六

蒼梧歸轍興陶然，闢地丹霞絕磴懸。

掉臂必關千古事，將心直上六禪天，

馱經瘴嶠烽須熄，說法吳臺茗自煎。

隻手夙傳支大廈，可能無意赤烏年〔註346〕。〔註347〕

今釋步曹溶詩韻，作《次韻酬曹秋岳侍郎》：

餘生每覺自淹留，水剪雙瞳一片秋。

倚伏先幾看塞馬，去來隨分信虛舟。

尊罍北海徵新得，煙雨南湖入舊愁。

風送菱歌聞隔岸，不勞洗眼認杭州。

又

天空月淨列星稀，落落相看忍邐迤。

井有寒泉應早汲，巢無阿閣莫輕飛。

貔貅十道疲酣戰，禾黍三秋怯阻饑。

憂樂不知誰作主，晷分痛癢問麻衣。

又

樹生霜雪石生雲，懶上匏居望國氛。

小歇一亭無夢夢，高言四座未聞聞。

浮蹤豈是曾安土，至德須知不亂羣。

回首蒼梧先醒地，乾柴烈火判俱焚〔註348〕。

〔註346〕原注：澹公寓精嚴寺，主僧擬留修復赤烏寺所始也。

〔註347〕曹溶：《喜澹公自粵東至六首》，《靜惕堂詩集》卷36，《清代詩文集彙編》第45冊，上海：上海古籍出版社，2010年，頁512～513。

〔註348〕原注：欲為置宴坐地不敢以時詘相累。

又

耳根寂處響風鈴，誰見談空更有亭。

閣上分光雖五夜，罶中落影只三星。

霞皺沸海潮全赤，月罩枯巖晚倍青。

君昔夢余能畫斷，憐人同醉不同醒。

又

寒煙絕分掛松蘿，鄰榜聽歌奈若何。

怪我全身埋地戶，憑君一手挽天河。

適當空乏饑鷹少，不避豪賢猛虎多。

缺盡唾壺長太息，層霄俯視莫蹉跎〔註349〕。

又

全收法藏意迢然，別影翻從此座懸。

肯負故人真愛我，可堪秋水遠連天。

冰非耆冷虛相結，膏不求明枉自煎。

一鉢千家緣已定，寓諸無竟得忘年。〔註350〕

　　曹溶見今釋在精嚴寺的住處，不夠安靜，主動與為翁和尚相商為今釋覓一靜室。今釋考慮曹溶近來拮据，怕增加其負擔，予以婉拒。今釋書信曹溶說明原因：

　　　　昨敬老見顧，具述吾兄高誼，欲為弟覓一靜室。翁振老云有一處現成甚便，擬與吾兄相商。別後思之，賤性隨寓可安。出家以來，惟三寶叢林事乃上緊耳。此何等時耶？即吾兄近來拮据，艱難之際，弟豈不知。若以一身便安，而致護法費累，非道人之心。幸且置之。弟料理藏經乃是正意，倘得完成，去住亦尚未定。自可從容斟酌，恐諸公以好我之故，急於倡論。先此奉聞，惟察其真切。〔註351〕

〔註349〕　原注：頗有外侮同人共為不平。

〔註350〕　澹歸：《次韻酬曹秋岳侍郎》，《徧行堂續集》卷15，《清代詩文集彙編》第47冊，上海：上海古籍出版社，2010年，頁696～697。

〔註351〕　澹歸《東塔為則范禪師全錄序》中有「今釋以請藏至嘉禾謁東塔為翁和尚」，該信中提到的「翁振老」有可能就是「為翁和尚」；見澹歸：《與曹秋岳侍郎》，《徧行堂集》卷11，《清代詩文集彙編》第47冊，上海：上海古籍出版社，2010年，頁624；澹歸：《東塔為則范禪師全錄序》，《徧行堂續集》卷3，《清代詩文集彙編》第47冊，上海：上海古籍出版社，2010年，頁478。

今釋到嘉禾基本完成請藏的大事之後，應邀再到常熟興福禪寺，曹溶陪同前往。興福禪寺方丈聖予專門為迎接今釋，專門舉辦茶集邀請當地士人名流參加。曹溶還帶上珍藏的趙孟頫《雪岩和尚拄杖歌卷》（見圖 2）在茶集展示，今釋作《興福禪院茶集為聖予開士之招》：

筆湧蓮華墨湧波，清秋一氣落庭柯。

仙人論處三山近，長者牀邊一句多。

潛伏金鱗從擲餌，周遮翠幄罷牽蘿。

更乘晚色穿微雨，真賞能忘拄杖歌〔註352〕。〔註353〕

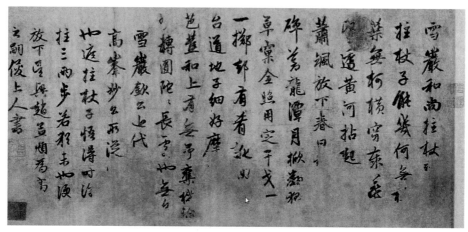

圖2　趙孟頫《雪岩和尚拄杖歌卷》〔註354〕

在興福禪寺，曹溶與天友、超然等陪今釋用飯，並作詩唱和。曹溶作《同天友超然陪澹公飯興福菴用超然將字韻三首》：

悶來貪得侶，勝地且扶將。

罷釣求魚樂，為橋度竹香。

蔬盤多善果，人影散頹陽。

去住無塵障，游鯤萬里翔。

〔註352〕原注：秋岳出雪巖拄杖歌橫卷是趙松雪墨蹟。

〔註353〕澹歸：《興福禪院茶集為聖予開士之招》，《徧行堂續集》卷15，《清代詩文集彙編》第47冊，上海：上海古籍出版社，2010年，頁707；澹歸還應聖予之請，為作《興福禪院閣藏供緣募疏》。

〔註354〕https://news.artron.net/20200408/n1074837.html；行書，紙本，縱23.5cm，橫53.6cm。原卷25cm×505cm。署款「吳興趙孟頫為高之嗣憂上人書」，鈐「趙子昂氏」（朱文）印。

並坐雲樓側，杯醪各異將〔註355〕。

妙心刪理亂，賦體襲班張。

暵沼浮花淺，秋柯寫翠長。

時時支短榻。作客愧身強。

樓靜徒今日。同人託感長，

再期迎旱魃。六氣鬱雲將，

勒鼎看皆妄。隨波意轉傷，

好期孤鶴跡，松覆石根香。〔註356〕

今釋和以《秋岳有興福茶集詩用張超然將字韻次答》：

欲話住山事，白雲情共長。

道流能致客，作手許同堂。

對景各相惜，會心無可將。

微風分密坐，隨意得清涼。

又

黃山曾入夢，作客勝還鄉。

雲海不同湧，丹臺千古荒。

老松枯尚未，危石墮方將。

卻恐天低處，遮迴雁一行〔註357〕。〔註358〕

之後，曹溶再陪今釋到無錫的半塘寺。曹溶、值濮陪今釋用飯，並作詩唱和。曹溶作《澹公房值濮高士共飯二首》：

偶踏齋鍾去，支公特啟關。

隨緣雷杖烏，取友遍江山。

松遠濤相答，溪荒雨尚慳。

細推行樂事，多遜北窗間。

沙墅支頤叟，高風激老禪。

折葵憂旱切，枕石借潭偏。

〔註355〕原注：余是日不飲。

〔註356〕曹溶：《同天友超然陪澹公飯興福菴用超然將字韻三首》，《靜惕堂詩集》卷24，《清代詩文集彙編》第45冊，上海：上海古籍出版社，2010年，頁402。

〔註357〕原注：秋岳有卜居黃山之勸。

〔註358〕澹歸：《秋岳有興福茶集詩用張超然將字韻次答》，《徧行堂續集》卷14，《清代詩文集彙編》第47冊，上海：上海古籍出版社，2010年，頁688。

冷語分幽磬，塵途惜暮天，

入懷珠玉彩，皋廡不蕭然。〔註359〕

今釋和之以《次韻秋岳邂逅澹軒過半塘共飯》：

好友方接坐，高流忽叩關。

逢迎傾二老，突兀怪三山。

詩料雅相稱，菜根香未慳。

客途俱有事，惜取一時間。

又

影落千尋壁，心休五味禪。

貧無朝市異，病有水雲偏。

龍伏虛招雨，人荒錯問天。

東山將北海，吾意亦翛然。〔註360〕

　　前述曹溶欲為今釋覓一靜室，被今釋婉拒。其實，今釋由於患病未愈，加之心性耿直，不肯寄人籬下，對於所居處，還是有不少要求的。他在與陸亦樵的信中說：

前札月初來吳門，想亦無暇，要之出門亦自不易也。頃感冒之後，兩腳發腫，醫人云脾氣太虛所致，非極補不可。王孫公子之病，落在窮禿兵身上，亦失卻一眼矣。此間有欲為澹歸覓靜室者，語之云，第一要境界好，第二要房舍現成，第三要主人不著相。若要我起爐作竈，化錢糧修造，則我不能。又要我搖尾乞憐，捨面皮捱住，則我不肯也。如此難題目，恐難得好文章，則秋涼行矣。意欲從太平遊黃山，從徽州過浙東遊天台雁宕。未知此病得愈，能遂此願否？若兩著都不成，則蘇州欠我三擔乾柴，不妨索此一項冷債也。欲言未盡，病次值丹霞差僧行迫，遂不多及。〔註361〕

　　今釋還表達了只要病得愈，想遊黃山、天台山和雁蕩山的願望。對於黃山，今釋尤其發生了很大的興趣。友人鮑聲來以《黃山遊紀》相贈，今釋很是

〔註359〕曹溶：《澹公房值濮高士共飯二首》，《靜惕堂詩集》卷24，《清代詩文集彙編》第45冊，上海：上海古籍出版社，2010年，頁402。

〔註360〕澹歸：《次韻秋岳邂逅澹軒過半塘共飯》，《徧行堂續集》卷14，《清代詩文集彙編》第47冊，上海：上海古籍出版社，2010年，頁688。

〔註361〕澹歸：《與陸亦樵處士》，《徧行堂續集》卷12，《清代詩文集彙編》第47冊，上海：上海古籍出版社，2010年，頁645～646。

高興，作《鮑聲來以黃山遊紀相示》：

> 擬邀白社作同流，忽見黃山得臥遊。
>
> 卻問鳳池歸早晚，不知雲海幾春秋。
>
> 從今自卷三張紙，此後誰登百尺樓。
>
> 他日攜筇能快讀，老人峰頂墨華浮。〔註362〕

今釋還在《酬贈周救寧》的詩中有「黃山一覽纔如夢，白雪重贋已作遄」之句，並自注「適友人以黃山志見示，臥遊數日不覺蹉跎」〔註363〕可見他對黃山之嚮往。

在興福禪寺之時，曹溶就勸今釋卜居黃山〔註364〕。今釋基本被曹溶說動，對卜居黃山也確實有過認真的考慮並答應此事。在《秋岳有興福茶集詩用張超然將字韻次答》中也有「黃山曾入夢，作客勝還鄉」〔註365〕之句。當時與今釋有交往的士人或者高僧不少都曾經提出此建議。僅在《徧行堂續集》中就有今釋的不少書信或詩歌中回應此事。如，今釋《荅陳階六糸藩》有「至嘉禾請藏事訖，即擬走山陽奉訪，話四十年契闊。……今將赴黃山之請，聊以遮眼。若此緣不就，則淮揚一帶皆吾風塵中之一塵也」。〔註366〕

在盤桓蘇州無錫的半塘寺期間，今釋收到蘇州知府魯謙齋的信函。魯謙齋從今釋老友徐健菴處得知今釋來到治下的半塘寺，即表達敬意，並有請今釋主持黃山上的寺廟之邀請。此外，今釋在半塘寺還收到著名詞人、湖州知府吳綺〔註367〕代表新安眾護法寫的《公請澹歸大和尚住黃山啟》：

> 伏以大法三千年而始振待啟，金輪名山五百歲而重開。遙飛錫

〔註362〕澹歸：《鮑聲來以黃山遊紀相示》，《徧行堂續集》卷15，《清代詩文集彙編》第47冊，上海：上海古籍出版社，2010年，頁696。

〔註363〕澹歸：《酬贈周救寧》，《徧行堂續集》卷15，《清代詩文集彙編》第47冊，上海：上海古籍出版社，2010年，頁706。

〔註364〕澹歸《秋岳有興福茶集詩用張超然將字韻次答》有原注「秋岳有卜居黃山之勸」；澹歸：《秋岳有興福茶集詩用張超然將字韻次答》，《徧行堂續集》卷14，《清代詩文集彙編》第47冊，上海：上海古籍出版社，2010年，頁688。

〔註365〕澹歸：《秋岳有興福茶集詩用張超然將字韻次答》，《徧行堂續集》卷14，《清代詩文集彙編》第47冊，上海：上海古籍出版社，2010年，頁688。

〔註366〕澹歸：《荅陳階六糸藩》，《徧行堂續集》卷11，《清代詩文集彙編》第47冊，上海：上海古籍出版社，2010年，頁622。

〔註367〕吳綺（161～1694）清代詞人，字園次，一字豐南，號綺園，又號聽翁，江都（今江蘇揚州）人。順治十一年（1645）貢生、薦授弘文院中書舍人，升兵部主事、武選司員外郎。又任湖州知府，以多風力，尚風節，饒風雅，時人稱之為「三風太守」。後失官，再未出仕。

杖，紺龍夜仰，白象秋高。恭惟某，慧解彌天，慈恩洽日，劉安世之直節，曾居鐵漢樓中。蘇子瞻之奇才，再入金仙坐上。辭囂得悟，早知靜掃雲煙。為法尋幽已識，飽嘗山水丹霞密印，普聞獅子之音。白雪重糸，直接蜂王之乳。曹溪滴水，偶然流到香溪。庾嶺飛花，忽爾經過吳嶺。雖三宿頻邊，聖哲不雷情於桑野，而四禪均利，人天胥有望於旃林。惟此黃山，昔存丹竈，軒皇受籙，赤龍始闢金壇。媧後賜書，青鸞爰傳。寶相林皆蓍蔓自有餘。香峯是蓮花生成法座，倘能惠然竹杖，不惜渡以木杯，則云停四鶴，何殊迦葉重來。地湧千猊，共見維摩示現。雖流沙泉畔，或無長者黃金，而洗鉢池邊，又點生公白石矣〔註368〕。〔註369〕

經過考慮，今釋覆函魯謙齋知府，表示接收邀請，但只須住現成院子，不用新建房屋：

高才美政，藉甚三吳，傾仰之懷，故非一日。乃者寓錫貴治，而未敢晉謁，蓋不欲以物外閒僧，煩邦君之酬應也。農山侍御傳語下交雅意，亦復逡巡未敢遽前。向苦腳氣，近患脾疾，衰羸極矣。宰官多冗，不欲以龍鍾之狀候見公府，為世間傳笑。此亦嬾拙自便而已。復聞有以緣冊奉干者，益為徬徨裹足。此冊健菴太史欲拉吳門同好相雷，住靜弟決計去吳門，即囑首事之友置此冊，無事甲中，乃於此地不相謀，而相瀆，殊乖本念。頃受黃山之請，現成院子，不費經營，豈可復藉健菴之重言，作結茅之妄語，騙違因錯果之緣，造欺己欺人之罪。伏請道翁一筆勾卻，永斷葛藤，始為相愛相成，是我真心護法耳。兩詩呈教，直抒胸臆，無一餙詞，素扇無華，料大君子非責華於野人者也。草率披露，並恕唐突不宣。〔註370〕

但是，後來今釋瞭解到黃山寺廟原有八水禪師住持，怕自己空降引來紛爭，加之疾病纏身，遂萌生退意。今釋在致黃伯和的信中說，由於魯謙齋知府

〔註368〕原注：澹公，即金堡，號道隱，杭州人，庚辰進士，祝髮後，住丹霞，今寓半塘寺。

〔註369〕吳綺：《公請澹歸大和尚住黃山啟》，閔麟嗣：《黃山志》卷5，清康熙自刻本；另見吳綺：《請澹歸大和尚住黃山啟》，《林蕙堂全集》卷2，四庫全書本，頁77～78。

〔註370〕澹歸：《與魯謙齋太守》，《徧行堂續集》卷11，《清代詩文集彙編》第47冊，上海：上海古籍出版社，2010年，頁630～631。

「公函鄭重，不暇致詳」以致輕率地答應黃山之招：

> 昨承黃山之招，遂有率爾之興。蓋以公函鄭重，不暇致詳，比聞八水禪師在彼住持。八師為一方知識，匡徒領眾，歷有年所。諸護法別請今釋，而晏然受之，是驅除八師，而攘其院也。日來諸方頗有新舊住持爭一院子，鬪諍不休，為世間有識所笑。今釋恥之，豈宜身蹈覆轍，以違素志。謹再拜辭謝，惟道兄知我愛我以德，即為鼎致。貴鄉諸護法立止此舉，以安愚分，真護念菩薩矣。至今釋衰病日深，飲食不進，行且瀘先朝露，有辜付託盛心，即八師不住，亦請另延名宿，無使佳山水勝道場遂致凌替以重。今釋之愬，言出肝膈，千萬照鑒不宣。〔註371〕

隨後，今釋再致函魯謙齋知府，表達歉意，特請將承黃山之招予以注銷：

> 貧賤驕人，道所訶飛，騰急景況，無多推。公特發下交禮，顧我殊非高士，何已向薰風分暖律，更從藥樹蔭繁，柯侍郎自識黃牛，政豈必朱輪躡綠莎。
>
> 又
>
> 老計先從無住傳，近家頻贈遠行鞭，吳門已是全收局，此地何由，更作緣丘壑安排，窮五技風塵，實倒得三禪注銷，郤請如山判，六六峯頭駕鐵船。（聞有以健菴緣，引仰千為結茅計，頃有黃山之約，特請注銷）〔註372〕

今釋對於吳綺等新安眾護法的《公請澹歸大和尚住黃山啟》，也予以婉拒，復之以《荅新安眾護法》：

> 伏以登山，得主不煩。蠟展經營，擇法逢人。豈免鐵鞵辛苦，揚眉便見。似有夙因，覿面相呈，更無餘事。恭惟大護法居士，人倫陶冶，佛種津梁。五百年名世，上元之會。三交九萬里，搏風匆利之門四闢，即世相，即實相，兼覆有無。非背人，非向人，全超取捨，干霄紫氣，拔地黃山。思所從來，始信水源木末。尋其向去，尚聞玉磬金鐘。今釋滌器雷峯，誅茅錦水，癖生痼冷，寸艴縛蠶，

〔註371〕澹歸：《與黃伯和內翰》，《徧行堂續集》卷11，《清代詩文集彙編》第47冊，上海：上海古籍出版社，2010年，頁624～625。

〔註372〕澹歸：《柬魯謙齋太守》，《徧行堂續集》卷15，《清代詩文集彙編》第47冊，上海：上海古籍出版社，2010年，頁716。

病狃奇竅，斗灰縮蚓，想三十六峯之秀色，庶機遇之，如一百廿歲
而勤行。嗚呼！老矣！忽承招手，不覺頻心，休言住院，且供看流
水行雲，切忌談玄，恐鈍置夜猿曉鶴把尾，據頭虎項下，始終盡善，
居今稽古驚頭邊，彼此難忘，草草荒械，未訓密意，遲遲春日，載
覯仁風。今釋臨啟，可勝馳仰之至。〔註373〕

今釋並作《新安諸公請黃山柬秋岳瀛山》將婉拒入院黃山的決定告知曹溶
等人：

> 黃山何意解招魂，病不知亡老不存。
> 漫道裹屍須馬革，還如拌死食河豚。
> 秋深竹杖曾偷眼，春盡芒鞋欲躲跟。
> 莫向白雲論畢竟，由來舒卷不留痕。

> 又

> 好友相攜丘壑深，聞聲見色總知心。
> 海中白湧山根汞，火底丹浮水面金。
> 每念魏侯休皆本，長懷船子忽投林。〔註374〕
> 妙音妙指吾何有，走石穿松是寶琴。〔註375〕

後來，今釋吳門好友見其不欲去黃山，還有提議觀音山之約，今釋以「侍
者不欲就」為由沒有答應。〔註376〕

曹溶陪同今釋遊歷吳中多地之後，遂告歸嘉禾。友人為今釋等人繪「惜別
圖」，曹溶作跋，今釋撰詩《惜別圖》：

> 圖成已見傳神手，題後兼推作賦才。
> 不為此翁藏老醜，總教玉樹配蒿萊。
> 春風共坐三生石，寒月曾臨七寶臺。
> 寄語扁舟巖上客，馬蹄何處覓塵埃。

〔註373〕澹歸：《答新安眾護法》，《徧行堂續集》卷11，《清代詩文集彙編》第47冊，
上海：上海古籍出版社，2010年，頁620。
〔註374〕原注：華亭平湖頗欲置予於湖泖間，今乃與船子朱涇長別矣。
〔註375〕澹歸：《新安諸公請黃山柬秋岳瀛山》，《徧行堂續集》卷15，《清代詩文集彙
編》第47冊，上海：上海古籍出版社，2010年，頁715。
〔註376〕今釋《南園口號》中有注「初辭黃山請，吳門復有觀音山之約，侍者不欲就，
然往往以沒著落為嫌，喫粥喫飯不是著落，病矢病尿不是著落，乃向一箇菴
子討處分耶」，見澹歸：《南園口號》，《徧行堂續集》卷14，《清代詩文集彙
編》第47冊，上海：上海古籍出版社，2010年，頁677。

又

> 我惜別君君惜我，此情不在合離間。
>
> 丈夫各有一往志，人事更無三日閒。
>
> 金石盟休渝白業，松風夢只遶青山。
>
> 即今上馬登舟地，樹冷煙荒一水灣。〔註377〕

今釋還作《送曹秋岳方伯歸嘉禾》：

> 海外同遊戲，相看各不聞。
>
> 我猶多杖笠，君未乏雲山。
>
> 跌宕才名易，升平氣數艱。
>
> 高堂饒白髮，且莫過邗關。〔註378〕

今釋從康熙十七年決意出嶺，赴嘉興請藏，八月抵達嘉興。曹溶陪同往還於嘉興、平湖、常熟、雲間（今屬上海）、無錫等地。據陶越《過庭紀餘》載「康熙丁巳戊午間，（今釋）來遊吾禾，余於施約菴先生講席上見焉，時方盛夏，先生僧衣而不加帽，形甚清腴，頭髻如雪，出語稜稜，猶見往時風骨，與約菴先生講格物致知義，往復辯論多所發明，聽者俱為心折。」可見當時今釋風采，〔註379〕至康熙十八年秋，今釋仍臥病無錫半塘寺。康熙十九年春，自云間撫病至平湖，在陸世楷的別業南園養病。至八月，今釋在平湖去世。

〔註377〕 詩有序「一留孝山，一留融谷，一留丹霞，曹方伯秋岳有跋」，見澹歸：《惜別圖》，《徧行堂集》卷38，《清代詩文集彙編》第47冊，上海：上海古籍出版社，2010年，頁211～212。

〔註378〕 澹歸：《送曹秋岳方伯歸嘉禾》，《徧行堂集》卷32，《清代詩文集彙編》第47冊，上海：上海古籍出版社，2010年，頁107。

〔註379〕 陶越：《過庭紀餘》卷中，清鈔本，頁40。

第五章　結語——研究金堡的史學意義

　　金堡生逢明清更代之際，經歷了入仕、起義、南逃、黨爭、出家、受具、建寺、開悟、請藏等主要時期，一生不可謂不起伏。在青年時期，特別是中進士之後，以儒家進取的精神，盡力為地方民眾鼓與呼，不吝頭上的烏紗帽。當國變開始，以匹夫之志與同道一起奮起抵抗異族侵略，千辛萬苦地追隨南明諸位藩王。然「南明當弘光敗亡，隆武、永曆雖先後繼起，而大勢已去。小朝廷偏處海隅，崎嶇播越，乃不思發憤自強，以圖恢復；仍蹈南都故轍，君主昏庸，權奸當道，黨爭不解，群小奔競，遂為清人所乘，不旋踵而灰飛湮滅」〔註1〕由於金堡對農民起義軍的深刻敵視，加之南明朝廷軍事集團黨爭的裹挾與合謀，在非常時期，仍然不切實際的對其所謂「應當」的理想政治的迂腐執著，其所作所為不無值得指責之處，但是其一心維護所謂正統明朝政治的理想主義始終未變，一直到由於軍事形勢的巨變，其經歷九死一生的金吾詔獄並被戍清浪衛之後，他的思想發生了深刻的變化。順治七年（永曆四年，1650）五月，在被發配梧州途中，金堡在《贈趙君秋屋舊作》中有「小人結交千黃金，君子結交方寸心。側聞磊落趙夫子，一身許友以生死。死生得失有公私，差之毫釐失千里。……爾得我存忠與孝，我得爾成義與仁。」〔註2〕顯示其一心為公的忠孝磊落心態，以及對遭受政治迫害的心痛和無奈。王夫之對金堡評價也較高「堡文筆宕遠深詣，詩銛刻高舉，獨立古今間，成一家言。行書入逸品。

〔註1〕 吳天任：《澹歸禪師年譜自序》，《澹歸禪師年譜》，香港：香港佛教智蓮圖書館，1990年，頁1。

〔註2〕 澹歸：《甲午中秋前五日借山今釋書於東皋之天香閣贈趙君秋屋舊作》，瞿式耜：《瞿忠宣公集》卷8，《續修四庫全書》第1375冊，上海：上海古籍出版社，2002年，頁286。

名位利祿妻子皆不繫其心，唯微有酒過。」〔註3〕

　　在澹歸當世及後世，士林中始終存在著批判的聲音，其原因可歸為遺民與遺民僧之間立場及價值取向的差異，因此只有從其完整的行歷出發方可拋開這些價值分別論，從而理解澹歸為人與行事的「正直」與「從心」。

　　明清易代，社會人心經歷天崩地裂，作為南明重臣的金堡和諸多士人一樣，以「逃禪」為歸宿。當然，澹歸自己並不將自己列入「逃禪」之列。他說「所謂『逃者』，蓋不得已而為之詞也。鼎革以來，寄跡於圓頂方袍，實繁有徒，然謂之高尚其事，以節義文章，坊表名教則可矣。世之闡提，以此名奉善知識，則善知識恥之，即真正衲僧亦必恥之。」〔註4〕可知，澹歸十分反對將自己歸為「逃禪」一類，其自以為是實心向佛使然，非不得已而為之。

　　明遺民與遺民僧的身份轉換使其背負了完全不同道路的兩種責任，因此引發了不同的甚至極端毀、譽的雙重歷史評價。作為與今釋同時代的王夫之亦比較了方以智和金堡，言後者，「以崇土木、飯髡徒之故，不擇人而屈下之，與尚氏往還，稱頌不作。有金公絢者，亡賴幕客之長，持尚氏之權，漁獵嶺海，乃與聯族而兄事之，作海幢於廣州，營丹霞於仁化，所費至數萬金，以此盡忘其本色。狂者可狷，狷者一狂，則蕩閒無所止，有如此夫。」〔註5〕黃宗羲亦言，澹歸初如琵琶妓邂逅樂天，及《徧行堂集》出，便似村僧沿門弄鈸矣。〔註6〕黃宗羲之弟黃宗炎也說「（澹歸）祝髮為僧，竟忘所自，但成一領眾募緣俗漢而已。閱其《徧行堂集》，尤為濫惡不堪。」〔註7〕陳垣《清初僧諍記》有云：「今所傳《徧行堂續集》，有某太守、某總戎、某中伯、某臬司尺牘數十篇，丞壽序十餘篇，卷十一有上某將軍、某撫軍、某方觀其標題，已令人嘔噦。」〔註8〕

　　然與此相反，正面的評價亦是不少。如，邵廷采在《明遺民所知傳》中所

〔註3〕王夫之：《金堡列傳》，《永曆實錄》卷21，上海：上海古籍出版社，1987年，頁186。

〔註4〕澹歸：《與栢巖上人》，《徧行堂續集》卷10，《清代詩文集彙編》第47冊，上海：上海古籍出版社，2010年，頁616。

〔註5〕王夫之：《搔首問》，《俟解、噩夢、搔首問》，臺北：廣文書局，1970年，頁101。

〔註6〕黃宗羲：《南雷文定》卷4，《黃宗羲全集》，杭州：浙江古籍出版社，1988年，頁92。

〔註7〕陳垣：《清初僧諍記・記餘》，北京：中華書局，1962年，頁90。

〔註8〕陳垣：《清初僧諍記・記餘》，北京：中華書局，1962年，頁91。

言，「觀金堡的奏疏，明其才幹，言其指畫天下事如觀火轉環，稱其才氣雄矣哉」〔註9〕釋成鷲言其生平大要，多以文字而作佛事，著述數十萬言，皆從般若光中流出。〔註10〕今釋同門師弟今辯在《丹霞澹歸釋禪師行狀》中云：「識者謂覺範洪文字禪、憨山清夢遊集遜弗逮也。……師道德文章輝今映古，而立心制行純一精誠。在世間則忠君愛國，秉正斥邪，身命不惜；出世間則全身為法，忠於事佛、孝於事師，勠力叢林，無分粗細，一施一受，悉歸正命。……以世出世法，貫徹圓融，悉歸於大公無私之域，匪徒廉頑立懦，誠足位置人天。」〔註11〕友人廖燕《哭澹歸和尚文》有「私念世人心目，淺狹懷私，惡道善人，兼趨利，耳食無志，斯道美惡莫辯，非得一代偉人如師者賞鑒品題而揄揚之，終莫能取信。」〔註12〕對於詩詞則推崇者多，王士禛（1634～1711）就讚歎其詞「極有逸氣，擅場處頗似坡翁、稼軒，亦有逼梅溪處」。〔註13〕

對於今釋入禪前後行事看起來風格迥異，判若兩人的解釋，吳天任先生的角度值得玩味，他認為今釋不論入世出世，其身體而力行是一以貫之的，「澹歸方外言行，與一般緇流迥異，蓋以儒入佛，其用世則以忠愛為心，身體而力行，生死以之；及其歸向三寶，則以慈悲弘濟為願，又身體而力行之……要其入世出世，前後之揆，彌不一以貫之。」〔註14〕

茅海建先生在對琦善問題的討論中談到，「善善」「惡惡」是中國史學的傳統準則；它附黏於史籍，卻著眼於現實；……琦善的角色變換，反映了那個時代人們對一切向帝國主義妥協或投降之輩的敵視。歷史學是講究客觀的，但歷史學家的主觀意願，總是不斷地被糅合到歷史著作之中。〔註15〕同理，面對日本帝國主義的侵略踩躪，懷著不甘做亡國奴的激憤，陳垣等史學家對於金堡入釋後的行為諸多貶斥，近乎給其帶上「賣國求榮」的帽子，「反映了那個時代

〔註 9〕 邵廷采：《明遺民所知傳》，《思復堂文集》卷3，杭州：浙江古籍出版社，1987年，頁212。

〔註10〕 釋成鷲：《舵石翁傳》，《咸陟堂文集》卷6，《廣州大典》第440冊，廣州：廣州出版社，2015年，頁370。

〔註11〕 今辯：《丹霞澹歸釋禪師行狀》，見《嘉興藏》第38冊。

〔註12〕 廖燕：《哭澹歸和尚文》，《二十七松堂集》卷8，臺北：中央研究院中國文哲研究所，1995年。

〔註13〕 王士禛：《皇華紀聞》卷4，《王士禛全集》，濟南：齊魯書社，2007年。

〔註14〕 吳天任：《澹歸禪師年譜》，香港：香港佛教智蓮圖書館，1990年，頁2。

〔註15〕 茅海建：《天朝的崩潰：鴉片戰爭再研究》，北京：生活·讀書·新知三聯書店，2016年，頁24～25。

人們對一切向帝國主義妥協或投降之輩的敵視。」〔註16〕

明清易代之際，政治更迭、社會變遷、文化衝突，思想、信仰、民族的深切根源，干擾著時人的價值導向，亦影響著對歷史的書寫，同時晚清已降至民國時期的歷史再刻畫，皆直接間接的影響了對明末清初士人及僧人的評價。澹歸這一生，前半期起起伏伏，後半生出家為僧，歷經多年修行，亦堅持著自己「正直」與「從心」的品格操守。為臣的金堡，抗直敢言，為明遺民所讚譽；但是為僧後的澹歸，所從事的佛教事業，儼然與金堡判若兩人。在經歷永曆朝廷的慘痛教訓，使金堡對光復明朝萬念俱灰，對儒家所倡的立身之本，深刻懷疑，哀莫大於心死。不論以往南明時期的是是非非，在函昰等佛家的影響下，今釋洗心革面，將妻、子盡入佛門，最後妻死子亡，女兒或反目或斷絕來往；只為佛家事務，廣交檀越。通過開闢丹霞別傳寺，尋求在佛教中的心靈平衡與寄託。

澹歸後半生「利他」菩薩行，度一切眾生，護法、護世，跳出了儒家倫理的範疇。入禪後的現實，似乎消解了政治與民族壓迫的劇痛。為了佛的事業，巴結尚可喜等權貴，以致被時人及後人所詬病。然而，對於今釋自己來說，他顯然是有自知的，臨終絕筆留下「入俗入僧幾番下火，如今兩腳捎空，仍舊一場懴懼。莫把是非來辨我，刀刀只斫無花果」，說明隨著今釋人生境遇和目標的轉化，世俗或者主流的是非觀，在他看來已經不是那麼清晰有理。

正如中國清代晚期畫家，被稱為「嶺南畫派啟蒙祖師」的居巢（1811～1889）所言「澹歸禪師以明季遺老求志空門，卓錫丹霞世首一祖者，即其開山時躬迎本師天然老人住山啟稿，所云無妨無礙，飽水飽柴，不敢自私，顧充供養，則是釋言而猶儒行也。憶囊在桂林，聞人誦公上孔王請收葬張文烈、瞿忠宣二公書，所以維護綱常，矜全忠節者，詞無勝義，慈悲慷慨，動魄淒脾，是知不特開闢宗風、具龍象，乃抑亦吾道伽藍矣。」〔註17〕在「入俗」的時候，他秉承儒家的入世理想主義，頑強認真的身體力行；在「入僧」的時候，他秉承佛家的出世理想主義，同樣頑強認真的身體力行；因此，不論在哪個時期，不論做什麼角色，他都是一以貫之的懷抱理想主義的人生態度。

〔註16〕茅海建：《天朝的崩潰：鴉片戰爭再研究》，北京：生活·讀書·新知三聯書店，2016年，頁25。

〔註17〕居巢：《跋》，廣州藝術博物館，香港藝術館：《居巢居廉藝術研討會文集》，廣州：嶺南美術出版社，2008年，頁450。

參考文獻

一、論著

B

1. 《徧行堂集》，澹歸，《清代詩文集彙編》第 46 冊，上海：上海古籍出版社，2010 年。
2. 《徧行堂續集》，澹歸，《清代詩文集彙編》第 47 冊，上海：上海古籍出版社，2010 年。
3. 《悲智傳響》，鍾東主編，北京：中國海關出版社，2007 年。
4. 道光《寶慶府志》，長沙：嶽麓書社，2009 年。
5. 《八旗通志》，北京：國家圖書館出版社，2013 年。

C

1. 《查繼佐年譜》，沈起、陳敬璋編，北京：中華書局，1992 年。
2. 《陳洪綬年譜》，黃湧泉編，北京：人民美術出版社，1960 年。
3. 《陳洪綬集》，吳敢輯校，杭州：浙江古籍出版社，1994 年。
4. 《尺牘新鈔》，周亮工，上海：上海雜誌公司，1935 年。
5. 乾隆《長泰縣志》，上海：上海書店，2020 年。
6. 《藏山閣集》，錢澄之，合肥：黃山書社，2004 年。
7. 《船山師友記》，羅正鈞，長沙：嶽麓書社，1982 年。
8. 道光《重輯新寧縣志》，北京：書目文獻出版社，1992 年。
9. 《恥躬堂文集》，王命岳，《清代詩文集彙編》第 28 冊，上海：上海古籍出版社，2010 年。

D

1. 《丹霞山志》，陳世英，廣州：廣東教育出版社，2015 年。

2. 《東南紀事》，邵廷采，北京：北京古籍出版社，2002 年。

3. 《讀畫錄》，周亮工，杭州：西泠印社出版社，2008 年。

4. 《東塾集》，陳澧，臺北：文海出版社有限公司，1970 年。

5. 《澹歸禪師年譜》，吳天任，香港：香港佛教智蓮圖書館，1990 年。

F

1. 《方以智年譜》，任道斌，合肥：安徽教育出版社，1983 年。

2. 乾隆《福建通志》，北京：商務印書館，2013 年。

3. 《浮山文集》，方以智，《清代詩文集彙編》第 35 冊，上海：上海古籍出版社，2010 年。

G

1. 《光宣臺集》，釋今無，《廣州大典》第 439 冊，廣州：廣州出版社，2015 年。

2. 道光《廣東通志》，上海：上海古籍出版社，1990 年。

3. 《廣東新語》，屈大均，北京：中華書局，1985 年。

4. 雍正《廣西通志》，南寧：廣西人民出版社，2009 年。

5. 光緒《廣州府志》，上海：上海書店出版社，2003 年。

6. 《觚賸》，鈕琇，杭州：浙江古籍出版社，1988 年。

7. 乾隆《甘肅通志》，蘭州：蘭州大學出版社，2018 年。

8. 《龔鼎孳全集》，龔鼎孳，北京：人民文學出版社，2014 年。

9. 《瓜蒂庵藏明清掌故叢刊》，謝國楨，上海：上海古籍出版社，1984 年。

H

1. 《海雲禪藻集》，徐作霖等編，黃國聲點校，廣州：廣州旅遊出版社，2017 年。

2. 《黃宗羲全集》，黃宗羲，杭州：浙江古籍出版社，1988 年。

3. 《黃漳浦文選》，黃道周，北京：國際華文出版社，2006 年。

J

1. 《今釋澹歸》，鍾東，廣州：嶺南美術出版社，2012 年。

2. 《金衛公彙選五種》，《子藏·法家部·韓非子卷》，方勇主編，北京：國

家圖書館出版社，2014 年。

3. 《爝火錄》，李天根，杭州：浙江古籍出版社，1986 年。

4. 《嘉禾徵獻錄》，盛楓：《嘉興文獻叢書》，北京：國家圖書館出版社，2021 年。

5. 《金華徵獻略》，王崇炳，清雍正十年刻本。

6. 《鏡與燈：古典文學與華夏民族精神》，蔣寅，石家莊：河北教育出版社，2015 年。

7. 《靜惕堂詩集》，曹溶，《清代詩文集彙編》第 45 冊，上海：上海古籍出版社，2010 年。

L

1. 《嶺海焚餘》，金堡，《叢書集成續編》第 58 冊，臺北：新文豐出版公司，1988 年。

2. 《嶺外別傳——清初嶺南詩僧群研究》，李舜臣，廣州：南方日報出版社，2017 年。

3. 《來齋金石刻考略》，清文淵閣四庫全書本。

4. 《楞伽經心印》，函昰，杭州：西泠印社出版社，2011 年。

5. 《粟香隨筆》，金武祥，南京：鳳凰出版社，2017 年。

6. 《旅堂詩文集》，胡介，《四庫未收書輯刊》，北京：北京出版社，2000 年。

7. 《臨清州志》，濟南：山東省地圖出版社，2001 年。

8. 《六瑩堂集》，梁佩蘭，廣州：中山大學出版社，1992 年。

M

1. 《明清進士題名碑錄索引》，上海：上海古籍出版社，2006 年。

2. 《閩中理學淵源考》，清文淵閣四庫全書本。

3. 《明史》，北京：中華書局，1971 年。

4. 《明季南略》，計六奇，北京：中華書局，1984 年。

5. 《明末天然和尚年譜》，汪宗衍：《新編中國名人年譜集成》第 20 輯，臺北：臺灣商務印書館，1986 年。

6. 《吳梅村全集》，吳偉業，上海：上海古籍出版社，1990 年。

7. 《牧齋有學集》，錢謙益，上海：上海古籍出版社，1996 年。

8. 《明清之際黨社運動考》，謝國楨，北京：北京出版社，2014 年。

N

1. 《南明史》，顧誠，北京：中國青年出版社，1997 年。

2. 《南明史》，錢岳海，北京：中華書局，2006 年。

3. 《南疆逸史》，溫睿臨，《續修四庫全書》，上海：上海古籍出版社，1996 年。

P

1. 《平南王元功垂範》，今釋，《廣州大典》第 189 冊，廣州：廣州出版社，2015 年。

2. 雍正《平陽府志》，乾隆元年刻本。

3. 《曝書亭全集》，朱彝尊，長春：吉林文史出版社，2009 年。

4. 康熙《番禺縣志》，《廣州大典》第 276 冊，廣州：廣州出版社，2010 年。

5. 同治《番禺縣志》，廣州：廣東人民出版社，1998 年。

6. 宣統《番禺縣續志》，臺北：成文出版社，1967 年。

Q

1. 乾隆《泉州府志》，清光緒八年補刻本。

2. 《瞿忠宣公集》，瞿式耜，《續修四庫全書》第 1375 冊，上海：上海古籍出版社，2002 年。

3. 《清史稿》，趙爾巽等，北京：中華書局，1977 年。

4. 《清朝通志》，杭州：浙江古籍出版社，2000 年。

5. 《清初僧諍記》，陳垣，北京：中華書局，1962 年。

6. 《清初嶺南佛門事略》，蔡鴻生，廣東高等教育出版社，1997 年。

7. 《清初詩文與士人交遊考》，謝正光，南京：南京大學出版社，2001 年。

8. 《樵史演義》，陸應暘，長春：時代文藝出版社，2003 年。

9. 《清水茂漢學論集》，清水茂著，蔡毅譯，北京：中華書局，2003 年。

R

1. 《二十七松堂集》，廖燕，臺北：中央研究院中國文哲研究所，1995 年。

S

1. 雍正敕修《陝西通志》，西安：三秦出版社，2012 年。

2. 《所知錄》，錢澄之，合肥：黃山書社出版，2006 年。

3. 《石匱書後集》，張岱，《續修四庫全書》第 32 冊，上海：上海古籍出版社，2002 年。

4. 《邵子湘全集》，邵長蘅，清光緒二十二年刻本。

5. 《蜀雅》，清光緒七至八年廣漢鍾登甲樂道齋仿萬卷樓刻函海本。

6. 《俟解、噩夢、搔首問》，王夫之，臺北：廣文書局，1970 年。

7. 《思復堂文集》，邵廷采，杭州：浙江古籍出版社，1987 年。

8. 《石濂大汕與澳門禪史──清初嶺南禪學史研究初編》，姜伯勤，上海：學林出版社，1999 年。

T

1. 《天然禪師年譜》，汪宗衍，臺北：臺灣商務印書館，1986 年。

2. 民國《同安縣志》，民國十八年鉛印本。

3. 《臺灣外記》，江日升，福州：福建人民出版社，1983 年。

4. 《天朝的崩潰：鴉片戰爭再研究》，茅海建，北京：生活·讀書·新知三聯書店，2016 年。

5. 《聽雨樓叢談》，高伯雨，北京：故宮出版社，2011 年。

W

1. 乾隆《武進縣志》，清乾隆刻本。

2. 光緒《武進陽湖縣志》，清光緒五年刻本。

3. 《晚晴簃詩匯》，徐世昌，北京：中華書局，2018 年。

X

1. 《咸陟堂文集》，釋成鷲，《廣州大典》第 440 冊，廣州：廣州出版社，2015 年。

2. 乾隆《西安府志》，清乾隆刊本。

3. 民國《香山縣志》，臺北：成文出版社，1967 年。

4. 《小腆紀傳》，徐鼒，《清代傳記叢刊》第 69 卷，臺北：明文書局，1985 年。

5. 《續元功垂範》，張允格，《廣州大典》第 189 冊，廣州：廣州出版社，2015 年。

6. 《西南紀事》，邵廷采，清光緒十年徐幹刻本。

7. 《學餘堂集》，施閏章，《景印文淵閣四庫全書》第 1313 冊，臺北：臺灣商務印書館，1984 年。

8. 乾隆《信陽州志》，民國十四年鉛印本。

Y

1. 嘉慶《義烏縣志》，清嘉慶七年刊本。
2. 《永曆實錄》，王夫之，上海：上海古籍出版社，1987 年。
3. 同治《沅陵縣志》，江蘇古籍出版社，1992 年。
4. 《藝林叢錄》第 9 冊，香港：商務印書館，1973 年。

Z

1. 《中國性靈文學思想研究》，吳兆路，臺北：文津出版社，1995 年。
2. 《趙恭毅公剩稿》，趙申喬，臺北：文海出版社有限公司，1975 年。
3. 《周亮工全集》，周亮工，南京：鳳凰出版社，2008 年。
4. 雍正《浙江通志》，清文淵閣四庫全書本。
5. 《制義科瑣記》，李調元，上海：上海商務印書館，1936 年。
6. 乾隆《中江縣志》，清乾隆五十二年刻本。

二、論文

1. 清水茂：《冀鼎孳論》，《中國詩文論藪》，東京：創文社，1989 年。
2. 清水茂：《金堡の詞を論ず》，《饒宗頤先生七十五歲壽慶論文集》，香港：中文大學出版社，1993 年。
3. 清水茂：《澹歸和尚と藥地和尚》，《中國詩文論叢——平野顯照教授退官紀念論文集》，京都：大谷大學出版會，1994 年。
4. 廖肇亨：《金堡之節義觀與歷史評價探析》，《中國文哲研究通訊》第九卷（1999 年）第四期。
5. 李福標：〈《遍行堂集》看僧澹歸的詩文批評〉，《中國韻文學刊》，2005 年第 3 期。
6. 楊權：〈論屈大均與佛門的關係〉，《深圳大學學報》（人文社會科學版），2009 年第 4 期。
7. 阮紅薇：《明末清初嶺南遺民僧澹歸今釋生平行歷》，《鵝湖月刊》第四十五卷（2019 年）第四期，總號第 532。
8. 楊權：〈《澹歸日記》的文本問題——《澹歸日記》研究之一〉，《學術研究》，2020 年第 9 期。
9. 薛涓、謝謙：《澹歸散佚詩文輯錄與探析》，《文獻》，2021 年第 2 期。

附錄一　金堡年譜

　　金堡（1615～1680），浙江杭州府仁和縣人（今杭州）人。俗姓金，幼名
埈，童子試後更名為堡，字子固、唐捐，後改字道隱、衛公。1650 年在桂林茅
坪庵出家為僧，名性因，恬因，號茅坪衲僧、茅坪野僧。1652 年行腳入廣州，
投廣州雷峰寺函昰和尚門下，始名今釋，字澹歸，又字蔗餘，號甘蔗生、甘蔗
種、冰還道人、借山野衲、夢蝶庵、武林道隱、清浪戍卒、澹漢、杜口金人、
軍漢出家、人家今釋；後開廣東仁化丹霞山別傳寺，晚號舵石翁，舵盤三老，
徧行道者、豆皮宗、跛阿師，等等。崇禎九年（1636），舉鄉薦，崇禎十三年
（1640）成進士，授臨清州知州，摘發姦猾，安撫流離，五個月後被迫離職歸
里。順治二年（1645），清軍攻下杭州，金堡偕原都督同知姚志卓起兵抗清，
勢孤而敗。明亡，走粵中，事永曆帝，官禮科都給事中丞，有」五虎」之」虎
牙」之稱，清直有聲，遇事敢言，以忤黨臣，遭杖戍。後師事天然函昰，出世
韶州丹霞，興建丹霞別傳寺，為曹洞宗三十五世傳人。

　　金堡（1615～1680），生於萬曆四十二年十二月除夕前一日，卒於康熙十
九年八月九日。〔註1〕故金堡去世時為 65 周歲，67 虛歲。

　　金堡的父祖及以上的祖先估計沒有什麼功名，所以，金堡說「予先世敦尚
素樸，……惟予二子中夭」〔註2〕

〔註 1〕金堡生於萬曆甲寅之小除（除夕前一日），甲寅十二月共有 29 天，除夕日為
　　　　公曆 1615 年 1 月 28 日，故金堡生於公曆 1615 年 1 月 27 日；卒年康熙十九
　　　　年八月九日之公曆為 1680 年 9 月 1 日。見今辯：《丹霞澹歸釋禪師行狀》。
〔註 2〕澹歸：《金節母張孺人傳》，《徧行堂續集》卷 6，《清代詩文集彙編》第 47 冊，
　　　　上海：上海古籍出版社，2010 年，頁 548。

父叔醇公，官文林郎禮科右給事中。母吳氏。〔註3〕

「臣幼而喪母，長服父訓，祿養不逮，抱恨終天」〔註4〕。

堡至少有一兄（宗穎），兄早逝〔註5〕，有一弟。〔註6〕

金堡妻方氏，生兩子：世鎬、世鎮。

長子世鎬妻虞氏，生一子，世鎬早逝，虞氏改嫁一老翁，新婚前夕虞氏嘔血，不久即死，未幾，鎬子亦死。

次子世鎮至少在 1653 年前託付給他人。

金堡有兩女：長女名蓮適朱氏者，次女某適程姓者。

「任氣敢言，學古有識」，「堡豹貌，䐴而行清，任剛先物」〔註7〕

「性少喜而多怒」〔註8〕

「某甲七載孤臣，餘生戍籍，寸心稍効，業債稍填，結髮夫妻，同胞兄弟，祖宗世祀，子女生緣，即已斬斷葛藤」〔註9〕

萬曆四十二年甲寅（1615），一歲

生於萬曆四十二年十二月除夕前一日（1615 年 1 月 27 日）

澹歸交遊中年歲之可考者：

凌雲（字澹矑，號髭放）30 歲。〔註10〕

〔註3〕 陳世英：《澹歸禪師傳》，《丹霞山志》，廣州：廣東教育出版社，2015 年，頁 72。

〔註4〕 金堡：《請覃恩應得誥命疏》，《嶺海焚餘》，《叢書集成續編》第 58 冊，臺北：新文豐出版公司，1988 年，頁 64。

〔註5〕 澹歸：《方子春先生傳》，《徧行堂續集》卷 6，《清代詩文集彙編》第 47 冊，上海：上海古籍出版社，2010 年，頁 536。

〔註6〕 金堡《請覃恩應得誥命疏》有「猶憶臣父易簀之際，以寡嫂幼弟丁寧相囑，而今不能顧矣」見金堡：《嶺海焚餘》，《叢書集成續編》第 58 冊，臺北：新文豐出版公司，1988 年，頁 64。

〔註7〕 邵廷采：《金堡》，《西南紀事》卷 6，《中國方略叢書》，臺北：成文出版社，1968 年。

〔註8〕 澹歸：《種玉堂三體詩序》，《徧行堂集》卷 7，《清代詩文集彙編》第 46 冊，上海：上海古籍出版社，2010 年，頁 409。

〔註9〕 澹歸：《眔方發願文》，《徧行堂集》卷 8，《清代詩文集彙編》第 46 冊，上海：上海古籍出版社，2010 年，頁 427。

〔註10〕 據澹歸《入八萬四千歲說為凌髭放司李初度》「自余之生五十二年，所見所可畏……先生今年七十一矣」澹歸 52 歲時為康熙四年（1665），該年凌雲 71 歲，推算凌雲生於 1585 年。見澹歸：《入八萬四千歲說為凌髭放司李初度》，《徧行堂集》，《清代詩文集彙編》第 46 冊，上海：上海古籍出版社，2010 年，頁 270。

道獨 15 歲。

汪起蛟（字漢翀，號鱒石，別號吾山，1604～1679）〔註11〕11 歲。

函昰 7 歲。〔註12〕

函可 4 歲。〔註13〕

今湛 2 歲。〔註14〕

【時事】

是歲，浙江、江西、兩廣、福建皆大水。

萬曆四十三年乙卯（1615）〔註15〕，二歲

【時事】

是歲，梃擊案起，以瘋癲罪殺張差、鄭貴妃等。

是歲，努爾哈赤設八旗制行軍。

萬曆四十四年丙辰（1616），三歲

【時事】

是歲，山東大饑，饑民起事，次年正月敗。

湯顯祖卒。

〔註11〕據澹歸《此日說為汪漢翀水部初度》「從萬曆甲辰四月四日，哇地一聲起」即汪起蛟生於萬曆三十二年（甲辰，1604）四月四日；又據澹歸《祭汪漢翀水部文》「維康熙歲次庚申越朔廿有五日」即澹歸作此文時間為康熙十九年（庚申，1680）一月二十六日，又言「今春丹霞僧使至，猶見公手札，諄諄於故交零落，期予入嶺再得晤言，及詢起居，則云已長逝矣」故汪起蛟應卒於康熙十八年（1679）。分別見澹歸：《此日說為汪漢翀水部初度》，《徧行堂集》卷 1，《清代詩文集彙編》第 46 冊，上海：上海古籍出版社，2010 年，頁 267；澹歸：《祭汪漢翀水部文》，《徧行堂續集》卷 5，《清代詩文集彙編》第 47 冊，上海：上海古籍出版社，2010 年，頁 520。

〔註12〕據汪宗衍：《明末天然和尚年譜》，《新編中國名人年譜集成》第 20 輯，臺北：臺灣商務印書館，1986 年。函昰萬曆三十六年（1608）戊申十月十四日出生。

〔註13〕汪宗衍：《明末天然和尚年譜》，《新編中國名人年譜集成》第 20 輯，臺北：臺灣商務印書館，1986 年，頁 3。

〔註14〕汪宗衍：《明末天然和尚年譜》，《新編中國名人年譜集成》第 20 輯，臺北：臺灣商務印書館，1986 年，頁 3。

〔註15〕1615 年 1 月 29 日（乙卯正月初一）之後。

萬曆四十五年丁巳（1617），四歲

【時事】

是歲，直臣吳道南不堪排擠，以丁憂去。

萬曆四十六年戊午（1618），五歲

是年家塾師方坤若（子春）教授堡句讀，聰穎絕倫，過目不忘，有神童之稱。嘗與群兒戲逐入僧舍，案有梵帙，取觀之，乃《維摩詰經》，一覽至不二門，恍如故物，洞悉其義。未卒讀，逐群兒去，自是心目嘗有所憶不能忘。〔註16〕

按，方子春當是金堡的啟蒙老師。子春，字坤若，因屢試不第，三十多歲時成為堡的家塾師。教授堡句讀，一年後離去。後得督學使者吳之甲賞識，聲名鵲起。方子春慧眼識珠，金堡的才學得到了他的首肯。堡對其也是讚賞有加，且對他充滿了感激之情。

十月，今再生。〔註17〕

王邦畿生。

【時事】

是歲，三月，努爾哈赤徵明。四月，撫順陷，七月清河保（今本溪）陷。

是歲，遼餉不足，蒙古陷遼東。

萬曆四十七年己未（1619），六歲

方子春師辭去教職。〔註18〕

石鑑今覞生。〔註19〕

廣慈今攝生。〔註20〕

〔註16〕澹歸：《方子春先生傳》，《徧行堂續集》卷6，《清代詩文集彙編》第47冊，上海：上海古籍出版社，2010年，頁536。

〔註17〕汪宗衍：《明末天然和尚年譜》，《新編中國名人年譜集成》第20輯，臺北：臺灣商務印書館，1986年，頁4。

〔註18〕澹歸：《方子春先生傳》，《徧行堂續集》卷6，《清代詩文集彙編》第47冊，上海：上海古籍出版社，2010年，頁536。

〔註19〕今覞，字石鑑，新會楊氏，字無見，諸生。以居士悟入落髮受具，為天然第二法嗣，繼席棲賢，旋移長慶，復返棲賢。工詩，著《直林堂集》。見汪宗衍：《明末天然和尚年譜》，《新編中國名人年譜集成》第20輯，臺北：臺灣商務印書館，1986年，頁5。

〔註20〕《海雲禪藻集》一。今攝，字廣慈，番禺崔氏。禮天然受具，居侍僚最久，後

【時事】

二月，明將楊稿誓師於遼陽以抗金。

三月，薩爾辯之戰明師敗。

六月，後金陷開原。

八月，後金來葉赫，海西女真扈倫四部皆亡。

萬曆四十八年庚申（1620），七歲

【時事】

七月，神宗去世，年五十八。

八月，朱常洛即位，是為光宗。

九月，光宗服二紅丸而死，年三十九，史稱「紅丸案」。立朱由校。

天啟元年辛酉（1621），八歲

鐵機今沼生。〔註21〕

【時事】

三月，後金陷瀋陽、遼西。五月，魏忠賢主權。

天啟二年壬戌（1622），九歲

【時事】

正月，後金陷廣寧（今遼寧北鎮）。聞香教徐鴻儒起義。

是歲，德意志傳教士湯若望來華。

天啟三年癸亥（1623），十歲

復見方師。金堡與兄宗穎戲為詩文，其父即令學制藝，方師奇之，曰此子他日當以文名世，不僅取科第。語其父擇師教之。遂退朱師薦吳師。〔註22〕

充雷峰監院諸職。入盧山淨成受大法，為天然第十法嗣。康熙二十五年卒，年六十八。著《巢雲遺稿》。

〔註21〕據汪宗衍：《明末天然和尚年譜》，《新編中國名人年譜集成》第20輯，臺北：臺灣商務印書館，1986年，頁6。《海雲禪藻集》二。今沼，字鐵機，番禺曾氏，名暉，字自昭，天然族姪。少為諸生，庚寅亂後，入雷峰結茅閉關三年，輔旋庵湛慕化，殿宇落成。庚子受具，命司記室，尋升按雲堂師。沼於書無所不讀，工行楷，擅古詩、駢文，有集行世。

〔註22〕澹歸《方子春傳》「從方子春學文，後擇師，業成，應童子科，選博士弟子員。」

憨山德清卒，年七十八。〔註23〕

【時事】

正月，魏忠賢始攬權。二月，譴宦官刺邊事。十二月，魏忠賢提督東廠。

天啟四年甲子（1624），十一歲

繼續延請方坤若為塾師，教授金堡學業。方師令堡作文必縛題，不為題所縛。方先生言：「碎題使完，完題使碎；板題使活，活題使板。發昔人未發之理，造昔人未造之局，道昔人未道之言，初猶格格如生面人，數年以後心手俱熟，自成一家矣。」〔註24〕金堡很佩服先生的才識，更感謝他的相成之德。業成，應童子科，選博士弟子員。

方師以病辭館，遂卒，具體哪一年去世，史料未詳。

天啟五年乙丑（1625），十二歲

【時事】

三月，魏忠賢大興獄。十二月，榜東林黨人姓名於天下。

天啟六年丙寅（1626），十三歲

【時事】

正月，魏黨顧秉謙等修《三朝要典》。袁崇煥寧遠捷報，努爾哈赤重傷，是年病死。

天啟七年丁卯（1627），十四歲

程可則出生。

澹歸：《方子春先生傳》，《徧行堂續集》卷6，《清代詩文集彙編》第47冊，上海：上海古籍出版社，2010年，頁536；釋成鷲：《舵石翁傳》，《咸陟堂文集》卷6，《廣州大典》第440冊，廣州：廣州出版社，2015年，頁370。

〔註23〕據江宗衍：《明末天然和尚年譜》，《新編中國名人年譜集成》第20輯，臺北：臺灣商務印書館，1986年，頁6。錢謙益《初學集》卷68，《憨山五乳峰塔銘》，德清，字憨山，全椒蔡氏。年十九祝髮，縛茅天界寺。居東海之牢山十三年，方便說法，以詔獄遣戍，編伍於雷州，居五年移曹溪，既返廬山五乳峯，復度嶺，病卒。

〔註24〕澹歸：《方子春先生傳》，《徧行堂續集》卷6，《清代詩文集彙編》第47冊，上海：上海古籍出版社，2010年，頁536。

【時事】

八月，熹宗死，年二十三，皇五弟朱由檢嗣，明年改元崇禎。

十一月，魏忠賢死。十二月，下魏黨於獄，毀各地魏氏生祠。

崇禎元年戊辰（1628），十五歲

澤萌今遇生。〔註25〕

【時事】

七月，袁崇煥復留寧遠。

十一月，陝西農民起義。

崇禎二年己巳（1629），十六歲

訶衍今摩生。〔註26〕

【時事】

正月，詔定魏忠賢逆案。

二月，裁驛站，多入義軍。

五月，議改曆法，西曆始行。

十月，金兵以三路攻明。

十二月，袁崇煥遭反間計下獄。

崇禎三年庚午（1630），十七歲

參加童子試，受知於大參鄒靜長。為諸生，孤介曠遠，不屑為時名。然文日奇放，遠近傳誦。時，黎博庵督學浙江，博庵之文重天下，不啻為泰山北斗，然其文無定體，為忌者所指謫。堡卻稱其文為絕世之文，讚譽有加。文無定體之說，對堡的創作產生了一定的影響。〔註27〕

〔註25〕汪宗衍：《明末天然和尚年譜》，《新編中國名人年譜集成》第 20 輯，臺北：臺灣商務印書館，1986 年，頁 10。

〔註26〕據汪宗衍：《明末天然和尚年譜》，《新編中國名人年譜集成》第 20 輯，臺北：臺灣商務印書館，1986 年，頁 11；《海雲禪藻集》，今摩，字訶衍，番禺曾氏，名琮，天然之俗子。少從梁朝鍾讀書，穎悟拔俗，遭亂，一夕窺內典，遂盡躧凤習，受具雷峰，付以大法，為天然第三法嗣。嘗結廬匡山鶴鳴峰三十餘年，後聞山中僧徒悉編保伍，遂歸雷峰，康熙三十七年卒，年七十。

〔註27〕澹歸：《燕超堂詩集序》，《徧行堂集》卷 7，《清代詩文集彙編》第 46 冊，上海：上海古籍出版社，2010 年，頁 402。

【時事】

五月，金兵東歸。

六月，張獻忠起義。

八月殺袁崇煥。

崇禎四年辛未（1631），十八歲

【時事】

十月，總兵祖大壽降金。

閏十一月，登州游擊孔有德叛。

崇禎五年壬申（1632），十九歲

【時事】

六月，河決孟津口。

崇禎六年癸酉（1633），二十歲

博通群書，熟知天下利病，文筆清堅，度越蹊徑。〔註28〕

二月十六日，阿字今無生。〔註29〕

函是年二十六，舉崇禎癸酉鄉試第二。〔註30〕

石濂大汕生。〔註31〕

【時事】

二月，孔有德請降於金。

〔註28〕 王夫之：《金堡列傳》，《永曆實錄》卷21，上海：上海古籍出版社，1987年。
〔註29〕 《光宣臺集》「壬子法語，二月十六日，師因四十大誕」轉引自李舜臣：《嶺外別傳：清初嶺南詩僧群研究》，廣州：南方日報出版社，2017年，頁300。（「光宣臺集」附古雲撰「行狀」。今無，字阿字，番禺萬氏。年十七禮天然為僧，癸巳隨杖入匡山，監院棲賢，備諸苦行。旋奉命訪剩人禪師於瀋陽，復遊瓊州歸雷峰，天然付以大法為第一法嗣。主海幢，創建大剎，一時法席之盛，不減晦堂大慧。著「光宣臺集」。
〔註30〕 湯來賀：《天然是和尚塔誌銘》，陳世英：《丹霞山志》，廣州：廣東教育出版社，2015年，頁111。
〔註31〕 李舜臣：《長壽石濂大汕禪師年譜》，《嶺外別傳》，廣州：南方日報出版社，2017年，頁327～353。

崇禎七年甲戌（1634），二十一歲

函昰會試不第。〔註32〕

【時事】

五月，金帝自將攻明。

七月，李自成計出車箱峽。

崇禎八年乙亥（1635），二十二歲

【時事】

正月，張獻忠、高迎祥與李自成滎陽會師。

崇禎九年丙子（1636），二十三歲

舉崇禎丙子科鄉薦。〔註33〕公車之資出於虞立蒸。鄉試中，五策談時政，娓娓數萬言，針砭時弊，主者奇之，牘出，天下擬之羅倫廷對。

時，千山剩人為居士，見堡制義，擊節歎曰：「此宗門種草也」〔註34〕

天然函昰至匡廬拜謁道獨宗寶，發信參究。〔註35〕

崇禎十年丁丑（1637），二十四歲

會試報罷。

按，汪宗衍《明末剩人和尚年譜》崇禎十年丁丑（1637）條有「……時金道人亦隱於止園，相得甚歡。」汪宗衍疑金道人為今釋。筆者認為可以排除，一是函可《寄答金道人》序云「……乃知道人左右空老人，且喜且歡」沒有證據表明今釋曾經服侍道獨左右；二是該年金堡方會試後在京或仁和，離博羅止園遙遠；三是汪宗衍《明末剩人和尚年譜》崇禎十五年壬午（1642）條有「金道人來華首相訪，盤桓月餘」，該年金堡為臨清知州，不可能在羅浮山的華首寺盤桓月餘。故金道人另有他人。〔註36〕

〔註32〕湯來賀：《天然是和尚塔誌銘》，陳世英：《丹霞山志》，廣州：廣東教育出版社，2015年，頁111。

〔註33〕釋成鷲：《舵石翁傳》，《咸陟堂文集》卷6，《廣州大典》第440冊，廣州：廣州出版社，2015年，頁370。

〔註34〕釋成鷲：《舵石翁傳》，《咸陟堂文集》卷6，《廣州大典》第440冊，廣州：廣州出版社，2015年，頁370。

〔註35〕汪宗衍：《明末剩人和尚年譜》，臺北：臺灣商務印書館，1986年；陳世英：《天然禪師傳》，《丹霞山志》卷6，廣州：廣東教育出版社，2015年，頁70。

〔註36〕汪宗衍：《明末剩人和尚年譜》，臺北：臺灣商務印書館，1986年，頁9、11。

崇禎十一年戊寅（1638），二十五歲

樂說今辯生。〔註37〕

崇禎十二年己卯（1639），二十六歲

函昰公車復上，舟次南康。值獨和尚移錫歸宗，詣求祝髮。〔註38〕

函昰、函可禮道獨落髮出家。〔註39〕

崇禎十三年庚辰（1640），二十七歲

成進士，廷試二甲第四十名。〔註40〕京邸百費，復取於虞立蒸。

按，澹歸《長安夢說為盧長華少叅贈別》「廿四年前，長安道上，走馬看花，……長華道我今年已六十，你已五十，此後料難相見」〔註41〕。

堡初選州牧。山東災荒，臨清運河水涸。

鄒靜長去世。〔註42〕

【時事】

冬，李自成連䧟永寧、宜陽。

崇禎十四年辛巳（1641），二十八歲

授山東東昌府臨清州知州。〔註43〕

〔註37〕汪宗衍：《明末天然和尚年譜》，《新編中國名人年譜集成》第 20 輯，臺北：臺灣商務印書館，1986 年，頁 18。

〔註38〕湯來賀：《天然是和尚塔誌銘》，陳世英：《丹霞山志》，廣州：廣東教育出版社，2015 年，頁 111。

〔註39〕汪宗衍：《明末天然和尚年譜》，《新編中國名人年譜集成》第 20 輯，臺北：臺灣商務印書館，1986 年；汪宗衍：《明末剩人和尚年譜》，臺北：臺灣商務印書館，1986 年。

〔註40〕據《明清進士提名錄》，金堡為廷試二甲第四十名；而《舵石翁傳》說，廷試二甲第九名，應以《明清進士提名錄》為準。

〔註41〕澹歸五十為 1663 年，逆推 24 年，為 1640 年。長安道上，喻名利場所，指金堡成進士。澹歸：《長安夢說為盧長華少叅贈別》，《徧行堂集》卷 2，《清代詩文集彙編》第 46 冊，上海：上海古籍出版社，2010 年，頁 293。

〔註42〕「今釋向以童子試，受知於大叅靜長鄒公，及十年成進士而公歿」，見澹歸：《燕超堂詩集序》，《徧行堂集》卷 7，《清代詩文集彙編》第 46 冊，上海：上海古籍出版社，2010 年，頁 401。

〔註43〕澹歸《杭之人說贈趙叔文憲副》「予於崇禎辛巳官臨清，駿求翁分司磚廠，予負氣時有所牴牾，駿求不之較」，澹歸：《杭之人說贈趙叔文憲副》，《徧行堂集》卷 2，《清代詩文集彙編》第 46 冊，上海：上海古籍出版社，2010 年，頁 299。

出知州，安盜魁　抗劉澤清，使不再犯。上官相掣，志不得行，移疾歸里。〔註44〕

臨清久旱，不忍催科，掛冠去。〔註45〕

金堡為臨清知州，擿發姦猾，安撫流離，士民欣戴之。山東盜起，臨清豪族故習為鄉馬賊，應盜起者眾至數萬，堡肩與從數胥吏，扣其壘，忼慨為陳大義，盜魁感泣，叩頭請死，堡慰安之，皆解散歸農。堡恥以撫盜功自見，遂不聞。期間與劉澤清交惡。堡被迫離職，歸里。臨清民哀號送之，數百里不絕。〔註46〕

按，據《明史・劉澤清傳》記載可知應當有與堡相爭的史實，茲記於此：劉澤清，曹縣人。以將材授東寧、前衛守備，遷山東都司僉書，加參將。……（崇禎）十三年五月，山東大饑，民相聚為寇，曹、濮尤甚。帝命澤清會總兵楊禦蕃兵剿捕之。八月降右都督，鎮守山東防海。澤清以生長山東，久鎮東省非宜，請辭任。帝令整旅渡河，合諸鎮星馳援剿。十六年二月，賊圍開封久，澤清赴援。雖然在此並未明確表示崇禎十五年澤清的去向但依其官職，山東臨清是他的管轄範圍。

冬，接吳弘基信，請校訂《路史》。〔註47〕

是年，吳雲軺贈詩金堡，兩人相見於臨清。〔註48〕

按，史料均未記載堡為官的具體時間，但是由澹歸《書兩吳公傳志後》「辛巳，與雲軺相見於臨清。」可知，辛巳年堡就已經在臨清了。又《西南紀事》載：「（堡）知臨清州，甫五月，落職。」可知堡在位僅五個月。又《永曆實錄》載：「崇禎十五年，劉澤清以兵入衛，駐臨清，驕悍蔑文吏，漁獵百姓，堡抗言責之。」知堡於壬午年仍在臨清任職，那麼由此可推知堡在臨清為官當是1641年底至1642年上半年。

金堡與伍瑞隆、陳洪綬、周亮工等結詩社於京郊。

〔註44〕王夫之：《金堡列傳》，《永曆實錄》卷21，上海：上海古籍出版社，1987年。

〔註45〕陳世英：《澹歸禪師傳》，《丹霞山志》，廣州：廣東教育出版社，2015年，頁72。

〔註46〕王夫之：《金堡列傳》，《永曆實錄》卷21，上海：上海古籍出版社，1987年。

〔註47〕趙鐵鋅：《澹歸今釋和尚年譜續補》，《牡丹江教育學院學報》，2019年第8期。

〔註48〕澹歸《書兩吳公傳志後》有「辛巳與雲軺相見於臨清，雲軺以詩來為初相識已二十四年，其中存亡生死邊訛無數，惘然皆如夢中，即余夢中緣俗而僧，已所行處，欲與意中符會，了不可得，況人在余夢中，余在人夢中耶。」見澹歸：《書兩吳公傳志》，《徧行堂集》卷17，《清代詩文集彙編》第46冊，上海：上海古籍出版社，2010年，頁593。

按，伍瑞隆，字國開，號鐵山，生於萬曆十三年（1585），比曹溶長 28 歲。鐵山於天啟元年（1621）即中式舉人，但十六年後（1637）始成進士，與曹溶同科。在崇禎末年歷任翰林院待詔、吏部主事、員外郎等職。其間和金堡、陳洪綬、周亮工結詩社於京郊。〔註49〕又，周亮工《讀書錄》云：「辛巳，余謁選，再見（陳洪綬）於都門，同金道隱、伍鐵山諸君子結詩社。」〔註50〕並與曹溶交酒過後，經常唱酬。〔註51〕因為伍瑞隆崇禎十四年（1641）提升為翰林院待詔，先後調升戶部主事、員外郎（管倉場）、河南大梁兵備道、兼署藩臬兩司，故金堡與伍瑞隆、陳洪綬、周亮工等結詩社於京郊，最早可能是在此年。

是年，金堡作《辛巳與同年生》。〔註52〕

函昰隨獨和尚住羅浮之華首，充首座。」〔註53〕

【時事】

正月，李自成陷河南府。

二月，張獻忠陷襄陽。

山東一帶仍處旱蝗災中。

七月，臨清運河水涸。

崇禎十五年壬午（1642），二十九歲

中秋，為內姑丈傅一臣《蘇門嘯》作序。〔註54〕

校訂《路史》。

是年，陳子壯率諸文士延請函昰開法訶林，一時緇白雲集，聲名由是遠播。〔註55〕

【時事】

二月，清兵破錦州。

〔註49〕陳洪綬《陳洪綬集》卷 4 有《停雲寄伍鐵山》四言古詩一首，似作於明亡之後。見陳洪綬：《陳洪綬集》，浙江古籍出版社，1994 年，頁 44。

〔註50〕黃勇泉：《陳洪綬年譜》，北京：人民美術出版社，1960 年，頁 67。

〔註51〕謝正光：清初貳臣曹溶及其「遺民門客」，《明清論叢》（第三輯），北京：紫禁城出版社，2002 年，頁 219。

〔註52〕周亮工：《尺牘新鈔》（第一輯），上海：上海雜誌公司，1935 年，頁 135。

〔註53〕陳世英：《丹霞山志》卷 6，廣州：廣東教育出版社，2015 年，頁 71。

〔註54〕趙鐵鋅：《澹歸今釋和尚年譜續補》，《牡丹江教育學院學報》，2019 年第 8 期。

〔註55〕汪宗衍：《明末天然和尚年譜》，《新編中國名人年譜集成》第 20 輯，臺北：臺灣商務印書館，1986 年。

十月，入薊州，分兵南下。

是年，李自成破潼關。

崇禎十六年癸未（1643），三十歲

金堡在杭州，仍然有直聲。〔註56〕

吳雲軺請金堡為其先父撰寫墓誌銘，與金堡見於武林。

與當時主盟文苑之當湖過叔寅相識。

是年，經鄭三俊推薦，朝廷準備再次啟用金堡。〔註57〕

校訂《路史》，作《路史敘》。

按，澹歸在崇禎十四年冬接到吳弘基書信，校訂《路史》，十五年又曾在山東臨清任知州五月，下半年回到家鄉。十六年，澹歸經鄭之俊推薦被招入京，年底北上赴任。作《路史敘》，刊刻《路史》蓋在此前，即崇禎十五、十六年間，故暫繫於此年下。

【時事】

正月，李自成陷承天（湖北鍾祥），張獻忠陷蘄州。

四月，陷黃州。

五月，陷武昌，屠城，投屍於江。

十月，陷西安。

十一月，陷延安、鳳翔、榆林。

崇禎十七年甲申，清順治元年（1644），三十一歲

十二月二十九日，金堡父親叔醇公去世，在易簀之際「以寡嫂幼弟丁寧相囑」。〔註58〕

〔註56〕《永曆實錄》載：「堡里居以伉直折勢要，仁和令劉堯佐與在籍主事姚奇胤因緣為奸利，堡對巡按御史廷摘之，堯佐罷去，里人皆欽愛之。」

〔註57〕據《逸史》《小腆紀傳》，鄭三俊薦，未及，都城陷，南還，丁內艱。鄭三俊（1574～1656），字用章，號元岳，池州建德（今安徽東至）人。明萬曆二十六年（1598）進士，授元氏知縣，累任南京禮部郎中，歸德知府，福建提學副使。天啟初，被召為光祿少卿，改太常，他反對魏忠賢之閹黨，正色立朝。崇禎初，官拜南京戶部尚書，後轉吏部尚書。覆命闕下，加太子少保，留為北刑部尚書，吏部尚書。弘光元年己酉（隆武元年）（1645年）吏部尚書東閣大學士召，晉文淵閣，未至。

〔註58〕金堡《請覃恩應得誥命疏》「倉卒起兵，時與願違，流離數十里外，不得一攀墓前宿草。猶憶臣父易簀之際，以寡嫂幼弟丁寧相囑，而今不能顧矣。」金堡：

因都城便被李自成攻破，恰其父親去世，堡南下歸里。

按，《南疆逸史》記：「吏部尚書鄭之俊薦其才，未及用而都城陷。堡南還，丁內艱。」有學者以此「丁內艱」，認為是其母去世，不確。應該是其父親去世。因據澹歸《請覃恩應得誥命疏》有言：「蓋自乙酉起義，棄家以來，迄今五載矣。陛下龍飛，臣方守制，未敢入覲。及武攸之變，辰沅繼陷，抗節節腥風膽雨中，一時比之謝源明；而謂臣拒虜書，亦過於謝枋得。然幸己不死，何可言忠！乃臣不能不疚心於臣之不孝也。臣幼而喪母，長服父訓，祿養不逮，抱恨終天；甫裹窀穸，而虜騎蹂杭；倉卒起兵，時與願違，流離數十里外，不得一攀墓前宿草。猶憶臣父易簀之際，以寡嫂幼弟叮嚀相囑，而今不能顧矣。」疏中明確說自己幼年母親就去世了。又提」陛下龍飛，臣方守制，未敢入覲。」說明堡正在守父喪。

澹歸有感於崇禎甲申國難而作《感憤詩》。〔註 59〕

【時事】

三月十九日，李自成陷北京，崇禎帝朱由檢煤山壽皇亭自縊。

五月，清軍入關，吳三桂降清，李自成西撤。

鳳陽總督馬士英、南京兵部尚書史可法等，奉福王朱由崧監國於南京（五月初三日），旋即帝位（五月十五日），改元弘光，明年為弘光元年。

順治二年乙酉（1645），南明安宗弘光元年，三十二歲

辭家告別妻子。〔註 60〕

六月開始，金堡與原任都督同知姚志卓、參將方元章等起兵欲復杭州，敗後走福州投奔唐王。

金堡和姚志卓舉兵浙江，其親家虞季憲被誣巇資助堡軍餉，下獄，差點身亡。獄出，家已破。

《請覃恩應得誥命疏》，《嶺海焚餘》，《叢書集成續編》第 58 冊，臺北：新文豐出版公司，1988 年，頁 64。

〔註 59〕 葉紹袁：《葉天寥自撰年譜（別記）》「甲申」條，《北京圖書館藏珍本年譜叢刊》第 60 冊，北京：北京圖書館出版社，1999 年，頁 581。

〔註 60〕 「我昔辭家時，片紙託遺囑，有兒許讀書，不許學干祿。」《癸巳六月六日燈下作詩示世鎬誦》：「九年一見汝」癸巳為順治十年，當在該年；《嶺海焚餘》中卷《請覃恩應得誥命疏》有言：「蓋自乙酉起義，棄家以來，迄今五載矣。見澹歸：《癸巳六月六日燈下作詩示世鎬誦》，《徧行堂集》卷 30，《清代詩文集彙編》第 47 冊，上海：上海古籍出版社，2010 年，頁 57。

　　按,《所知錄》載堡與「鄉人姚志卓起義山中,志卓屢有克捷,與山東諸營遙為聲援」,《西南紀事》載:「順治二年乙酉夏,大清師下杭州,餘杭人姚志卓起兵復縣城,殺新令,堡往依之,志卓敗走富陽,堡渡江依鄭遵謙。」故而明白堡確實在當年和姚志卓有抗清之舉,應是有成亦有敗,不過最終應該還是歸依南明朝廷;潞王的降清決心,讓唐王朱聿鍵很氣憤,遂與一批文武官員離開杭州前往福州。

　　十月,上疏勸帝出關進取,不遂。唐王除堡職方郎中,然堡知唐王無遠志,不拜。

　　按,《繳敕印疏》:臣以縗絰不祥之身倡義餘杭,與姚志卓同敗,而終不能與姚志卓同功。姚志卓,仁和人。乙酉閏六月,與參將方元章起兵,以錢塘人張起芬為將,攻破餘杭,與江東諸營遙為聲援。金堡(《紀年》云:字道隱,崇禎庚辰進士)至閩,奏其戰功,唐王封為仁武伯。十二月,餘杭陷,走於潛,元章戰死。丙戌十月,戰江山,又敗遁入處州山中。其兄志元偽稱志卓已降,志卓得脫,而志元見殺。是月與詹兆恒(《紀年》云:字月如,江西永豐人,崇禎辛未進士,歷官至兵部尚書。丁亥三月,攻開化,不克死之。國朝賜諡忠烈)同破永豐,其後遷徙無常。至乙未(順治十二年,永曆九年,1655)冬,定西候張名振、少司馬張煌言,率水師至鎮江,志卓以其兵來會,力攻崇明,沒於陣。而起芬被執,至杭,懸之樹間,射殺之。素不讀書,臨刑有詩云「身經刀過頭方貴,死不泥封骨亦香。」

　　金堡直言上書博得思文皇帝朱聿鍵賞識,亦被鄭芝龍等嫉恨。堡未任職,乃請賜敕印,假虛銜以墨縗從戎,聯絡江上義師,並且勸魯監國歸附隆武朝廷。至江東,入大將方國安營,魯臣子詆毀堡已經降北,來為間諜,爭攻擊之。魯監國以諭國安,國安遂執堡。御史陳潛夫替堡求情,語國安曰:「堡與姚志卓起義建功,公固知之。曾許迎其家渡江,今胡乃爾?」國安悟,云:「是也,然此舉非遵監國令,乃閩中二鄭有書來,必欲殺之耳。」因出芝龍書,且云:「我縱其去,勿入閩。若入閩,我必追殺之,不然無以取信二鄭也。」潛夫以語堡,堡曰:「我必入閩,繳還敕印。倘中道遇殺,是死於盜耳,命也!」遂離開浙中,回閩。〔註61〕

　　張國維戴魯王監國,金堡奔依之。七月十八日,在故明官吏張國維、錢肅樂等人的扶持下,魯王朱以海監國於浙江紹興。兩個政權成對立格局。堡起

〔註61〕溫睿臨:《金堡》,《南疆逸史》卷24,北京:中華書局,1959年。

初投靠了魯王，然而魯王的表現讓堡很失望。遂投靠了思文皇帝，堡上書所言深得思文皇帝賞識，茲將一些奏疏記於此，以期明白堡之深意。曰：「中興天子，須馬上成功，皇上先為將而後為帝。湖南有新撫諸營，至尊親往，效光武馭銅馬故事，此皆精兵百戰，可得其力，若乃千騎萬乘，出入警蹕。此承平威儀，宜且屏不用。」思文皇帝大喜，對廷臣說「朕得金堡，如獲至寶。」即授金堡兵科給事中，金堡以守制固辭。且勸帝棄閩幸楚，謂何騰蛟可倚，鄭芝龍不可倚。疏曰：「鄭芝龍擁兵自大，無效死與復之志，而驕蹇無人臣禮，陛下不可恃之，以致不測之虞。」思文皇帝害怕堡受鄭芝龍迫害，故而最終同意堡辭朝。〔註62〕

初春，函昰避地白雲山之歸龍。

【時事】

四月，清兵屠揚州，死難數十萬，史可法殉國。

五月，南京陷，弘光帝被俘遇害。

六月初八日，潞王朱常淓杭州監國，十四日便降清，拱手讓出杭州。清軍一路報捷，各地抗清運動也在興起。

閏六月初七日，唐王朱聿鍵在福州監國；閏六月二十七日唐王即皇帝位，改元隆武，從本年七月初一起改為隆武元年。

七月十八日，魯王朱以海在紹興就任監國，改明年為魯監國元年。（即七月至十二月仍然是延用弘光元年）

順治三年丙戌（1646），南明隆武二年，三十三歲

正月十八日，堡以禮科給事中兼職方員外郎，出監鄭遵謙軍。至錢塘忠義軍，將遣子懋繩迎駕。

「順治三年丙戌正月，堡至錢塘江，（鄭）遵謙拜詔」

「順治三年丙戌正月，堡至錢塘江，遵謙拜詔，將遣子懋繩迎駕，越中文武大譁，以堡故，不受魯王官，而從閩，復至動搖人心，且黃澍已北降大清，復疏閩中願挈上江歸朝，併合何騰蛟通劉洪起，規取中原，冀湔前慝，堡信之固，謂可用，以故群議不服，陳函輝密啟魯王，請殺堡，堡上啟，以為更始稱尊劉縯止居大司馬之位，湘陰繼統劉崇亦守節度使之官，縯豈甘以賢讓不肖，

〔註62〕錢秉鐙：《所知錄》卷上，上海：上海古籍出版社，1987年，頁238。

崇豈甘以父讓子哉」〔註63〕

是月，有疏奏劾馬士英誤國。勸迫隆武，然魯王等不受。堡勸魯不成，觸怒隆武，又以事惹浙方之疑。

夏，浙東陷，堡回到福建延平，繳還聯絡義師的敕印。隆武帝欲賜官於堡，堡再三請辭，帝不允。鄭芝龍以為隆武帝行將大拜堡，忌恨益甚。

七月，清軍度仙霞，八閩大震。堡以三策說上：今日之勢，誠能大戒文武，直走湖南，用何騰蛟之銳，竟搗荊襄，傳檄雍豫，中原豪傑，必有響應，聞之者，以為殿下從天而降，此上策也。移蹕虔州，疏通江廣，兼顧閩浙，丁魁楚後勁於南雄，萬元吉前茅於建撫，急呼楚師為之連臂，此中策也。撫慰潰亡，並力一戰，勝不虛生，敗不徒死。此下策也。若往來延建，觀望經時，輕騎叩城，避不暇出，無無策矣。可惜隆武帝沒有用任何一策，堡為隆武朝最後做的努力宣告無效。除此還讓鄭芝龍更加憎恨金堡，欲加害於他。輔臣曾櫻留守福州，陰知鄭意，密疏勸上，欲保全金堡，莫若聽其辭去。帝始允。

八月十五日，堡辭朝，從延平出汀、贛，趨衡州。〔註64〕

十一月堡至衡陽，浪遊湖南。後依舉主學使周大啟避地沅州，居哀。〔註65〕

【時事】

八月，清兵陷建寧、延平，帝出奔汀州。

八月二十一，隆武帝奔贛。

八月二十八日，被清兵追及，隆武帝在汀州遇害。

十月十四日，南明兩廣總督丁魁楚、廣西巡撫瞿式耜等擁立桂王朱由榔監國於肇慶，以明年為永曆元年。

十一月初二日，南明大學士蘇觀生等擁戴隆武帝之弟、唐王朱聿鐭監國於廣州。初五日，唐王匆忙稱帝，改明年為紹武元年。

十一月十八日，兩廣總督丁魁楚等迎桂王朱由榔正式繼位於肇慶，改元永曆。永曆與紹武成相峙之勢。

十二月十五日，清兵入廣州，唐王朱聿鐭被害，紹武政權覆滅。

〔註63〕邵廷采：《金堡》，《西南紀事》卷6，《中國方略叢書》，臺北：成文出版社，1968年。

〔註64〕盛楓：《金堡》，《嘉禾徵獻錄》卷37，清鈔本，頁6～7。

〔註65〕金堡：《劾徐心籛呂爾璂疏》：「丙戌十一月，臣至衡陽」。見金堡：《劾徐心籛呂爾璂疏》，《嶺海焚餘》，《叢書集成續編》第58冊，臺北：新文豐出版公司，1988年，頁62。

順治四年，永曆元年丁亥，(1647)，三十四歲

二月，金堡素有清直聲，終制，敕召還。

按，金堡在隆武朝因丁艱未就任給事中一職，然以直諫參鄭芝龍，為思文皇帝所倚重，為鄭芝龍等憎惡。聲名在外。

夏，於湖南辰陽與同鄉三決義公相遇，相約入粵。〔註66〕

清辰沅道戴國士素慕堡名，馳書請堡相見，堡抗書答之，自稱「無路之人金堡」。戴國士知金堡不能屈，乃止。〔註67〕

是年，堡在辰州山無意中讀了《楞嚴》《圓覺》諸大乘經，始知慚愧，遂發出世之志。入僧舍供法典，授《淨名》《楞嚴》《圓覺》等經。閱盡，乃發深信，恨知佛法晚，漸有出世之想。〔註68〕澹歸《梧州詩序》「歲丁亥在辰陽，讀楞嚴圓覺諸大乘經，始知慚愧，遂發出世之念」〔註69〕

十一月，以瞿式耜薦，達肇慶行在，上疏陳八事。〔註70〕

是年函昰避亂西樵山中，作《西樵寫懷》十首，旋返廣州小持船。袁特丘彭年來見。是年在廣州小持船袁彭年來見函昰，函昰《悼袁特丘中丞四首（有引）》「特丘丁亥見予於廣州小持船，……壬辰乞作優婆塞，……」〔註71〕

是年，函可自金陵歸，因篋中有阮大鋮鋮答福王書稿，及丙丁間親見諸死事臣，紀為變記一書，城城邏發焉，遂被執。

〔註66〕澹歸《送三決比丘還吳中序》「三決義公，少與余同里閈，丁亥夏，復遇於辰陽（辰陽鎮，隸屬於湖南省懷化市辰溪縣），相從入東西粵」澹歸：《送三決比丘還吳中序》，《徧行堂集》卷4，《清代詩文集彙編》第46冊，上海：上海古籍出版社，2010年，頁340。

〔註67〕王夫之：《金堡列傳》，《永曆實錄》卷21，上海：上海古籍出版社，1987年。

〔註68〕陳世英：《澹歸禪師傳》，《丹霞山志》，廣州：廣東教育出版社，2015年，頁72。釋成鷲：《舵石翁傳》，《咸陟堂文集》卷6，《廣州大典》第440冊，廣州：廣州出版社，2015年，頁370。

〔註69〕澹歸：《梧州詩序》，《徧行堂集》卷4，《清代詩文集彙編》第46冊，上海：上海古籍出版社，2010年，頁352。

〔註70〕邵廷采：《金堡》，《西南紀事》卷6，《中國方略叢書》，臺北：成文出版社，1968年。

〔註71〕函昰：《悼袁特丘中丞四首》，徐作霖等編：《海雲禪藻集》，黃國聲點校，廣州：廣州旅遊出版社，2017年，頁219。袁彭年，字介眉，號特丘，湖廣公安人。崇禎甲戌進士，初授淮安推官，永曆時，官至廣東布政使，左都御史，與金堡、劉湘客、丁時魁、蒙正發稱五虎。禮天然為居士，名今忭，字高齊，旋里後被害，天然有詩悼之。

【時事】

正月，清兵陷肇慶，入梧州。

二月，永曆帝由梧州至桂林，改桂林府署為行宮，大學士瞿式耜告楚、蜀各鎮，廣西居山川上游，桂林可以為都城。並疏請道里之可達桂林者，王錫袞、文安之為相，周堪賡、郭都賢、劉遠生為六卿。

是年陳子壯、張家玉、陳邦彥以起義死。

順治五年，永曆二年戊子，（1648），三十五歲

是年秋冬之前，金堡仍居辰溪山中。

正月，陳邦傅修怨於堡，請為監軍，大學士朱天麟擬旨著即會議。丁時魁怒曰，堡論邦傅即講監紀，堡又論郝永忠，若請其頭，亦與之耶，率科道官十六人入丹墀，大呼繳印於內閣，王方燕語，聞變翻茶沾服，命李元胤出諭諸臣供職，天麟即日罷相，堡陳謝。」〔註72〕

八月，金堡拜謁永曆帝於肇慶，以舊官授兵科給事中。直言敢諫，陳時事之失，金堡直聲大振。時朝臣關係極為複雜，堡列假山（賈之胤）五虎之目，為虎牙。故論益侃侃，以此樹敵滋怨。〔註73〕

九月，金堡在桂林第一次見到瞿式耜，相見如故。期間，堡舍於伏波山，與瞿式耜、焦瑞亭、吳鑒在同遊虞帝祠，與邵憲長遊七星岩。時，永曆帝在肇慶，由瞿式耜推薦，召堡入朝。〔註74〕

按，堡與式耜首遇時間見《徧行堂集》卷八祭瞿公文中，堡言：「我初未識公，自戊子（1648）九月謁公桂林，遂相見如故。」堡一就任就上時政八失疏，一曰朝政不宜獨專也。二曰勳封不宜無等也。三曰罪鎮不宜久縱也。四曰中旨不宜頻傳也。五曰貪墨之風不宜自內廷始也。六曰調停之術不宜自言路開

〔註72〕邵廷采：《金堡》，《西南紀事》卷6，《中國方略叢書》，臺北：成文出版社，1968年。

〔註73〕徐乾學《丹霞澹歸釋禪師塔銘》「戊子江楚兩粵兵起，復迎桂王駐肇慶府，公入見，補授兵科，論事益切直，無所忌諱」，見徐乾學：《丹霞澹歸釋禪師塔銘》，陳世英：《丹霞山志》，廣州：廣東教育出版社，2015年，頁113。

〔註74〕澹歸《祭明故死節桂林伯督師大學士瞿公稼軒文》「我初未識公，自戊子九月謁公桂林，遂相見如故，當是時入朝者，無不得公薦表以為重，我不乞公薦，公亦語我吾不敢以薦重君」，見澹歸：《祭明故死節桂林伯督師大學士瞿公稼軒文》，《徧行堂集》卷8，《清代詩文集彙編》第46冊，上海：上海古籍出版社，2010年，頁439。

也。七日義兵不宜概行摧折也。八日奉使不宜濫及非人也。奏疏入,舉朝震驚,詆堡狂躁。堡直言敢諫得罪了本朝批權貴,如文安侯馬吉翔、慶國公陳邦傅、司禮監龐天壽等。永曆帝也不似隆武帝那般賞識金堡,見此奏疏龍顏大怒,令堡安靜供職。唯袁彭年、丁時魁、瞿式耜等推重他,堡亦與他們相得。值得一提的是李成棟,當時他還未與瞿式耜等聯合,與堡等並非同黨。然他令人讀此奏疏,對堡的才能很欣賞,驚曰:「朝廷尚有如此人乎?」期間,所謂吳楚兩黨陣勢逐漸明朗。

是年函可遣戍瀋陽。

【時事】

正月二十七日金聲恒以南昌叛大清歸南明。

春,廣州大饑,斗米八百錢。〔註75〕

三月,永曆帝自柳州如南寧。

四月初十日,李成棟以廣東倒戈抗清。江楚兩粵初定,堡在黔陽山服闋,遂出山赴桂林。四月提督李成棟以廣東附於永曆。

六月,永曆帝還肇慶。

順治六年,永曆三年己丑(1649),三十六歲

金堡侍奉永曆帝,仍在肇慶。吳楚黨爭愈演愈烈,堡乃列入楚黨之中。當是時,有假山圖五虎之稱,所謂「五虎」即都察院掌院事袁彭年、吏科都給事中丁時魁、戶科右給事中蒙正發、都察院協理院事劉湘客與金堡,以彭年為虎頭,時魁為虎尾,正發為虎爪,湘客為虎皮,堡因直言敢諫,口誅筆伐最為積極,被稱為虎牙。他們構成了楚黨的一線人物,外結瞿式耜、內結李元胤以自強。假山圖者,假即賈也,元胤是李成棟的養子,原姓賈。所謂假山圖的寓意即是吳黨諷刺楚黨成員借李元胤張威罷了。此時,永曆處肇慶,是在李元胤的勢力範圍內,故而楚黨一時得志,朝廷上不可一世。而堡之鐵齒銅牙更是得罪了很多當朝官員,他們都在瞅準機會置之死地而後快。

上《請覃恩應得誥命疏》。〔註76〕

〔註75〕乾隆《番禺縣志》卷18,《廣州大典》第277冊,廣州:廣州出版社,2015年,頁426。

〔註76〕澹歸《請覃恩應得誥命疏》「臣通籍十年」,金堡崇禎十三年庚辰(1640),二十七歲獲得進士,即通籍,到該年為10個年頭。「蓋自乙酉起義,棄家以來,迄今五載矣。」

上《再辭印務疏》。〔註77〕

按，《南疆逸史》記載金堡在永曆朝中，「廷臣無所不抨擊，一月章至六十上。」無奈清文字獄導致堡的奏章大多喪失，其他史料所錄奏章基本類同於《嶺海焚餘》。直此書中收錄了四十九篇奏章，隆武朝十八篇，永曆朝三十一篇。後者奏章中主要彈劾的人有：馬吉翔、陳邦傅、徐心篆、呂爾璵、馬士英、嚴起恒、王化澄、孫可望、何吾騶、包風起、黃士俊等。明本有汀、贛、兩廣、川、黔，可與清廷爭西南半壁，然由於朝臣紛爭，而是年堵胤錫卒，明年瞿式耜亡，明室終無人，大勢已去。

王夫之於順治五年十月後由桂陽度嶺至肇慶，投奔南明永曆，被堵胤錫薦為翰林院庶吉士，以父喪辭謝。順治六年，活動於桂林、肇慶，結識金堡、瞿式耜、方以智等。〔註78〕

阿字至雷峰依天然函昰，落髮出家。受《壇經》，因聞貓聲悟道。〔註79〕

【時事】

是年，清帝封尚可喜平南王，耿繼茂靖南王，使同定廣東，各率其部以行。

順治七年，永曆四年庚寅（1650），三十七歲

正月初七，永曆得知南雄府破，逃往廣西梧州府。金堡懇請永曆帝留在肇慶，但是帝早已魂飛魄散，去意已決，爭之不得。

二月初四，吳貞毓、郭之奇、萬翱、程源輩乃修舊怨，與給事中張孝起、李用楫、李日煒、朱士鯤、御史朱統鎝、王命來、陳光胤、彭全等合疏論彭年、湘客、時魁、堡、正發把持朝政、罔上行私、朋黨誤國十大罪。帝以彭年反正有功，特免議；餘下錦衣獄。時，李元胤被陳邦傅牽制，不敢輕舉妄動。瞿式耜聽聞四人下獄之事，上疏乞求，曰：「中興之初，宜保元氣，勿濫刑。詔獄追贓，熹廟朝魏忠賢弄權鍛鍊楊、左事，何可祖而行之！」帝頒布四人之罪狀以證刑法之必然，式耜再上七疏爭之，帝不聽。大學士嚴起恒不能入水殿（當是時，永曆帝每每望風而逃，常以舟為家，起居朝拜皆在舟中，故稱水殿。）對，乃長跪沙際以求免刑，程源立御舟側，揚言曰：「金堡即

〔註77〕金堡《再辭印務疏》有「五載無家，孑然塊處」，見金堡：《再辭印務疏》，《嶺海焚餘》，《叢書集成續編》第58冊，臺北：新文豐出版公司，1988年，頁75。
〔註78〕蕭箑父：《大家精要：王夫之》，昆明：雲南教育出版社，2009年，頁153。
〔註79〕古云：《海幢阿字無禪師行狀》，釋今無：《阿字無禪師光宣臺集》，《廣州大典》第439冊，廣州：廣州出版社，2015年，頁402。

『昌宗之寵方新、仁傑之袍何在』二語，當萬死！」聲達慈寧舟中；蓋堡《駁御史呂爾璵疏》中語也。都督張鳳鳴受密旨，欲因是殺堡；於古廟中陳刑具，用廠衛故事嚴鞫之，拷掠慘酷。堡大呼「二祖、列宗！」余皆哀祈招賄，以數十萬計。獄成，堡、時魁並謫戍，湘客、正發贖配追贓。已而李元胤、高必正入朝，成為堡申雪；上意漸解。一日，召對廷臣；忽曰：「金堡畢竟是君子、是小人？」再問，無對者。明日，庶吉士錢秉鐙疏言：「臣昨侍班次，惡堡者皆在列。而皇上再問，無對者，則天良難滅；堡之不為小人可知！堡受刑最重，左腿已折；相隨一僕，復墮水死。今遠戍金齒，以子然殘廢之身，敝蹕於荒郊絕域之外，去必不到，到亦必死。雖名生之，實殺之也！乞量改近邊！」乃改清浪衛。高必正以百金為堡藥資，不受。馬寶自德慶來，親為洗創；堡竟不死。〔註80〕

堡在梧州獄中作詞數闋，方以智見而稱之，後絕不作，亦作有《梧州詩》並序。〔註81〕自作，見於

春，澹歸《送三決比丘還吳中序》「庚寅之春餘下詔獄，楚毒備至，僅一蒼頭，又為怨家私掠，公（三決義公，馬生）負余出錦衣行署，涕唾宛轉，血肉狼藉，湯藥扶持，難行之行，靡不堪忍，一時薦紳間咸誦馬生高誼」〔註82〕

王夫之往省舟中，堡有詩「劣得狙朋爭一笑，虛舟虛谷盡逍遙」。

夏，堡赴清浪衛的途中，恰逢清兵至，押解人逃跑。堡在瞿式耜的幫助下，移居桂林瞿氏的小東皋園林。

五月，金堡作《贈趙君秋屋舊作》；瞿式耜作《庚寅五月梧州行在所戍卒金堡具草贈趙子秋屋》。〔註83〕

冬，金堡入住小東皋數月後，將落髮於茅坪庵。瞿式耜之孫瞿昌明前來送行，並索補前作，金堡為作《金公贈言》並序。〔註84〕

〔註80〕徐鼒：《小腆紀傳》卷 32，周駿富：《清代傳記叢刊》第 69 卷，臺灣：明文書局，1985 年。

〔註81〕澹歸《梧州詩序》有「然獄底孤吟，不落怨憤叫罵之氣，而山林本色時復透露，豈可謂非多生薰習耶？」見澹歸：《梧州詩序》，《徧行堂集》卷 4，《清代詩文集彙編》第 46 冊，上海：上海古籍出版社，2010 年，頁 353。

〔註82〕澹歸：《送三決比丘還吳中序》，《徧行堂集》卷 4，《清代詩文集彙編》第 46 冊，上海：上海古籍出版社，2010 年，頁 340。

〔註83〕瞿式耜：《瞿忠宣公集》，《續修四庫全書》第 1375 冊，上海：上海古籍出版社，2002 年，頁 286。

〔註84〕澹歸：《金公贈言》，瞿式耜：《瞿忠宣公集》，《續修四庫全書》第 1375 冊，上海：上海古籍出版社，2002 年，頁 285～286。

十月十九日夜，金堡因連番打擊，夢至法場。〔註85〕之後，金堡被戍清浪。

十一月，落髮茅坪庵。〔註86〕金堡知南明小朝廷最後的復明機會都已喪失了，自己也落了個殘疾，心灰意冷，一個月後，與通政使印司奇、劉湘客至桂林堯山茅坪庵（又名茅庵、祝聖庵。位於桂林東郊堯山西麓。始建於明代，一進三開間。請代屢有修葺。是桂林頗具影響的寺庵之一。今庵已廢，遺地留存。）出家，初名性因。居茅坪庵時，張同敞、方密之、劉同庵客生兄弟、丁金河、蒙聖功等與性因日夜飲酒唱和；性因一遊龍隱洞。

按，後因司奇不喜歡研習佛教之理，返回湖北隱居。澹歸《次韻思圓後公遺詩》跋中載：「庚寅桂林陷，同時落髮。壬辰，復先後參雷峰。公篤友與之愛，就其兄大司馬同庵公於粵西。癸巳，同庵歿於王事，公不言心傷，未幾月而殞。」思圓後公即劉湘客，堡在茅坪庵落髮，故推知湘客亦在此庵落髮。第二年，湘客同樣投了雷峰天然門下，後因兄長去世，很快便也離世了。

「庚寅梧州詔獄中作詞數闋，方密之見而稱之，後絕不作」〔註87〕

十一月初六，定南王孔有德率清軍破桂林，瞿式耜、張同敞被俘，金堡在《徧行堂集》卷八祭瞿公文中提到「公被執，與我詩筒往返。」

閏十一月十七日，瞿式耜、張同敞在桂林遇難，屍暴於市，瞿公門人楊二癡請求定蕃葬此二公，兩日後，定南王遂同意。此時已遁入空門的金堡上書孔有德，亦請求葬之。書有言曰：「衰國之忠臣與開國之功臣，皆受命於天，同分砥柱乾坤之任。天下無功臣，則世道不平；天下無忠臣，則人心不正。事雖殊軌，道實同源。兩公一死之重，豈輕於百戰之勳者哉！王既已殺之，則忠臣之忠見，功臣之功亦見矣。此又王見德之時也。請具衣冠為兩公殮……」感人

〔註85〕《四書義自敘》載：「（堡）夢被執，至法場，大雨，行刑者未至，自念天向暮，豈決人時耶？既有持酒饌至者，引滿一杯，復自念，暇甚，好作絕命詩也。自吟自喜，盡一杯酒，取片肉，未及咽而噎，遂寤。」堡醒來只記得」三十六年餘夢幻」一句，見澹歸：《四書義自敘》，《徧行堂集》卷7，《清代詩文集彙編》第46冊，上海：上海古籍出版社，2010年，頁417。

〔註86〕「庚寅赴戍清浪，道阻桂林，冬十月十九夜，……越一月，遂落髮，又五十餘日，茅坪主僧私度亡將，騎兵數百，大索菴內外三日，余幾不免，竟絕糧，時金吾之創雖合，右足短左足二寸許，手扶童子肩，始能立，」見澹歸：《四書義自敘》，《徧行堂集》卷7，《清代詩文集彙編》第46冊，上海：上海古籍出版社，2010年，頁417。

〔註87〕今釋：《徧行堂集緣起》，《徧行堂集・序》，《清代詩文集彙編》第46冊，上海：上海古籍出版社，2010年，頁230。

至深。楊藝遂與堡安葬瞿張二公。

　　按：楊二癡即楊藝，《清史稿》有其小傳，曰：「楊藝，字碩父，廣西臨桂人，大學士瞿式耜客也。闊略無所忌諱，同幕者稱為癡藝，因以自號。已，終不合去。孔有德徇廣西，破桂林，執式耜及總督張同敞，不屈死，藝衰絰懸紙錢滿衣，號哭營、市間，請斂式耜，有德聞而義焉，遂許之，令並斂同敞。有姚端者，式耜門人。藝與謀，斂式耜及同敞，淺葬風洞山麓，築室於旁，守墓不去。時明給事中金堡去為僧，將上書有德乞斂式耜等，知藝先之，乃罷。以書稿寄式耜子，頗流傳人間，而罕知藝者。堡紀其事甚詳，且曰：『以吾書掩藝，吾為竊名，瞿氏子為負德。』」同時期的很多著作中關於瞿、張兩公安葬事均未提及楊藝，如上《清史稿》中所言堡紀事甚詳。故錄於此。《徧行堂續集》卷六《楊二癡傳》，云：「予有《與孔定南書》，瞿伯升（瞿式耜子）梓之《浩氣吟》中，不載楊二癡事。二癡名藝，當文忠授命，衣衰絰，掛冥錢衣上，號哭於營市，見文武將吏，叩頭請收葬。凡兩日，見聞者感動，皆為泣下，令備棺衾以斂。予所遣三僧決義公持書欲投，藝適見，問其故，索觀之曰：『傳世文也，然吾已得請，更上書，復為道隱先生多一事。汝但同吾殮瞿公，即於義盡矣。』藝藏此書，歸遺瞿氏，瞿氏既梓，不復及藝，藝亦不言。藝少年落魄，曾遇所謂松仙者，頗能知人休咎，善醫藥。文忠撫粵西，辟置幕中，狂戇無所忌諱，人爭避之，目為癡，藝即自號『二癡』。予戍清浪，道桂林，文忠迎余居小東皋。一日，藝語余曰：『昨在留守席，八人無一人有首者。』予曰：『公視我何如？』藝曰：『汝自是過鐵人。』各大笑而去。文忠就執，家屬匿藝所居山中，有魏糧道者發之，藝亦就執。幅巾寬袖衫，抗論不少屈，定南將吏更奇之，爭與交。藝辭還山，相率挽留，藝曰：『吾不惜居此，但幅巾寬袖衫，勿易服乃可。吾往來山中，任吾便，若相拘制，吾有死耳。』皆唯唯。王撫軍一品病危甚，群醫袖手莫措，乃置酒延藝。藝出藥與之曰：『席未終當愈。』席半果愈。一品大喜，拜再生之德甚厚，藝每至，直入臥內。一品左右用事者素驕貴，藝奴視之，應對稍傴塞，輒唾罵積不堪。一夕醉，復罵，左右故牴觸，藝拔一品床頭刀曰：『殺此群奴！』群奴前奪其刀，請一品殺藝。一品曰：『彼活我，我豈忍殺彼？且楊先生醉，汝曹奚為？』明日，一品好言戒藝，藝笑不為屈，強直如故。一品北歸，挈藝出粵西，至淮乃別。藝歸里，浮沉不事事。人或探休咎，或言或不言，言或中或不中，卒莫能淺深之。澹歸道人曰：松仙，吾不知何許人，二癡，吾不能定為何許人，吾傳之，不昧吾心耳

已。以吾一書掩二癡之義，吾為竊名，瞿氏為負德。二癡故有烈士風，薄夫敦，懦夫有立志，兼擅其功於百世而下。吾豈直為二癡表微？凡可以維挽人心，隱情蔽善皆昧心也。若王撫軍，豈非不昧心者哉？」

金堡除永曆五年時名為性因，餘下皆謂澹歸。「弟子某甲自庚寅落髮，倏己壬辰身托緇流」〔註88〕

是年，屈大均皈依函昰，法名今種，號一靈。〔註89〕

【時事】

除夕夜，清軍過梅嶺。

正月初三，南雄府破。

二月初一，帝到達梧州。李元胤留守肇慶，陳邦傅統兵入衛，楚黨陷入逆境。

十一月初二，清兵陷廣州，屠城，死七十萬人。〔註90〕

順治八年，永曆五年辛卯，（1651），三十八歲

正月，茅坪庵主僧私度南明亡將，清軍騎兵數百大力搜索此庵內外達三日之久，性因幾乎不可幸免，庵內糧食盡絕。此時，性因創傷雖然好了，但是右腿比左腿短了少許，必須扶著侍童才能站起來，已然落下殘疾。一個月僅僅得五餐飯，其餘都是靠野菜雜小米做粥充饑，所以基本都是飢餓狀態，身體狀況更差。

桂林城外靈田人莫方伯之妻請性因教授其子，此子是方伯之遺腹子，已十五歲。性因迫於現狀接受了這一任務，言曰：「此非僧事，然饑不擇食，西席不言束脩，東家且勿計米飯。」遂帶著僧家的佛像磬魚鍾鼓處館莫家。結廬於江南山。

性因三遊臨溪洞，宿道乘岩。

夫人方氏出家。〔註91〕

〔註88〕澹歸：《眾方發願文》，《徧行堂集》卷8，《清代詩文集彙編》第46冊，上海：上海古籍出版社，2010年，頁427。

〔註89〕汪宗衍：《屈大均年譜》。

〔註90〕《通鑒輯覽》「二月清兵圍廣州，十一月城破」；凌揚藻《嶺海詩鈔》「屠之死者七十萬人」。

〔註91〕《徧行堂集》卷8，《焚方孺人靈座文》言：「吾於庚寅（1650）落髮，汝已於辛卯（1651）捨命。」捨命，出家之意。

　　按，《徧行堂集》卷八《焚方孺人靈座文》言：「吾於庚寅（1650）落髮，汝已於辛卯（1651）捨命。」捨命：前面特別提到天然和尚其父母妻妹與其子，亦皆出家，故此處「捨命」，應為捨命歸空、出家的意思，非死亡的意思。

　　是年，平南王折柬相招（函昰）。一見而去，其不耐與王公大人相周旋，類皆如此。〔註92〕

順治九年，永曆六年壬辰（1652），三十九歲

　　性因棄莫家館，從桂林東下佛山，求掛搭地不可得，袁特丘聞訊趕來，親自搖櫓接性因，至疊滘，後與性因同入廣州。袁特丘，己、庚間（1649年～1650年），與澹歸同歷黨籍，始別於蒼梧，乃湖北公安人。澹歸曾勸特丘出家學道，特丘曰：「終當以此為歸，今老矣，有少念未了，欲來生讀盡世間書，而後出家。」澹歸謂特丘性狷介，嫉惡如仇，持論過峻，以是賈怨。〔註93〕

　　性因始受具足戒於雷峰山海雲寺〔註94〕。天然函昰，將性因改名今釋，字澹歸。執事碗頭，在廚房洗滌碗器，隆冬嚴寒時，手凍而龜，仍不廢止，碗器有殘缺，典衣償之。〔註95〕

　　按，據葉遐庵《談藝錄》「明今釋逸詩」一條載：「相傳其出家後，匿跡某寺，司廚事，人無識之者。值新貴遊寺，乃其門下也。一見大驚，百方尋所欲，不答；固請，乃曰：『寺中僧多，尚缺飯碗。』其徒乃特至江西景德鎮定燒飯

〔註92〕《天然禪師傳》，《丹霞山志》卷6，頁71。《行狀》：是年間平南王尚可喜折柬相邀，函昰以病辭不見，勉出以賓主見，禮意殷隆，次日不辭而退。

〔註93〕澹歸：《刻袁特丘總憲軼詩序》，《徧行堂集》卷6，《清代詩文集彙編》第46冊，上海：上海古籍出版社，2010年，頁386。澹歸《刻袁特丘總憲軼詩序》「越壬辰，從桂林東下，至佛山求掛搭地不可得，特丘聞之，自挈舟迎余至疊滘，懽若再生，因同入雷峰，數相過談於碗架邊，臘八日，余受菩薩戒，特丘招同人來觀有詩。」

〔註94〕廣東海雲寺，為廣東四大名寺之一，位於廣東番禺南村鎮員崗村與陳邊村之間的秀麗清幽的雷峰山上。該寺在南漢期間（917～971）建成，原為海商捐建的佛教道場，曾名隆興寺、雷峰寺。清初，一代高僧天然法師駐錫該寺，重修擴建，命名為海雲寺。清末民初，海雲寺香火鼎盛，被譽為「粵中四大叢林之一。

〔註95〕澹歸《徧行堂集緣起》「予以壬辰謁雷峰滌器廚下，盡棄筆研，俄充化主，未免以詩文為酬應」而今無《徧行堂文集序》：「憶歲辛卯，澹歸行腳雷峰，天然老人一見，令其滌碗廚下，衣百結衣，形儀戌削靜嘿堆，堆無所辨別，牧南泉之牛，養莊生之雞，穆如也」，時間當以澹歸的為準。見澹歸：《徧行堂集緣起》，《徧行堂集》，《清代詩文集彙編》第46冊，上海：上海古籍出版社，2010年，頁230。今無：《徧行堂文集序》，澹歸：《徧行堂集》，《清代詩文集彙編》第46冊，上海：上海古籍出版社，2010年，頁226。

碗一千，舍之寺中。用之多年，至今尚有流傳，認為珍玩者，名曰澹歸碗。」
澹歸為廚事當是在雷峰時，所傳之事或許就是在這一兩年發生的。

是年，劉湘客（字客生，西安人，遠生弟）受具函昰和尚，字曰思園。

是年，袁彭年亦禮函昰為居士，名今忭，字高齋。〔註96〕

是年，王說作亦投天然門下，澹歸為其耳鳴集作序，對王極其推崇。〔註97〕

十二月初八，澹歸受菩薩戒。做《參方發願文》。天然和尚欲隱廬山，命
澹歸先度嶺行乞於常熟、毗陵（今江蘇常州市）。

十二月十一日，澹歸遂與止言（今墮）阿闍黎出嶺，為天和尚廬山長住計，
渡過江西鄱陽湖，又過揚子江，僑寓毗陵。

澹歸《絫方發願文》「弟子某甲自庚寅落髮，倏己壬辰身托緇流」

是年，好友陳洪綬去世，「愴歎累日，至今不衰」〔註98〕

順治十年，永曆七年癸巳（1653），四十歲

澹歸作《書上元歎後》。

六月初六，澹歸毗陵寓所燈下作《癸巳六月六日燈下作詩示世鎬誦》。

六月，作《告墓文》。

閏六月初九日，作《焚方孺人靈座文》。

澹歸去廬山，暫宿毗陵東禪，此時金綬領世鎬、世鎮到廟相見。澹歸在毗
陵東禪為已故父母及亡妻寫祭文，閏六月初九日，遂讓綬帶祭文回家，同時還
帶有香楮素食。〔註99〕

七月初五，李馨伯到東禪拜訪澹歸。其與澹歸同年生，即談論生辰之事，

〔註96〕據汪宗衍：《明末天然和尚年譜》，《新編中國名人年譜集成》第 20 輯，臺北：
臺灣商務印書館，1986 年，頁 38。

〔註97〕澹歸《王說作詩集序》有言：「王子說作，蓋嶺表詩家之秀也，余謁雷峰始識
之。……余亦時為詩，性既粗直，詩亦憤悱抗激，每見說作詩輒自失，以為有
愧於風人也。說作詩諸體皆工，至其五七言律，真足奪王、孟之席。」澹歸：
《王說作詩集序》，《徧行堂集》卷 7，《清代詩文集彙編》第 46 冊，上海：上
海古籍出版社，2010 年，頁 403。

〔註98〕澹歸：《書上元歎後》，《徧行堂集》卷 17，《清代詩文集彙編》第 46 冊，上海：
上海古籍出版社，2010 年，頁 604。

〔註99〕澹歸《癸巳六月六日燈下作詩示世鎬誦》：「昨來尋山棲，暫過毗陵宿。九年一
見汝，歎汝淚相續。汝母聞已亡，汝書知不讀。」見澹歸：《癸巳六月六日燈
下作詩示世鎬誦》，《徧行堂集》卷 30，《清代詩文集彙編》第 47 冊，上海：
上海古籍出版社，2010 年，頁 57。

言己拒絕設宴恭賀。第二天，澹歸便作《生辰卻宴會說》。〔註100〕

是年，與唐潔庵相識。

按，澹歸《唐潔庵八袞壽序》云：「予與潔庵唐先生交，在癸巳、甲午間。」可知澹歸與唐潔庵相識應該在 1653 年底或 1654 年初，所以將此事放在癸巳年。

是年，與汪子倬魏美兄弟相遇。

是年，見鄒靜長之冢子孝廉鄒延琦，得靜長之詩集《燕超堂詩集》，並為之序。

秋，函昰退隱匡廬，今無執侍左右。

【時事】

春，大饑，斗米千錢。〔註101〕

順治十一年，永曆八年甲午（1654），四十一歲

二月，至琴川（今江蘇常熟），駐錫貫清堂。

仲春，澹歸在常熟為瞿式耜作祭文《祭明故死節桂林伯督師大學士瞿公稼軒文》。字字血淚，聲聲揪心。

按，澹歸在祭瞿氏文中悲歎道：「嗚呼！當公就義，我哭公於茅坪僧舍，及公遷殯，我哭公於明月洞，今公旅櫬還家，我又得哭公於公之家。」瞿式耜乃常熟人，可知此文應當是澹歸至常熟後所做，亦可知澹歸最遲也是在仲春即二月到達琴川。

遊虞山（今常熟市內西北處），謁豁堂岩和尚於三峰禪寺。〔註102〕在清涼僧舍見鄭素居，並讀其詩，作詩序。

〔註100〕澹歸在毘陵東禪從閏六月初，至少住到七月初五。澹歸《生辰卻宴會說》「李馨伯居士與余同庚生，以今癸巳七月六日得四十甲子，前一夕過東禪語余曰，某今生辰，諸親知頗欲為設宴賀者，某力謝卻之」；見澹歸：《生辰卻宴會說》，《徧行堂集》卷3，《清代詩文集彙編》第46冊，上海：上海古籍出版社，2010年，頁322。

〔註101〕據汪宗衍：《明末天然和尚年譜》，《新編中國名人年譜集成》第20輯，臺北：臺灣商務印書館，1986年，頁39。

〔註102〕三峰寺，全稱三峰清涼禪寺，坐落在常熟市虞山北麓，相傳建於齊梁年間。它和興福寺、維摩寺、藏海寺並稱為常熟四大古剎，為常熟市所有寺院之首，興盛時共有一千多間房舍，成為江南一大叢林與杭州市靈隱寺、寧波市天童寺均為近代禪宗祖庭，清代康熙南巡時曾特意御書三峰清涼禪寺名。三峰古寺近代歷盡劫難，文革時徹底毀滅，後得以復建。

與故交山陰張萇仲相見於常熟，別於虎阜（今蘇州虎阜禪寺），始識萇仲長子張雛隱。

八月初十日，澹歸重書舊作《甲午中秋前五日借山今釋書於東皋之天香閣贈趙君秋屋舊作》。〔註103〕

八月廿六日，澹歸作《路公別傳》。〔註104〕

是年，澹歸始聞劉湘客去世的消息，擬為詩以哭。第二年，澹歸在棲賢，得湘客遺墨於說非密公。在吳中，止言與澹歸追論故人，每有山河之感，既共觀湘客詩，悲喜交集，遂卷而藏之。後澹歸次韻湘客詩四首，情深意切。

作《與李謙菴太守》書信。

按，《與李謙菴太守》「又，丹霞僧至，具知福曜已歸韶石，此大慶也，近來事勢頗無旁掣之肘，可以展布自如，則六邑之民皆襲，冬日坐春臺矣，弟自去夏請藏事竣，即病於吳中，今春幾至不起，頃雖幸存視息，然形神已離，恐不能再入嶺與吾兄續高齋夜話之樂也，拙集承大序光壯，置之廣弘明集中，不特丹霞增重，即天下法門無不藉峻極崑崙，而增重矣，謝謝！樂說敝法弟近況

澹薄，幸時加護念，勿令十方大眾失所，如弟身受，切祝切祝。」〔註105〕因請藏在順治十年（癸巳），故該年寫此信。

冬，還棲賢。

秋，今無隨函昰至廬山棲賢寺，充監寺。

順治十二年，永曆九年乙未（1655），四十二歲

春，拜謁天然老人於萬年，時老人已是棲賢方丈，澹歸充當書記。適聞博山嗣法，嘖有煩言，師以書記上書於天界閬公，陳說我華首心印，親承面授，非皮履直綴之比。閬公得書，頗不快意，咸咎師以越俎，師不為動。〔註106〕

四月，澹歸自棲賢至萬年，見函昰。〔註107〕

〔註103〕瞿式耜：《瞿忠宣公集》，《續修四庫全書》第1375冊，上海：上海古籍出版社，2002年。

〔註104〕葉廷琯：《鷗陂漁話》，上海：廣益書局，1942年，頁19～21。

〔註105〕澹歸：《與李謙菴太守》，《徧行堂續集》卷11，《清代詩文集彙編》第47冊，上海：上海古籍出版社，2010年，頁629。

〔註106〕釋成鷲：《舵石翁傳》，《咸陟堂文集》卷6，《廣州大典》第440冊，廣州：廣州出版社，2015年，頁370。澹歸《四書義自敘》「明年春，謁兩老人於萬年，充書記紹隆。」澹歸：《四書義自敘》，《徧行堂集》卷7，《清代詩文集彙編》第46冊，上海：上海古籍出版社，2010年，頁417。

〔註107〕據汪宗衍：《明末天然和尚年譜》，《新編中國名人年譜集成》第20輯，臺北：

八月，還泊南康城〔註108〕，抵棲賢。

冬，回廣州雷峰，袁特丘已回湖北公安，在番禺的雷峯寺，給澹歸留下一個藍布囊，裏面裝著《嶺海焚餘》舊稿，澹歸讀之，宛如夢中，遂將這些詩文置之度外。除此之外，特丘還寄來了十首軼詩。〔註109〕

張雛隱在廣州，以詩示澹歸。澹歸作序淺談詩、志關係。

順治十三年，永曆十年丙申（1656），四十三歲

是年，寓東莞螯庵。居螯庵，前後十個春秋。

與朱彝尊、曹溶、屈大均等遊。〔註110〕

按，朱彝尊《南車草》有與澹歸交往「聽澹歸師譚廬山之勝」詩作，詩曰：「見說廬山勝，吾師昔久留。芙蓉削員閒，瀑布灑飛流。柳下調神駿，寰中押解鷗。東林煙月滿，何日與同遊。」〔註111〕

袁特丘寄軼詩刻本囑託澹歸為其作序。澹歸評其軼詩，似與觀場吠影者言之，渺如說夢。五年後，南海程周量取《軼詩》梓之。

冬，澹歸與汪起蛟相識。

是年，澹歸至惠州西湖。

除夕，作《除夕書懷贈公絢》。

按，詩中「三年奔走還入嶺」，應該是在順治十二年冬，所以「今春一病臥東莞，藥鐺伴夏連秋冬」中的「今春」應該是次年（順治十三年），然後「藥鐺伴夏連秋冬」故該詩應寫於順治十三年年底（除夕）。

夏秋之間，今無持函昰書，攜寓諸等人出塞訪求函可，年底抵瀋陽，後與函可同住千山。

順治十四年，永曆十一年丁酉，（1657），四十四歲

正月初七（人日），龔鼎孳持錢謙益《寄憨大師曹溪法眷書》，過海幢寺訪

臺灣商務印書館，1986年，頁42。

〔註108〕南康古城，古南康府即江西星子縣城。

〔註109〕澹歸《四書義自敘》「是冬歸嶺南，袁公特丘手封一藍布囊，遲我於雷峯者，為焚餘舊槁，復見囊作，怳然一笑，如夢中耳，置之。」澹歸：《四書義自敘》，《徧行堂集》卷7，《清代詩文集彙編》第46冊，上海：上海古籍出版社，2010年，頁417。

〔註110〕趙鐵鋅：《澹歸今釋和尚年譜續補》，《牡丹江教育學院學報》，2019年第8期。

〔註111〕朱彝尊：《南車草》，嘉慶二十三年刻本，頁18。

澹歸，請刊《憨山大師夢遊集》。〔註112〕華首和尚命今釋跋錢謙益《寄憨大師曹溪法眷書》之後。〔註113〕龔鼎孳作《同張登子鄧孝威遊海幢訪澹歸上人》《別澹歸》《三遊海幢》。

按，據汪宗衍《明末天然和尚年譜》：春，龔孝升鼎孳頒詔至粵，持錢牧齊謙益書，訪求道獨得鼎湖道丘藏德清《夢遊全集》，獨為搜羅散佚，曹秋岳溶為集眾繕寫，載以歸吳，謙益校讐編定四十卷，毛子晉晉鏤版刊行。（《有學集》二十一《憨山大師〈夢遊全集〉序》《嶺南刻憨山大師〈夢遊全集〉序》。龔鼎孳使粵為丙申冬末，《定山堂集》二五《同張登子、鄧孝威遊海幢訪澹歸上人》《別澹歸》《三遊海幢》諸詩皆次於丁酉，故繫於此。龔鼎孳，字孝升，號芝麓，合肥人。崇禎進士，授兵部給事中。李自成陷京師，受直指使。順治初，迎降，以原官起用，屢官至禮部尚書。工詩古文詞，著《定山堂集》。錢謙益，字受之，號牧齊，常熟人。萬曆中進士，官至禮部侍郎，坐事削職。弘光時，召為禮部尚書。多鐸攻江南迎降，授禮部右侍郎，旋歸里。著《初學集》《有學集》。曹溶，字潔躬，又字秋岳，號倦圃，秀水人。崇禎丁丑進士，官御史。順治十三年，由戶部侍郎出為廣東布政使，左遷山西按察司副使，整飭陽和道裁缺候用，旋丁母憂不復出。工詩，著《靜惕堂集》。毛晉，字子晉，世居虞山東湖，藏書處曰汲古閣，讐勘《十三經》《十七史》流佈，又刻《津逮秘書》，皆宋元以前舊帙，其他佚典秘文，多不勝紀。著《海虞古今文苑》《明詩紀事》。〔註114〕

二月，書成，作《錄夢遊全集小紀》。

袁特丘遣人來請澹歸去公安，未行，兩個月後，袁特丘即逝，澹歸悲痛萬分。

二月二十八日，為朱彝尊《南車草》作序。〔註115〕

十一月二十六，雷峰無方應禪師五十初度，同學緇白均以詩歌賀之，澹歸受禪師囑託為此詩歌集作序。〔註116〕

〔註112〕李舜臣：《嶺外別傳》，廣州：南方日報出版社，頁307。

〔註113〕今釋：《跋》，德清：《憨山老人夢遊集》卷40，《附錄》，清順治十七年毛褒等刻本。

〔註114〕汪宗衍：《明末天然和尚年譜》，《新編中國名人年譜集成》第20輯，臺北：臺灣商務印書館，1986年，頁。

〔註115〕朱彝尊：《南車草》，嘉慶二十三年刻本，卷首。

〔註116〕澹歸：《無方應禪師五十初度序》，《徧行堂集》卷5，《清代詩文集彙編》第46冊，上海：上海古籍出版社，2010年，頁363。《無方應禪師五十初度序》「丁酉十一月二十六日屆五十初度，同學緇白各以詩歌為師壽，而屬某序其端。」

是年，與舊時友吳雲軿相見於李授平宅邸，時，雲軿居於仙城。見《書兩吳公傳志後》

攜二子與黎遂球會面。〔註117〕

是年，仍寓東莞。

順治十五年，永曆十二年戊戌，（1658），四十五歲

張安國與比丘自逢，於東莞筸溪創芥庵，為天然和尚法筵，澹歸至，安車與徐兆魁次小彭齡為澹歸三年閉關計，修廢苑，澹歸名之「戴庵」。

至筸溪戴庵。〔註118〕函昰與澹歸在戴庵同住一月。〔註119〕

張夢回帶著長子袖文拜訪澹歸，與其論聖賢之旨及「知我罪我」。

澹歸獨居無聊，徐仲遠以所作《坡公全集》囑澹歸點定，澹歸見其《中庸論》及論子思、孟子不著痛癢，便加批評。〔註120〕

八月，洪藥倩、徐仲遠寫信給澹歸以求一文，即為其友人彭晉公《超然遠攬詩集》作序。此集實為晉公門人為祝賀其生辰而成的。後晉公門人陳夢虬、彭敘起、簡國相、李嘉祉、何睿等人造訪，澹歸觀此詩集，遂為之作序文。〔註121〕

〔註117〕 黎遂球《蓮鬚閣集》「餘丁酉至東粵，科臣金堡時為僧雷峰，偕二子見余，咸能文。」

〔註118〕 澹歸《戴菴小記》載：「張子夢回得荒苑於筸溪，因竹為徑，據水為亭，圍以玫瑰，池以蓮花，既成雅構，爰處蔗餘，飢寒之患，則諸同志詭以必免，即蔗餘不幾為戴民，此地不幾位戴民之國之附庸耶？」可知戴庵乃張夢回贈予澹歸修行之所。筸溪地處廣東省東莞市。澹歸《四書義自敘》「戊戌在筸谿，張子夢回時率長袖文來，稍稍與論聖賢之旨，及知我罪我成一義，方獨居無聊，徐子仲遠以坡公全集屬點定，見其中庸論，及論子思孟子，不著痛癢，念此未入理路，奚免心蠱，茶餘飯飽，兀坐三廉樹下，偶有所觸，點筆成篇，路見不平，為四配公拔刀相助，戴菴之作，所繇多也。」見澹歸《戴菴小記》，《徧行堂集》卷12，《清代詩文集彙編》第46冊，上海：上海古籍出版社，2010年，頁510。

〔註119〕 據汪宗衍：《明末天然和尚年譜》，《新編中國名人年譜集成》第20輯，臺北：臺灣商務印書館，1986年，頁48～49。

〔註120〕 徐仲遠，小澹歸兩歲，對於兩人的關係，澹歸《祭徐仲遠文》：「予兩人交好僅十二年，筸溪一片地，風晨月夕，果熟花香，客至主閒，論文道古，三生之話，四事之供，予兩人為密。」見澹歸：《祭徐仲遠文》，《徧行堂集》卷8，《清代詩文集彙編》第46冊，上海：上海古籍出版社，2010年，頁439～440。

〔註121〕 澹歸《超然遠攬詩冊序》「歲戊戌秋八月，洪子藥倩徐子仲遠抵余以書曰，吾友彭晉公氏以是月二十六日為攬揆之辰，門下二三子爭為詩歌，上其師壽，欲得一言以為重，幸有以慰之。」澹歸：《超然遠攬詩冊序》，《徧行堂集》卷5，《清代詩文集彙編》第46冊，上海：上海古籍出版社，2010年，頁361。

冬還雷峰。

11 月，澹歸將自己的宗門不必開戒及講經念佛之說示於天然和尚，老人強調不可無戒，遂澹歸複寫宗門不必開戒說。

按，澹歸《四書義自敘》「冬還雷峰」；澹歸《宗門不必開戒說二》「戊戌仲冬，偶舉宗門不必開戒，及講經念佛之說，雷峰老人垂示曰，宗門下人，可不講經，可不念佛，獨不可無戒」〔註122〕

函昰有《戊戌小除未澹書記詩》。

今辯《丹霞澹歸禪師語錄序》「況自戊戌受具海雲，親稟儀範」〔註123〕

是年雷峰大雄寶殿落成，澹歸撰《雷峰海雲寺碑記》。〔註124〕

函昰返嶺，為今辯、今稚、今儆等人受具。〔註125〕

是年，隆興寺更名為海雲寺。

順治十六年，永曆十三年己亥，（1659），四十六歲

四月，澹歸嘔血。

五月復還戟庵。〔註126〕

十一月函可卒於遼東，年四十九。〔註127〕

今無抵雷峰。

是年春，屈大均至江南，持書覺浪道盛，轉而皈其門下，後屈大均多以道盛法嗣自稱。屈大均此種行為，後來招致潘耒的批評：「可歎者翁山耳，既以天然為師，轉而師覺浪，欲與天然為雁行。天然諸法嗣不與，乃推獎石濂，認

〔註122〕 澹歸：《宗門不必開戒說二》，《徧行堂集》卷3，《清代詩文集彙編》第46冊，上海：上海古籍出版社，2010年，頁309～310。

〔註123〕 今辯：《丹霞澹歸禪師語錄序》，金堡：《徧行堂集》，《清代詩文集彙編》第46冊，上海：上海古籍出版社，2010年，頁228。

〔註124〕 澹歸《徧行堂集》有《雷峯山海雲寺碑》，但無時間落款；而民國《番禺縣續志》卷36載《雷峰海雲寺碑記》，並有落款「康熙十六年丁巳夏六月望日，丹霞嗣祖比丘武林今釋撰文」。分別見澹歸：《雷峯山海雲寺碑》，《徧行堂集》卷11，《清代詩文集彙編》第46冊，上海：上海古籍出版社，2010年，頁484～486；民國《番禺縣續志》，臺北：成文出版社，1967年，頁490～491。

〔註125〕 李舜臣：《嶺外別傳》，廣州：南方日報出版社，頁308。

〔註126〕 澹歸《四書義自敘》「己亥夏四月，嘔血，五月復還戟菴」，澹歸：《四書義自敘》，《徧行堂集》卷7，《清代詩文集彙編》第46冊，上海：上海古籍出版社，2010年，頁417。

〔註127〕 汪宗衍：《明末天然和尚年譜》，《新編中國名人年譜集成》第20輯，臺北：臺灣商務印書館，1986年，頁50。

為同門，以壓阿字、澹歸，皆出私意。」

九月初七日，覺浪道盛卒。

【時事】

二月，帝奔緬甸。

是年，玉林通琇、木陳道忞應清世祖召至京。〔註128〕

順治十七年，永曆十四年庚子，（1660），四十七歲

二月二十三日，澹歸將自己收藏的陳洪綬畫《上元歎》送給止言阿闍黎。〔註129〕

按，澹歸藏章侯書畫共四種，一是文殊師利像，一是山水畫，一是《上元歎》，一是簡筆。癸巳年，澹歸度嶺時聽聞章侯去世，累日惋歎。

在寶安梢潭，舟中蒸熱，百千蚊子圍繞，目不交睫，偶憶其題，不覺古人偷心，一時勘破。〔註130〕

函昰為今覿、今沼落髮受具。〔註131〕

順治十八年，永曆十五年辛丑，（1661），四十八歲

春，與海發印公譚次。〔註132〕

交清官員丘象升（號曙戒）。時，曙戒從翰林出，為瓊州府通判。〔註133〕

〔註128〕 汪宗衍：《明末天然和尚年譜》，《新編中國名人年譜集成》第20輯，臺北：臺灣商務印書館，1986年，頁50。

〔註129〕 澹歸：《書上元歎後》，《徧行堂集》卷17，《清代詩文集彙編》第46冊，上海：上海古籍出版社，2010年，頁604。

〔註130〕 澹歸《四書義自敘》「庚子得三義，其一在梢潭夜渡時，尹孝廉右民持制義一篇見示，別去，舟中蒸熱，百千蚊子圍繞，目不交睫，偶憶其題，不覺古人偷心，一時勘破」，澹歸：《四書義自敘》，《徧行堂集》卷7，《清代詩文集彙編》第46冊，上海：上海古籍出版社，2010年，頁417。

〔註131〕 據汪宗衍：《明末天然和尚年譜》，《新編中國名人年譜集成》第20輯，臺北：臺灣商務印書館，1986年，頁50。

〔註132〕 澹歸《四書義自敘》「辛丑春雨中，與海發印公譚次，乘興得二義，印公故此問皐比雄，不復有見獵之喜，習氣盡未盡，置勿論理前作合之，已二十四義矣」，澹歸：《四書義自敘》，《徧行堂集》卷7，《清代詩文集彙編》第46冊，上海：上海古籍出版社，2010年，頁417。

〔註133〕 澹歸《大雅說為丘曙戒別駕贈別》「余以歲辛丑，交於丘子曙戒」，澹歸《大雅說為丘曙戒別駕贈別》，《徧行堂集》卷2，《清代詩文集彙編》第46冊，上海：上海古籍出版社，2010年，頁293。

十月，李孝源（永茂）、李充茂（鑒湖）兄弟來廣州，聽聞澹歸喜愛丹霞，遂將此山獻於澹歸，開丹霞道場，期三年成。李鑒湖往日與兄長李孝源（永茂）尋山得丹霞，與丹霞山朝夕相伴，寸步不離，異常喜愛。李鑒湖（充茂）作《舍山牒》。〔註134〕

按，據汪宗衍《明末天然和尚年譜》，李孝源永茂、鑑湖充茂兄弟，以仁化丹霞山舍於今釋，嚴事三寶，闢為別傳寺。（同治《仁化縣志》七今釋《丹霞營建圖略說》《徧行堂續集》一《負心說》《咸陟堂文集·舵石翁傳》。）南雄守陸孝山世楷護法之力最鉅焉。（《曝書亭集》七《陸公孝山墓誌銘》李永茂，字孝源，河南南陽人。天啟乙丑進士，初為溶縣令，崇禎初，官至僉都御史。弘光末，巡撫南贛，與弟儀部充茂買仁化丹霞山為避亂之計。永曆初，拜吏部尚書，文淵閣大學士，旋乞歸，入丹霞山中，卒諡文定。後充茂攜家返里，遂舍為寺，祝髮受具，名今池，字一超。《徧行堂集·喜得丹霞山贈李鑑湖山主》云：「弟兄不負二難名，賓主須留三到跡，論功若敘魏無知，大書莫漏汪鏄石」自注云：「漢翀別號，吾由漢翀始知此山本末」。《中洲草堂集》十三《酒酣贈汪漢翀工部》，自注云：「曾為番禺令」據《廣東通志·職官表》云：「汪起蛟，河南南陽人，貢生，順治三年，番禺縣知縣」即其人，此山中掌故，附記於此。陸世楷，字英一，號孝山，浙江平湖人。丙戌拔貢生，初授平陽府通判，順治十三年自登州府同知，擢南雄府知府，有政聲，修輯郡志，捐建天峯書院於府治東，又建龍護園為丹霞下院，買田以贍課諸生，歷十九載，以憂去官。禮天然為居士，名今互，著《越吟》《晉吟》《齊吟》《種玉亭詞》《踞勝臺詞》。

冬，澹歸由丹霞返雷峰，經海幢，與今無盤旋逾月。〔註135〕

是年，在芥庵與張穆之有唱和。

是年，今音卒。〔註136〕

是年，詔遷沿海之民徙入內地五十里，雷峰置田多被沒。〔註137〕

〔註134〕《丹霞山志》；澹歸《丹霞營建圖署記》「辛丑十月令弟鑑湖君來穗城，以施余嚴事三寶」；澹歸《李鑑湖祠部六十壽序》「歲辛丑，來五羊聞予有同愛於丹霞，遂舉以歸予為道場」澹歸：《李鑑湖祠部六十壽序》，《徧行堂集》卷5，《清代詩文集彙編》第46冊，上海：上海古籍出版社，2010年，頁353。

〔註135〕李舜臣：《嶺外別傳》，廣州：南方日報出版社，頁310。

〔註136〕澹歸：《雷峯山海雲寺碑》，《徧行堂集》卷11，《清代詩文集彙編》第46冊，上海：上海古籍出版社，2010年，頁485。

〔註137〕澹歸《雷峯乞米文》，《徧行堂集》卷11，《清代詩文集彙編》第46冊，上海：上海古籍出版社，2010年，頁441。

是年四月，道獨由海幢返芥庵。是年七月二十二日，道獨在東莞芥庵端坐而逝，壽六十二歲。〔註138〕

【時事】

十二月，永曆帝為緬人擒獻吳三桂軍前。翌年被殺於雲南。

康熙元年，永曆十六年壬寅（1662），四十九歲

正月，澹歸別端州。

二月，澹歸啟程去丹霞，路過篁溪時，拜訪徐仲遠，宿於南池，仲遠與澹歸談及物我同體之義，便拿出其父親海石先生的《持戒所言》，澹歸感慨之餘，遂作文以為序。〔註139〕

三月，函昰出主海幢。後付今無大法，立為首座。又付今覞大法，為第二法嗣。〔註140〕

三月二十四日，入丹霞，自任監院。

秋，澹歸得見凌髭放之詩集《樂此吟》，為其作序。〔註141〕

按，澹歸認為髭放詩合諸家之詩為一家，散一家之詩為諸家。髭放，名雲，字澹膽，祖籍墨江，曾祖父遷至仁化，乃明遺民。登天啟丁卯（1627）賢書，崇禎庚辰，朝廷特賜副榜同進士出身銓敘，於是髭放謁選，得洛陽司李。時洛陽新破，髭放恤死弔生，流亡稍集，剪劇盜馬二等，威惠大著。總督孫傳庭敗於偃師，洛陽再破，髭放被迫離開，後被同僚彈劾，髭放遂因失守被逮。恰遇北京失守，髭放暫寄居蕭寺，時李自成軍隊滿城搜捕明官，髭放遂削髮為僧，浪跡於蔚州（今河北蔚縣），十幾年後才回到家鄉。回來後，閉門謝客，不與當朝人交遊。嶺表稱文章節義，視髭放為第一流。自天然和尚入丹霞，髭放入室叩擊，不少退息，從受菩薩心地戒。

〔註138〕據汪宗衍：《明末天然和尚年譜》，《新編中國名人年譜集成》第20輯，臺北：臺灣商務印書館，1986年，頁52。

〔註139〕澹歸《持戒瑣言序》「壬寅春二月，余將之丹霞過篁谿別仲遠徐子」，澹歸：《持戒瑣言序》，《徧行堂集》卷6，《清代詩文集彙編》第46冊，上海：上海古籍出版社，2010年，頁376。

〔註140〕汪宗衍：《明末天然和尚年譜》，《新編中國名人年譜集成》第20輯，臺北：臺灣商務印書館，1986年，頁55。

〔註141〕澹歸：《凌髭放司李樂此吟序》，《徧行堂集》卷6，《清代詩文集彙編》第46冊，上海：上海古籍出版社，2010年，頁389。

六月，函昰作《與澹歸監院書》。〔註142〕

七月十五日（僧自恣日），澹歸作《丹霞營建圖畧記》。〔註143〕

九月二十八日，今無寄書信澹歸。〔註144〕

十月聽聞仲遠病重的消息，遂令僧徒帶上慰問詩作探望仲遠，未幾，仲遠去世，澹歸悲痛欲絕，成祭仲遠文。

是年，初識陸孝山於廣州。時，澹歸剛開丹霞道場，請求孝山以護法系之，孝山答應了他。澹歸為孝山《嶺外初集》作序，大贊其集渾雄清逸、博麗醇深。

澹歸作《從天而下說為陸孝山太守初度》。〔註145〕

是年李永茂之弟鑒湖舍仁化丹霞山，澹歸闢為別傳寺。〔註146〕

是年，函昰付今無以大法，立為首座。今無主海幢。〔註147〕

澹歸作《阿字座元開法海幢》《阿字無公為雷峰第一座寄賀》。

是年，韶州知府趙霖吉與澹歸在丹霞山相會。澹歸請趙霖吉為領袖以創建寺之舉。〔註148〕

【時事】

是年詔遷香山、東莞、番禺、新會、順德五邑沿海之民徙入內地五十里。

康熙二年癸卯（1663），五十歲

夏至，澹歸觀千山和尚詩於海幢，並題跋於詩後。

〔註142〕 汪宗衍：《明末天然和尚年譜》，《新編中國名人年譜集成》第20輯，臺北：臺灣商務印書館，1986年，頁56。

〔註143〕 《丹霞山志》名為《丹霞營建圖略》，並標注「時壬寅僧自恣日撰」；《徧行堂集》無此標注。

〔註144〕 釋今無：《復澹歸大師》，《阿字無禪師光宣臺集》，《廣州大典》第439冊，廣州：廣州出版社，2015年，頁532。

〔註145〕 澹歸《從天而下說為陸孝山太守初度》「孝山陸使君守雄州九年矣，余以壬寅識之於穗城，一語知其為盛德人也，時方開山丹霞，以護法囑累，孝山諾之」；澹歸：《從天而下說為陸孝山太守初度》，《徧行堂集》卷1，《清代詩文集彙編》第46冊，上海：上海古籍出版社，2010年，頁264。

〔註146〕 今無《徧行堂文集序》：「壬寅予領眾海幢，澹歸方開丹霞」，見今無：《徧行堂文集序》，澹歸：《徧行堂集·序》，《清代詩文集彙編》第46冊，上海：上海古籍出版社，2010年，頁226。

〔註147〕 李舜臣：《嶺外別傳》，廣州：南方日報出版社，頁311。

〔註148〕 袁首仁：《別傳寺史略》，鍾東主編：《悲智傳響》，中國海關出版社，2007年，頁82～100。

四月初四日，為汪起蛟（字漢翀，號鱒石）60 歲作《此日說為汪漢翀水部初度》。

按，據《此日說為汪漢翀水部初度》「自家從萬曆甲辰四月四日，哇地一聲起……說此日是漢翀六十歲」〔註149〕汪起蛟生於萬曆甲辰為萬曆三十二年（1604），60 歲為 1663 年。

四月初四日，與今無在海幢寺招待丘曙戒過訪，以及王震生、程周量、梁蘭友、梁芝五等夜話分賦。〔註150〕

冬，澹歸駐錫海幢。侯筠庵來訪，與澹歸探討四果聖地之差別，及「阿那含名為不來而實無不來」義。〔註151〕

徐乾學來訪，與之朝夕談論甚歡。〔註152〕

冬至，陳岱清將渡嶺，請澹歸書嵇康賦後，實則將岱清與嵇康進行了比較，大誇岱清為人為事。

十一月二十九日，焦源兵憲生辰，詹燮公請澹歸為兵憲書寫《訓子詩》。

十二月初八，澹歸將還丹霞。

清官員丘象升（號曙戒）即將離開，澹歸遂為他做贈別文《大雅說為丘曙戒別駕贈別》。〔註153〕

朱葆時以詩示澹歸，得澹歸序。

〔註149〕 今釋：《此日說為汪漢翀水部初度》，《徧行堂集》卷 1，《清代詩文集彙編》第 46 冊，上海：上海古籍出版社，2010 年，頁 267。

〔註150〕 今無《阿字無禪師光宣臺集》卷 15 有《丘太史曙戒過訪海幢將歸風雨大作留同王震生程周量梁蘭友梁芝五澹歸夜話分賦》，卷 6《送丘太史還闕改除序》「癸卯，始相見五羊，於清泉白石間，聆其出塵之論……」見釋今無：《丘太史曙戒過訪海幢將歸風雨大作留同王震生程周量梁蘭友梁芝五澹歸夜話分賦》，《阿字無禪師光宣臺集》卷 15，《廣州大典》第 439 冊，廣州：廣州出版社，2015 年，頁 618；釋今無：《送丘太史還闕改除序》，《阿字無禪師光宣臺集》卷 6，《廣州大典》第 439 冊，廣州：廣州出版社，2015 年，頁 479～480。

〔註151〕 《金剛大士說為侯筠菴文宗初度》「憶癸卯冬，余駐錫海幢，辱筠菴侯公過存，因論四果聖地差別，及阿那含名為不來，而實無不來義」，澹歸：《金剛大士說為侯筠菴文宗初度》，《徧行堂集》卷 1，《清代詩文集彙編》第 46 冊，上海：上海古籍出版社，2010 年，頁 265。

〔註152〕 徐乾學「予以癸卯年遊嶺南遇師廣州，朝夕談論甚歡」。徐乾學：《丹霞澹歸釋禪師塔銘》，陳世英：《丹霞山志》，廣州：廣東教育出版社，2015 年，頁 113。

〔註153〕 澹歸《大雅說為丘曙戒別駕贈別》「時康熙癸卯冬，曙戒將還朝，余將還丹霞，書此為別」，澹歸：《大雅說為丘曙戒別駕贈別》，《徧行堂集》卷 2，《清代詩文集彙編》第 46 冊，上海：上海古籍出版社，2010 年，頁 294。

棲賢石鑑以《直林堂詩》示澹歸，澹歸贊其詩」清純淹雅，追蹤王、孟，在今日激梟靡麗中，如聞古樂。」石鑑，亦師從天然老人，駐錫棲賢。

孝廉董蒼水客珠江，澹歸亦至海幢，相見歡甚，因得盡讀董之《豔雪堂遊草》，澹歸作《磁石海說為董蒼水孝廉贈》。

澹歸與盧世揚（號長華）在海幢寺相見，作《長安夢說為盧長華少豢贈別》。〔註154〕

澹歸寄信阿字今無。澹歸《與海幢阿字無和尚》「曙戒過嶺，得一再晤，殊快。……」

韶州知府趙霖吉匡助澹歸建寺，趙霖吉撰《丹霞別傳寺記》。〔註155〕

康熙三年甲辰（1664），五十一歲

正月，在丹霞別傳寺作《告樟樹文》。〔註156〕

春，與傅際飛相識，夏，與之別。〔註157〕

二月，在相江舟上，邂逅吳雲軿。〔註158〕

四月初八日（浴佛日），函昰付今摩（函昰之子）大法，為和尚第三法嗣。並銘竹篦子，授以偈曰：《背觸非遮護，巍巍古道存，十年行有地，一日契無言。影草手中眼，吹毛身里門，規模鎔盡易，須念爾兒孫》。〔註159〕

四月初九日，陸孝山生日。澹歸作《從天而下說為陸孝山太守初度》。〔註160〕

〔註154〕澹歸《長安夢說為盧長華少豢贈別》「長華道我今年已六十，你已五十，此後料難相見」澹歸：《長安夢說為盧長華少豢贈別》，《徧行堂集》卷2，《清代詩文集彙編》第46冊，上海：上海古籍出版社，2010年，頁293。

〔註155〕袁首仁：《別傳寺史略》，鍾東主編：《悲智傳響》，中國海關出版社，2007年，頁84。

〔註156〕《告樟樹文》「康熙甲辰春正黑月一日」。澹歸：《告樟樹文》，《徧行堂集》卷8，《清代詩文集彙編》第46冊，上海：上海古籍出版社，2010年，頁434。

〔註157〕澹歸：《贈傅際飛奔喪云南敘》，《徧行堂集》卷5，《清代詩文集彙編》第46冊，上海：上海古籍出版社，2010年，頁369。

〔註158〕「二十年不見章侯，見此大士像筆意，如逢故人，蓋章侯入室弟子也。杜子美力排韓幹，余便欲神交慎修，生死不同，贊謗自別，老兵羊質且不可棄，況過於恒似者耶。甲辰春二月，相江舟次，邂逅雲軿，又是二十年老友，出此索題，放筆三歎。」澹歸：《題畫》，《徧行堂集》卷16，《清代詩文集彙編》第46冊，上海：上海古籍出版社，2010年，頁584。

〔註159〕汪宗衍：《明末天然和尚年譜》，《新編中國名人年譜集成》第20輯，臺北：臺灣商務印書館，1986年，頁58。

〔註160〕因《陸孝山太守祝壽疏》的後一篇是《為陸未菴太翁禮懺疏》，為陸孝山之父所作，兩篇極有可能為同時所作；《為陸未菴太翁禮懺疏》有「於今甲寅四月

閏六月二十七日，買置劉末能霧隱岩一所，並前後腳下山場竹木一帶，坐落本山之右。〔註 161〕

七月，傅際飛又至凌江，將赴滇中奔喪。在凌江得見會稽陳德隅《人文觀止》，《人文觀止》乃明文選，其作者負不羈之才，勤奮好學，閉門獨得此書，作者弟弟海士傳之，遂使流傳，澹歸為此書作序。凌江見山陰馮爾俊，以《自得編》示澹歸。澹歸為此集作序。

按，《人文觀止》及《自得扁》均見於凌江，但不知具體時間，遂記於此，待考。

初識沈融谷在陸孝山府中，幾日後，融谷便以《寓齋詩集》示澹歸，澹歸大贊其詩「奇而不險，麗而不纖，幽而不僻，樸而不陋，清而不寒，壯而不厲」，繼而為該集作序。澹歸作《沈融谷粵遊草序》「孝山集甲辰倡和，予所作較之融谷，減三之二」〔註 162〕

按，澹歸《沈融谷寓齋詩集序》曰「軍持掛角入雄州，時孝山太守招坐古種玉亭，見融谷沈子，皎如雲中白鶴，知其非凡骨，⋯⋯余（澹歸）於粵西東，一衲十五年。」由此可知，澹歸是由於陸孝山而結識了沈融谷，後文復提及」一衲十五年」，澹歸乃 1650 年底在桂林削髮為僧，可知此序當寫於 1664 年，遂推出此年亦為初見融谷之時。

是年，澹歸三至雄州，拜訪陸孝山、沈融谷，年底才回丹霞。期間，兩人亦至丹霞山探望澹歸。三人詩歌唱和，最後結成《甲辰唱和集》，因沈融谷詩作甚多，除在唱和集中輯了一部分，餘下另集成《粵遊草》。十年後，澹歸再次翻閱《甲辰唱和集》時，得七古一首以抒悵然之情。

按，澹歸與兩人結方外之好，尤勝於他人。澹歸作有《空山無事繙閱舊書得甲辰唱和集讀之慨然，吾三人纏綿傾倒之樂轉盼已是十年一則宦途濡滯一則老景支離天涯有客縮地無從感而成歌奉寄孝山再倩便風代柬融谷》長詩。

在雄州時，澹歸過訪由孝山命名的「龍護園」，該園兩年前還是荒蕪一片，至今已有梅谷禪師修行於此，儼然已成丈室。

初一日奉其父敕封弘文院中書舍人末菴府君濬睿之諱」，故《陸孝山太守祝壽疏》亦作於該年。

〔註 161〕 袁首仁：《別傳寺史略》，鍾東主編：《悲智傳響》，中國海關出版社，2007 年，頁 84。

〔註 162〕 澹歸：《沈融谷粵遊草序》，《徧行堂集》卷 6，《清代詩文集彙編》第 46 冊，上海：上海古籍出版社，2010 年，頁 395。

　　墨江陳必達以所藏羅大來山水畫卷示澹歸，其畫卷中詩與跋有鼎革之憂，激起了澹歸對往昔崢嶸歲月的追憶。

　　按，澹歸《跋羅大來山水卷》「余出家十五年，胸中所耿耿者悉已銷盡，陡然讀此……」，澹歸出家乃 1650 年，十五年後即知看此畫卷當是 1665 年，故將此事錄於該處。

　　九月，彭孫遹訪函昰於芥庵。亦與澹歸唱和。

　　冬，作《釋迦如來升座文》「丹霞山別傳寺敬造世尊釋迦牟尼如來像成於甲辰冬時黑月九日開光升座」

　　同一日，作《奉安韋馱尊天文》「丹霞山別傳寺敬造護法韋馱尊天菩薩摩訶薩像成以甲辰冬時黑月九日暫奉安於釋迦如來之側」

　　同一日，作《觀世音菩薩暫安禪堂文》。

　　是年，澹歸作《為霞舫道人生辰誦藥師經疏》。

【時事】

　　七月，張煌言（1620～1664）兵敗被執，九月初七赴市，賦《絕命辭》，挺立受刑而死。

　　是年，錢謙益（1582～1664）去世。

康熙四年乙巳（1665），五十二歲

　　正月初二，勤進、石吼二比丘語澹歸在朝陽岩頂又得一岩，然此岩甚異，至岩需懸繩而下。三日後，澹歸遣言吾、無虧兩比丘，天格、倚北、五字、千幅四沙彌先開路，自己與勤進、石吼、勤修、靈知、潛輝、具八、行潔、淨行、覺薰、德盛、七覺等十一比丘，輪初、與竟兩沙彌登海山門，過水簾右，東面行度小龍脊，上虹橋頂，至片鱗岩，循石壁上，過淺碧池，陟負翼嶺，度大龍脊，至御風亭，入新開徑，路的盡頭，先六人已經懸繩而待了。經過一段時間的攀岩跋涉，澹歸與諸僧來到了一妙處，時，勤修曰：「此山如船，紫玉臺如梁頭，長老峰如栀，海螺、草懸諸岩如倉，龍尾如舵，俯視群峰，點點如波浪，繞山皆水，非膠淺者，則今日新岩一舵盤也。因名之曰『舵盤岩』，丹霞宜別名『法船』」至此後，澹歸遂稱舵石翁。

　　二月十五日，澹歸至海幢。

　　春，澹歸之《丹霞初集》成，作《丹霞初集序》。

　　按，澹歸《丹霞初集序》云：「偶然有山水之緣，偶然有筆墨之事，目為

丹霞初集，以告同流，有初即有中，有後，蓋不了公案也，道場未了，則文字不了，文字已了，而願力不了，天台智者大師，二十出家，六十入滅，於四十年中，建立大道場一十二所，造荊州玉泉等寺三十六，所度僧一萬五千人，寫經一十五藏，制佛菩薩像八十萬尊，若成一椿功德，便有一篇絡索，那得如許工夫，則知澹歸得如許絡索，祇是歲月長，事業少，工夫閒耳，澹歸今年五十二歲，活到六十歲，且得八年，再添上幾部如許絡索，了卻丹霞道場，幾曾摸得智者大師腳後跟著，諸仁者愛澹歸，或憐其措置稍大，不知澹歸之德小，智小，福小，行願小，才力小，一至於此也，放筆為淒然淚下，乙巳春時白月三日。」文中提到」今年五十二歲」，那麼此集乃 1665 年完成。澹歸於 1662 年始開丹霞道場，按名稱及作者初衷來看，該集詩文至多開始於 1662 年，描述的當是壬寅至乙巳共四年的情況。

四月，買置錦岩僧照高豆地一塊。〔註163〕

八月初六，僧傅半將半寨山場靜室送別傳寺。〔註164〕

九月十四日，今無送澹歸還丹霞，別於胥江口。澹歸作《酬阿字五言近體十首》。今無作《和澹歸韻九首》。

秋，有汰僧之議。函是自海幢解眾後上丹霞。

按，據汪宗衍《明末天然和尚年譜》中分析，汰僧之令，為順治末年，尊崇禪僧太過，受天主教之反響，官書鮮載。汰僧乃康熙元年至四年事。〔註165〕

十月，劉鳳庵五十初度，並生男，澹歸為作文《賀劉鳳菴五十初度序》。〔註166〕

十一月，澹歸至凌江，樊元貞拜訪其於梵行居，請澹歸為他解夢。

冬，仁化扶溪秀才羅編九施田丹霞，澹歸謂之」福田」。此田租穀為四百石。暫緩了僧侶吃飯危機。

是年，凌雲（字澹瞳，號髭放）七十一歲生辰，澹歸在丹霞為其作《入八

〔註163〕袁首仁：《別傳寺史略》，鍾東主編：《悲智傳響》，中國海關出版社，2007 年，頁 84。

〔註164〕袁首仁：《別傳寺史略》，鍾東主編：《悲智傳響》，中國海關出版社，2007 年，頁 84。

〔註165〕汪宗衍：《明末天然和尚年譜》，《新編中國名人年譜集成》第 20 輯，臺北：臺灣商務印書館，1986 年，頁 62。

〔註166〕澹歸《賀劉鳳菴五十初度序》「今乙巳孟冬之吉為懸弧（生男為懸弧）之旦」，澹歸：《賀劉鳳菴五十初度序》，《徧行堂集》卷 4，《清代詩文集彙編》第 46 冊，上海：上海古籍出版社，2010 年，頁 349。

萬四千歲說為凌髭放司李初度》。〔註167〕

陸孝山贈澹歸梅花詩。〔註168〕

今沼卒。〔註169〕

康熙五年丙午（1666），五十三歲

四月初一，汪漢翀請澹歸書寫《書畫錦堂記》，以作素屏置堂中。

六月七日，遊惠州古榕寺。

六月，澹歸拜見光祿大夫周公，以禮相延。〔註170〕

孟夏，撰書《請雷峰天然老人住丹霞啟》，言辭恭敬懇切。

秋，為張穆撰《鐵橋道人稿序》。

秋，海幢寺大雄寶殿上樑，澹歸為其作《海幢寺大雄寶殿上樑文》。

別傳寺落成。周起歧作《新建丹霞別傳寺記》，並勒石於紫玉臺。〔註171〕

九月七日，劉煥之、阿字今無與澹歸共談，自巳刻至漏下二鼓。為記此事，澹歸遂作《記廣居夜語》。

十月七日為彭襄（字思贊，號退庵）慶生，作《簡要精通說為彭退庵考功初度》。〔註172〕

十一月十五日，澹歸賀侯良翰（字筠庵）壽，作《至誠無息說為侯筠庵文宗初度》。〔註173〕

〔註167〕澹歸：《入八萬四千歲說為凌髭放司李初度》，《徧行堂集》卷1，《清代詩文集彙編》第46冊，上海：上海古籍出版社，2010年，頁270。

〔註168〕澹歸：《問梅集序》「歲乙巳陸孝山太守貽予梅花詩，為和朱君貽谷者」，澹歸：《問梅集序》，《徧行堂集》卷6，《清代詩文集彙編》第46冊，上海：上海古籍出版社，2010年，頁394。

〔註169〕汪宗衍：《明末天然和尚年譜》，《新編中國名人年譜集成》第20輯，臺北：臺灣商務印書館，1986年，頁63。

〔註170〕袁首仁：《別傳寺史略》，鍾東主編：《悲智傳響》，中國海關出版社，2007年，頁84。

〔註171〕袁首仁：《別傳寺史略》，鍾東主編：《悲智傳響》，中國海關出版社，2007年，頁84。

〔註172〕澹歸《簡要精通說為彭退庵考功初度》「是歲丙午十月七日，為彭子慶生」，澹歸：《簡要精通說為彭退庵考功初度》，《徧行堂集》卷1，《清代詩文集彙編》第46冊，上海：上海古籍出版社，2010年，頁284。

〔註173〕澹歸《至誠無息說為侯筠庵文宗初度》「時丙午十一月之望，為筠菴大士壽」，澹歸：《至誠無息說為侯筠庵文宗初度》，《徧行堂集》卷1，《清代詩文集彙編》第46冊，上海：上海古籍出版社，2010年，頁282。

十二月初四，澹歸迎天然罡和尚入主丹霞。天然剛入丹霞就逢著一場大雪，四日之內便作詩一百二十首，陸孝山後為之作序。

十二月，請函昰入丹霞別傳寺主法席。函昰作《丹霞詩》成十二律，隨行弟子皆相應合。臘月，受澹歸請入丹霞別傳寺主法席，澹歸請和尚作《丹霞詩》，因隨足力所及遊山中諸勝，成十二律。並命諸衲隨意屬和，以識一時山川人事之合。今無為作《丹霞詩序》，略曰：「雷峯天老人，深於入山之致，相隨諸子，亦皆骨具煙霞，鼉鳴鼇應，故其一唱百和，如天籟所觸，別具幽響，非如詞流韻客，構雅什於文心，逸清言於雲路，作區區綺麗觀也。」〔註174〕

是年，丹霞山在雄州太守陸孝山的資助下始建山門。孝山聞韶州彭氏有田五百餘石，欲捐俸成之，因為該田偏僻遙遠並且貧瘠而放棄。

澹歸至西湖。

作《送鄭野臣之桂林序》「壬辰將納戒雷峯，復登明月洞，覽劉仙巖而別，今十五年矣」〔註175〕

按，壬辰為1652年，十五年後為該年。

作《沈融谷寓齋詩集序》，「余於粵西東一衲十五年」。

作《孝山四十初度（正韻）》，陸世楷（1627～1691）該年40歲。

伍瑞隆去世。

修韶郡、仁化、南華諸志。〔註176〕

康熙六年丁未（1667），五十四歲

函昰住丹霞。

正月初二日，撰書《護法說為張虎別少糸初度》。〔註177〕

正月初四日，天然函昰開堂說法，為丹霞山別傳寺開法祖師。

〔註174〕據汪宗衍：《明末天然和尚年譜》，《新編中國名人年譜集成》第20輯，臺北：臺灣商務印書館，1986年，頁64；《天然禪師傳》「丙午仁化丹霞寺落成，弟子今釋迎師主之，稱丹霞開法和尚云。」，《天然禪師傳》，《丹霞山志》卷6，頁71。

〔註175〕澹歸：《送鄭野臣之桂林序》，《徧行堂集》卷4，《清代詩文集彙編》第46冊，上海：上海古籍出版社，2010年，頁332～333。

〔註176〕陳世英：《澹歸禪師傳》，《丹霞山志》，廣州：廣東教育出版社，2015年，頁72。

〔註177〕故宮博物院藏今釋《護法論為虎別大居士壽》有落款「時康熙丁未春正月朔二日丹霞比丘今釋拜手具稿並請教定」（鈐「釋今釋印」白文方印及「澹歸」朱文方印），見關鍵：〈幾件今釋書跡的考證——兼及今釋的書學宗尚〉，《文博學刊》，2021年第4期。

天然函昰至丹霞山不久，澹歸得重病垂危，函昰至榻前，握手與訣曰「汝前所得，到此用不著，只憑麼去，許爾再來。」澹歸聞師語，於病中返照，大生慚憤，起坐正觀，萬念俱息。忽冷汗交流，礙膺之物，與病俱失。從此入室，師資契合。〔註178〕

六月十五日，撰書《元誠道人傳》。〔註179〕

夏，今覷以廬山棲賢寺所出舍利子千粒獻別傳寺。七月，舍利至丹霞。古崗方雲停兄弟捐資建舍利塔於海螺峰。葬舍利於1672年春，塔成於1674年冬，前後耗時八年，耗費八百多兩。函昰撰《丹霞舍利塔銘》，澹歸撰《丹霞舍利塔碑記》《舍利藏石中記》。

八月八日，澹歸作《遂滿調》謝今覷贈三十粒舍利。

八月，張寶譚、許孟超、劉秀卿等將在南雄府城內居仁街朝陽坊的龍護院送別傳寺為下院。太守陸孝山捐俸重修。〔註180〕

是年，雄州龍護園梅谷禪師出嶺，走之前要求將此園做為丹霞的下院，太守陸孝山欣然同意。

十月十四日是函昰六十歲生日，澹歸作《天然老人六十初度禮懺疏》。〔註181〕

十二月，澹歸從仙城（廣州）回丹霞，執事僧欲置仁化田莊，計租一千二百石，價值八百六十金。按：此飯僧田似乎成本太高，作為別傳寺的開創者，不得不又開始操心、擔憂了。第二年才解決這個問題。

是年，函昰在丹霞山作《元日與諸衲泛舟江上》《中秋前五日與諸衲宿片鱗岩》。〔註182〕

澹歸受方子林、周子石相託為許秀才榮標母胡氏六十歲生辰作《不結業說為許母胡孺人初度》壽文。

〔註178〕袁首仁：《別傳寺史略》，鍾東主編：《悲智傳響》，中國海關出版社，2007年，頁85。

〔註179〕故宮博物院藏今釋《元誠道人傳》有落款「康熙丁未夏六月望日丹霞同學弟今釋拜手撰」，見關鍵：〈幾件今釋書跡的考證——兼及今釋的書學宗尚〉，《文博學刊》，2021年第4期。

〔註180〕袁首仁：《別傳寺史略》，鍾東主編：《悲智傳響》，中國海關出版社，2007年，頁85。

〔註181〕據汪宗衍《明末天然和尚年譜》，康熙六年丁未天然和尚六十歲；見汪宗衍：《明末天然和尚年譜》，《新編中國名人年譜集成》第20輯，臺北：臺灣商務印書館，1986年，頁。

〔註182〕袁首仁：《別傳寺史略》，鍾東主編：《悲智傳響》，中國海關出版社，2007年，頁85。

鄭野臣將赴桂林，澹歸作文以贈之。文中憶逃禪之前事，實憶俗時友，大肆感歎世事變遷，歲月如梭，最後言：「前乎此，後乎此，其人其事，盡古盡今，故同一夕煙晨露也。傳語聖功：虎有五，亡者既已三矣，予兩人其尚可復相見耶？其真有超越死生，為吾人發大光明藏、入大解脫海者可一揚榷否耶？」鄭野臣乃澹歸之友，澹歸曾為其《止廬集》作序。此集乃野臣詩文集也。

是年，米貴，許文趾兩饋白米，可供半年用，澹歸作詩謝之。又，祖秀庭饋白米一盤，供薄粥之用，其孫祖殿臣繼饋一盤。澹歸作《虞美人》詞謝之。

是年，元誠道人劉炳、簡達選、李鑒湖、住錦岩僧接雲向別傳寺施田、施糧、田產。別傳寺向陳其志、陳孚先買置田產。〔註 183〕

康熙七年戊申（1668），五十五歲

函是住丹霞。

正月初一，函是付今釋大法，並示偈，曰：「自到雷峯十六年，掣風掣顛，今日丹霞捉敗，推向人天，不教總靠著那邊。咦！直舉無遮迴護，途絕正偏。休言，祗這是難賺豆皮禪，要天下古今，盡溟滓乎豆皮長處，而不知所以然」為和尚第四法嗣。又付仞千今壁大法，為第五法嗣。解夏付今辯大法，為第六法嗣。今壁，字仞千，東莞溫氏。幼通墳典，工詩善書。弱冠遭國變，為僧於鼎湖，聞天和尚倡道訶林徒步歸之。侍丹霞僚，一言之下，知解盡脫，付以大法。辛亥分座海幢，旋卒。〔註 184〕

正月初一，澹歸舉西堂，立僧秉拂，當機提唱，別出手眼，同學折服。〔註 185〕

正月，舊住僧嗟呵哆將在韶州府城相江門外的會龍庵送給別傳寺為下院。

按，今毬，字雪木，東莞尹氏子。童年子身入雷峰，供灑掃。辛丑受具，選侍僚，尋升按雲堂。天然七坐道場，未嘗少離，惟居丹霞時，一充龍護園主，嘗舉竹篦子，欲付以大法，屬疾不及待矣。康熙四十年至海幢病卒，年六十。〔註 186〕

〔註 183〕 袁首仁：《別傳寺史略》，鍾東主編：《悲智傳響》，中國海關出版社，2007 年，頁 85。

〔註 184〕 汪宗衍：《明末天然和尚年譜》，《新編中國名人年譜集成》第 20 輯，臺北：臺灣商務印書館，1986 年，頁 65。

〔註 185〕 釋成鷲：《舵石翁傳》，《咸陟堂文集》卷 6，《廣州大典》第 440 冊，廣州：廣州出版社，2015 年，頁 370。

〔註 186〕 汪宗衍：《明末天然和尚年譜》，《新編中國名人年譜集成》第 20 輯，臺北：臺灣商務印書館，1986 年，頁 66～67。

　　春，澹歸作《準提閣記》，「歲在戊申春，南雄陸使君孝山，以學使者馮公蒼心淨檀五十金至，即自捐五十金，故司李今萊陽令萬公松溪瀨行，留二十金，而南海令陳公試菴於初夏遠寄一百五十金，始克集事，及冬而成」。

　　春，晤太守陸孝山於韶陽，孝山答應要幫助他解決飯僧田的問題。後澹歸至雄州，太守陸孝山及其他善友捐資，信士張原捐房舍，重修龍護園，並置陸公祠。

　　澹歸作《戊申春二月三日孝山融谷冒雨重遊丹霞即事七首》。

　　春，《與公絢兄》書信「入春起居，想益安樂，弟今年五十五，勞苦稍久，昨歲多病覺精神頓衰，此時更走南雄托鉢，欲出江西，擬九月還山，未知因緣何似，既已擔荷道場，不忍半途而廢，曩來之願未滿，目前之事又多，豈能免此僕僕，然世間盡有僕僕者，祇是消歸各別，不妨向黃連樹下奏一回大勝樂耳，人便附此，諸不多及。」〔註187〕

　　夏，函昰又付今辯以大法，列為第六法嗣，分座丹霞。〔註188〕

　　中秋節，泰和縣蕭伯升約周埃庵、施偉長、程大匡、王一肩、戴聖則、羅萬年、楊彥生諸公，筇崖、中千、平遠諸師，及澹歸小聚邌圍，澹歸作七古一首。聚會散後，澹歸遂至亦庵宅邸，有詩為證：「我從邌圍歸亦庵，佛日尚未搖茶籃。兩聲擊子夜悄悄，一天月色秋崚崚。」〔註189〕

　　九月，澹歸自螺川至雄州，先前僧田的事情已解決，龍護園也已基本成型，澹歸對孝山感激不盡。

　　秋，函昰疏《首楞嚴直指》十卷，三月而成，澹歸作《首楞嚴直指序》「吾師宴坐丹霞，以三月成《直指》適屆示生之期」〔註190〕

　　十月十四日，函昰六十一生日，澹歸作解連環詞為壽。〔註191〕

　　今無自廣州至丹霞奉祝函昰。〔註192〕

〔註187〕澹歸：《與公絢兄》，《徧行堂集》卷25，《清代詩文集彙編》第46冊，上海：上海古籍出版社，2010年，頁755～756。

〔註188〕汪宗衍：《明末天然和尚年譜》，《新編中國名人年譜集成》第20輯，臺北：臺灣商務印書館，1986年，頁67。

〔註189〕澹歸：《自邌圍月下歸更預亦菴普茶》，《徧行堂集》卷32，《清代詩文集彙編》第47冊，上海：上海古籍出版社，2010年，頁97。

〔註190〕澹歸：《首楞嚴直指序》，《徧行堂續集》卷2，《清代詩文集彙編》第47冊，上海：上海古籍出版社，2010年，頁470。

〔註191〕澹歸：《解連環》，《徧行堂集》卷44，《清代詩文集彙編》第47冊，上海：上海古籍出版社，2010年，頁315。

〔註192〕據汪宗衍：《明末天然和尚年譜》，《新編中國名人年譜集成》第20輯，臺北：臺灣商務印書館，1986年，頁68。

冬，龍護園和陸公祠均告成。

是年，見雄州隱士朱貽觳，此人乃陸孝山引薦，1665 年孝山曾和其《問梅集》，得《梅花詩》一集，送與澹歸，始知有貽毅。此人不事王侯，澹歸極為欣賞，讀其集，稱其問梅詩文」性情之正，操行之潔，表裏嚼然，確乎其不可拔，然韻致蕭疏，無刻厲不能自容之狀，又足以見其德也。」〔註193〕

是年，買置蔡進忠、劉玄經田產數處。

康熙八年己酉（1669），五十六歲

春，函昰住丹霞。函昰過桐子山、泐山，作詩紀之。

正月初二，澹歸與俱非諸公一同出遊，過泐江，回來時見一妙處，澹歸描述道：「陟臨江一峰，綠玉凝煙，赤崖散採，切雲樓閣，映石松篁，曠若發蒙，無纖毫遁形者。」在諸公的要求下，澹歸名之「對現臺」。〔註194〕

正月十五日，見陳全人所畫的一佛二尊圖，此圖先是由天然和尚收藏，後傳給今無，今無又給了石鑑，今澹歸見之，遂為之做《題陳全人畫佛》文。

二月，王日加來信託付澹歸為其外祖父裘彬吾外祖母某氏七十雙壽作文一篇，澹歸遂寫成贈之。〔註195〕

三月初，友沈融谷因回浙江參加秋試，與澹歸別於天峰，澹歸作《送沈融谷秀才還浙江秋試序》贈之。〔註196〕

春，開始建丹霞準提閣，資金的來源主要是雄州太守陸孝山自捐五十金、舊司李今萊陽令萬松溪二十金，南海令陳試庵一百五十金。

夏，澹歸因丹霞三寶之事，拜謁兩廣總督周有德（字彝初）於端州。

五月，澹歸自丹霞至海幢，函昰有詩送之兼示今無；適逢海幢並蒂蘭開，澹歸與今無唱和誌喜。〔註197〕

〔註193〕澹歸：《問梅集序》，《徧行堂集》卷6，《清代詩文集彙編》第46冊，上海：上海古籍出版社，2010年，頁394。

〔註194〕澹歸：《對現臺說》，《徧行堂集》卷3，《清代詩文集彙編》第46冊，上海：上海古籍出版社，2010年，頁320。

〔註195〕澹歸：《裘彬吾七十初度序》，《徧行堂集》卷5，《清代詩文集彙編》第46冊，上海：上海古籍出版社，2010年，頁358。

〔註196〕澹歸：《送沈融谷秀才還浙江秋試序》，《徧行堂集》卷4，《清代詩文集彙編》第46冊，上海：上海古籍出版社，2010年，頁339。

〔註197〕釋今無：《己酉夏五月海幢抽並頭蘭兩枝適澹歸西堂至自丹霞有詩亦引其意作二律即以誌喜》，《阿字無禪師光宣臺集》卷21，《廣州大典》第439冊，廣州：廣州出版社，2015年，頁714。

秋，因丹霞妻至閣，（或說韋馱殿）復至端州謁見兩廣總督周有德，周公發府金五百為助。澹歸有作《丹霞新建韋馱殿碑記》。

冬，丹霞準提閣完工。

冬，作《贈周大司馬終制得請北歸序》。

是年，澹歸友蕭時昇（號柔以）參將請老歸安，年亦五十六。蕭柔以，武科登甲榜，歷任至廣海參將。澹歸《送廣海蕭柔以參將請老歸安德序》「予友蕭子柔以與予同庚，以武科登甲榜，歷仕至廣海參將，請老而歸，纔五十六耳」。〔註198〕

是年，函昰為今𪡀（角子）付囑大法，為第七法嗣〔註199〕。又作丹霞山居十二首。

澹歸《丹霞二集》成，記錄了 1665 年至 1669 年，共五年之事、景、情。澹歸至丹霞已七年，蕭拱北以鄧叔子《遊岩》詩卷示澹歸，遂作跋於此詩卷後，有言云：「詩字婉秀，猶有王謝子弟風味，今已為古人，不可再得。……兵火之餘，此乃蕭氏所存，亦足以各文獻之闕略也。」

是年，劉資深昆仲、羅成章居士送田產給別傳寺。別傳寺亦買置田產十五起。

【時事】

五月，康熙擒權臣鼇拜。

康熙九年庚戌（1670），五十七歲

函昰住丹霞。澹歸為之刻《丹霞語錄》，上元日陸世楷為作序。又刻《楞伽心印》四卷。使澹歸掌書記，並贈以詩。

春，澹歸至肇慶，太守史庸庵發地藏閣之願，並約韶州太守馬子貞共成之，此年九月竣工。程可則寄詩「聽說丹霞天半霞，大師闢草駐袈裟」。

夏，與劉大中丞相見。澹歸《祭持平劉大中丞文》「忽然傾蓋而恨相見之晚者，即我與公，今之生，庚戌之夏之相見之因也」。

兩廣總督周有德（字彝初）終制得請歸里，澹歸與兩粵文武吏士及老百姓

〔註198〕澹歸：《送廣海蕭柔以參將請老歸安德序》，《徧行堂集》卷 4，《清代詩文集彙編》第 46 冊，上海：上海古籍出版社，2010 年，頁 331。

〔註199〕汪宗衍：《明末天然和尚年譜》，《新編中國名人年譜集成》第 20 輯，臺北：臺灣商務印書館，1986 年，頁 70。

極力挽留。

九月，丹霞華藏莊嚴閣開始動工。廣東劉大中丞捐資興建。

是年，刻函昰《丹霞語錄》《楞嚴心印四卷》。

是年，程可則有《寄丹霞大師》詩予澹歸。

是年，樂昌李雲浦至丹霞，捐府金於海山門造鐵鍊，以確保僧侶過往安全。

澹歸作《徧行堂集緣起》「庚寅梧州詔獄中作詞數闋，方密之見而稱之，後絕不作。至庚戌復作，孝山謂吾手筆乃與詞相稱意殊欣然，時孝山融谷方共填詞，復有不期而合者，此後一切填詞作詩遂少矣。」〔註200〕

可能於該年作《丹霞二集小序》。

函昰在丹霞為陸圻（字麗京）受具，使掌書記。其原在福州出家，名法龍，字誰庵，函昰為之易名，今竟，字與安。澹歸與陸圻會見。〔註201〕

是年，重建韶城會龍庵為丹霞下院。澹歸《重建會龍下院疏》。函昰有《得澹歸病即愈之訊，時會龍擬新構走筆寄之》詩。

康熙十年辛亥（1671），五十八歲

函昰住丹霞。

正月，澹歸回丹霞山，三岩梅花大放。作《梅花再放說》。

正月六日，凌雲（字澹癯，號髭放）去世，享年七十七。

初春，函昰與諸衲遊丹霞，作《初春與諸衲遊黃沙坑》詩。

春，出清遠峽，抵珠江。

四月，丹霞華藏莊嚴閣竣工，澹歸撰《華藏莊嚴閣記》。

六月，今無作《丹霞老和尚楷書後跋》。

七月，欽差巡撫廣東督察院劉批覆別傳寺僧古泯所請，比照曹溪事例豁免差役，並勒石山門。

八月二十三日，澹歸於英德（廣東省清遠市轄市）舟中作《片鱗岩記》。

九月，丹霞地藏閣落成。

九月末，南雄重修府學，澹歸為之記。

十月，丹霞降雨，澹歸為作《甘露頌》。

〔註200〕澹歸：《徧行堂集緣起》，《徧行堂集・序》，《清代詩文集彙編》第 46 冊，上海：上海古籍出版社，2010 年，頁 231。

〔註201〕據汪宗衍：《明末天然和尚年譜》，《新編中國名人年譜集成》第 20 輯，臺北：臺灣商務印書館，1986 年，頁 71。

秋，南安周腰石館於凌江張氏，兩年前就想親見澹歸，然一時未能如願。待澹歸九月至凌江，腰石已於八月抱病歸里，去世時猶以未見澹歸為恨，澹歸聞而悲之。見其《寸莛草》，作文以抒心中之悲。澹歸《書寸莛草前》「辛亥秋九月，予至凌江，君以八月抱病還大庾，遂捐賓客，歿之日，猶以不一見，予為恨，予聞而悲之」〔註202〕

十月初七日，方以智死。

十一月十一日，函昰退院。〔註203〕

冬，天然和尚赴廬山歸宗寺請往主持，澹歸與諸子相留，請畢丹霞創造之局，函昰卒行，幾至絕裾。〔註204〕

十二月六日，刃千今壁卒。澹歸作《刃千壁禪師塔誌銘》。

為張岱《西湖夢尋》作序。

按，張岱自序言：「歲辛亥七日既望，古劍蝶庵老人張岱題。」「七日」當是「七月」之誤，辛亥即康熙十年。是知此書完成於康熙十年，澹歸序大概也作於此年。〔註205〕

康熙十一年壬子（1672），五十九歲

函昰住歸宗。

二月二十七日，勤修五十初度，澹歸作文賀之。《勤修直歲五十壽序》「是歲壬子春二月廿有七日為五十初度，因述其行業，播諸叢林，使叢林不二心之流，知有此奔奏禦侮標準，則予以虛名報此實事」。〔註206〕

三月，清官員陸騰駿（字馭之）壽，澹歸做文《留世界說為陸馭之民部初度》賀之。

四月，賀韶州太守馬元（號子貞）壽，作《韶州馬子貞太守壽序》「時壬子孟夏攬揆之辰，躋公堂，稱萬壽」。〔註207〕

〔註202〕澹歸：《書寸莛草前》，《徧行堂集》卷7，《清代詩文集彙編》第46冊，上海：上海古籍出版社，2010年，頁416。

〔註203〕陳世英：《丹霞山志》卷3，廣州：廣東教育出版社，2015年。

〔註204〕釋成鷲：《舵石翁傳》，《咸陟堂文集》卷6，《廣州大典》第440冊，廣州：廣州出版社，2015年，頁370。

〔註205〕趙鐵鋅：《澹歸今釋和尚年譜續補》，《牡丹江教育學院學報》，2019年第8期。

〔註206〕澹歸：《勤修直歲五十壽序》，《徧行堂集》卷5，《清代詩文集彙編》第46冊，上海：上海古籍出版社，2010年，頁364。

〔註207〕澹歸：《韶州馬子貞太守壽序》，《徧行堂集》卷4，《清代詩文集彙編》第46

四月，澹歸《頌古自題》「壬子四月至天峰遂休夏龍護，體中不佳，即拈一二則語頌之」〔註208〕

夏，澹歸避暑丹霞龍護園。

閏七月，作《閏七夕詩序》。「顧子湘珮與予邂逅珠江，當此歲新秋未幾，館於劉大中丞，時方子伊蔚、潘子測乾、錢子公受先在焉，四子各抱生花之筆，舒濯江之錦，龍嗡珠而虎嘯玉，相得益彰，適七夕遇閏，聯句成五言排律，興未已，分韻各賦七言，復交相和，得十六首，中丞公亟賞之，命梓以傳」。〔註209〕

九月，澹歸在丹霞山，俞卷庵贈《夏冰集》，此集共兩卷，澹歸秉燭夜讀，大歎其書，曰：「卷庵，其古今快人，此書，古今快書哉！」

澹歸《夏冰集序》「壬子九月，坐霞起堂，俞子卷菴貽我夏冰集」。〔註210〕

九月十八日，丹霞普同塔建成。

九月，與劉秉權在丹霞山相別。〔註211〕

九月，澹歸作《周母朱太宜人八裘壽序》。〔註212〕

秋，客居廣州古龍藏精舍，趙廷標（字叔文）來訪。〔註213〕

十二月初一，即捧諸亡僧骨灰入塔。時，丹霞道場建立十年，已有三十多位亡僧。是年，韶州協鎮林育長拳命赴山西總兵官任。澹歸作文贈之。

冬十二月，丹霞普同塔由劉秉權大中丞捐府金修建。澹歸撰《丹霞普同塔碑記》，劉秉權撰《普同塔銘》，成鷲撰《普同塔誌銘（代）》。

年屆六十的李鑒湖復來丹霞山，澹歸為其作六十初度文。澹歸作《李鑑湖

冊，上海：上海古籍出版社，2010年，頁345。

〔註208〕澹歸：《頌古自題》，《徧行堂集》自題，《清代詩文集彙編》第46冊，上海：上海古籍出版社，2010年，頁230。

〔註209〕澹歸《閏七夕詩序》，《徧行堂集》卷7，《清代詩文集彙編》第46冊，上海：上海古籍出版社，2010年，頁412。

〔註210〕澹歸《夏冰集序》，《徧行堂集》卷6，《清代詩文集彙編》第46冊，上海：上海古籍出版社，2010年，頁384。

〔註211〕澹歸：《語錄》，《徧行堂集》卷45，《清代詩文集彙編》第47冊，上海：上海古籍出版社，2010年，頁335。

〔註212〕澹歸：《周母朱太宜人八裘壽序》，《徧行堂集》卷5，《清代詩文集彙編》第46冊，上海：上海古籍出版社，2010年，頁366。

〔註213〕澹歸《杭之人說贈趙叔文憲副》「壬子秋，予客於仙城古龍藏精舍，憲副叔文趙使君儼然造焉」澹歸：《杭之人說贈趙叔文憲副》，《徧行堂集》卷2，《清代詩文集彙編》第46冊，上海：上海古籍出版社，2010年，頁299。

祠部六十壽序》「今壬子始入山踐約，鑑湖年已六十矣」〔註214〕

　　復見分別已二十年之久的朋友萬考叔，澹歸感慨良多，有言曰：「世緣零落，殆不暇問，此非不問，問不可以盡，不如不問。」

　　與張介庵相識，讀其《雲軿堂詩》，稱其詩「靈敏倩上，寫境而境空，寫心而心活。」

　　澹歸作《送韶協林育長副將開鎮太原序》「歲在壬子，廷推鎮守山西總兵官，於是韶州協鎮遂菴林公特奉天子簡命以往」〔註215〕

　　是年，澹歸腹生疽，秋初夏末方調理如常。

　　是年，周亮工去世。

康熙十二年癸丑（1673），六十歲

　　四月四日，澹歸作《汪鐏石隱君七十初度序》。

　　五月（夏至後三日），過西昌，蕭伯升以《詩話偶鈔》示澹歸，澹歸帶此集至舟中，暢意快讀。未至峽江，遇雪被阻於釣魚臺。第二天起來看到白茫茫一片，遂憶起王子猷雪夜訪戴安道之事，遂對孟防此集作了一番議論，有言曰：「孟昉之為是編，出於幽齋睡足之餘，偶然而閱，偶然而鈔，……有得於詩文之妙之所獨露也。」提出了「詩文之妙，得於偶然。」的觀點。

　　六月二十九日至十一月三十日，澹歸作《丹霞日記》。

　　夏，澹歸大病。〔註216〕

　　是年，澹歸與高寓公之子高念祖邂逅於凌江，得見寓公墨蹟，澹歸感慨萬千。據姜伯勤《澳門普濟禪院藏澹歸金堡日記研究》七月初日記有：「初三日，諭知客增設兩序知眾一員，晚高念祖到。初四日，高念祖入見，送壽儀一封，還錢舉書，一併璧之，以謝州府。初五日，送還念祖，還銀三兩。」〔註217〕可知，澹歸與高念祖見面為七月初三日。

　　按，因寓公與澹歸是老相識，別於1640年，後再未相見。澹歸《題高虞

〔註214〕澹歸：《李鑑湖祠部六十壽序》，《徧行堂集》卷5，《清代詩文集彙編》第46冊，上海：上海古籍出版社，2010年，頁353。

〔註215〕澹歸：《送韶協林育長副將開鎮太原序》，《徧行堂集》卷4，《清代詩文集彙編》第46冊，上海：上海古籍出版社，2010年，頁338。

〔註216〕澹歸：《語錄》，《徧行堂集》卷45，《清代詩文集彙編》第47冊，上海：上海古籍出版社，2010年，頁335。

〔註217〕姜伯勤：《石濂大汕與澳門禪史——清初嶺南禪學史研究初編》，上海，學林出版社，1999年，頁497。

部墨蹟後》云：「予與高子寓公別三十三年，今年與令嗣念祖邂逅凌江，得見其遺跡，則寓公棄世已二十六年，予出家亦二十三年矣。」知澹歸出家在1650年，二十三年後當是1673年，故將此事放在癸丑年。

七月十四日，雷峰海雲寺旋庵湛公六十初度，澹歸為文賀之。旋庵乃澹歸參友。〔註218〕

七月十四日，為龍護書乞米乞油作《龍護園乞米引》《龍護園乞油引》《龍護園乞供眾米疏》。〔註219〕

七月廿六日，「是早，棲賢來，海幢擔尚未發完也。蓮池庵送食物六盤。」七月廿七日，「請棲賢齋。孝山送歸宗書並紬二。齋儀八兩。又送予禮四包。壽儀十二兩。受布八端，參三兩。生壽儀送回二次，仍遣來，固請不容更璧，然益加愧矣。朱廉齋以二單東，訂明日同棲賢齋，是早海幢人俱在。」〔註220〕

八月初六日《澹歸日記》「得歸宗兩札來催，曰老人病甚，與海幢速出料理。即作一字與海幢，一字與石吼。」〔註221〕

八月初九日，《澹歸日記》：「初九日，請李鑑湖齋」；八月廿五日，《澹歸日記》：「為會龍作乞米引」，即《徧行堂集》卷10的《會龍修造錢糧引》。八月廿九日《澹歸日記》：「廿九日，書周曲江詩敘」。〔註222〕

九月初十日，《澹歸日記》：「禮懺已畢，夜為施良作孝山書，口覺非送壽果於南雄也。璧李鑑湖《遵生八箋》。」九月十一日，《澹歸日記》：「遣覺非往

〔註218〕澹歸《雷峯旋菴都寺六十壽序》「歲在癸丑秋七月十有四日，得天之紀，一周復始，公於雷峯為十方檀越，其於老人門下，則耆年內蔭，若予於同學中，又心所矜式，於法宜稱壽」，澹歸《雷峯旋菴都寺六十壽序》，《徧行堂集》卷5，《清代詩文集彙編》第46冊，上海：上海古籍出版社，2010年，頁374。

〔註219〕姜伯勤：《石濂大汕與澳門禪史——清初嶺南禪學史研究初編》，上海，學林出版社，1999年，頁498～499。

〔註220〕姜伯勤：《石濂大汕與澳門禪史——清初嶺南禪學史研究初編》，上海，學林出版社，1999年，頁499。

〔註221〕姜伯勤：《石濂大汕與澳門禪史——清初嶺南禪學史研究初編》，上海，學林出版社，1999年，頁500。又據《徧行堂集》卷21《與海幢阿字無和尚》有：「歸宗二請，初五日到山，老人初十日登舟，弟在龍護料理……弟雖欲出嶺，更向何人討路費耶？山中百孔千瘡，歸既不得，去亦不能。」又有：「前示共商老人歸局……往請亦不必從，惟吾兄策劃，使有欣然必應之勢，則丹霞原自現成，便不煩起爐作灶也。」澹歸：《與海幢阿字無和尚》，《徧行堂集》卷21，《清代詩文集彙編》第47冊，上海：上海古籍出版社，2010年，頁698。

〔註222〕姜伯勤：《石濂大汕與澳門禪史——清初嶺南禪學史研究初編》，上海，學林出版社，1999年，頁501。

南雄。午後深值自南雄歸，得孝山答書，並寄人參三兩，冬米一包。」九月二十日《澹歸日記》：「二十日午刻，至龍護園，院主他出，張寶潭、楊肯堂來見，發數行令船戶寄回山中。」九月二十一日《澹歸日記》：「晤孝山。出過廉齋，值子蓉訪。姚紹嗣別駕不會，即來答拜，坐話未久，孝山至。別去，宋右候、胡濟遠至、子蓉至。張寶潭邀午齋，廉齋來，不值而去。阮弱生來。孝山送程受白米一包，姚紹嗣程受二包。」九月二十二日《澹歸日記》：「訪高保昌、丁聖襄、袁四其、鄭魯城、宋拯石、王君甫、金璿海，俱會李馹官、宋右候不值，復看阮弱生，胡濟遠，但會高保昌、答拜李馹官、鄭魯城、金司□、譚方蓬。朱子蓉來，朱弘遠來，予不在，即開船往省，留茶筍二封而去。晚刻，深源自山中至，得樂說弟書，並副寺、知客書，知葉□□物，尚未到庫，因先應此金來。又仁化縣牌催領度牒，猶是康熙四年所報之名，今部文纔到，未知納銀與否，又一絡索事，且俟晤孝山，一詢之貴再處爾。」十月廿八日，《澹歸日記》：「午刻赴廉齋，午飯作徐浩存、嚴提督、劉煥之、黎方回書。羅愛玉來。」〔註223〕又據《徧行堂集》卷25有《與劉煥之副戎》書信十五則，其第一則云「昨接高論，大慰傾渴之懷。弟雖學佛，曩忝儒流，憶在辰陽，語熊魚山云：當今之世，不但做好人行好事，便說得幾句好話，亦足為天地間留些元氣。魚山頗然之。……吾煥老現大將軍而擔荷洙泗之統，豈非快事也。梅花卷一軸，並拙刻，同奉一笑，所謂不惜獻醜矣」第十五則云「別來夢想，應有同懷，前諭必更一遊嶺表，今聞挈家入都門。弟兩次出嶺請藏，皆以事阻。人生行止，尚不能自由，豈能相期於千里之外乎？」

　　十一月初二日，《澹歸日記》：「午請棲賢齋，以一詩壽丁聖襄。」十一月初三日，《澹歸日記》：「其子來扶（韓）天生櫬還淄川也。仲常以高念東少司敘《金剛大義》索序」。十一月初四日，《澹歸日記》：「作韓天生挽詩並序，作高念東〈金剛大義序〉，作蓮池庵造關帝像引。深值、開宗往南安，催船。」同日又有「棲賢度嶺，拜丁聖襄壽。」十一月初五日，《澹歸日記》：「初五日，書《金剛大義序》，韓天生挽詩，兩橫卷，作數行，留院主處，令候韓仲常來取，即付之。石覺與曠源公來見，送禮四包，受《山居詩》一冊。未刻，深彌自南安回，已得船，用價七兩一錢五分，一切在內，欲明早即行，催夫須明日……也。發柴銀四兩與下院。」又據《徧行堂集》卷8《金剛大義序》有

〔註223〕　姜伯勤：《石濂大汕與澳門禪史──清初嶺南禪學史研究初編》，上海，學林出版社，1998年，頁501～504。

「淄川韓仲常氏，過凌江，手一編見示，曰：此金剛大義，為吾邑高念東先生所輯。……此編以學士家之筆，行教乘之言，適乎巧拙淺深之間。」十一月廿七，《澹歸日記》：「請棲賢齋。」十一月卅日，《澹歸日記》：「別棲賢，還歸宗，……謁方丈。……歸宗地盤，此固大道場地，然非有十萬金因緣，二十年工夫，三百眾驅使，未易住此也。晚入方丈茶。」〔註224〕

冬，澹歸病稍愈，有廬山歸宗寺省觀之行。出行之前至龍護園，戴怡濤、池伯儀拜訪澹歸，暢談到凌晨方才離開。澹歸至匡山省視函昰。〔註225〕

十二月，至溧水，訪王東白，以戴怡濤手書並詩集示澹歸。得怡濤《堅素堂集》。

是年，為平南王尚可喜作《元功垂範》，為士林所訾。

澹歸應於此年作《埋骨文》《修城記》。

按，據道光《肇慶府志》卷十三「李復修，直隸人，恩貢，（康熙）十一年任陞韶州知府」。又據李復修《徧行堂集序》：「余治韶之一年捐俸撿埋枯骨，澹師為余作埋骨文，倡資募修郡城，澹師為余作修城記，筆力之勁重於金湯，立意之清懸如霽月，不啻韓昌黎之泰山北斗也」〔註226〕因此，澹歸應於康熙十二年作《埋骨文》《修城記》。

作《與海幢阿字無和尚》：「洞開來韶得手教，殊快傾渴。弟承謙菴諸公相罣度歲，今且領人撿白骨俟。老人至相從出嶺也，一向建立決不願，主法無人，流入同鍋喫飯分房屙屎惡道，今幸大眾發憤，力請樂弟已於元旦上堂拈香矣。弟於丹霞夙願千足萬足但請得藏經勾此一念老病餘生聽其死符早晚更無他想也承示二月初即來韶陽可以歡聚數日豈能恝然謹當奉候於相江之滸不盡。」〔註227〕

澹歸作《梧州詩序》。〔註228〕

〔註224〕姜伯勤：《石濂大汕與澳門禪史——清初嶺南禪學史研究初編》，上海：學林出版社，1999 年，頁 506～507。

〔註225〕澹歸：《語錄》，《徧行堂集》卷 45，《清代詩文集彙編》第 47 冊，上海：上海古籍出版社，2010 年，頁 335。

〔註226〕李復修：《徧行堂集序》，澹歸：《徧行堂集·序》，《清代詩文集彙編》第 46 冊，上海：上海古籍出版社，2010 年，頁 221。

〔註227〕金堡：《與海幢阿字無和尚》，《徧行堂續集》卷 10，《清代詩文集彙編》第 47 冊，上海：上海古籍出版社，2010 年，頁 604。

〔註228〕澹歸《梧州詩序》有「忝預僧倫，已二十四臘」，澹歸：《梧州詩序》，《徧行堂集》卷 4，《清代詩文集彙編》第 46 冊，上海：上海古籍出版社，2010 年，頁 352。

【時事】

二月，尚可喜以老請尚之信嗣封鎮粵，清廷未允，令其撤藩歸遼東。

十一月，吳三桂在雲南抗清，自率兵攻湖南各省。

康熙十三年甲寅（1674），六十一歲

春，函昰、澹歸住廬山歸宗寺。函昰有《新春偕澹長老遊玉簾泉》詩，澹歸作《齊天樂·歸宗侍天然老人遊玉簾泉》詞記之。〔註229〕

函昰為澹歸作《徧行堂集序》。〔註230〕

澹歸三月初一日主院別傳寺。〔註231〕

春，澹歸還丹霞山，始行主持之事。《舵石翁傳》載：「甲寅春還山，頻顓眾請，據室匡徒，四方聞風，瓶等雲集，堂室幾不能容。」又，《梵網菩薩戒經略疏序》「甲寅春中還山，則疏畧一編已燦然成錄」。

四月初一日，陸孝山奉尊人諱，離開雄州回當湖（今浙江平湖）。時，孝山在雄州任太守已達十九年，澹歸開丹霞十三年來，太守對其非常關照，」為檀越最久久而最不倦」者。澹歸《送陸孝山太守持服歸當湖序》「甲寅春杪使君奉尊人諱，始謝雄州」〔註232〕

澹歸作《為陸未菴太翁禮懺疏》，「於今甲寅四月初一日奉其父敕封弘文院中書舍人未菴府君濬睿之諱，某等於世楷即法喜素交」。

四月初九日，陸孝山生日，澹歸作《陸孝山太守祝壽疏》「此夏第四白月九日，是其降生之辰」〔註233〕

十月，澹歸送陸孝山、沈融谷於梅關。融谷拿出《惜別圖》，讓澹歸題於其後，遂作《題惜別圖》文。

〔註229〕澹歸：《齊天樂·歸宗侍天然老人遊玉簾泉》，《徧行堂集》卷44，《清代詩文集彙編》第46冊，上海：上海古籍出版社，2010年，頁314～315。

〔註230〕據汪宗衍的分析「序無年分，《徧行堂集》詩文編至甲寅年止，本年遊匡山，故繫於此」見汪宗衍：《明末天然和尚年譜》，《新編中國名人年譜集成》第20輯，臺北：臺灣商務印書館，1986年，頁78。

〔註231〕《丹霞山志》卷3。

〔註232〕澹歸：《送陸孝山太守持服歸當湖序》，《徧行堂集》卷6，《清代詩文集彙編》第46冊，上海：上海古籍出版社，2010年，頁397。

〔註233〕因《陸孝山太守祝壽疏》的後一篇是《為陸未菴太翁禮懺疏》，為陸孝山之父所作，兩篇極有可能為同時所作；《為陸未菴太翁禮懺疏》有「於今甲寅四月初一日奉其父敕封弘文院中書舍人未菴府君濬睿之諱」，故《陸孝山太守祝壽疏》亦作於該年。

冬，澹歸暫至凌江，與清官員滕元鼎（字梅羹）初識。時，梅羹由儋州（屬海南省）知府升遷為樞曹。滕梅羹，祖父孝廉公十九歲即逝，父滕胤玉將軍，乃遺腹子。值甲申國變，棄官隱海上，達十年之久。作《止即無住說為滕樞部梅羹贈別》「予以甲寅冬暫至凌江，邂逅梅羹滕使君」〔註234〕

十一月十六日，巡撫廣東都察院左副都御史劉秉權卒於潮州軍中，澹歸作《為劉中丞禮懺疏》。

是年，澹歸編完徧行堂前集詩文，並出丹霞刊本《徧行堂集》。函昰作序。

是年，太守陸孝山捐俸買田贈龍護院為業。

澹歸作《賀公絢敘功特授鴻臚卿二十韻》。《兩浙輶軒錄》卷8「康熙甲寅尚可喜奏上其功，謂光之於臣如手足腹心，可與謀議，惟光一人，特光年逾六旬，志在閒散，懇憂以京秩，授鴻臚寺。」

【時事】

是年，三藩亂始，吳三桂改國號為周。七月，耿精忠自福建叛，以應吳三桂。贛、粵一帶，民生艱苦。

康熙十三年尚之信嗣王位。

康熙十四年乙卯（1675），六十二歲

正月三日，澹歸與六僧人初到舵盤岩，作《新開舵盤岩記》。

春，與汪起蛟告別。

三月十四日，平南王尚可喜率文武宰官延請今無禪僧四十餘，奉頌藏經。

康熙十五年丙辰（1676），六十三歲

二月，尚之信殺金光（字公絢），以降敵。澹歸為之作《為公絢禮懺疏》《公絢遺像讚》《留須子傳》。

冬，海幢解虎病危，令其門人送書信於澹歸，乞為姚水真六十初度僧伽詩冊作序。昔日，為此事澹歸因病一再推辭，現在應承下來，遂作序文。

函昰回雷峰，澹歸致書請至丹霞避亂。

秋，以刻《徧行堂集》事託門人樂說（今辯）。

〔註234〕澹歸：《止即無住說為滕樞部梅羹贈別》，《徧行堂集》卷3，《清代詩文集彙編》第46冊，上海：上海古籍出版社，2010年，頁306。

【時事】

是歲，吳三桂遣兵侵廣東。二月，尚之信應之，各地遭劫。

康熙十六年丁巳（1677），六十四歲

是年，函昰囑澹歸為《首楞嚴直指》作序。澹歸收到所寄定本後，與同門樂說校閱，謀付剞劂。澹歸為撰《首楞嚴直指序》，並應釋請以定本《直指》寄丹霞山中，釋即與今辯較閱發寫謀付剞劂。

正月初九，丹霞道場，澹歸遣祭海幢都寺解虎錫公之靈，令丹霞緇寺具蔬茗之供，讀澹歸祭文於解虎塔前。

二月十九日，觀世音菩薩示生之辰，澹歸撰《月愛三昧說》相慶。

春，澹歸聽池通府量移海南知崖州。池通府，叛詔餘十年，潔修慈令，得士民歡心，一攝仁化，再攝樂昌，誦德彌甚。然孤立行一意，所閱僚友皆落落寡合，其庭可羅雀也。

各地遭劫，丹霞幸免，而益窮匱。請天然和尚以定本《首楞嚴直指》寄丹霞，澹歸作《首楞嚴直指序》。

八月，都寺旋庵病逝，六十五歲。

秋，今無作《徧行堂文集序》。〔註235〕

十月，函昰七十壽辰。

十一月朔，出丹霞赴南韶。

十二月二十八日，別傳寺本山頭首諸職奉澹歸命，從教授僚請樂說繼法席。〔註236〕

十一月，函昰手書《雷峯海雲寺放生社置田碑》，古機刻石嵌寺壁。

臘月，函昰付今遇、今但大法，為和尚第八、第九法嗣。

是年，澹歸致書姚嗣昭太守求貸。

是年，澹歸致書汪起蛟。

是年，函昰返匡廬歸宗寺。

是年，澹歸決意於丹霞退院，請樂說繼首座，樂說堅辭不允。

〔註235〕今無：《徧行堂文集序》，澹歸：《徧行堂集‧序》，《清代詩文集彙編》第46冊，上海：上海古籍出版社，2010年，頁226。

〔註236〕今辯：《丹霞樂說辯禪師語錄》，陳世英：《丹霞山志》卷5，廣州：廣東教育出版社，2015年，頁51。

【時事】

五月，尚之信降清。

康熙十七年戊午（1678），六十五歲

春，澹歸上函昰剗，決意出嶺，赴嘉興請藏，以丹霞席託之樂說。

二月二日，奉今壁靈骨葬於寺之南園。〔註237〕

三月，今覞嘔血，卒於棲賢寺，年六十。〔註238〕

夏，將過梅關，劉煥之遣書使邀澹歸話別，當時澹歸拒絕了邀請。出梅關後，澹歸思生之有涯、山之高、水之深、世事之不可測，未知將來能否再相見，遂愀然長歎，臨風而長謠，有所不能忘。在劉煥之六十歲生日時，澹歸居吳中，且病體羸弱，不能回千里之外的嶺南為劉煥之慶生，遂作祝壽文贈之。

四月十二日，澹歸退院。以丹霞事付樂說主持，赴嘉興請藏。澹歸行前，樂說雖勉攝丹霞院事，仍懷退意，擬請函昰重來主持。澹歸行後又致書勸其勉任茲艱，勿過謙遜。〔註239〕

六月二十五日，澹歸度梅嶺，別樂說於南安。

六月，在凌江與傅子奇相遇，讀其詩文，歎其才之美，惜其年逾強壯，未售於世，遂作文一篇。傅子在其《水邊居後序》中有言：「余性孤僻，不喜見富貴人，親戚稍富貴，即懶與往來，出入富貴之門者，尤拒勿與言。故半世交遊，惟方外為差廣，而居處亦往往託跡僧舍。」澹歸針對子奇的這番言論，做出了長篇大論，認為傅子「非不喜富貴，特以不才而富貴、才而貧賤為不平。」為僧二十餘年的澹歸，辯才依舊。

七月初七日，澹歸抵南昌。

秋，舟次南昌，見蕭孟防於郡屬之寓。得觀其《研鄰偶存》，為之心折，遂為之作序。〔註240〕

七月十九日，澹歸於廬山櫕賢寺祭祀同門石鑑覞和尚，並作祭文。

〔註237〕澹歸：《海雲西堂仞千壁禪師塔銘有序》，《徧行堂續集》卷8，《清代詩文集彙編》第47冊，上海：上海古籍出版社，2010年，頁566。

〔註238〕澹歸：《棲賢石鑒覞禪師塔銘》，《徧行堂續集》卷8，《清代詩文集彙編》第47冊，上海：上海古籍出版社，2010年，頁569。

〔註239〕陳世英：《丹霞山志》卷3，廣州：廣東教育出版社，2015年。

〔註240〕澹歸：《研隣偶存序》，《徧行堂續集》卷3，《清代詩文集彙編》第47冊，上海：上海古籍出版社，2010年，頁481～482。

澹歸再過毗陵。時，唐潔庵八十大壽，澹歸有感而發，亦作祝壽文贈之。

過當湖，見陸篔修，以《滋樹軒詩集》示澹歸。陸篔修，明朝官員，年八十六矣。復見當湖過叔寅先生，時先生已八旬，澹歸讀其文集，感慨「年愈老而筆愈壯，筆愈壯而年亦愈壯者也。」，遂為其文集作序。更有當湖沈客子之詩，澹歸對其評價頗高，「所謂清絕不寒，秀絕不纖，高絕不孤危，奇絕不刻削者也。」、「其人其境不從人間來。」

李竹西挐舟至當湖訪澹歸，此人乃澹歸老友，所謂四十年前人，復見之，心又活也。讀其詩，浩浩落落，無一字不從胸襟流出，刻畫之跡，湊泊之痕，至此爐熔盡矣。

休陽汪周士訪澹歸於當湖，以其與汪晉賢、汪季清三人詩集示澹歸，得澹歸「三人皆異才」之歎，並序一篇。

當湖陸威咫奉父陸嗣常遺詩來拜澹歸，得其詩序。

王寅旭來見，以其父正始先生詩示澹歸。正始先生，即王雲外，乃明逸民，能文善畫。明亡時，痛憤成疾且死，屬寅旭以皇明處士表其墓石，蓋有烈士風。其詩不走平熟，磊石可英多，乃詩中之俠也。澹歸為之作序。

汪子倬來拜澹歸，二十五年後再相見，自然感慨萬千，澹歸道：「予與汪子倬兄弟交，豈直以詩文相標榜乎？汪子倬至性過人，篤行孝友，退然內內然，壹似咸有讓者。別來二十餘年，猶前日也。」讀其《愛日樓集》，為之作序。

八月二十三日，抵嘉興；拜謁東塔為翁和尚。

駐錫精嚴寺。金子戣設拜謁，出詩一編以示澹歸，澹歸贊其「溫柔敦厚，得風雅之正。」，遂為之序。子戣，乃金楚畹之孫，亦澹歸金氏族人也。見澹歸《金子戣詩序》。

虞紹遠來嘉興見澹歸。紹遠乃虞立蒸之孫，虞季憲之子。因貧困潦倒，持往同澹歸立下的借據共七百金，望其償還，然澹歸實在無力還此鉅資，最終紹遠見諒，澹歸心懷感激的同時也很愧疚，遂寫下了《負心說贈虞紹遠》。

九月二十三日，澹歸往平湖，以一百零七金請得正藏經，續藏則因差四十金待請。

今覯卒，年六十。〔註241〕

〔註241〕澹歸：《棲賢石鑒覬禪師塔銘》，《徧行堂續集》卷 8，《清代詩文集彙編》第 47 冊，上海：上海古籍出版社，2010 年，頁 569。

康熙十八年己未（1679），六十六歲

春，周文山六十歲生辰，澹歸作祝壽文。周文山，乃澹歸友，官龍城，制撫藉其才識，為民所親。

三月二十五日，書《水龍吟詞》軸。款「辛稼軒以陸氏遺事贈德隆歸吳，己未季春廿有五日，嶠亭道兄揆辰，用其意填水龍吟為壽，全供祇侯一肩擔荷，世出世間，足以建大將旗鼓矣。澹歸今釋頓首具稿」，鈐「今釋」朱文印及「澹歸」白文印各一方。〔註242〕

四月初四日，澹歸譴僧大集將嘉興請得藏經奉回丹霞；與藏經一同奉回的還有《寶林寺內獨和尚語錄》和《八十八祖傳贊》。〔註243〕

夏，於半塘，見闊別三十六年的老友姚均裳，遂得讀其韻語，天真爛熳，自然有煙霞散採，金石宣音，蓋置身於一丘一壑間，非塵俗中所能頓放也。

夏，半塘復見別三十七年的老友朱望子，澹歸欣喜異常，作四首詩。

孟夏，過金閶，為徐充伯所藏墨蹟題字。〔註244〕

秋，澹歸臥病半塘，桐城姚彥昭拜訪，以《超玉軒詩集》示澹歸，澹歸」讀之頷首，已見予意中詩壇大將。」遂為序。

八月十五日，為潘廷章評本《西來意》作序。〔註245〕

按，潘廷章，字美含，號梅岩、雪愷道人，浙江海寧人。明亡後，他無意參加科舉，專心著述，有《諸山樓詩集》《砍川志》《西來意》等。澹歸於康熙十七年春秒從丹霞赴嘉興請藏，八月抵達嘉興，往還於嘉興、平湖、吳門、雲間、半塘等地，與好友往還酬醉。

九月，吳門張會留長者七十大壽，澹歸作祝壽文。

冬十一月，澹歸病依舊，楚畹來探望，並開出良方，澹歸作文《積而能散說》贈之。

十二月二十八日，今辯（樂說）主院別傳寺。〔註246〕

是年，汪起蛟去世。

〔註242〕故宮博物院藏今釋《水龍吟詞》。

〔註243〕袁首仁：《別傳寺史略》，鍾東主編：《悲智傳響》，中國海關出版社，2007年，頁85。

〔註244〕澹歸：《題徐充伯所藏墨蹟》，《徧行堂續集》卷9，《清代詩文集彙編》第47冊，上海：上海古籍出版社，2010年，頁586。

〔註245〕潘廷章：《西來意》，康熙十九年刻本。

〔註246〕陳世英：《丹霞山志》卷3，廣州：廣東教育出版社，2015年。

康熙十九年庚申（1680），六十七歲

正月二十一日，陳階六七十大壽，澹歸作祝壽文。陳階六，生於楚州，澹歸言與階六「昔同門莫逆，稱酒徒，稱狂客，稱才人，各不相下，一朝雨散，各懷面目，各成面目。公於世間安然出，安然歸，予於出世間安然出，安然歸。使公為世外不能，使予為世間不能，而同一安然出、安然歸。」

正月二十六日，致祭於故友汪起蛟先生之靈，作《祭汪漢翀水部文》。

春，自云間撫病至平湖，擬還棲賢寺，但病發不能行，平湖陸孝山留寓別業南園。

澹歸「去夏患跗腫，涉冬脾氣大憊。今春殆將不起，僅喦視息，老態已日增，病勢已日深，死期已日逼」身體每下愈況。

澹歸逝前將詩文續稿及所編校之今覯遺稿寄回丹霞，請今辯續校，並以相從三十年之鐵缽贈今辯。

八月八日，遍發嶺內外手書及諸遺念，屬侍者茶昆投骨灰於江流。〔註247〕

八月九日，澹歸囑侍者茶毗投骨於江流，且云：「汝輩若投骨石塔，丹霞必得凶報。」臨終前，眾僧求偈示別，澹歸舉筆書曰：「入俗入僧，幾番下火，如今兩腳捎空，仍舊一場憹憹。莫把是非來辨我，刀刀只砍無花果。」執筆端坐而逝。禪師生於萬曆甲寅之小除（除夕前一日），享年六十七歲，僧臘二十九年。〔註248〕禪師在浙江平湖陸孝山使君別業圓寂。

火浴後，侍僧如教茶昆，不忍投棄，奉靈骨還匡山，擬就棲賢立牽堵波，而丹霞道俗追慕殊切，迎歸建塔於海螺峰下。

去世後，天然函昰又哭澹歸和尚詩三首，均錄於《瞎堂詩集》。

函昰《哭澹歸》：人生莫不死，既死安可傷。形役一百年，終歸無何鄉。況已六十七，詎足論短長。所傷法運衰，死者皆賢良。法眼在一時，歲月多荒唐。波旬入人心，善觀其向方。狂者中以名，狷者與世忘。忘世非佳士，徇名豈道望。名反以利終，菽林雜蘭芳。斯人向予言，相對生悲涼。已矣無真人，

〔註247〕釋成鷲：《舵石翁傳》，《咸陟堂文集》卷6，《廣州大典》第440冊，廣州：廣州出版社，2015年，頁370。今辯《丹霞澹歸禪師行狀》、徐乾學《丹霞澹歸禪師名狀》。

〔註248〕釋成鷲：《舵石翁傳》，《咸陟堂文集》卷6，《廣州大典》第440冊，廣州：廣州出版社，2015年，頁370。今辯《丹霞澹歸禪師行狀》、徐乾學《丹霞澹歸禪師名狀》對此事記錄相差無幾。

少壯猶茫茫。掩戶坐晨夕，淚血沾巾裳。〔註249〕

　　陸世楷之子陸奎動作《和尚澹歸》：「金縷袈裟換鐵冠，吳天都作異鄉看，那知一樹梅花下，卻抵雙林證涅槃（庚申於東園示寂）。」〔註250〕

　　十月十六日，傅弘烈被殺。〔註251〕

　　十一月二十八日，廖燕得知澹歸圓寂，不禁涕淚交橫，仰天大哭。作《哭澹歸和尚文》。〔註252〕

　　是年，函昰付今攝以大法，列為第十法嗣。

【時事】

　　是年，尚之信被賜死，尚藩在嶺南統治至此而終。

康熙二十年辛酉（1681），卒後一年

　　九月，今無卒，年四十九。

　　出刊本《徧行堂續集》。

康熙二十二年癸亥（1683），卒後三年

　　沈皞日任來賓縣知縣。〔註253〕

康熙二十四年乙丑（1685），卒後五年

　　七月初三日，樂說派遣自破和尚攜《徧行堂續集》拜見沈皞日。沈皞日作《徧行堂續集敘》。〔註254〕

　　八月二十七日，函昰示寂雷峰寺，年七十八歲。〔註255〕

〔註249〕函昰：《瞎堂詩集》，《廣州大典》第434冊，廣州：廣州出版社，2005年，頁63。

〔註250〕陸奎動：《陸堂詩集》卷2，清乾隆小瀛山閣刻本，頁3b。

〔註251〕李紱：《傅忠毅公家傳》，《穆堂類稿》別稿卷29，清道光十一年奉國堂刻本。

〔註252〕廖燕：《哭澹歸和尚文》，仇江選注：《嶺南歷代文選》，廣州：廣東人民出版社，2000年，頁289。

〔註253〕雍正《廣西通志》卷59；又據（民國）來賓縣志不分卷，民國二十五年鉛印本「康熙二十三年來任（來賓）知縣」待考。

〔註254〕沈皞日：《徧行堂續集敘》，《徧行堂續集·序》，《廣州大典》第435冊，頁430～431。

〔註255〕湯來賀：《天然昰和尚塔誌銘》，陳世英：《丹霞山志》，廣州：廣東教育出版社，2015年，頁110。

康熙二十五年丙寅（1686），卒後六年

四月，諸大弟子奉函昰龕建塔於丹霞佛日山麓。〔註256〕

九月十九日，今辯退院。

十一月初一日，今遇（澤萌）主院。

康熙二十八年己巳（1689），卒後九年

別傳寺僧人奉澹歸靈骨還丹霞，建塔於海螺岩；徐乾學撰墓誌銘。函昰撰《澹歸靈骨入塔》：「投江料非諸子事，歸嶺寧違汝夙心。既訂生還三峽寺，何妨死塔五溪岑。孤衷豈植燃燈後，大願還同樓至深。老眼淚涔揮不斷，千生魂魄許相尋。」

沈皞日由來賓縣調任天河縣知縣。

康熙二十九年庚午（1690），卒後十年

陸世楷去世。

康熙三十四年乙亥（1695），卒後十五年

一月初八日，樂說今辯去世。〔註257〕

康熙三十六年丁丑（1697），卒後十七年

五月，成鷲在丹霞山遊覽。

康熙三十七年戊寅（1698），卒後十八年

春，成鷲離開丹霞山，撰《丹霞山記》。

二月十五日，今黽（角子）入院。

康熙三十八年己卯（1699），卒後十九年

四月二十三日至二十六日，廖燕與四位友人第三次遊丹霞山，並謁澹歸墓。

潘耒為《丹霞山志》作序。〔註258〕

〔註256〕「明年四月，諸大弟子奉龕建塔於丹霞佛日山麓。」湯來賀：《天然是和尚塔誌銘》，陳世英：《丹霞山志》，廣州：廣東教育出版社，2015 年，頁 110。

〔註257〕陳世英：《樂說禪師傳》，《丹霞山志》卷 6，廣州：廣東教育出版社，2015 年，頁 74。

〔註258〕陳世英：《丹霞山志》，廣州：廣東教育出版社，2015 年。

陳世英作《丹霞山志序》。〔註259〕

康熙三十九年庚辰（1700），卒後二十年

陸奎動作《和竹垞翁東湖曲八首》，其中有「鸚鵡洲邊落日催，芙蓉堤畔首重回，茶毗一哭冰還老，不看東園廿載梅（澹歸一號冰還道人，庚申秋火化東園梅下）」〔註260〕

康熙四十一年壬午（1702），卒後二十二年

沈皡日，任辰州府同知。

康熙四十四年乙酉（1705），卒後二十五年

是年，廖燕去世。

乾隆四十年乙未（1775），卒後九十五年

乾隆親自督辦「澹歸和尚《徧行堂集》案」。

閏十月十八日，「諭軍機大臣等、朕昨檢閱各省呈繳應毀書籍，內有僧澹歸所著遍行堂集，係韶州府知府高綱、為之製序兼為募資刊行。因查澹歸名金堡、明末進士，曾任知縣，復為桂王朱由榔給事中，當時稱為五虎之一，後乃託跡緇流，藉以苟活。其人本不足齒，而所著詩文中，多悖謬字句，自應銷毀。高綱身為漢軍，且係高其佩之子，世受國恩，乃見此等悖逆之書，恬不為怪，匿不舉首，轉為製序募刻，其心實不可問。使其人尚在，必當立真重典。因令查閱其家，收存各種書籍。今於高綱之子高秉家，查有陳建所著皇明實紀一書。語多悖謬，其書板自必尚在粵東。著傳諭李侍堯等，即速查明此書板片，及所有刊印之本，一併奏繳。又查出喜逢春傳奇一本，亦有不法字句，係江寧清笑生所撰。曲本既經刊布，外間必有流傳。該督撫等，從前未經辦及，想因曲本搜輯不到耳。一併傳諭高晉、薩載、於江寧蘇州兩處，查明所有刷印紙本、及板片，概行呈繳。高綱為澹歸作序。朕於無意中閱及，可見天理難容自然敗露。其子高秉收藏應毀之書，即或前此未經寓目。近年來查辦遺書，屢經降旨宣諭。凡繳出者，概不究其已往。今高秉仍然匿不呈繳，自有應得之罪，已交刑部審辦。此專因高綱為八旗大臣子孫，其家藏有應毀之書，不可不

〔註259〕陳世英：《丹霞山志》，廣州：廣東教育出版社，2015 年。
〔註260〕陸奎動：《陸堂詩集》卷 6，清乾隆小瀛山閣刻本，頁 4a。

—242—

示懲儆。至陳建在明天啟間，即清笑生，似亦明末時人。其兩家即有子孫，均可不必深究。設或民間尚有藏者，但經獻出，均可免罪。將此由四百里一併諭令知之。」

高綱之子，高秉、高稜、高樺、高棚、高槓，其家遂遭查抄，家屬並發配為奴。

閏十月十九日，乾隆上諭「僧澹歸所著遍行堂集多悖謬字句，必應毀棄，即其餘墨蹟、墨刻亦不應存。著李侍堯等逐一查明繳進，並將所有澹歸碑石，亦即派誠妥大員前往椎碎推撲，不使復留世間。又聞丹霞山寺係澹歸始闢，而無識僧徒竟目為開山之祖，謬種流傳實為未便。但寺宇成造多年，毋庸拆廢，著李侍堯等即速詳細查明，將其寺作為十方常住，削去澹歸開山名目，官為選擇僧人住寺經理，不許澹歸支派之人復接續。」

十一月十六日，李侍堯的奏摺中關於丹霞山之事的彙報：「……茲欽奉諭旨，金堡詩集之外，尚有碑記、墨蹟等類留存寺中，亟應毀除淨盡。臣等遵即密委廣州府知府李天培馳赴韶州府，會同南韶道李璜前往丹霞，悉心查辦。凡金堡所有墨刻、墨蹟逐一查出，現存碑石摹搨進呈，一面椎碎拋棄，不使片紙隻字復有留存，並將其支派僧眾悉行逐出，令地方官選擇誠實戒僧住持。……」

乾隆在該奏摺後朱批「知道了」。〔註261〕

嘉慶五年庚申（1800），卒後一百二十年

《清仁宗實錄》卷68，嘉慶五年五月下：

論：刑部遵旨將從前獲罪官犯子嗣、不准應考出仕、及原案並無不准應考出仕官犯子嗣、分別開單具奏。……又另單所開之高稜、高棚、高槓均係原任廣東知府高綱之子。高綱為僧澹歸、制悖逆文集序文。並募資刊行。將該犯等發遣。此不過比照大逆緣坐辦理。與實犯不同。其原任布政使錢度之子錢邠、不過隱匿伊父查抄財產。原任海州知州鄔承顯之子鄔嘉磷、鄔德磷、鄔圖磷三人。尤不過於應繳伊父借支銀錢糧石等項。拖欠未完。覈其情節。均尚可原。陳山昆、楊炤、高稜、高棚、高槓、錢邠、鄔嘉磷、鄔德磷、鄔圖磷、均著加恩准其出仕應試。〔註262〕

〔註261〕袁首仁：《別傳寺史略》，鍾東主編：《悲智傳響》，中國海關出版社，2007年。
〔註262〕《清仁宗睿皇帝實錄》，北京：中華書局，1986年，頁909～910。

附錄二　金堡交往人物表 [註1]

序號	姓　名	字　　號	籍　貫	科名	官　職	交遊地
1.	包鳳起	–	河南南陽	進士	潼關衛	廣東
2.	包宣	–	–	–	千戶	廣東
3.	鮑鱗宗	號雲從	–	–	部院轅門都司	廣東
4.	鮑駿	字聲來，號桐石	浙江平湖	諸生	–	廣東
5.	蔡非我	–	–	–	–	廣東
6.	蔡琦	號省齋	–	–	榷使	廣東
7.	蔡毓桂	–	–	監生	衡州知府	廣東
8.	曹溶	秋岳，潔躬，鑒躬，倦圃	浙江秀水	進士	御史	廣東
9.	曹燁	字爾章，號石礬	安徽歙縣	進士	兵部尚書	廣東
10.	曹廣	字遠思	–	–	司李	廣東
11.	曹志建	光宇	浙江溫州	–	保昌侯、永國公	廣東
12.	曹中陝	–	–	–	–	廣東
13.	曾櫻	字仲含，號二雲	江西峽江	進士	巡撫	廣東
14.	查聲中	–	–	–	–	廣東
15.	查培繼	字王望	浙江海鹽	進士	東莞知縣	廣東
16.	查之愷	字維勤	寧國府		廣東右翼鎮標中軍遊繫	廣東

〔註 1〕絕大部分依據是來源於澹歸的《徧行堂集》《徧行堂續集》《嶺海焚餘》等著作，少量依據相關文集或者方志，不作標注。

17.	巢鳴盛	字端明	浙江嘉興	－	－	廣東
18.	陳調	－	廣東東莞	－	－	廣東
19.	陳洪綬	章侯、老蓮	浙江諸暨	國子監	舍人	北京
20.	陳潛夫	元倩、玄倩、振祖	浙江錢塘	舉人	大理寺少卿	浙江
21.	陳龍	字起潛	宣城	武進士	偏沅旗鼓都司	廣東
22.	陳旭	字曉園	浙江錢塘	監生	保昌知縣	廣東
23.	陳邦傅	字霖寰	浙江紹興		慶國公	廣東
24.	陳苢菴	－	－	－	－	廣東
25.	陳長卿	－	－	－	－	廣東
26.	陳垂	－	－	－	－	廣東
27.	陳殿桂	字岱清	浙江海寧		兵部職方司主事、高州府推官	廣東
28.	陳玉叔	二酉	－	－	－	廣東
29.	陳古鈕	號伯恭、孚先、斧山				廣東
30.	陳恭尹	字元孝,號半峰,獨漉子	廣東順德		錦衣衛指揮僉事	
31.	陳函輝	原名煒,字木叔,小寒山子,寒椒道人	浙江臨海	進士	靖江知縣	廣東
32.	陳階六	－	－	－	給諫	廣東
33.	陳鏡非	－	－	－	－	廣東
34.	陳凱	－	－	－	－	廣東
35.	陳昆圃	－	－	－	－	廣東
36.	陳潛夫	－	－	－	－	廣東
37.	陳石民	－	－	－	－	廣東
38.	陳軾	字靜機,號靜庵	福建侯官	進士	海南知縣、御史	廣東
39.	陳所聞	－	－	－	－	廣東
40.	陳天斿	－	－	－	－	廣東
41.	陳廷策	號景白	－	－	－	廣東
42.	陳萬言	號試庵	－	－	－	廣東
43.	陳賢書	帝諮,法名古江,月印	－	－	－	廣東

44.	陳僖	字藹公，號余庵、想園	直隸清苑	拔貢		浙江
45.	陳彥達	–	–	–	–	廣東
46.	陳堯夫	–	–	–	–	廣東
47.	陳友龍	–	–	–	–	廣東
48.	陳雲木	–	–	–	–	廣東
49.	陳之喆	–	–	–	–	廣東
50.	陳子木	–	–	–	–	廣東
51.	陳子威	–	–	–	–	廣東
52.	程可則	周量，法名今一，萬閜				廣東
53.	程士鵬	–	–	–	–	廣東
54.	程唐侯	–	–	–	–	廣東
55.	程文斌	號公睿				廣東
56.	程源	字金一	四川江津	進士	南明兵部尚書	廣東
57.	程子敷	–	–	–	–	廣東
58.	澄公禪師	–	–	–	–	廣東
59.	池儀伯	號儀伯				廣東
60.	堵胤錫	允錫、錫君、靈授、仲緘、牧子、牧遊	宜興市岯亭		兵部尚書、潯國公	廣東
61.	褚芳型	–	–	–	–	廣東
62.	大集院主	–	–	–	–	廣東
63.	大樹和尚	–	–	–	–	廣東
64.	戴泓	–	–	–	–	廣東
65.	戴西永	–	–	–	–	廣東
66.	戴怡濤	–	–	–	–	廣東
67.	戴雲吉	–	–	–	–	廣東
68.	單狷菴	–	–	–	–	廣東
69.	單孝求	–	–	–	–	廣東
70.	單質生	–	–	–	–	廣東
71.	丁時魁	字鬥生	湖北江夏	進士	吏科都給事中	廣東
72.	丁魁楚	字中翹，號光三	河南永城	進士	兩廣總督	廣東

73.	丁世俊	號鶴亭	–	–	–	廣東
74.	丁勗菴	–	–	–	–	廣東
75.	董蒼水	–	–	–	–	廣東
76.	董律始	–	–	–	–	廣東
77.	董元愷	字舜民，號子康	江蘇長洲	舉人	–	江蘇
78.	鄧孝威	–	–	–	–	廣東
79.	獨榕禪師	–	–	–	–	廣東
80.	堵胤錫	–	–	–	–	廣東
81.	杜永和	–	–	–	–	廣東
82.	端如上人	–	–	–	–	廣東
83.	敦烈鄭公	–	–	–	–	廣東
84.	樊元貞	–	–	–	–	廣東
85.	范方	字介卿	福建同安	解元	戶部員外郎	北京
86.	范承恩	–	–	–	–	廣東
87.	范冠甫	–	–	–	–	廣東
88.	范霆遠	–	–	–	–	廣東
89.	范振聲	號霆遠	–	–	–	廣東
90.	方氏	（金堡妻）	–	–	–	浙江
91.	方元章	–	–	–	參將	浙江
92.	方安	–	–	–	–	廣東
93.	方大林	–	–	–	–	廣東
94.	方國安	字磐石	浙江諸暨	–	荊國公	浙江
95.	方望子	–	–	–	–	廣東
96.	方文木	–	–	–	–	廣東
97.	方伊蔚	–	–	–	–	廣東
98.	方以智	密之，曼公，鹿起，弘智	安徽桐城	進士	翰林院檢討	廣東
99.	方有基	–	–	–	–	廣東
100.	方雲停	號子兼	–	–	–	廣東
101.	方詐亭	–	–	–	–	廣東
102.	方坤若	號子春	–	–	–	廣東
103.	非世	–	–	–	–	廣東
104.	馮標	號蒼心	–	–	–	廣東

105.	馮爾俊	–	–	–	–	廣東
106.	馮虎臣	–	–	–	–	廣東
107.	馮石良	–	–	–	–	廣東
108.	馮文龍	法名古吼，字別慧	–	–	–	廣東
109.	馮再來		–	–	–	廣東
110.	傅弘烈	仲謀，竹君	江西進賢	–	兵部尚書，謚忠毅	廣東
111.	傅際飛	–	–	–	–	廣東
112.	傅一臣	–	–	–	–	廣東
113.	傅子奇	–	–	–	–	廣東
114.	傅子雯	–	–	–	–	廣東
115.	覆千上人	–	–	–	–	廣東
116.	逢我	–	–	–	–	廣東
117.	高澹游	–	–	–	–	廣東
118.	高登科	號慎巖	–	–	–	廣東
119.	古電	字非影，俗姓李	廣東新會	–	–	廣東
120.	古義	字自破，俗姓盧	廣東新會	–	–	廣東
121.	古檜	字會木，俗姓許	廣東番禺	–	–	廣東
122.	古奘	字願來，號影堂，俗姓湯	廣東新會	–	–	廣東
123.	高賚明	–	–	–	–	廣東
124.	高念祖	–	–	–	–	廣東
125.	高天奇	–	–	–	–	廣東
126.	高文山	–	–	–	–	廣東
127.	高寓公	–	–	–	–	廣東
128.	戈旭寰	–	–	–	–	廣東
129.	耿獻忠	–	–	–	–	廣東
130.	龔華茂	–	–	–	–	廣東
131.	龔升璐	–	–	–	–	廣東
132.	龔鼎孳	字孝升，號芝麓	安徽合肥	進士	兵科給事中	廣東
133.	龔硯石	–	–	–	–	廣東
134.	顧稽首	–	–	–	–	廣東
135.	顧介石	–	–	–	–	廣東

136.	顧空山	–	–	–	–	廣東
137.	顧茂倫	–	–	–	–	廣東
138.	顧南寧	–	–	–	–	廣東
139.	顧遂韓	–	–	–	–	廣東
140.	顧雪石	–	–	–	–	廣東
141.	顧伊人	–	–	–	–	廣東
142.	顧元鏡	–	–	–	–	廣東
143.	顧雲臣	–	–	–	–	廣東
144.	顧雲馭	–	–	–	–	廣東
145.	郭都賢	天門，些庵	湖南桃江	進士	江西巡撫	廣東
146.	郭之奇	仲常，菽子，正夫，若菽、玉溪子	廣東揭陽	進士	禮、兵二部尚書	廣東
147.	郭公玉	–	–	–	–	廣東
148.	郭之奇	–	–	–	–	廣東
149.	過氏解環	–	–	–	–	廣東
150.	過叔寅	–	–	–	–	廣東
151.	海窖上人	–	–	–	–	廣東
152.	函昰	麗中，天然，俗名曾起莘，字宅師	廣東番禺	諸生	–	廣東
153.	函可	字祖心，號剩人，俗名韓宗騋	–	–	–	廣東
154.	韓紹美	字美生	–	–	–	廣東
155.	韓天生	–	–	–	–	廣東
156.	韓允嘉	–	–	–	–	廣東
157.	郝永忠	–	–	–	–	廣東
158.	何騰蛟	字雲從	貴州黎平		湖廣總督	廣東
159.	何節生	–	–	–	–	廣東
160.	何鳴玉	–	–	–	–	廣東
161.	何廷球	號鳴玉	–	–	–	廣東
162.	何吾騶	龍友、瑞虎、象岡	廣東香山	進士	禮部尚書、東閣大學士	廣東
163.	何直用	–	–	–	–	廣東
164.	何準道	–	–	–	–	廣東
165.	賀康年	字兩岐	–	–	–	廣東

166.	賀客星	–	–	–	–	廣東
167.	賀天士	–	–	–	–	廣東
168.	賀澤萌	–	–	–	–	廣東
169.	賀竹君	–	–	–	–	廣東
170.	洪夢棟	–	–	–	–	廣東
171.	洪穆霽	字藥倩，號雪堂、碩果老人	東莞	舉人	工部主事	廣東
172.	洪聲	–	–	–	–	廣東
173.	侯公言	–	–	–	–	廣東
174.	侯良翰	號筠庵	–	–	–	廣東
175.	侯襲爵	號公言	–	–	–	廣東
176.	侯性	–	–	–	–	廣東
177.	胡戴仁	號絹菴			香山知縣	廣東
178.	胡騰蛟	–	–	–	–	廣東
179.	胡星來	–	–	–	–	廣東
180.	胡一青	一青	雲南臨安	–	興寧侯、衛國公	廣東
181.	胡欽華	–	–	–	–	廣東
182.	胡張仲	–	–	–	–	廣東
183.	胡執恭	–	–	–	–	廣東
184.	黃仲霖	–	–	–	–	廣東
185.	黃德璟	–	–	–	–	廣東
186.	黃公輔	–	–	–	–	廣東
187.	黃基固	–	–	–	–	廣東
188.	黃其晟	–	–	–	–	廣東
189.	黃奇遇	–	–	–	–	廣東
190.	黃日葵	–	–	–	–	廣東
191.	黃蔚	號端四	–	–	–	廣東
192.	黃栢巖	–	–	–	–	廣東
193.	黃碧生	–	–	–	–	廣東
194.	黃伯和	–	–	–	–	廣東
195.	黃道周	–	–	–	–	廣東
196.	黃明袞	–	–	–	–	廣東

197.	黃人龍	—	—	—	—	廣東
198.	黃士俊	—	—	—	—	廣東
199.	黃澍	—	—	—	—	廣東
200.	黃辛子	—	—	—	—	廣東
201.	黃在川	—	—	—	—	廣東
202.	慧石院主	—	—	—	—	廣東
203.	駕鄧會	—	—	—	—	廣東
204.	簡達選	—	—	—	—	廣東
205.	簡知遇	字伯葵	東莞	舉人	兵部主事	廣東
206.	江廷謨	號若海	—	—	—	廣東
207.	江櫨	—	—	—	—	廣東
208.	姜奉世	—	—	—	—	廣東
209.	姜勉中	—	—	—	—	廣東
210.	姜廷機	—	—	—	—	廣東
211.	姜貞毅	—	—	—	—	廣東
212.	蔣孚九	—	—	—	—	廣東
213.	蔣弘緒	—	—	—	—	廣東
214.	蔣松如	—	—	—	—	廣東
215.	焦璉	字瑞庭	陝西人		宣國公	廣東
216.	金□□	叔醇公（金堡父）	—	—	—	浙江
217.	金宗穎	（金堡兄）	—	—	—	浙江
218.	金世鎬	（金堡長子）	—	—	—	浙江
219.	金世鎮	（金堡次子）	—	—	—	浙江
220.	金蓮	（金堡長女）	—	—	—	浙江
221.	金□	（金堡次女）	—	—	—	浙江
222.	金世鍼	（金堡侄）	—	—	—	浙江
223.	金孔儀	（金堡侄）	—	—	—	浙江
224.	金斐公	—	—	—	—	廣東
225.	金光	漢綵，公絢，留須子	浙江義烏	—	鴻臚寺卿	廣東
226.	金國瑞	—	—	—	—	廣東
227.	金介子	—	—	—	—	廣東
228.	金鏡廉	—	—	—	—	廣東
229.	金若千	—	—	—	—	廣東

230.	金聲桓		−	−	−	廣東
231.	金聲	子駿，正希，號赤壁	徽州休寧		巡撫都御史	廣東
232.	金綏	−	−	−	−	廣東
233.	金舞兩	−	−	−	−	廣東
234.	金璿海司	−	−	−	−	廣東
235.	金子彂	−	−	−	−	廣東
236.	今無	字阿字，俗姓萬	廣東番禺	−	−	廣東
237.	今覞	字石鑑，俗姓楊，字無見	廣東新會	諸生	−	廣東
238.	今摩	字訶衍，俗名曾琮，函函昰之子	廣東番禺人	−	−	廣東
239.	今壁	字仞千，俗姓溫	廣東東莞	−	−	廣東
240.	今辯	字樂說，俗姓麥	廣東番禺	−	−	廣東
241.	今鼂	字角子，俗姓黃	廣東新會	−	−	廣東
242.	今攝	字廣慈，俗姓崔	廣東番禺	−	−	廣東
243.	今湛	字旋庵，俗名李廷輔	廣東三水	−	−	廣東
244.	今離	字即覺，俗名黃尚源	廣東新會	−	−	廣東
245.	今墮	字止言，俗名黎啟明，字始生	廣東番禺	−	−	廣東
246.	今應	字無方，俗姓許	廣東番禺	−	−	廣東
247.	今鏡	字臺設，俗姓李	廣東三水	−	−	廣東
248.	今嵩	字山品，俗姓李	廣東番禺	−	−	廣東
249.	今嚴	字足兩，俗名羅殿式，字君奭	廣東順德	諸生	−	廣東
250.	今音	字梵音，俗名曾起霖，字湛師	廣東番禺	−	−	廣東
251.	今白	字大牛，俗名謝凌霄	廣東番禺	諸生	−	廣東
252.	今佛	字千一，俗姓李	廣東新會	諸生	−	廣東
253.	今端	字毫現，俗姓蔣	廣東新會	−	−	廣東
254.	今竹	字俱非	湖廣	−	−	廣東
255.	今龍	字枯吟	廣東茂名	−	−	廣東
256.	今錫	字解虎，俗名黎國賓	廣東新會	諸生	−	廣東
257.	今徹	字敬人，陳虯起	廣東番禺	諸生	−	廣東
258.	今印	字海發，俗名梁名瓊，字之佩	廣東順德	諸生	−	廣東

259.	今沼	字鐵機，俗名曾暐，字自昭，函昰族侄	廣東番禺	諸生	－	廣東
260.	今遇	字澤萌	江蘇華亭	－	－	廣東
261.	今但	塵異			－	廣東
262.	今嵿	字記汝，俗姓潘，名楫清，字水因	廣東新會	諸生	－	廣東
263.	今四	字人依，俗名張聖睿	廣東新會	諸生	－	廣東
264.	今鷟	字慧則，俗名麥向高，樂說仲兄	廣東番禺	諸生	－	廣東
265.	今普	字願海，俗姓朱	江蘇姑蘇	－	－	廣東
266.	今漸	字頓修	浙江歸安	－	－	廣東
267.	今足	字一麟，俗姓陸	廣東高要	－	－	廣東
268.	今身	字非身，俗名劉彥梅	廣東新會	諸生	－	廣東
269.	今毾	字雪木，俗姓尹	廣東東莞		－	廣東
270.	京日昇	－	－	－	－	廣東
271.	炯如上人	－	－	－	－	廣東
272.	開雲監寺	－	－	－	－	廣東
273.	康完有	－	－	－	－	廣東
274.	客鳳儀	－	－	－	－	廣東
275.	孔儀	－	－	－	－	廣東
276.	匡六朗	－	－	－	－	廣東
277.	黎半千	－	－	－	－	廣東
278.	黎博菴	－	－	－	－	廣東
279.	黎元寬	字博庵	南昌府南昌	進士	浙江提學副使	江西
280.	黎堯民	－	－	－	－	廣東
281.	黎忠愍	－	－	－	－	廣東
282.	李長蘅	－	－	－	－	廣東
283.	李辰山	－	－	－	－	廣東
284.	李成棟	廷楨、虎子、李訶子	陝西	－	惠國公	廣東
285.	李元胤	元伯，本姓賈	河南南陽人		南陽伯	廣東
286.	李赤茂	－	－	－	－	廣東
287.	李赤心	－	－	－	－	廣東
288.	李棣思	－	－	－	－	廣東

289.	李岡齡	字三	–	–	–	廣東
290.	李灌谿	–	–	–	–	廣東
291.	李近朱	–	–	–	–	廣東
292.	李經宇	–	–	–	–	廣東
293.	李覺斯	字伯鐸，號曉湘	廣東東莞	進士	工部侍郎、刑部尚書	廣東
294.	李夢鸞	號牀山	–	–	–	廣東
295.	李明遠	–	–	–	–	廣東
296.	李謙菴	–	–	–	–	廣東
297.	李求菴	–	–	–	–	廣東
298.	李權	–	–	–	–	廣東
299.	李如石	–	–	–	–	廣東
300.	李若耶	–	–	–	–	廣東
301.	李善友	–	–	–	–	廣東
302.	李世弼	字公右	–	–	–	廣東
303.	李世輔	字公左	–	–	–	廣東
304.	李世秀	–	–	–	–	廣東
305.	李我玉	–	–	–	–	廣東
306.	李賢持	–	–	–	–	廣東
307.	李瀟月	–	–	–	–	廣東
308.	李馨伯	–	–	–	–	廣東
309.	李玄白	–	–	–	–	廣東
310.	李玄同	–	–	–	–	廣東
311.	李雪巖	–	–	–	–	廣東
312.	李研齋	–	–	–	–	廣東
313.	李因培	–	–	–	–	廣東
314.	李用楫	–	–	–	禮科右給事中	廣東
315.	李忠毅	–	–	–	–	廣東
316.	李竹西	–	–	–	–	廣東
317.	李子喬	–	–	–	–	廣東
318.	李子順	–	–	–	–	廣東
319.	連成璧	–	–	–	–	廣東

320.	蓮臺道人	–	–	–	–	廣東
321.	梁維鞏	號無瑕，法名古皓，字臨清	–	–	–	廣東
322.	廖柴舟	–	–	–	–	廣東
323.	廖夢麒	–	–	–	–	廣東
324.	林得勝	–	–	–	–	廣東
325.	林定遠	–	–	–	–	廣東
326.	林日先	–	–	–	–	廣東
327.	林思白	–	–	–	–	廣東
328.	林天友	–	–	–	–	廣東
329.	林文疌	–	–	–	–	廣東
330.	林中柱	–	–	–	–	廣東
331.	凌雲	號髭放	–	–	–	廣東
332.	凌玉京	號稚圭，法名古模，字范菴	–	–	–	廣東
333.	劉道遷	–	–	–	–	廣東
334.	劉澤清	–	山東曹縣		山東都司僉書	山東
335.	劉湘客	字瑞星	陝西富平	諸生	禮部右侍郎	廣東
336.	劉堯佐	字茂良	廣東番禺	舉人	仁和知縣	浙江
337.	劉遠生	廣胤，遠生，同庵	陝西富平	太學	巡撫南贛僉都御史	廣東
338.	劉炳	號煥之	–	–	–	廣東
339.	劉秉權	字持平	遼寧廣寧，漢軍正紅旗	–	巡撫廣東都察院副都御史	廣東
340.	劉承胤	–	–	–	–	廣東
341.	劉帝佐	號資濱，法名古震	–	–	–	廣東
342.	劉鳳菴	–	–	–	–	廣東
343.	劉漢臣	–	–	–	–	廣東
344.	劉見龍	–	–	–	–	廣東
345.	劉起鳳	–	–	–	–	廣東
346.	劉士瓚	–	–	–	–	廣東
347.	劉維新	–	–	–	–	廣東

348.	劉仲良	－	－	－	－	廣東
349.	劉資深	－	－	－	－	廣東
350.	劉子安	－	－	－	－	廣東
351.	劉肇履	字坦如	江西萬安	貢生		廣東
352.	魯謙齋	－	－	－	－	廣東
353.	魯瞻	－	－	－	－	廣東
354.	陸仲侯					
355.	陸芳洲	－	－	－	－	廣東
356.	陸古璣	－	－	－	－	廣東
357.	陸鶴田	－	－	－	－	廣東
358.	陸話山	－	－	－	－	廣東
359.	陸弘定	－	－	－	－	廣東
360.	陸介菴	－	－	－	－	廣東
361.	陸匡山	－	－	－	－	廣東
362.	陸曠菴	－	－	－	－	廣東
363.	陸蘭陔	－	－	－	－	廣東
364.	陸林士	－	－	－	－	廣東
365.	陸蒙菴	－	－	－	－	廣東
366.	陸平仲	－	－	－	－	廣東
367.	陸珊瑞	－	－	－	－	廣東
368.	陸石年	－	－	－	－	廣東
369.	陸世楷	字悟石，號孝山，今互	浙江平湖	貢生	南雄知府	廣東
370.	陸奎勳					浙江
371.	陸嗣常	－	－	－	－	廣東
372.	陸陶如	－	－	－	－	廣東
373.	陸聞百	－	－	－	－	廣東
374.	陸圻	字麗京、景宣，號講山	浙江錢塘		名醫	廣東
375.	陸岫丹	－	－	－	－	廣東
376.	陸亦樵	－	－	－	－	廣東
377.	陸永錫	－	－	－	－	廣東
378.	陸右韋	－	－	－	－	廣東

379.	陸筠修	–	–	–	–	廣東
380.	陸仲孫	–	–	–	–	廣東
381.	陸宙肩	–	–	–	–	廣東
382.	倫宣明	–	–	–	–	廣東
383.	羅冠卿	–	–	–	–	廣東
384.	羅力持	–	–	–	–	廣東
385.	羅天祥	–	–	–	–	廣東
386.	羅挺生	–	–	–	–	廣東
387.	羅為章	號繡九	–	–	–	廣東
388.	羅衍嗣	–	–	–	–	廣東
389.	羅育美	–	–	–	–	廣東
390.	呂爾璵	–	–	–	–	廣東
391.	閔度	裴卿、中介	浙江烏程	進士	刑部主事	北京
392.	馬遜	–	–	–	–	廣東
393.	馬元	號子貞				廣東
394.	馬吉翔	吉祥	順天府大興	–	錦衣衛指揮使	廣東
395.	馬晉允	–	–	–	–	廣東
396.	馬進忠	–	–	–	–	廣東
397.	馬士英	–	–	–	–	廣東
398.	馬順	–	–	–	–	廣東
399.	馬曉山	–	–	–	–	廣東
400.	毛毓祥	–	–	–	–	廣東
401.	茅鹿門	–	–	–	–	廣東
402.	茅守憲	–	–	–	–	廣東
403.	茅毓祥	–	–	–	–	廣東
404.	梅靖菴	–	–	–	–	廣東
405.	梅聖占	–	–	–	–	廣東
406.	蒙正發	字聖功，號樵雲	湖廣崇陽	–	戶科給事中	廣東
407.	孟節菴	–	–	–	–	廣東
408.	孟舉	–	–	–	–	廣東
409.	米琦	–	–	–	–	廣東
410.	米三岳	–	–	–	–	廣東

411.	米忠毅	–	–	–	–	廣東
412.	苗之秀	號吐華				廣東
413.	妙湛	–	–	–	–	廣東
414.	繆湑璘	–	–	–	–	廣東
415.	泯公	字六如				廣東
416.	鳴俊	–	–	–	–	廣東
417.	牧心	–	–	–	–	廣東
418.	念峰居士	–	–	–	–	廣東
419.	聶樂	–	–	–	–	廣東
420.	錢秉鐙	字幻光，號田間，改名澄之，字飲光	安徽桐城	–	翰林院編修	廣東
421.	魏和公	–	–	–	–	廣東
422.	潘梅巖	–	–	–	–	廣東
423.	潘世奇	–	–	–	–	廣東
424.	潘世榮	–	–	–	–	廣東
425.	潘霞山	–	–	–	–	廣東
426.	龐天壽	宦官	順天府大興		司禮監掌印	廣東
427.	彭焻晉	–	–	–	–	廣東
428.	彭瓏雲	–	江南長洲	–	–	廣東
429.	彭襄	思贊、子贊，退庵	四川中江	進士	番禺知縣	廣東
430.	彭玉翰	–	–	–	–	廣東
431.	彭遇颽	–	–	–	–	廣東
432.	彭雲客	–	–	–	–	廣東
433.	彭運復	–	–	–	–	廣東
434.	彭鍾鶴	–	–	–	–	廣東
435.	皮熊	–	–	–	–	廣東
436.	濮澹軒	–	–	–	–	廣東
437.	潘廷章	字美含，號梅岩、雪愷道人	浙江海寧	–	–	浙江
438.	戚朗園	–	–	–	–	廣東
439.	祁奕遠	–	–	–	–	廣東
440.	祁熊佳	–	–	–	–	廣東
441.	錢秉鐙	字幻光，號田間	安徽桐城人	進士	翰林院編修	廣東

442.	錢爾斐	–	–	–	–	廣東
443.	錢氏	法名行正，字霞舫	–	–	–	廣東
444.	錢舜舉	–	–	–	–	廣東
445.	錢肅樂	–	–	–	–	廣東
446.	錢武子	–	–	–	–	廣東
447.	錢飲光	–	–	–	–	廣東
448.	秦六御	–	–	–	–	廣東
449.	秦有重	–	–	–	–	廣東
450.	勤進	–	–	–	–	廣東
451.	勤修直歲	–	–	–	–	廣東
452.	丘函五	–	–	–	–	廣東
453.	丘象升	曙戒，南齋	江蘇山陽	進士	瓊州府通判	廣東
454.	丘貞臣	–	–	–	–	廣東
455.	裘彬吾	–	–	–	–	廣東
456.	裘秉舫	號端崖	–	–	–	廣東
457.	裘杍樓	–	–	–	–	廣東
458.	瞿式耜	字起田，號稼軒	江蘇常熟	進士	臨桂伯	廣東
459.	瞿端叔	–	–	–	–	廣東
460.	瞿昌文	壽明（瞿式耜之孫）	江蘇常熟	–	–	廣東
461.	任石攻	–	–	–	–	廣東
462.	任崧翰	–			–	廣東
463.	日煒	–			–	廣東
464.	阮不崖	–			–	廣東
465.	阮詠懷	–			–	廣東
466.	若千兄	–			–	廣東
467.	戴國士	初士	江西新昌	解元	僉都御史巡撫偏沅	湖南
468.	戴千巒	–	–	–	–	廣東
469.	馬寶	三決義公	浙江杭州	–	–	廣東
470.	尚羽階	–	–	–	–	廣東
471.	邵節菴	–	–	–	–	廣東
472.	沈嘉	–	–	–	–	廣東
473.	沈彪	號詹山	–	–	–	廣東

474.	沈班叔	–	–	–	–	廣東
475.	沈苞菴	–	–	–	–	廣東
476.	沈參辰	–	–	–	–	廣東
477.	沈廣輿	–	–	–	–	浙江
478.	沈彪	號詹山	–	–	–	廣東
479.	沈蕙雪	–	–	–	–	廣東
480.	沈存西	–	–	–	–	廣東
481.	沈㷆日	號融谷，法名今鐔，字智鋒	–	–	辰州府同知	廣東
482.	沈宏畧	–	–	–		廣東
483.	沈季輪	–	–	–	–	廣東
484.	沈健翎	–	–	–	–	廣東
485.	沈健翎	–	–	–	–	廣東
486.	沈克齋	–	–	–	–	廣東
487.	沈客子	–	–	–	–	廣東
488.	沈坤仙	–	–	–	–	廣東
489.	沈孟檀	–	–	–	–	廣東
490.	沈融谷	–	–	–	–	廣東
491.	沈尚廬	–	–	–	–	廣東
492.	沈聲陶	–	–	–	–	廣東
493.	沈雪峰	–	–	–	–	廣東
494.	沈奕琛	號石友	–	–	–	廣東
495.	沈友聖	–	–	–	–	廣東
496.	沈雲凡	–	–	–	–	廣東
497.	沈仲方	–	–	–	–	廣東
498.	沈驟士	–	–	–	–	廣東
499.	沈子政	–	–	–	–	廣東
500.	施端臣	–	–	–	–	廣東
501.	施抑菴	–	–	–	–	廣東
502.	施則威	–	–	–	–	廣東
503.	施召徵	–	–	–	–	廣東
504.	石鑑覡	–	–	–	–	廣東
505.	時出和尚	–	–	–	–	廣東

506.	史露生	–	–	–	–	廣東
507.	史樹駿	號庸庵	–	–	–	廣東
508.	史在中	–	–	–	–	廣東
509.	世鋮	–	–	–	–	廣東
510.	式耜	–	–	–	–	廣東
511.	宋實枚	–	–	–	–	廣東
512.	宋廷元	–	–	–	–	廣東
513.	孫繩	號斯伯	–	–	–	廣東
514.	孫昌祖	–	–	–	–	廣東
515.	孫德謙	–	–	–	–	廣東
516.	孫東暉	–	–	–	–	廣東
517.	孫阜	號立庵	–	–	–	廣東
518.	孫可望	–	–	–	–	廣東
519.	孫擎之	–	–	–	–	廣東
520.	孫擎之	–	–	–	–	廣東
521.	孫廷銀	–	–	–	–	廣東
522.	孫熊襄	–	–	–	–	廣東
523.	孫玉衡	–	–	–	–	廣東
524.	孫正漢	–	–	–	–	廣東
525.	孫琮	字執升，號寒巢	浙江嘉善			浙江
526.	太尹曹	–	–	–	–	廣東
527.	譚銳	號弘觀，法名古輪，字淨日	–	–	–	廣東
528.	譚掃菴	–	–	–	–	廣東
529.	譚世熊	–	–	–	–	廣東
530.	譚文	–	–	–	–	廣東
531.	唐潔菴	–	–	–	–	廣東
532.	唐若營	–	–	–	–	廣東
533.	唐咸	–	–	–	–	廣東
534.	唐興公	–	–	–	–	廣東
535.	唐運泰	–	–	–	–	廣東
536.	唐鋮	–	–	–	–	廣東
537.	唐元楫	字應運	廣東新會	進士	太僕寺卿	廣東

538.	陶聚五	–	–	–	–	廣東
539.	田仰	–	–	–	–	廣東
540.	通劉弘	–	–	–	–	廣東
541.	佟逢年	–	–	–	–	廣東
542.	透三比丘	–	–	–	–	廣東
543.	涂英	–	–	–	–	廣東
544.	涂英伯	–	–	–	–	廣東
545.	萬□□	號松溪	–	–	–	廣東
546.	萬錦	號欲曙	–	–	–	廣東
547.	萬翱	–	–	–	–	廣東
548.	萬松溪	–	–	–	–	廣東
549.	萬元吉	–	–	–	–	廣東
550.	萬允康	–	–	–	–	廣東
551.	萬翱	–	–	–	兵部侍郎	廣東
552.	汪弘運	–	–	–	–	廣東
553.	汪晉賢	–	–	–	–	廣東
554.	汪起蛟	漢狲，鱒石，吾山	河南南陽	貢生	番禺知縣	廣東
555.	汪文柏	字季青，號柯庭	安徽休寧	畫家	兵馬司指揮	浙江
556.	汪魚令	–	–	–	–	廣東
557.	汪元隱	–	–	–	–	廣東
558.	汪周士	–	–	–	–	廣東
559.	汪子倬	–	–	–	–	廣東
560.	王邦畿	字誠齋，法名今吼	廣東番禺	舉人	御史	廣東
561.	王錫袞	龍藻，龍藻，仲山、念昔、素齋	雲南祿豐	進士	吏部左侍郎尚書	廣東
562.	王琨	–	–	–	–	廣東
563.	王令	號仲錫	–	–	–	廣東
564.	王呈祥	–	–	–	–	廣東
565.	王次張	–	–	–	–	廣東
566.	王輔聖	–	–	–	–	廣東
567.	王光興	–	–	–	–	廣東
568.	王化澄	字登水	江西金溪	進士	東閣大學士	廣東
569.	王劍如	–	–	–	–	廣東

570.	王進才	–	–	–	–	廣東
571.	王景亮	–	–	–	–	廣東
572.	王坤	–	–	–	–	廣東
573.	王兩瞻	–	–	–	–	廣東
574.	王梅符	–	–	–	–	廣東
575.	王農山	–	–	–	–	廣東
576.	王期昇	–	–	–	–	廣東
577.	王千里	–	–	–	–	廣東
578.	王沁	–	–	–	–	廣東
579.	王紹美	–	–	–	–	廣東
580.	王申錫	–	–	–	–	廣東
581.	王石年	–	–	–	–	廣東
582.	王士禎	字子真，字貽上，號阮亭、漁洋山人	山東新城	進士	刑部尚書	廣東
583.	王嵩渚	–	–	–	–	廣東
584.	王望如圖	–	–	–	–	廣東
585.	王夏來	–	–	–	–	廣東
586.	王心喆	–	–	–	–	廣東
587.	王岫青	–	–	–	–	廣東
588.	王言遠	–	–	–	–	廣東
589.	王義明	–	–	–	–	廣東
590.	王寅旭	–	–	–	–	廣東
591.	王應華	號園長，法名函諸	–	–	–	廣東
592.	王有芳	–	–	–	–	廣東
593.	王於宣	號力臣	–	–	–	廣東
594.	王羽明	–	–	–	–	廣東
595.	王雲外	–	–	–	–	廣東
596.	王者友	–	–	–	–	廣東
597.	王振	–	–	–	–	廣東
598.	王之仁	–	–	–	–	廣東
599.	王仲錫	–	–	–	–	廣東
600.	王子武	–	–	–	–	廣東
601.	文安之	汝止，鐵庵	湖北夷陵	進士	兵部尚書	廣東

602.	韋進忠	–	–	–	–	廣東
603.	魏光庭	–	–	–	–	廣東
604.	溫綸	–	–	–	–	廣東
605.	吳氏	敕贈孺人（金堡母）	–	–	–	浙江
606.	吳雲軿	–	–	–	–	廣東
607.	吳貞毓	元聲，長聲	江蘇宜興		東閣大學士	廣東
608.	吳孟舉	–	–	–	–	廣東
609.	吳馨上	–	–	–	–	廣東
610.	吳昌時	–	–	–	–	廣東
611.	吳成鳳	–	–	–	–	廣東
612.	吳達生	–	–	–	–	廣東
613.	吳非菴	–	–	–	–	廣東
614.	吳含文	–	–	–	–	廣東
615.	吳可黃	–	–	–	–	廣東
616.	吳霖	–	–	–	–	廣東
617.	吳六奇	號葛如	–	–	–	廣東
618.	吳孟舉	–	–	–	–	廣東
619.	吳苧菴	–	–	–	–	廣東
620.	吳佩韋	–	–	–	–	廣東
621.	吳瓶菴	–	–	–	–	廣東
622.	吳其雷	–	–	–	–	廣東
623.	吳汝漸	–	–	–	–	廣東
624.	吳三桂	–	–	–	–	廣東
625.	吳紹儀	–	–	–	–	廣東
626.	吳陞同	–	–	–	–	廣東
627.	吳聖義	–	–	–	–	廣東
628.	吳廷璜	號梅梁				廣東
629.	吳瑤如	–	–	–	–	廣東
630.	吳宜禛	–	–	–	–	廣東
631.	吳永遠	–	–	–	–	廣東
632.	吳貞毓	–	江蘇宜興	–	–	廣東
633.	吳之俊	–	–	–	–	廣東
634.	吳尊周	–	–	–	–	廣東

635.	吳昉公	–	–	–	–	廣東
636.	吳綺	字園次，號綺園，聽翁	江都	貢生	湖州知府	
637.	無方應	–	–	–	–	廣東
638.	伍瑞隆	國開、鐵山	廣東香山	解元，副榜	戶部主事	北京
639.	伍之蘭	號紉之，法名古灌，字慧頂	–	–	–	廣東
640.	席兆祖	–	–	–	–	廣東
641.	襲彝	–	–	–	–	廣東
642.	喜山龍	–	–	–	–	廣東
643.	夏國祥	–	–	–	–	廣東
644.	夏林山	侶易，字一枝	–	–	–	廣東
645.	夏尊五	–	–	–	–	廣東
646.	項長孺	–	–	–	–	廣東
647.	項闢塵	–	–	–	–	廣東
648.	項子聚	–	–	–	–	廣東
649.	蕭伯升	字孟昉，號研鄰	江西泰和	貢士	會昌縣教諭	廣東
650.	蕭簡菴	–	–	–	–	廣東
651.	蕭培元	–	–	–	–	廣東
652.	蕭瑞郊	–	–	–	–	廣東
653.	蕭時昇	號柔以	–	–	–	廣東
654.	蕭威盛	號肅如	–	–	–	廣東
655.	蕭中	–	–	–	–	廣東
656.	蕭子柔	–	–	–	–	廣東
657.	蕭子韶	–	–	–	–	廣東
658.	謝昌	–	–	–	–	廣東
659.	謝楚畹	–	–	–	–	廣東
660.	謝澹廬	–	–	–	–	廣東
661.	謝同芸	–	–	–	–	廣東
662.	謝玄璪	–	–	–	–	廣東
663.	謝元汴	–	–	–	–	廣東
664.	熊汝霖	–	–	–	–	廣東

665.	徐安士	–	–	–	–	廣東
666.	徐檗菴	–	–	–	–	廣東
667.	徐充伯	–	–	–	–	廣東
668.	徐崇禮	–	–	–	–	廣東
669.	徐初鄰	–	–	–	–	廣東
670.	徐浩存	–	–	–	–	廣東
671.	徐橫秋	–	–	–	–	廣東
672.	徐華國	–	–	–	–	廣東
673.	徐健菴	–	–	–	–	廣東
674.	徐克伯	–	–	–	–	廣東
675.	徐鹿公	–	–	–	–	廣東
676.	徐彭齡	號仲遠	–	–	–	廣東
677.	徐且閑	–	–	–	–	廣東
678.	徐松之	–	–	–	–	廣東
679.	徐顯吾	–	–	–	–	廣東
680.	徐心箴	–	–	–	–	廣東
681.	徐用	–	–	–	–	廣東
682.	徐用王	–	–	–	–	廣東
683.	徐又孺	–	–	–	–	廣東
684.	徐淵中	–	–	–	–	廣東
685.	徐昭千	–	–	–	–	廣東
686.	徐卓崙	–	–	–	–	廣東
687.	徐子慶	–	–	–	–	廣東
688.	許龍	–	–	–	–	廣東
689.	許春	–	–	–	–	廣東
690.	許傅	–	–	–	–	廣東
691.	許傅廻	–	–	–	–	廣東
692.	許鶴沙	–	–	–	–	廣東
693.	許捷同	–	–	–	–	廣東
694.	許文夢	–	–	–	–	廣東
695.	許元	–	–	–	–	廣東
696.	旋菴都寺	–	–	–	–	廣東
697.	雪嵊道人	–	–	–	–	廣東

698.	虞立蒸	–	–	–	–	浙江
699.	虞季憲	–	–	–	–	浙江
700.	顏修來	–	–	–	–	廣東
701.	嚴起恆	震生，秋冶	浙江山陰	舉人	吏部尚書	廣東
702.	嚴雲從	–	–	–	–	廣東
703.	晏迪先	–	–	–	–	廣東
704.	晏清	–	–	–	–	廣東
705.	楊藝	二癡	廣西	–	幕客	廣西
706.	楊鶚	–	–	–	–	廣東
707.	楊崑日	–	–	–	–	廣東
708.	楊髯龍	–	–	–	–	廣東
709.	楊若雷	–	–	–	–	廣東
710.	楊嗣昌	–	–	–	–	廣東
711.	楊萬春	號永禧				廣東
712.	楊畏知	–	–	–	–	廣東
713.	楊錫望	–	–	–	–	廣東
714.	楊耀先	號崑日	–	–	–	廣東
715.	楊藝	–	–	–	–	廣東
716.	楊楨山	–	–	–	–	廣東
717.	楊震百	–	–	–	–	廣東
718.	楊鍾	–	–	–	–	廣東
719.	楊炤	字明遠，號潛夫	江蘇常熟	–	–	江蘇
720.	印司奇	字易庵，號雪浪	–	進士	兵部員外郎	廣東
721.	姚志卓	–	浙江仁和	–	仁武伯	浙江
722.	姚奇胤	–	–	–	–	廣東
723.	姚次楡	–	–	–	–	廣東
724.	姚繼舜	字亦若	–	–	–	廣東
725.	姚均裳	–	–	–	–	廣東
726.	姚啟虞	–	–	–	–	廣東
727.	姚啟聖	號熙祉	–	–	–	廣東
728.	姚讓水	–	–	–	–	廣東
729.	姚嗣昭	–	–	–	–	廣東
730.	姚彥昭	–	–	–	–	廣東

731.	姚昭張	–	–	–	–	廣東
732.	姚子蕚	號雪菴	–	–	–	廣東
733.	堯繼舜	–	–	–	–	廣東
734.	瑤如太守	–	–	–	–	廣東
735.	葉潔吾	–				
736.	葉蔭標	號御題，法名古桐，字音外	–	–	–	廣東
737.	一超道人	–	–	–	–	廣東
738.	伊蔚讀	–	–	–	–	廣東
739.	以階上人	–	–	–	–	廣東
740.	易鼎漢	–	–	–	–	廣東
741.	尹源進	號瀾柱	–	–	–	廣東
742.	胤錫	–	–	–	–	廣東
743.	應華國	–	–	–	–	廣東
744.	應物監寺	–	–	–	–	廣東
745.	雍悅可上人	–	–	–	–	廣東
746.	遊名柱	–	–	–	–	廣東
747.	於藻	號慧男	–	–	–	廣東
748.	於甘山	–	–	–	–	廣東
749.	於穎	–	–	–	–	廣東
750.	余霽巖	–	–	–	–	廣東
751.	餘生峞	–	–	–	–	廣東
752.	餘天木	–	–	–	–	廣東
753.	盂蘭盤	–	–	–	–	廣東
754.	俞仲欽					廣東
755.	俞君山	–	–	–	–	廣東
756.	俞鹿牀	–	–	–	–	廣東
757.	俞念依	–	–	–	–	廣東
758.	俞聖復	–	–	–	–	廣東
759.	俞犀月	–	–	–	–	廣東
760.	俞右衡	–	–	–	–	廣東
761.	俞右吉	–	–	–	–	廣東
762.	俞玉	–	–	–	–	廣東

763.	虞紹遠	－	－	－	－	廣東
764.	袁彭年	字介眉，別號特邱	湖廣公安	進士	左都御史	廣東
765.	袁實齋	－	－	－	－	廣東
766.	袁重其	－	－	－	－	廣東
767.	則范禪師	－	－	－	－	廣東
768.	詹燮公	－	－	－	－	廣東
769.	湛西上人	－	－	－	－	廣東
770.	章正宸	－	－	－	－	廣東
771.	章子卿	－	－	－	－	廣東
772.	張同敞	字別山	湖北江陵		桂林總督	廣西
773.	張利民	－	－	－	－	廣西
774.	張起芬	－	浙江錢塘			浙江
775.	張離侯	－	－	－	－	廣東
776.	張安國	號康之，法名今醒，字夢回	－	－	－	廣東
777.	張抱一	－	－	－	－	廣東
778.	張伯宣	－	－	－	－	廣東
779.	張超然	－	－	－	－	廣東
780.	張沖斗	－	－	－	－	廣東
781.	張帶三	－	－	－	－	廣東
782.	張登子	－	－	－	－	廣東
783.	張殿一	－	－	－	－	廣東
784.	張調鼎	－	－	－	－	廣東
785.	張爾就	－	－	－	－	廣東
786.	張豐城	－	－	－	－	廣東
787.	張鳳翼	－	－	－	－	廣東
788.	張廣翠	－	－	－	－	廣東
789.	張含瑾	－	－	－	－	廣東
790.	張皜亭	－	－	－	－	廣東
791.	張會罨	－	－	－	－	廣東
792.	張吉甫	－	－	－	－	廣東
793.	張濟宇	－	－	－	－	廣東
794.	張繼升	－	－	－	－	廣東

795.	張家玉	–	–	–	–	廣東
796.	張嘉樹	–	–	–	–	廣東
797.	張君體	–	–	–	–	廣東
798.	張六子	–	–	–	–	廣東
799.	張螺浮	–	–	–	–	廣東
800.	張孟高	–	–	–	–	廣東
801.	張夢回	–	–	–	–	廣東
802.	張穆之	–	–	–	–	廣東
803.	張擎菴	–	–	–	–	廣東
804.	張尚	–	–	–	–	廣東
805.	張洮侯	–	–	–	–	廣東
806.	張挺	字起一，號樵谷	–	–	–	廣東
807.	張同敞	字別山	湖北江陵		兵部侍郎、總督廣西	廣西
808.	張先璧	–	–	–	–	廣東
809.	張咸尚	–	–	–	–	廣東
810.	張孝起	–	–	–	吏科左給事中	廣東
811.	張心宇	–	–	–	–	廣東
812.	張穎堅	–	–	–	–	廣東
813.	張應璧	–	–	–	–	廣東
814.	張友聲	–	–	–	–	廣東
815.	張元琳	–	–	–	–	廣東
816.	張原	–	–	–	–	廣東
817.	張雲山	–	–	–	–	廣東
818.	張載述	–	–	–	–	廣東
819.	張貞元	–	–	–	–	廣東
820.	張紫巖	–	–	–	–	廣東
821.	張宗友	–	–	–	–	廣東
822.	張佐辰	–	–	–	–	廣東
823.	張登子	–	–	–	–	廣東
824.	趙繼鼎	字取新，號止安	江蘇武進	進士	兵部車駕司主事	廣東

825.	趙岸先	–	–	–	–	廣東
826.	趙二火	–	–	–	–	廣東
827.	趙帆青	–	–	–	–	廣東
828.	趙霖吉	號雨三	–	–	–	廣東
829.	趙山子	–	–	–	–	廣東
830.	趙雙白	–	–	–	–	廣東
831.	趙天行	–	–	–	–	廣東
832.	趙蕚客	–	–	–	–	廣東
833.	趙印選	應選	–	–	–	廣東
834.	鄭之俊	字汝珍	安徽歙縣		武安侯	浙江
835.	鄭履公	–	–	–	–	福建
836.	鄭成功	–	–	–	–	福建
837.	鄭逢元	–	–	–	–	廣東
838.	鄭光	–	–	–	–	廣東
839.	鄭漢中	–	–	–	–	廣東
840.	鄭鴻逵	–	–	–	–	廣東
841.	鄭魯城	–	–	–	–	廣東
842.	鄭容菴	–	–	–	–	廣東
843.	鄭素居	–	–	–	–	廣東
844.	鄭野臣	–	–	–	–	廣東
845.	鄭有亮	–	–	–	–	廣東
846.	鄭遵謙	字履恭	浙江餘姚	–	義興元帥	浙江
847.	鄭芝龍	曰甲、飛黃	福建南安	–	福建總兵	福建
848.	鄭鴻逵	芝鳳	福建南安	武進士	定國公	福建
849.	鄭戀繩	–	–	–	–	廣東
850.	中千師	–	–	–	–	廣東
851.	鍾舒聞	–	–	–	–	廣東
852.	鍾湘濤	–	–	–	–	廣東
853.	周亮工	元亮、櫟園	江西金溪	進士	福建布政使	北京
854.	周堪賡	仲聲,玄應,五峰	湖南寧鄉	進士	戶部尚書	廣東
855.	周簹谷	–	–	–	–	廣東
856.	周鼎瀚	–	–	–	–	廣東
857.	周韓瑞	號退菴	–	–	–	廣東

858.	周瑚四	－	－	－	－	廣東
859.	周家楫	字公濟	－	－	－	廣東
860.	周俊生	－	－	－	－	廣東
861.	周麟	字渭濱	－	－	－	浙江
862.	周敉寧	－	－	－	－	廣東
863.	周起岐	號文山	－	－	－	廣東
864.	周瀁岳	－	－	－	－	廣東
865.	周青士	－	－	－	－	廣東
866.	周膆石	－	－	－	－	廣東
867.	周汝登	－	－	－	－	廣東
868.	周問公	－	－	－	－	廣東
869.	周我匏	－	－	－	－	廣東
870.	周錫甫	－	－	－	－	廣東
871.	周孝思	－	－	－	－	廣東
872.	周逸人	－	－	－	－	廣東
873.	周鷹垂	－	－	－	－	廣東
874.	周庸夫	－	－	－	－	廣東
875.	周芸齋	－	－	－	－	廣東
876.	周忠介	－	－	－	－	廣東
877.	朱孔暉	（金堡婿）	－	－	－	浙江
878.	朱以海	字巨川，號恒山	山東省滋陽	－	魯王	浙江
879.	朱聿鍵	長壽	河南省南陽	－	唐王、隆武	福建
880.	朱由榔	明昭宗、永曆帝	北直隸大興	－	永曆	廣東
881.	朱丹鳴	－	－	－	－	廣東
882.	朱鼐鼎	號說梅	－	－	－	廣東
883.	朱蜚英	－	－	－	－	廣東
884.	朱公是	－	－	－	－	廣東
885.	朱弘遠	－	－	－	－	廣東
886.	朱懷袞	－	－	－	－	廣東
887.	朱葵日	－	－	－	－	廣東
888.	朱葵石	－	－	－	－	廣東
889.	朱廉哉	－	－	－	－	廣東
890.	朱謀垈	－	－	－	－	廣東

891.	朱藕男	–	–	–	–	廣東
892.	朱仁所	–	–	–	–	廣東
893.	朱山立	–	–	–	–	廣東
894.	朱宿垣	–	–	–	–	廣東
895.	朱士鯤	–	–	–	江西道監察御史	廣西
896.	朱天麟	字游初，號震青	江蘇崑山	進士	禮部尚書	廣東
897.	朱天然	–	–	–	–	廣東
898.	朱望子	–	–	–	–	廣東
899.	朱息園	–	–	–	–	廣東
900.	朱學信	號羨菴	–	–	–	廣東
901.	朱燕西	–	–	–	–	廣東
902.	朱益之	–	–	–	–	廣東
903.	朱議沆	–	–	–	–	廣東
904.	朱議霖	–	–	–	–	廣東
905.	朱議㲀	–	–	–	–	廣東
906.	朱餘慶	–	–	–	–	廣東
907.	朱鬱林	–	–	–	–	廣東
908.	朱彝尊	字錫鬯，號竹垞、醧舫	浙江秀水	博學鴻詞	翰林院檢討	浙江
909.	朱肇修	–	–	–	–	廣東
910.	朱子葆	–	–	–	–	廣東
911.	朱子觀	–	–	–	–	廣東
912.	鄒硯菴	–	–	–	–	廣東
913.	鄒嘉生	字元毓、毓靈，號靜長	江蘇武進	進士	浙江提學道	浙江
914.	祖秀庭	–	–	–	–	廣東
915.	祖印	–	–	–	–	廣東
916.	祖振先	–	–	–	–	廣東
917.	左良玉	字崑山	山東臨清	–	寧南侯	廣東
918.	查繼佐	字三秀、友三，號伊璜	浙江海寧	舉人		廣東
919.	查慎行	字悔餘，號他山	浙江海寧	進士	翰林院編修	浙江

附錄三　金介子是誰

一

　　日本著名漢學家清水茂（1925～2008）先生，被稱為是「日本京都漢學末代宗師」〔註1〕近讀清水茂先生的《清水茂漢學論集》，確實學問廣博且深厚，受益匪淺。清水茂先生在書中同時論及明末清初的著名遺民澹歸（1615～1680）〔註2〕、龔鼎孳（1615～1673）和屈大均（1630～1696）。但其中《龔鼎孳論》中的一段話的注釋讓我有些疑惑。文中引用澹歸《徧行堂集》之《寄龔芝麓總憲》，括號內為清水茂先生作的夾註：

　　　　介子（屈大均）詩骨甚清。為題數語。時病旅次，僅一再晤便（原為「使」，現據其意改）相別。今春托缽雄州，值其出嶺，復得話言。自云：「貧困無狀，兒女之緣未了。當走都門謁芝麓先生。先生於如粟不減法華長者之含窮子。知大士憐才，自應如此。」弟亦奉違數載，未寄數行。前與耻古（王命岳，福建省晉江人，字耻古，1609～1667）書謂：「憲體崇嚴，不應草野致問。」介子謂：「先生闊大胸中，豈宜作此相待？」遂分付數行。值其匆匆，都不得盡懷抱。唯見意耳。〔註3〕

〔註1〕 陳友冰：《日本京都漢學末代宗師清水茂——海外當代漢學家見知錄之五》，見：http://www.guoxue.com/?p=5213
〔註2〕 詳見本書第二章第一節的考證。
〔註3〕 清水茂著，蔡毅譯：《龔鼎孳論》，《清水茂漢學論集》，北京：中華書局，2003年，頁157。澹歸原文見澹歸：《寄龔芝麓總憲》，《徧行堂集》卷24，《清代詩文集彙編》46，上海：上海古籍出版社，2010年，頁732。

　　經過核對澹歸《徧行堂集》，發現文字略有不同，如澹歸《徧行堂集》古籍原文（以下稱「原文」）為「時病於旅次」，而清水茂文中（以下稱「清文」）為「時病旅次」；原文為「僅一再晤便相別」，清文加注釋「原為『使』，現據其意改」；最後一句，原文為「見意而已」，清文為「唯見意耳」。估計是清水茂先生參考的《徧行堂集》藏本的照片問題。清水茂先生在《龔鼎孳論》文後注釋說，《徧行堂集》在日本國內的唯一藏本，是東京東洋文庫所藏原國立北平圖書館藏本的照片。筆者估計可能是因為照片清晰度的原因而導致的與原文的差異。〔註3〕這些筆誤無足輕重，不影響原意。

二

　　引起筆者注意的是，清水茂先生在「介子」後括號注釋為「屈大均」，並在文中說「屈大均、金堡都是乾隆帝嫌惡的遺民，但他們都對龔鼎孳表示敬慕」云云。清水茂先生的判斷，估計源於三點：

　　一是諸多文獻資料可以證明，屈大均確有字「介子」。如《清史稿》有：「屈大均字翁山。初名邵龍，號非池。又曰紹隆，字騷餘，又字介子。其曰冷君、華夫、三外野人、八泉翁、鬌人、九卦先生、五嶽外史，皆其號也。為僧時法名今種，字一靈。」〔註4〕

　　二是，清水茂先生在《論金堡的詞》中，引乾隆四十一年十一月十七日上諭「如錢謙益，在明已居大位，又復身事本朝。而金堡、屈大均則遁跡緇流，均以不能死節，靦顏苟活，乃託名勝國，妄肆狂猖。其人實不足齒，其書豈可復存？自應逐細查明，概行毀棄，以勵臣節而正人心。」〔註5〕故清水茂先生在《屈大均的詞》中說「他（指屈大均）和金堡一起受到乾隆帝的嚴厲指斥。」〔註6〕

　　三是，清水茂先生在《屈大均的詞》中說屈大均與金堡「同為天然函昰門下弟子。」

　　此三點，確實是事實；估計清水茂先生據此三點，判斷澹歸《寄龔芝麓總

〔註3〕清水茂著，蔡毅譯：《龔鼎孳論》，《清水茂漢學論集》，北京：中華書局，2003年，頁166。
〔註4〕趙爾巽：《清史稿》，北京：中華書局，1977年，頁3414。
〔註5〕清水茂著，蔡毅譯：《論金堡的詞》，《清水茂漢學論集》，北京：中華書局，2003年，頁113。
〔註6〕清水茂著，蔡毅譯：《屈大均的詞》，《清水茂漢學論集》，北京：中華書局，2003年，頁197。

憲》文中的「介子」就是屈大均。由於清水茂先生在漢學界的地位，此後不少
學者引用清水茂先生的說法，如蔣寅教授在其著作《鏡與燈：古典文學與華夏
民族精神》中亦完全引用了清水茂先生的說法。〔註7〕然而，這一判斷是有問
題的。

三

首先，遍查《屈大均全集》《徧行堂集》《徧行堂續集》《龔鼎孳全集》，完
全沒有屈大均與澹歸、龔鼎孳交往的任何詩文證據。

其次，更為重要的是，屈大均與「與天然諸法嗣不相得」（潘耒語），可謂
宿怨已久。其實，屈大均在「返初服」前已脫離天然函昰，轉投到了覺浪道盛
門下。根據中山大學楊權教授的考證，「以天然函昰為核心的華首臺係在曹洞
宗中屬壽昌支博山系，以覺浪道盛為核心的天界係在曹洞宗中屬壽昌支東苑
係，兩系同出一源。覺浪道盛是晦臺元鏡的弟子，天然函昰是無異元來的再傳
弟子，而晦臺元鏡與無異元來又都是壽昌祖師、曹洞宗第二十六世無明慧經的
弟子。也就是說，覺浪道盛與天然函昰在輩分上是法叔侄關係。屈大均脫離天
然函昰而轉禮覺浪道盛，造成了一個令人尷尬的局面，這便是使天然函昰與他
的關係，由師徒變成了『法兄弟』！」近期，筆者專門就此問題請教楊權教
授；他認為，雖然今天我們在屈大均和函昰門下其他弟子的詩文別集中看不
到他們相互攻訐的文字，但是我們同樣找不到他們相互推獎的文字。事實是，
在海雲係僧人的著述（包括《徧行堂集》與《光宣臺集》）中，根本就沒有
「屈大均」的影子。這一點，可以徐作霖、黃蠡所輯《海雲蟬藻集》為例說明
問題。是書所收，全為函昰僧俗弟子們的詩作，而本為函昰入室弟子的屈大
均，其詩作在集中竟付諸闕如！考慮到他作為「嶺南三大家」之一的重要地
位，這一缺位是意味深長的。尤其屈大均在《屈翁山復石濂書》中曾說自己
「洞上正宗三十四代祖師亦羞惡而不肯作」，這也分明是不把天然視為自己的
師父。因為道盛為曹洞宗第三十三代。如果他自認是函昰的門徒，就應該說自
己「洞上正宗三十五代祖師亦羞惡而不肯作」。〔註8〕此外，屈大均與阿字今
無差不多同時出關到遼陽探訪剩人函可和尚，但二人相互之間並無任何聲氣

〔註7〕蔣寅：《鏡與燈：古典文學與華夏民族精神》，河北教育出版社，2015年，頁
　　　365～366。
〔註8〕楊權：論屈大均與佛門的關係，《深圳大學學報》（人文社會科學版），2009年
　　　第4期。

相通，這也是他們關係不好的一個間接證據。

因此，潘耒《屈翁山復石濂書跋》中說：「（屈氏）既以天然為師，轉而師覺浪，欲與天然為雁行，天然諸法嗣不與。乃推獎石濂，認為同門，以壓阿字、澹歸，皆出私意；甚至代石濂作書，以觸犯本師，何倒行逆施至是！」〔註 9〕的確是有所依據的。

第三，與屈大均並稱「嶺南三大家」的陳恭尹、梁佩蘭與澹歸本人及海雲係僧人交往情形頗值得玩味。陳恭尹、梁佩蘭並沒有因為好友屈大均的原因而與澹歸及海雲係僧人疏遠，相反有不少交往。據呂永光《梁佩蘭年譜簡編》，康熙四年春，屈大均赴金陵，陳恭尹、梁佩蘭、陳子升等人為其餞行；同年九月，陳恭尹、梁佩蘭即遊澹歸僧僚，並遇見彭孫遹。〔註 10〕

陳恭尹曾在著名畫家薛始亨（1617～1686，字剛生，號劍公）所贈畫冊尾跋云：「右劍道人畫冊寄到日，適澹公過予，披視之，石竹芝蘭，宛如對真風介節，公欣然弁其首，余謹識其後，亟付裝潢，用垂不朽。」〔註 11〕民國學者陳衍（1856～1937）應見過此畫，作《題薛劍公贈陳獨漉畫卷》：「薛公莫是賣槳人，一集遺民久隱淪。紙本偶將毫素托，羅浮持贈布衣人。芳蘭已歎根無著，苦竹空傳箭有筠。更寓石頭芝草意，澹歸兩字最精神。」〔註 12〕由此可見，澹歸與陳恭尹的交往絕非偶然之交。陳恭尹《獨漉堂詩文集》裏有詩《題丹霞雪干圖為澹歸大師壽》：「絕巘全高寄，孤根壓眾芳。已成空谷玉，如帶掖垣霜。世想和羹實，天留暮歲香。南枝長不老，微笑傍空王。」〔註 13〕陳恭尹並作有《壽雷峰天然禪師》。《海雲蟬藻集》卷四收錄了陳恭尹的詩兩首，說明他也是函昰的俗家弟子。

梁佩蘭顯然清楚屈大均與澹歸的「宿怨」；潘耒《與梁藥亭庶常書》提到過：「翁山本從天然剃染，復為覺浪門人，後返初服，與天然諸法嗣不相得。」〔註 14〕與陳恭尹一樣，梁佩蘭不但見過澹歸本人，且與澹歸的好友陸世楷（號

〔註 9〕 潘耒：《救狂砭語》，謝國楨：《瓜蒂庵藏明清掌故叢刊》，上海：上海古籍出版社，1984 年，頁 204～205。

〔註 10〕 呂永光：《梁佩蘭年譜簡編》，梁佩蘭：《六瑩堂集》，廣州：中山大學出版社，1992 年，頁 465。

〔註 11〕 高伯雨：《聽雨樓叢談》，北京：故宮出版社，2011 年，頁 2。

〔註 12〕 載《制言》半月刊，第二期「詩詞」版。

〔註 13〕 陳恭尹：《獨漉堂詩文集》。

〔註 14〕 潘耒：《救狂砭語》，謝國楨：《瓜蒂庵藏明清掌故叢刊》，上海：上海古籍出版社，1984 年，頁 56。

孝山）有交往，作有詩《東陸孝山太守》〔註15〕；據中大楊權教授的研究，梁佩蘭亦與海雲係僧人樂說交往不淺，作有《送樂說和上上奉華首雷峰千山海幢棲賢丹霞三世語錄往秀州楞嚴寺入藏，時取道樂西》一詩。

四

細查澹歸《徧行堂集》文之七有《金介子詩序》：

> 介子詩如秋月照水，宿鳥無聲，有美一人，獨倚修竹，自是微雲澹河漢，疎雨滴梧桐一派也。孟詩如泉，李如江，杜如海，千里一曲，浴日吞天，不無奇偉。然使空山撫琴，焚香孤坐，或與高僧羽客，清譚相對，拂拭磁器，啜苦茶，則一泓石乳，故居勝絕，安用大觀為？介子品骨亦如其詩，要當置之一丘一壑，浩然負千古盛名，而三十年乘堅刺肥之福蓋少。若論名士眼中，斷不以彼易此，便向唐玄宗誦出「不才明主棄」，何必無心？僕已飲矣，遑恤其他。如此意致，更道個「吾能尊顯之」。咦！畢竟有些亭長氣，不妨掉臂。〔註16〕

可以看出澹歸對金介子詩評價非常高，且「介子詩如秋月照水」「介子品骨亦如其詩」等言，與《寄龔芝麓總憲》中的「介子詩骨甚清」的評價亦非常吻合。另外，澹歸《徧行堂集》詩之六，有詩《送介子入都並柬龔芝麓總憲》：

> 不分嶺頭重話別，兩江南北月俱圓。
> 七歌未解長鑱冷，一句難酬刻燭妍。
> 栢府清風傳海嶽，梅關春色間雲煙。
> 那將八載相思字，擱在蕭蕭雁影邊。〔註17〕

此詩恰好與《寄龔芝麓總憲》意思貫通，向龔鼎孳介紹金介子的同時，致以對友人的思念。因此《寄龔芝麓總憲》中的「介子」與《金介子詩序》、《送介子入都並柬龔芝麓總憲》中的「介子」為同一人。

〔註15〕梁佩蘭：《六瑩堂集》，《廣州大典》436，廣州：廣州出版社，2015 年，頁 609～610。

〔註16〕澹歸：《金介子詩序》，《徧行堂集》卷 7，《清代詩文集彙編》46，上海：上海古籍出版社，2010 年，頁 413～414。

〔註17〕金堡：《送介子入都並柬龔芝麓總憲》，《徧行堂集》卷 35，《清代詩文集彙編》第 47 冊，上海：上海古籍出版社，2010 年，頁 163。

　　雖然我們可以判斷此「介子」非屈大均，但是究竟金介子為何人，卻難以判斷；遍查《龔鼎孳全集》，並無「金介子」三字，因此，筆者估計可能金介子並沒有與龔鼎孳相見，否則有澹歸的「推薦」，龔鼎孳應該會留下相關的詩文。此外，在「中國基本古籍庫」「中國方志庫初集」竟然也查不到除《徧行堂集》外，其他的關於「金介子」的內容。筆者僅在《四部總錄藝術編》（書畫、法帖、版畫冊）卷八查到有「金介子」（丁福保、周雲青編：《四部總錄藝術編》第三冊（書畫、法帖、版畫冊），北京：文物出版社，1984 年）。但是，此金介子是否為澹歸所提到的「金介子」，不得而知，還請方家指教。

附錄四　新發現的今釋佚文

　　近年來，不少學者新發現了一批今釋佚文，如，有吳天任《澹歸禪師年譜》附錄之三《澹歸禪師逸詩補遺》輯錄澹歸逸詩，其中共 9 首為《徧行堂集》所未收者；冼玉清《廣東釋道著述考》收錄澹歸為憨山德清所作《錄夢遊全集小記》；廖肇亨《論澹歸今釋的文藝觀及詩詞創作析論——兼談集外拾遺兩篇》，輯錄出澹歸《辛巳與同年生》《金公贈言》；趙鐵鋅發現的《路史敘》《蘇門嘯序》《南車草序》《西湖夢尋序》《西來意序》。〔註1〕薛涓、謝謙發現的《感憤詩》十絕句其一、寄跡辰沅時殘句、《贈趙君秋屋舊作》《金堡和雙忠倡和詩》《易水詩》《快閣詩》《季秀才傳》《路公別傳》等。〔註2〕這些發現對今釋的研究提供了重要資料補充。

　　筆者近來也從民國《新鄉縣續志》《皇清詩選》《孤石山房詩集》發現今釋遺文數篇。

　　一是民國《新鄉縣續志》中的《康熙七年金堡重修碑記》：

　　　　或有問於予曰：佛何人也？予曰：西方聖人也。或曰：佛之可
　　也，聖人之不可也。予曰：佛之可也，聖人之亦可也。聖人之或不
　　可也，冠西方於上，而聖人之何不可也。或曰：汝以寺為天下之養
　　濟院，而聖人之乎？予曰：天下之寺有萬，而養濟者不下十萬；使
　　無此也，固足以生亂，然此皆食佛者，非學佛者，予之聖人佛者不
　　在是。或曰：如子所謂亂世人罪過多，而妄想盛，多歸佛以求贖求，

〔註 1〕 趙鐵鋅：澹歸今釋《徧行堂集》遺文五篇，《安康學院學報》，2019 年第 4 期。
〔註 2〕 薛涓、謝謙：〈澹歸散佚詩文輯錄與探析〉，《文獻》，2021 年第 2 期。

遂而聖人佛乎？予曰：世至於亂，亂雖號為，世之賢人君子猶皇皇然，常以他事自恐，況以中人而處亂世，其罪過可勝道哉。靜言思之，孰非可悔、可疑、可驚、可愕者，雜然於心目之中，思得一自贖之術，而一灑之，且以中人，而處亂世，其妄想可勝道哉。靜言思之，孰非可艷、可欣、可歌、可酣者乎？是不得不追計，生平之可艷、可欣、可歌、可酣者，雜然於心目之中，思得一可取之術，而一遂之。當是時，而一聞佛，彼則以之自救也，彼則以之自遂也。然此皆求佛者，亦非學佛者。予之聖人佛者，亦不在是佛天資甚高，以天地之二氣，猶為天地之私，人間之五倫，猶為人間之私，而其無私湛虛之象，直以無極太極為贄，使是人而遇中國之聖，是亦中國之聖而已矣。惟其生，而未至乎中國，未嘗與中國之聖相師友，是以為西方之聖人而已矣。然所謂西方之聖人者何也？中國近東海為東土，東屬木，木主生，乃生地也。其所生之人，意念多而心思雜，故治中國之天下，則當形而下之，禮樂刑政之大，人倫繁重之務為之制；而其形而上者，則當隱寓於中，而不可以驟為之語。西方屬金，金主殺，乃滅地也。其所生之人，意念少而心思純。故治西方之天下，則直以形而上者為之語，而又不必以形而下者為之擾。佛生於西方，即以形而上者治西方，所以為西方聖人也。且惟其為西方之聖人，雖不可以治中國之天下，而中國之人，有同西方之人之意念少，而思慮純者，何不可以之治其心。先正曰：好佛甚者，謂可以治天下。固非惡佛甚者，謂不可以治一心，亦非此之謂也。張青興福寺，建於大元至正三年，寺地四畝五分。大清順治十八年，會首閻君通等，慮大清之人，又如大元之人，感而重修之以敬佛。殿中金塑當陽佛一尊，菩薩二尊，羅漢十八尊，且太元時殿前無月臺，殿近山門僅二丈，山門外又無井。今創月臺長二丈五尺，寬一丈五尺，高二尺，殿進移一丈五尺，近山門三丈五尺。山門前又鑿井池，如此則似大清之人，又勝大元之人。予慮其知敬佛，而不知學佛，是以有聖人之說，又慮其知學佛，而不知自量，徒與食佛求佛者等也，是以有西方聖人之說，謹碑。〔註3〕

〔註3〕 金堡：《康熙七年金堡重修碑記》，民國《新鄉縣續志》卷2，《祠祀》，臺北：成文出版社，1976年，頁277～280。

　　查《金堡年譜》，康熙七年正月初一，函昰付今釋大法，且該年今釋並沒有到過新鄉縣。極有可能是當時張青興福寺的方丈，託人請金堡作《重修碑記》。因金堡之名為人熟知，而其法號今釋或澹歸當時世人所知不多，故《新鄉縣續志》仍寫作「康熙七年金堡重修碑記」。康熙十七年，今釋曾經住過常熟興福禪寺，不知與張青興福寺是否有關聯。

　　二是《皇清詩選》錄的今釋詩歌《毘陵天寧寺贈鄧孝威》：

　　　　癡愛都歸清夜猿，九招未許弔湘魂。

　　　　憑君感慨詩中史，剩我蕭條物外尊。

　　　　誰遣兵荒爭洞壑，尚餘衣食累乾坤。

　　　　一瓢去就隨人事，片葉書懷且杜門。（下特筆絳八面了義，已近

　　六如）〔註4〕

　　三是《皇清詩選》錄的今釋詩歌《過韶州江口遙禮曹溪》：

　　　　七年前一禮曹溪，太息迷塵事事非。

　　　　龍洞荒碑濱沒蘚，貫城殘血舊沾衣。

　　　　焚香曾記瞻遺蛻，指月終煩被上機。

　　　　歷亂風塵原不定，法堂草滿幸知歸。（若遇無可齊已定，定為無

　　著天親）〔註5〕

　　四是沈心撰《孤石山房詩集》卷二中有詩《白衣庵》，其中有注「方丈中有澹歸手書一幅云：三千里外詩中畫，二十年前畫裏詩」。〔註6〕

〔註4〕釋今釋：《毘陵天寧寺贈鄧孝威》，陸次雲輯：《皇清詩選》卷17，合肥：齊魯書社，1997年，頁947。

〔註5〕釋今釋：《過韶州江口遙禮曹溪》，陸次雲輯：《皇清詩選》卷17，合肥：齊魯書社，1997年，頁947～948。

〔註6〕《白衣庵》原詩有「丹霞本高人，手筆留妙蹟。圓通悟真諦，詩畫二而一」其後注「方丈中有澹歸手書一幅云：三千里外詩中畫，二十年前畫裏詩」，見沈心：《白衣庵》，《孤石山房詩集》卷2，清乾隆刻本。

附錄五　今釋書法選

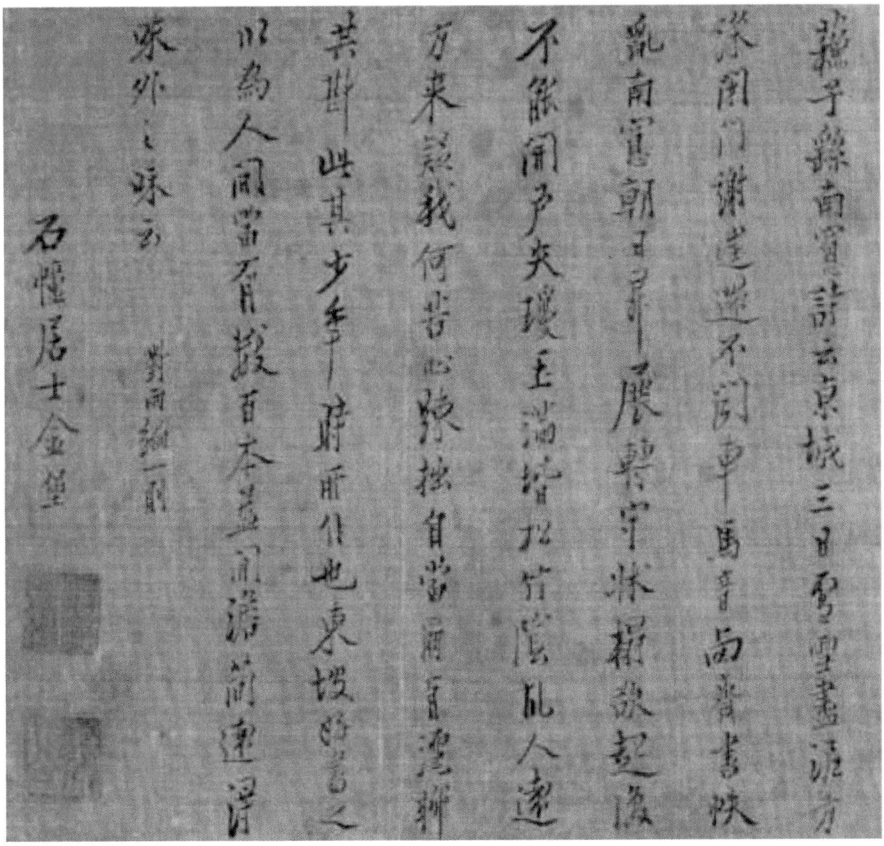

圖 3　金堡書法〔註1〕

〔註 1〕浙江省博物館藏。

圖4　金堡《行書詩》扇面〔註2〕

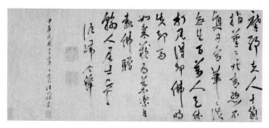

圖5　今釋《如來藏歌為葉潔吾畫佛贈》〔註3〕

圖6　今釋《雲門禮偃禪師真身》〔註4〕

〔註2〕故宮博物院藏。

〔註3〕有人統稱為《行書詩》，不確；該詩在《徧行堂集》卷31中為《如來藏歌為葉潔吾畫佛贈》，廣東省博物館藏。

〔註4〕有人統稱為《行書詩》，不確；該詩在《徧行堂集》卷35中為《雲門禮偃禪師真身》，故宮博物院藏。

圖 7　《雪嶠函昰今釋自書詩詞》合卷〔註 5〕

圖 8　今釋《元誠道人傳》〔註 6〕

〔註 5〕今釋所書詩在《徧行堂集》卷 42 中為《病中喜陸義山中翰過訪》。故宮博物
　　　　院藏。
〔註 6〕《丹霞閣遺墨》，故宮博物院藏。

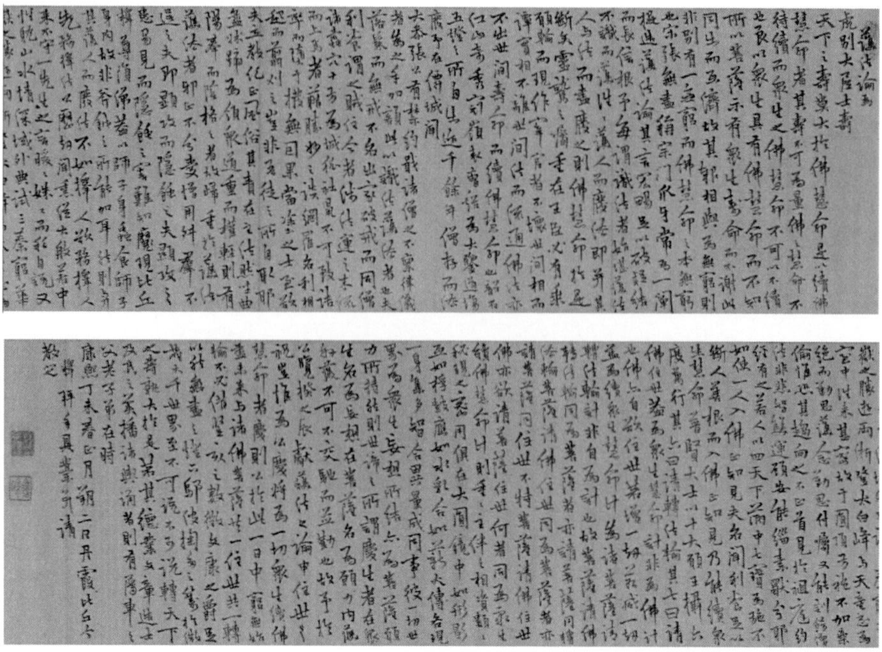

圖 9　今釋《護法說為張虎別少叅初度》〔註 7〕

圖 10　今釋《行書再承朽翁言笑詩扇》〔註 8〕

〔註 7〕有人統稱為《護法論》，不確；該詩在《徧行堂集》卷 1 中為《護法說為張虎
　　　　別少叅初度》，故宮博物院藏。

〔註 8〕金箋行書（16.1×50.7cm），上海博物館藏。見澳門藝術博物館：《豪素深心——
　　　　上海博物館珍藏明末清初遺民金石書畫》，上海：上海書畫出版社，2009 年。

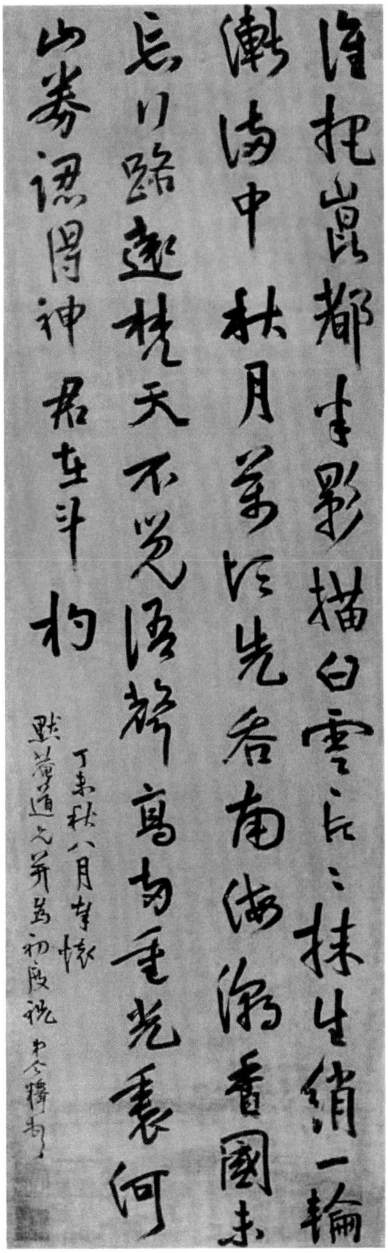

圖 11　今釋《草書七律立軸》
〔註 9〕

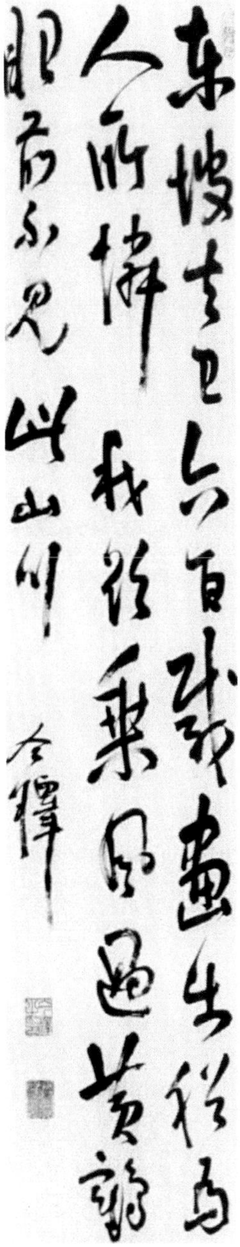

圖 12　今釋《為藥倩題赤壁
後遊圖》〔註 10〕

〔註 9〕綾本行書（166.1×56.7cm），上海博物館藏。

〔註 10〕紙本草書（129.8×33.4cm），有人統稱為《草書七絕立軸》，不確，《徧行堂集》
　　　　卷 40 中為《為藥倩題赤壁後遊圖》，蘇州博物館藏。

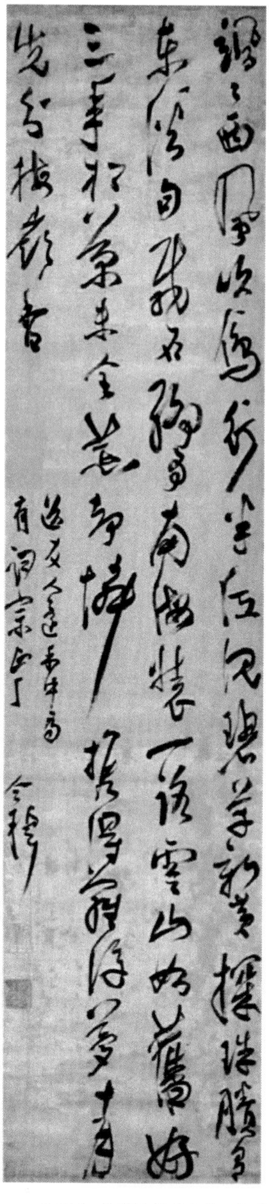

圖 13　今釋《草書送友人還
　　　　禾中詩軸》〔註 11〕

圖 14　今釋《行書畫耕七絕
　　　　詩軸》〔註 12〕

〔註 11〕緞本草書（195.6×49.2cm），浙江省博物館藏。見《浙江省博物館典藏大系——
　　　　翰墨清芬》，杭州：浙江古籍出版社，2009 年；《徧行堂集》卷 38 中為《送
　　　　朱子蓉歸東溪》。

〔註 12〕紙本（190×40cm），旁為王貴忱題跋。見廣東省書法家協會：《書藝》，廣州：
　　　　嶺南美術出版社，2010 年。《徧行堂集》卷 41 中該詩標題為《耕》。

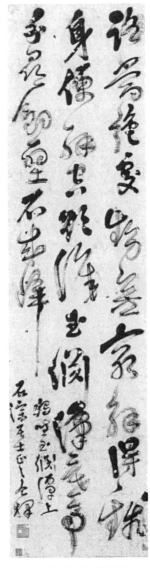

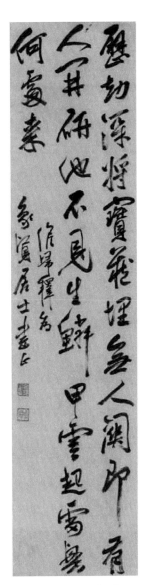

圖 15　今釋《草書獨坐玉淵潭詩軸》〔註 13〕　　圖 16　今釋《水龍吟詞》〔註 14〕　　圖 17　今釋《行書七絕》軸〔註 15〕

〔註 13〕　紙本（136×36.5cm），廣州藝術博物院藏。《徧行堂集》卷 40 中為《獨坐玉淵潭》，見林亞傑編：《廣東歷代書法圖錄》，廣州：廣東人民出版社，2004 年。

〔註 14〕　故宮博物院藏。

〔註 15〕　故宮博物院藏。款署「澹歸釋為象賢居士書正」，關鍵認為此軸為今釋書贈張胎之子張芳湄（號象賢）。查《徧行堂》卷 41 中《贈劉翰臣》有詩三首，所書為第三首。亦有可能今釋抄錄此詩贈象賢。見關鍵：〈幾件今釋書跡的考證──兼及今釋的書學宗尚〉，《文博學刊》，2021 年第 4 期。

圖 18　今釋《請雷峰天然老人住丹霞啟》〔註 16〕

〔註16〕紙本行書（20×149cm），廣東省博物館藏。《徧行堂集》卷 21 中為《請雷峯和尚住丹霞啟》，見林亞傑編：《廣東歷代書法圖錄》，廣州：廣東人民出版社，2004 年。

附錄六　別傳寺相關圖片

圖 19　別傳寺正門〔註1〕

圖 20　澹歸墓〔註2〕

〔註 2〕1987 年修。筆者攝於 2022 年 10 月 3 日。

圖 21　別傳寺鳥瞰〔註 3〕

圖 22　王令題丹霞石刻〔註 4〕

〔註 3〕　筆者攝於 2022 年 10 月 3 日。
〔註 4〕　筆者攝於 2022 年 10 月 3 日。

圖 23　丹霞石刻一〔註 5〕

圖 24　丹霞石刻二〔註 6〕

〔註 5〕筆者攝於 2022 年 10 月 3 日。
〔註 6〕筆者攝於 2022 年 10 月 3 日。

後　記

　　《釋今釋研究》是筆者獲得立項的 2019 年度廣東省哲學社會科學規劃嶺南文化項目，已經於 2022 年結項。此次，有幸再次與臺灣花木蘭文化事業有限公司合作，使之順利出版，得以求教方家。由於交稿時間還有兩個來月，遂對原稿作了豐富和部分修改，總計增加了數萬字內容。因筆者學識有限，加之受到疫情的影響，對於今釋的研究還不夠深入，其中尤其是對涉及宗教理論部分的內容顯得單薄，還請讀者見諒並指教。本書的出版，首先要感謝中山大學黃國信教授的指點並撥冗親為作序，予我以莫大鼓勵。在本書的研究和寫作過程，得到廣東工業大學張中鵬教授、別傳寺頓林方丈、福建省立醫院劉振華教授等專家的指點和幫助，在此致謝；還得到筆者所就職的廣州城市職業學院的伍第政、李豔娥、陳立新、黃偉斌、肖燕武、黃利華、馬廷波、于雷、何思悅等領導和同事的大力支持，在此一併致謝。還要特別感謝我的媽媽王華琴，她堅忍的精神是我前行不竭的動力；感謝我的愛人楊麗容博士，以及李劍銘、荀擁軍律師，王文芳、荀學軍等等至親對我的包容和真心支持。

荀鐵軍

2023 年驚蟄